U0054174

臺灣政經史系列第三輯03　陳天授主編

元華文創

荷蘭來臺建城四百年紀念

臺南府城佛影的歷史構造

臺南市佛教史新透視與盧嘉興研究導論

在紀念荷蘭來臺建城四百年的多樣性展示中，

唯獨本書是致力於有關臺南市佛教歷史長期構造的綜合性新穎深層解析，

同時也是第一本涉及當代「臺南學」巨擘盧嘉興先生的研究導論。

因此，本書的主題多元且新穎，是絕對不能錯過的一流著述。

江燦騰　邱敏捷　王見川　合著

目 次

推薦序一／杜正勝　中央研究院院士、前教育部長 ················· i

推薦序二／陳惠萍　國立臺南大學校長 ························· i

前言與致謝／江燦騰 ································· i

一部建構「臺南學」系譜學起點的新嘗試／張崑將 ·············· 1

現代宗教社會學視野下的跨世代學術對話：對於江、邱、王三位
新著《臺南府城佛影的歷史構造》詮釋學的另類解讀／丁仁傑 ····· 9

本書導論／江燦騰 ································· 27

　一、明鄭覆滅迄今，臺灣漢人移民佛教歷史文化變革概述 ········ 28

　二、本書作者詮釋各篇主題時所持的共同論述概念 ············· 36

　三、有關本書的各篇論述背景介紹與擇取書名的問題概述 ········ 37

第一章　盧嘉興先生的學術研究導論：為何他是臺南學研究的
　　　　重要先驅之一？／江燦騰 ······················· 69

　一、前言 ································· 69

　二、從現有所知的傳記資料出發：簡述盧嘉興的家族史 ····· 69

　三、追蹤早期學術系譜的繼承與開展：來自教育環境與
　　　新時代思潮的深刻影響 ······················· 74

　四、獨創「荒山尋墓碑廳堂覓神主」治學法的奧秘解說 ···· 78

　五、相關著作的發表歷程及其編輯與流傳狀況 ············· 85

　六、結論 ································· 90

參考書目 ·· 90

第二章　盧嘉興研究與《開元寺徵詩錄》的歷史新解：有關殖
　　　　民改造與戒嚴陰影下的雙重辯證嘗試／江燦騰 ··········· 95

　　　一、前言：問題的提出 ······························· 95

　　　二、相關引述文獻介紹 ······························· 95

　　　三、相關歷史內容介紹 ······························ 113

　　　四、盧嘉興的新假面詮釋學：究竟是真像？抑或虛像？···· 144

　　　五、結論 ·· 149

　　　六、引用書目（按姓氏筆畫）························· 152

第三章　盧嘉興的臺灣佛教研究／邱敏捷 ···················· 157

　　　一、前言 ·· 157

　　　二、前人有關盧嘉興佛教研究之評述···················· 161

　　　三、盧嘉興與佛教的淵源···························· 164

　　　四、盧嘉興臺灣佛教研究的特色、影響與侷限··········· 168

　　　五、結語 ·· 177

　　　參考書目 ·· 178

　　　附錄：「臺南學的重要先驅——盧嘉興學術研討會」········· 189

第四章　陸鉞巖、井上秀天與臺南佛教——兼論其禪學觀點
　　　　／邱敏捷 ·· 217

　　　一、前言 ·· 217

　　　二、前人有關陸鉞巖與井上秀天研究之評述··············· 220

　　　三、陸鉞巖在臺南之佛教行誼及其禪學觀點··········· 223

　　　四、井上秀天在臺南之佛教行誼及其禪學觀點··········· 231

　　　五、結語 ·· 241

參考書目 ……………………………………………………… 242

第五章　從蔡國琳著《南部臺灣誌》透視：明清時代臺灣傳統
　　　　在家佛教的齋教三派／江燦騰 ……………………… 251
　　一、清代中葉大陸齋教三派各堂傳入臺灣地區的原因 ……… 251
　　二、臺灣齋教三派的「持齋」信仰及其「持齋」的源流 …… 252
　　三、近代視野下清代齋教三派的相關解說 …………………… 255
　　四、清代臺灣「持齋宗」的三派歷史沿革 …………………… 260
　　五、清代臺灣齋教龍華派「齋友」的年度齋期行事曆 ……… 262
　　六、清代臺灣齋教「齋友」出席「齋會」的規矩和表現 …… 263
　　七、清代臺灣「齋堂」的人事費用與繳納上級堂口的功
　　　　德金問題 ………………………………………………… 263

第六章　戰前臺南大仙岩廖炭與臺灣佛教龍華會：臺灣史上首
　　　　次「齋教」三派成立的全島性聯合組織／王見川 …… 265
　　一、前言 …………………………………………………… 265
　　二、「臺灣佛教龍華會」的成立 ……………………………… 267
　　三、「臺灣佛教龍華會」的活動 ……………………………… 274
　　四、「臺灣佛教龍華會」中的主要人物 ……………………… 281
　　五、結論 …………………………………………………… 289
　　附　記 …………………………………………………… 290

第七章　從新史料看光復前的臺南市齋教龍華派「德化堂」
　　　　／王見川 …………………………………………… 291
　　一、前言 …………………………………………………… 291
　　二、「德化堂」的成立與其在清代的發展 …………………… 292
　　三、日治時期的「德化堂」 …………………………………… 301

附 記……………………………………………………344

第八章 戰前林秋梧的新批判禪學思想及其巨大衝擊／江燦騰‥345

一、前言………………………………………………345

二、關於林秋梧的研究與日治臺灣佛教史的定位問題……346

三、林秋梧早期的教育背景及其參與文化協會的若干經驗 348

四、林秋梧出家後的佛教角色及其推展佛教現代化改造
運動的理念內涵問題………………………………350

五、林秋梧的現代佛教理念，到底表現在哪幾方面呢？……351

第九章 戰後東北天臺宗僧侶來臺南市發展的歷程／江燦騰……359

一、前言………………………………………………359

二、戰後東北天臺宗僧侶釋慧峰的來臺因緣………………361

第十章 解嚴後臺灣佛教「在家教團」的崛起與頓挫：現代禪
菩薩教團與臺南佛教維鬘傳道協會的研究史回顧與檢
討／江燦騰…………………………………………385

一、前言………………………………………………385

二、相關研究文獻研究史的回顧與檢討…………………386

三、相關問題的解說及其歷史重建………………………415

附錄（一） 臺灣傳統齋堂史研究的新典範：王見川的治學歷
程與臺南「德化堂」史的研究問題／江燦騰……431

附錄（二） 永懷傳道法師／江燦騰………………………441

代跋：期待更全面更豐富的臺南佛教史著作／王見川…………451

ゼーランヂヤ城の圖

熱蘭遮城建城四百年

- 明永曆三十四年庚申（西元一六八零年）三月，鄭經因為海戰失利而退守台灣，復明知志逐漸消失，隨著故老親信陳永華、楊英、柯平的相繼去世，不覺心灰意冷，終至不醒政事，同年選擇邑治北方的洲仔尾，建造園亭，命名北園別館，作為酗酒作樂麻醉自己的場所。

- 來年元月二十八日，終因併發而死於別館。三年後，施琅征台，鄭克塽降清，鄭氏後裔移居內地，北園別館乏人照料，逐漸荒廢。清康熙二十九年庚午（西元一六九零年）台廈道王效宗、總鎮王化行，見台灣初入版圖，卻沒有一座佛寺，仍於是年八月七日就北園別館加以重建，並安塑佛像，隔年辛末四月八日完工，取名海會寺，又名開元寺。

開元寺在清初新建並取名海會寺的原址，曾是明鄭時期的北園別館所在。

從左到右：開元寺的現代三塔、
鄭成功的書法真跡、開元寺最早的古銅鐘

用現代三塔、鄭成功手跡與古鐘三者，可以象徵開元寺歷史構造的特殊性質。

1917 年開元寺出現大改變，從初期與日本曹洞宗的加盟關係，轉為與日本臨濟宗的加盟關係。於是，雙方曾共訪大陸各地佛寺與日本東京都與佛教有大關係者，並迎回大藏經和今上天皇萬壽牌等珍貴寶物多種，該寺除了公開遊街展示之外，也舉行安座大典，地方首長與南社名流都來參與，並留影紀念。

（圖左）安座在開元寺大殿上的日本天皇金牌。
（圖右）是著名傳統詩社南社的主要成員來開元寺活動與留影。

開元寺與日本臨濟宗在臺系統展開密切合作之後，日本臨濟宗派在臺南長期經營與領導的東海宜誠（右一）就成為開元寺發展的麻煩製造者，與林秋梧交惡很深。

臺灣歷史上，首次出現的佛教與基督教知識分子的公開宗教大辯論，是 1916 年，發生地點在臺北市，由於正逢臺灣總督府新建築落成，當時正在臺北市舉行統治二十週年的大型產業博覽會，先是由於來自臺南神學院的基督教牧師甘為霖，受日本官方邀請，擔任荷蘭臺灣史的主題演講，所以在臺北州日本官員柴田廉的支持之下，讓基督教與佛教也各擺攤位，向參觀民眾介紹自己。但立刻因此演變成為基佛兩教神職人員互爭優劣的大辯論，包括連雅堂北上親自助陣演講，支持佛教陣營三天，總共辯論超過一個多月。這是佛教當時的演講處所。結果佛教界大獲全勝。因為日本國內的反基督教言論，都被搬到臺灣來上演。而此一勝利影響深遠，臺灣本土佛教知識分子的崛起與宗教意識自覺，都隨著此次活動而顯著出現，於是有進行各類佛教組織與學校的陸續新成立。

臺灣本土僧侶,第一次出席國際佛教會議活動,是在 1925 年在日本東京芝區增上寺,所召開的第一屆東亞佛教大會,許林、林覺力、李添春等人都出席。這是會後大陸僧侶和臺灣僧侶的合拍照片

日本駒澤大學校長忽滑谷快天(坐在前排左),與留學該校的臺灣學生會成員合影,剛好站在忽滑谷快天背後的,就是林秋梧(後排左第四位)。

日治臺灣佛教四大法派之首、基隆月眉山靈泉禪寺派的現任住持善慧法師（左四），曾到日本拜訪黃土水夫婦（左一、二），他也是來自高雄美濃的客家少年李添春（右中），早期出家時的師公。

戰爭時期留學日本駒澤大學的高執德也要參與軍訓（取材自高執德的畢業紀念冊）

這是日治時代，臺灣佛教留日大學生的軍訓課，是高執德的畢業紀念冊上的照片，他曾任臺南開元寺住持，但戰後被蔣介石下令槍斃。好友賴鵬舉醫生幸運購入，並借筆者複製。

戰後後迄今(1945-2024)臺南佛教發展的分期和其各階段的主要佛教文化特色概述

- 臺南地區自戰後(1945/10-迄今（2024/02)的全部開展歷程，架構在此一同階段於台灣政治史上共發生三次大變革之年(※即：1945、1949、1987)的歷程時距上，來進行不同階段的佛教開展史分期

1945年9月9日，由何應欽代表 中美英蘇聯軍中國
戰區最高統帥 蔣中正，在南京陸軍中央官校禮堂，
接受日軍投降典禮（油畫）

歷史終於又翻到新的一頁。

原日治時代曹洞宗台北別院的白色水泥之典雅鐘樓建築(圖左)，及其在1949年後的雜亂違建景象(圖右)

這兩張照片的強烈對比，不是用來作為批評之指標，而是凸顯在 1949 年突然有一兩百萬人，幾乎同步避至臺灣時，彼等能夠被安置的地方非常有限。彼等會在各地寺廟附近的雜居，就是一種處在亂局下的不得已選擇，於是才有在照片上的那些雜亂現象。

1953 年中佛會在臺南縣大仙寺主導首次傳戒儀式後，大家集體合照（圖左）。
至於（圖右）則是受戒儀式中，在頭上「點香疤」。

臺南僧尼參與中國佛教會
的傳戒後，集體領戒牒（右
上）

戰後初期大陸來臺佛
教的 教育家慈航法
師（右下）

戰後臺南湛然寺的慧峰法師
以閉關（左下中）方式來精進

在 1953 年之後的臺灣或臺南的佛教發展，大致可以從此——由三種不同角度所
形成的照片構圖，來概括其主要內涵。

戰後由東北來到臺南市中西區忠義路二段上，所建立的第一間弘揚天臺宗佛法的湛然
寺（圖右），是（圖左）起第一位的慧峰法師，所以他既是創立者，也是首任住持。
在他之後，是由河北籍的退役軍官出家的水月法師繼任第二屆住持。水月法師擅長佛
教邏輯學，佛學非常淵博，是很受推崇的重量級佛教學者。

反共抗俄時期東北籍的慧峰法師
在臺南戶外舉辦的大型弘法活動

慧峰法師來臺南建立湛然寺的過程以及他的各種弘法活
動，在本書中有專章的長篇介紹。

戒嚴之下的佛教政治冤案實例

戰後初期被蔣介石親自下令槍決的前台南開元寺住持、駒大畢業生高執德(證光法師)

高執德是被蔣介石親自下令槍決的，檔案資料顯示的是與染紅有關，但被判死刑的理由與檔案內的相關大量記載，學界目前仍存在各種解釋的爭議，還未有一致的看法。

從事佛教反共外交的中佛會的僧侶，由於忠黨、護教、愛國，屢受褒揚

達和尚也從事反共外交的時代

戰後最愛傳戒的中佛會的理事長白聖法師，於一九六七年榮獲陸海空軍獎章一座

民國五十六年五月он陸海空軍獎章一座

戰後戒嚴時期（1949-1987），中國佛教會是在臺的唯一最高佛教組織，也是國民黨部分的外圍組織，所以其僧尼領袖或名流往往身兼黨職，更要時時配合官方舉辦的各種反共活動，因而其能獲頒獎，自然也不讓人意外。

開展中的後遺症檢討：臺灣齋教在戰後的日趨式微——趨向「出家受戒」和逐漸走向「空門化」的反思

- 「齋教」三派：龍華、金幢、先天，為台灣華人社會中的一大特色。在光復後，在家型態的「齋教三派」，卻遭到以僧侶佛教為主流的各種組織勢力或特定教內人物的強烈批判和完全否定。

- 不過，台灣佛教史學者江燦騰博士，卻屢次以相關的精確研究證據，為彼等「去污名化」而努力，並迅速獲得學術界的極大共鳴。

在研究臺灣齋教三派的歷史方面，本書作者之一的王見川博士才是第一權威。但，對於齋教徒與佛教僧尼之間的時代巨變問題，則本書作者之一的江燦騰博士的確出力不小。

解嚴之後臺南的出家佛教文化，開始有了一些較新的變化景象出現！

- 一九八七年時，臺灣地區因官方宣佈解嚴，並頒佈《人民團體組織法》和開放到大陸探親及觀光，因而進入第三期的發展階段。

- 其最顯著的發展變化，就是具有中央領導霸權「中國佛教會」，由於官方正式立法允許多政黨和眾多同中央及佛教組織的成立，所以其長期獨霸的支配優勢，頓時為之瓦解，傳戒多元化和僧尼平權的強力訴求，都因之相繼出現。且兩岸恢復交流，所以台灣佛教回流大陸，成了新的發展方向之一其勢皆不可擋。

急著登記回大陸探親的人潮

1987 年的政治解嚴與開放赴大陸探親的新政策，的確影響深遠。

解嚴後印順長老也首次回大陸與中佛教名流教趙樸初會晤，二人過去是舊識。

臺灣政治解嚴之後，印順老法師才有機會首次回大陸探親，可是由於他的巨大佛學成就，使得當時已是中共最資深的佛教協會領導人趙樸初居士（右），願意親赴機場向印順老法師（左）頂禮之後，才有之後的雙方晤談。這的確是非比尋常的佛教高規格接待禮儀。

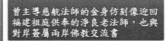

2005年慈航法師的金身仿刻像，被盛大迎回福建他的祖庭去供奉

曾主導慈航法師的金身仿刻像迎回福建祖庭供奉的淨良老法師，也與對岸簽屬兩岸佛教交流書

2005 年，是陳水扁總統的第二任，也有國民黨黨主席連戰的破冰之旅，轟動一時，影響深遠。於是在戰後來自福建的淨良法師（右一），也熱衷於兩岸交流，並設法把同為福建來臺的慈航法師仿製金身，迎回福建原出家佛寺供奉的隆重大典之舉辦。

解嚴之後大陸佛教學者來臺交流
著名學者楊曾文教授應邀在臺北現代禪中觀道場演講

解嚴之後，由於宗教組織與活動的限制解除，於是新興宗教團體紛紛出現。現代禪就是其中之一，非常具有代表性。所以透過佛教名學者藍吉富先生的牽線，大陸的著名禪學研究者楊曾文教授（左坐著）也來臺，與現代禪創始人李元松（右站立者）交流。

2009年由當代台灣比丘尼昭慧法所領隊的
聲援澎湖反博弈條款運動，終於在公投中獲勝！

解嚴後，臺灣社會開始湧現各類抗議團體或進行各類社會運動，大學院校的知識精英紛紛介入或提供西方理論知識資訊，以供社會運動者的借鏡。連帶所及，臺灣佛教界的新女權運動或各類社會關懷行動，也紛紛跟著介入。

解嚴之後在中佛會系統之外的佛光山國際佛教事業體創辦人星雲與天主教交流

西方天主教主張要「宗教對話」，因此，臺灣的佛教僧侶領袖與臺灣天主教高級神職人員之間，也開始「宗教互動」與「宗教對話」。

當代臺灣本土最有影響力的慈濟證嚴尼師與中佛會的組織領導完全無關，其活動力浩大無比

證嚴尼師認為菩薩在自己的心，而非木雕或泥土塑造的！

花蓮慈濟證嚴長老尼，目前堪稱是臺灣佛教史上四百年來，聲望最高、社會影響力也最大本土佛教出家女性。而她對於佛法的生活實踐與社會關懷，雖源自大乘經典《法華經》與《法義經》的現代教理詮釋，但自有她及其追隨者根據環境與時代的變革需求，所締造出來的新佛教文化形態與其相應主張。

在前排左二穿僧袍坐著的人，是位於臺南成功大學校區附近的，小東山妙心禪寺已故的住持傳道法師。他是歷來該寺住持中，最有現代佛教文化思維與能真正實際行動者。所以他在妙心禪寺內，既建有現代型的文教大樓，也設有大型佛教圖書館，藏書極為豐富。他還曾聘請專家學者編輯與出版一套 10 卷版《佛教百科全書》。因他是能高度追隨印順老法師的人間佛教思想者，同時他也是佛教界注重寺院綠化與環保生態的代表性人物。至於他能用流暢的臺語來講經說法，更令是讓聽者讚嘆不已。

（圖左）這張照片，是日治時期的臺南傳統齋堂建築與齋姑的衣著外觀。與其對照的右邊這張，則是二十世紀九十年代時期的臺南「德化堂」信眾與領導幹部合影。

1994 年由德化堂主辦的小型首屆臺灣齋教歷史研究國際會議，在臺南市文化中心會議廳舉辦（見圖右）。本書兩位作者江燦騰（見圖右後排第五位站立者）與王見川（見圖右後排第三位站立者）是實際參與規劃與執行者。之後，由江燦騰推薦，由王見川完成第一本《臺南德化堂的歷史》（見圖左）。

這是 1994 年首屆臺灣齋教歷史的學術研討會舉辦之後，在新文豐公司出版的該會議論文集（《臺灣齋教的歷史觀察與展望》）封面。

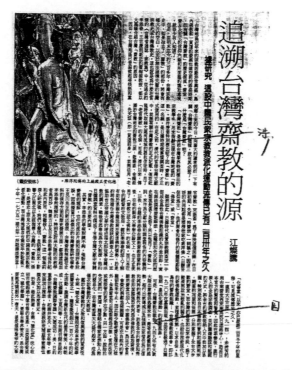

1994 年首屆臺灣齋教歷史的學術研討會舉辦時，報紙報導的專訪內容簡報。

與臺南「德化堂」關係密切的「臺南維鬘佛教傳道協會」的幹部：羅國銘（後排左一站立者）與徐秀慧（後排中間站立者）等，曾親到竹北寓所，訪問本書作者之一的江燦騰夫婦。

在國立臺南大學附近的「盧嘉興紀念館」外觀及其所掛招牌。

「盧嘉興紀念館」的內部展示與其年輕時代留影。

盧嘉興的生平大量關於臺灣歷史文化的多元且深入的著作，在其死後很少被研究，但很早就被其他學者挑選其精華文章編成書籍出版。在臺南佛寺歷史方面，是張曼濤的首開風氣，將盧嘉興生前所寫有關臺南佛寺的數篇介紹長文，納入其主編的單冊《臺灣佛教史論集》內，因此影響很大。在古典文學人物介紹方面的三冊精選輯，則是國立成功大學臺灣文學研究所成立初期，由任教該所的呂興昌教授所主編。但，出版後，很少有真正深入研究者出現。

2022 年國立臺南大學人文學院舉辦的，首次盧嘉興作為「臺南學」重要先驅的學術研討會，正式登場。這是當時的會議公告海報。

2023 年國立臺南大學人文學院舉辦的，再度舉辦以盧嘉興作為「臺南學」重要先驅者的學術研討會，本書作者二位：江燦騰教授與邱敏捷院長都有實際參與討論。照片中穿白色條紋衫的即是江燦騰教授（右二），所其發表的論文，是以《開元寺徵詩錄》做作為探討主題。擔任講評者是成大中文系的林朝成教授（中坐著）。至於邱敏捷院長（右一）則是負責主持相關討論進行。

臺南市中西區忠義路二段上的天臺宗湛然寺，在近期所舉辦的寺內大型佛教法會現場之一。

同上，之二。

推薦序一

　　臺南大學文學院 2022 和 2023 連續兩年舉辦「臺南學」學術研討會，尋求建構「臺南學」，先選在地先賢地方文史學者盧嘉興先生為核心，邀請不同專業學者發表論文。而今主辦單位結集佛教史研究文章，與會外相關文章而成這本文集，以「臺南府城佛影的歷史構造」為名，單一主題，焦點鮮明，不但是多元學術會議成果新創舉之一例，也開啟「臺南學」建構的一種模式。

　　第一次研討會，本人應邀擔任主題演講的主持人，第二次事忙，不克親聆諸賢高論。個把月前，文學院邱敏捷院長請我為即將出版的《臺南府城佛影的歷史建構》作序，我以未曾發表佛學著述，對臺南佛教只有一般市民的知識水平，若跨行越界，難免信口開河，恐為識者所笑，故敬謝不敏。

　　然而邱院長竟然知道我大學時讀過印順法師論印度禪到中國禪的《中國禪宗史》，寫過太虛法師人間佛教的文字，勸我勉為其難，盛意感人。誠然，青少時期，我一度熱衷佛學與佛教史，但都非常淺薄。雖然個人長期對這個領域懷抱敬意，也喜愛閱讀高僧行跡，甚至還參拜佛教藝術聖地。

　　1976 年我留學英國歸來，自倫敦啟程，經過法國、義大利、希臘、土耳其、伊朗至阿富汗，特地從首都 Kabul 北行入興都庫什山脈，到 Bamiyan，為的是體驗玄奘法師足跡所至之梵衍那國的地理形勢，瞻仰尚未經塔利班徹底摧毀的大立佛。之後過開伯爾山口到巴基斯坦的白夏瓦，再經佛教一度興盛的 Texla 到印度西北大城錫克教重鎮 Amriza，參訪金光明寺（Golden Temple），又頂禮恒河邊摩揭陀國釋

迦牟尼菩提樹下覺悟的菩提伽耶（Buddha-gaya），踏察釋迦牟尼首次講道的婆羅疤斯國（Varanasi）鹿野苑遺址。還特地去參觀印度西南部的兩處著名的佛窟阿旃陀（Ajanta），即《大唐西域記》摩訶刺侘國的阿折羅，和鄰近而年代較晚的埃洛拉（Ellora）。但這些經驗只算常識的層次，不夠格對學術問題發言。

不過，邱敏捷院長還是建議我談談關乎學校重點發展的臺南學，因為我受邀在課堂上有過幾次演講，希望我針對這個計畫的研究與教學講幾句話。不久我就收到這本文集的二校稿，正所謂「騎虎難下」，我再堅持便「卻之不恭」了。

先前，當我知道「臺南學」是學校重點發展的教研計畫時，就在「臺南學與臺灣史」那次演講開宗明義對「臺南學」界定提出我個人的一些淺見，現在再進一步延伸，以應邱院長之命。

首先，臺南大學以超過一百年的悠久歷史與地利的優勢，重點發展臺南學是明智的學術策略。雖然近二、三十年來，臺灣民主化與本土化之後，各地大學多就其所在推出當地研究的號召，「〇〇（地名）學」如雨後春筍，爭相冒出地表，但臺南因為長期作為臺灣首府，文化資源的豐厚底蘊，放眼國內，絕對最符合世界學術所稱的「某地學」的要件。

研究特定地區之歷史文化的學術稱「某地學」（-logy），起源不算太早，大概可以上推到十九世紀。近代西歐的軍政和經濟力量進入埃及、近東，科學探險家跟著到那些地區從事文物收集和考古發掘，出土的古文書經過鑽研，逐漸破解。由於他們的研究方法比較先進，逐漸揭開幾千年來湮沒的古代文明。資料一多，學者相繼源源投入，研究成果日益累積，於是產生「埃及學」（Egyptology）、「亞述學」（Assyriology）等等新學術類門。但西方人關於中國的記錄和論述還要早一、兩百年，即使如此，所謂「漢學」（Sinology）這個名詞則在埃及學等之後才應運而生，當是時代風氣下的產物。漢學字根的 Sin 來

自 Sina，即 Chine，China，近代西方學術的「漢學」等於「中國學」，中文譯作「漢學」，和中國傳統學術史漢宋之爭的「漢學」完全不同。

從學術史看，所謂-logy 的某地學固指特定地區，但範圍都不會太小，漢學之中國，埃及學之埃及且不說，亞述學乃兩河流域，包含伊拉克和敘利亞，都是國家的範圍，不像臺灣近年興起的地方層級之某地學。範圍太小的地方，內容不夠豐富，研究資料難以支撐作為可長可久的「學」（-logy），這是臺灣各地紛紛發展其地之學該有的認識。不過臺南學略有不同，範圍雖然也只是小地區，（即使以日治時代的臺南州還是有限），但在臺灣有記載的四百年歷史中，幾乎三分之二臺南作為臺灣首府，足以代表全臺灣，研究臺南學一定涉及全臺灣。又由於荷蘭人、明鄭的統治具有全球性或東亞性，所以臺南學又會連上世界史與東亞、東南亞史，這是臺南學比臺灣其他地方成「學」更有利的條件。

其次，作為首府，人才資源薈萃，留傳下來的文獻遠遠超過其他地區，研究資料自然比較充實。譬如臺灣西部沿海地帶潟湖（內海）的陸化，新興聚落隨之形成，足以見證歷史上所謂滄海桑田之變。大體上，南起高雄阿公店溪口，北至彰濱大肚溪口，原來分佈有一連串的內海，三數百年來逐漸變成海埔新生地，經過墾拓，產生漁塭，變成田園，聚落就誕生了。此一關乎臺灣開發史的重要進程，至今以臺江內海的變化過程最為有跡可尋，即是因為首府所在，記載比較多的緣故。

諸如此類臺史滄桑，不只地理，人文尤甚，臺灣南島語族平埔族群之「消失」、變成為漢人的歷程，各地各族轉變的條件與機緣等細節或許不同，但從大歷史觀點看，臺南西拉雅族的模式頗可作為研究其他諸族轉變的參照，同樣是因為留下比較多的資料才有可能。

臺灣雖然鄰近亞洲大陸，向來卻鮮為外人所知，遲至十七世紀初才有陳第的《東番記》，算是第一部（其實只是一篇文章而已）臺灣民族誌。他足跡所至大概只限於舊臺南市濱海一帶，耳聞目睹，只限於西

拉雅族的社會文化。20 多年後，而有荷蘭傳教士干治士（George Candidius）寫給臺灣長官的福爾摩沙島報告，涉及的地方雖然比較多，其實荷蘭人剛來到臺灣，目睹的內容應該仍以臺南一帶為主。換言之，這兩份代表平埔族比較傳統面貌的民族誌都在臺南，是我們想像臺灣原始社會的主要資源。

　　接下來短短一甲子後，臺灣從原始社會進到近代文明，並成為帝國邊陲，此一歷史巨變，歷經荷蘭、明鄭、清國三個政權，在人類歷史上委實少見，卻發生在臺南，臺南學可能觸發的普世歷史之關鍵課題，亦可思過半矣。歷史發展使早期南島語族的文化受到甚大的衝擊，不及百年，至十七世紀末，郁永河來臺採買硫磺，從府城一路北行至八里，經歷西部平原許多平埔族群村社。從他的日記《裨海紀遊》記述，麻豆社以北和以南，他所看到的人文地景便截然不同，愈北「野」的成分愈大。十七世紀這一百年，臺南西拉雅族文化的改變顯示人類歷史的另一普遍課題——「文明化」，都是臺南學彌足珍貴的學術題材。

　　這裡所舉陳第（1603）、干治士（1628）、郁永河（1698）三種資料，構思平埔族的文化變遷，只是觀其大略，學術研究還需要再參考其他史料才能深化。我曾在「臺南學與臺灣史」的演講提到新港文書，論證西拉雅人怎樣喪失他們的「厝姓」，採用漢姓或漢式姓而變成漢人，以之戳破中國近代宣揚的「黃帝子孫」或「中華民族」神話，還原歷史原貌。這一層恐怕臺南學絕對比其他地方之學更可以為臺灣社會文化從「原」轉「漢」提供一個架構，甚至也有助於南中國漢化史之研究。我還是不憚其煩，提醒年輕學者，臺南學不限於臺灣，其學術意義具有既深入又寬廣的普遍性。

　　因為法、英等殖民勢力的擴張，西方新學術學者隨之而至殖民地，從事考古調查發掘，於是產生上述的埃及學、亞述學。當時埃及、兩河流域的民族文化和古埃及、亞述已截然不同，所以正宗（或古典）的「某地學」基本上是一種「古學」。古語言、古文字和古文物與近代

語文沒有傳承，破解古文書乃成「學」的先決條件，新出資料才能作為史料以重建古文明。準此，臺灣各地之學，只有臺南學擁有相當數量的拉丁化西拉雅語文書，即所謂「新港文書」，最符合正宗古典的某學（-logy）之要求。而荷蘭東印度公司檔案是十七世紀的荷蘭文，和現代荷蘭文不盡相同，又是手稿，即使年代稍晚，在研究上，其性質也頗近乎古學，因此，從嚴格學術意義言，臺南學的研究者必須具備閱讀這些古語文的能力。

　　「某地學」固難都以埃及學、亞述學的準則去規範，對歷史沒有斷裂，民族文化沒有大量換血的地區而言，也不必盯著已消失古文明的準繩；時間範疇可以涵蓋到晚近，當今學界認定的 Sinology 就是另一種典範。然而即使有這麼高度的共識，「漢學」範疇一般還是不會包括到近現代，以便和區域研究的「中國研究」（Chinese Studies）有別。其次，也許是更重要的條件，漢學著重於研究構成「中國」的基本成分，諸如語言、文字、考古、民族、宗教、倫理、禮俗和藝術等等廣義的文化層面，較少觸及當今之政治、經濟。以文化層面為目標，我想應該是「臺南學」的重點。

　　說到臺灣文化，最具代表性的地方恐非臺南莫屬，這是因為臺灣從原始社會進入文明，最早的地方就在臺南，蘊育傳統文化最長久的地方也是臺南。四百年的臺灣史，臺南長期作為首都或首府，直到開始現代化，首府才北遷。正如上面強調過的，首府人才薈萃，故創造出形形色色的精緻文化。譬如關乎本書的宗教信仰這個領域，臺南的廟宇寺院占居全臺之冠，其建築和裝飾藝術，以及屬於無形文化遺產的宗教儀式，都不是臺灣其他地方可以比肩並列的。

　　以上所述，雖然透露我個人「月是故鄉明」的偏執，但憑心而論，以個人一生有限的學術見聞，仍然相信臺南學具有豐沛研究資源和深遠發展潛力。因此，作為學校發展的重要項目，我才會一再予以肯定，相信是正確的決策。文學院既已舉辦兩次研討會，又結集佛教史論

文成書，應該說只是開端，未來還有更多課題值得繼續耕耘，臺南學的內涵才會愈來愈茁壯。

這篇短序希望能對臺南學的發展有一點激勵作用，也呼應本書嘗試建構的臺南學。這些年來學校許多師生的努力逐漸看到成果，所有參與者「功不唐捐」，稍堪告慰。我也希望以後不妨參考這種模式，嚴選臺南學主題，一個一個做下去，一本本的研究成果也一本一本出版，終至蔚為大觀。至於涉及本書的介紹與評論，已有三篇長短不等的詮釋和導讀，都中肯扼要，就不煩我這個佛學門外漢再贊一詞了。

杜正勝

中央研究院院士、前教育部長

2024 年四月十日于史語所

推薦序二
作為深化與廣化「臺南學」研究
的新標竿力著

國立臺南大學致力於推動臺南學的發展，因此非常欣喜的看到這本與臺南大學深厚關聯的嶄新學術力著《臺南府城佛影的歷史構造：臺南市佛教史新透視與盧嘉興研究導論》之付梓，雖然非此研究這個領域的專業學者。

人文學院從 2022 年開始，是最先舉辦「臺南學的重要先驅──盧嘉興學術研討會」，並有多篇開創性研究的相關論文發表，之後在本校第 56 期《人文研究學報》特別出刊「臺南學：盧嘉興專輯」。

而本書第一章就是江燦騰教授在研討會上發表主題演說的內容，第二章同樣是江燦騰教授 2023 年在本校的「臺南學與盧嘉興學術研討會」上發表的論文，以及在本校第 57 期《人文研究學報》上刊載的有關盧嘉興與《開元寺徵詩錄》的四萬六千字長篇精詳論述全文。

本校的人文學院邱敏捷院長也在本書的第三章，發表有關盧嘉興與臺南佛教研究的開創性力作，第四章發表戰前有關日本曹洞宗二位禪僧陸鉞巖與井上秀天，在臺南市以大天后宮為中心的各種布教活動與從事各種佛教教育事業，同時也深入探討彼等禪學思想。

在即將出版的這本《臺南府城佛影的歷史構造：臺南市佛教史新透視與盧嘉興研究導論》目錄上，全書共十章二附錄中，前四章的內容江教授及邱院長都展現其多年深厚學養與精湛論述。

針對此新書拜讀再三，兩位名學者張崑將教授與丁仁傑教授的長篇精闢介紹，將研究臺灣齋教權威學者王見川教授的兩篇經典論文與江

燦騰教授對於王見川教授個人學術成就及其特色的專文介紹之後，可以非常肯定的推薦本書是：一本全部內容非常豐富而多元，並且各篇主題都具有開創性與學術研究的深度與廣度，堪稱是四百年來有關臺南市文化史論述領域最具新標竿的力著。

陳惠萍

國立臺南大學校長

前言與致謝

江燦騰
臺北城市科技大學創校首位榮譽教授

　　這本書是作者（江燦騰）、邱敏捷院長與王見川博士三人，多年來沉思與研究臺灣本土佛教文化的，有關臺南府城佛教史的一個階段性綜合報告。全書內容十篇二附錄，雖已遍及臺南府城佛教歷史與文化的諸多領域，可是仍非全面性的研究。

　　之所以提前出版，是因恰逢 2024 年是荷蘭來臺南建熱蘭遮城 400年（1624-2024），臺南市各界正預備盛大慶祝紀念此一大事件。而其成書因緣如下：

　　因作者之一的江燦騰教授，曾在 2022 與 2023 連續兩年，都參與國立臺南大學人文學院所舉辦的「臺南學與盧嘉興先生研究」的學術研討會，並發表兩篇相關論文（見本書第一章與第二章），所以有必要力邀主辦單位（國立臺南大學人文學院）的邱敏捷院長，也提供二篇的相關論文（見本書第三章、第四章），使本書內容更加豐富。

　　之後，由於江燦騰教授希望本書能以《臺南府城佛影的歷史構造：臺南市佛教史新透視與盧嘉興研究導論》的書名問世，所以除了匯集多篇江燦騰教授本身過去曾撰述發表的論文（見本書各篇署名）外，還特邀研究臺南傳統齋教三派的頂級權威學者王見川博士（他已在南臺科技大學任教多年），提供兩篇相關論文納入本書。

事實上，此一特邀的歷史淵源，還可以追溯到 1994 年時，因當年王見川博士曾與江燦騰教授共同於臺南市立文化中心會議廳，專為在臺南府城地區創立已達 160 年的齋教龍華派「德化堂」舉辦：該堂創立 160 週年紀念的國際學術研討會。當時除廣邀臺灣本土著名學者參與發表論文之外，還廣邀包括日本學者與大陸學者提供相關論文共襄盛舉。

所以，當年（1994）曾順利地在臺南市立文化中心，舉辦過「首屆臺灣齋教學術研討會」，大獲成功。連美、日的重要宗教學者，如酒井忠夫、歐大年等，都來函加以推崇。臺灣道教研究權威學者李豐楙教授，也撰長文加以高度肯定。

會後並結集成《臺灣齋教的歷史觀察與展望：首屆臺灣齋教學術研討會論文集》，交由新文豐出版公司於 1994 年 9 月出版。出版後，此論文集也一直為各方學者所重視和參考。

之後，臺南「德化堂」再度邀請王見川博士為該堂撰寫《臺南德化堂的歷史》一書。王見川博士如期在 1995 年 10 月完成《臺灣現存最古老的龍華派齋堂：臺南德化堂的歷史》並正式出版，為有史以來，第一本臺南府城的齋教傳統齋堂史專著。所以此次本書編輯特請其提供兩篇此領域的最具原創性的經典研究論文，納入本書內容，使本書整體內容的體系建構更為周延。

儘管如此，本書三位作者的共同合作下的全書內容，仍不能等同具有學術嚴謹性的《臺南市佛教通史》或一本全面性的《臺南市佛教文化史》，而只是迄今為止內容最具代表性且主題最多元的論集式《臺南府城佛影的歷史構造：臺南市佛教史新透視與盧嘉興研究導論》。

* * *

在作者之一江燦騰教授的長期鑽研工作中，曾深深體會到臺南府城佛教歷史與文化重建的艱難，例如各寺院不重視本身歷史文物的保

存，對佛教史的重要性缺乏理解，以至於要從事田野資料的調查，乃至舊有寺誌文獻的收集等，都面臨幾近一片空白的難以下手之苦。

也因此，本書的撰寫，雖然幸有盧嘉興對於臺南府城佛教歷史與文化的先驅性研究豐碩成果，可以作為奠基的有用參考。但，其研究的優點在於將現有公私歷史文獻的史料大量收集與撰成多篇力作發表，卻因其相當缺乏現代佛教史知識的背景基礎，導致其無法在詮釋時，能以多層次的面相呈現出更加豐富的歷史蘊涵來。所以本書在實際撰寫時，仍宛若在補綴百衲衣一樣，必須在無數斷簡殘編的資料中，嘗試各種組合的可能方式，然後才在無理路中衝出一條思維之路，並將各種零散或表面看來不相涉的佛教文化史料，有系統的連貫起來。假如讀者在讀本書時，還覺得有一知識上的收穫，乃至也能產生一些閱讀上的樂趣，請勿忘這是作者花費無數的心力與時間，才勉強撰寫出來的。

而本書三位作者所以甘願從事這一研究工作，實在是基於知識份子對於生活於斯的本土宗教文化與歷史，有一種責無旁貸的使命感在鞭策著研究工作所致。因為藉著歷史文字的書寫，可以把對於本土佛教圖像重構和個人對於鄉土宗教文化的深切關懷交織起來。

所以這本書，是由本書三位作者：江燦騰教授、邱敏捷院長、王見川博士三人都有一定共識的府城佛教史見解與深層關懷所形成的，但同時也深具三者各自的學術論述風格或色彩的一綜合深論集。

別的人或其他的研究者，不一定需要完全贊同本書三位作者的所有看法，事實上要從事其他方式的研究和重新提出完全不同的觀點，都是可能的。換言之，未來出現多音交響的各類府城佛教史著作，才是本書三位作者最期盼的。

* * *

最後，必須提及與深致感謝的相關學者，首先是本書有幸能特邀

現任國立臺灣師範大學東亞學系名教授張崑將博士，以及中央研究院民族學研究所研究員丁仁傑博士，分別從現代東亞歷史知識學與現代宗教社會學的觀察角度，撰寫各具特色及精彩絕倫的深度解讀本書內在學術蘊涵。讀者可以透過此兩位當代頂尖的東亞宗教研究者各自的解讀觀點，來增益親自閱讀本書的新知趣味與增益新知視野。

其次是，還要感謝臺北教育大學何義麟教授，因其能指正本書中全部註解格式必須統一的問題。

再者，本書全文二校完畢後，突然獲得二位聲望崇高的前輩特為本書出版而撰寫的，其內容不但非常珍貴且在詮釋有關「臺南學」如何建構的學術概念及其源自近代世界「地方學形成」的源流回溯方面，更是屬於大手筆等級的序文或推薦文。而之所以有此兩文，原因是本書作者之一的現任臺南大學人文學院院長邱敏捷教授，非常用心的多方力邀：一位是中央研究院院士、前教育部長杜正勝教授，以及新任臺南大學校長陳惠萍教授，彼等都願意在百忙中特別抽空撰文來嘉勉本書的出版。所以特在此向二位前輩學者致上最高的感謝之意。

此外，在臺南府城佛教與學術界，與本書作者已有多年論學的知交，例如：成大中文系已退休的林朝成教授以及府城佛教界的依觀比丘尼、雲庵住持、德化堂同仁、王儒龍先生；特別是已故的臺南妙心寺傳道住持與湛然寺水月住持這兩位教界前輩。若非有你們過去的多方大力協助，本書是無法出現的。

最後，必須致上最大謝意的是，本書主編李欣芳小姐，編輯陳欣欣小姐，感謝你們在編輯與校正的過程中，無比的專業、耐心與精確，所以能使本書的內容錯誤減到最低。本叢書總主編陳添壽教授的多次鼓勵與肯定，更是本書作者的一大榮幸。

一部建構「臺南學」系譜學起點的新嘗試

張崑將

臺灣師範大學東亞學系教授

《臺南府城佛影的歷史構造：臺南市佛教史新透視與盧嘉興研究導論》是江燦騰、邱敏捷及王見川三位敬重的學界先輩合著的大作，承蒙燦騰學長的厚愛，讓我先睹為快，並為之寫序，但也因此倍感壓力，主要是自己並非此學術專業。

但我可感受到燦騰學長為何要我寫序的背後原因，係知我長期作東亞文化交流史，可以從比較廣袤的視野來審視這部作品。

換言之，這部看起來是臺南地方區域文化史的範疇，實則是部超越地方文化區域史，而有橫跨東亞區域文化史的內涵，更可放在全球史脈絡下，呈現 Clifford Geertz（1926-2006）在其名著《文化詮釋學》所稱「具有全球意義的在地知識」（local knowledge with global significance）環節下來審視這部作品。[1] 故盛情難卻，不揣鄙陋，落筆為序。

臺南府城是臺灣最早開發的地方，所以堪稱臺灣最有歷史感、古蹟感之所在。因此提煉出一個所謂「臺南學」比起臺灣其他城市而言，更具有其獨特的地方優勢。「臺南學」可以有各種在地知識領域，諸如

---

[1] Clifford Geertz, *The Interpretation of Culture*（New York: Basic Books, Inc., 1973）.

文物古蹟建築、海港變遷、文廟書院、大小廟宇、抗日或民變戰爭、殖民統治、鄭成功學等等，都可自成一門探究不完的學問，唯獨臺南佛教相關的文化史迄今難有自成一門的發展。為何如此？

乃因如作者在前言所說：「**本書在實際撰寫時，仍宛若在補綴百衲衣一樣，必須在無數斷簡殘編的資料中，嘗試各種組合的可能方式，然後才在無理路中衝出一條思維之路，並將各種零散或表面看來不相涉的佛教文化史料，有系統的連貫起來。**」一來臺灣政權更迭頻繁，佛教信仰者為了要因應政權變化而有銷毀、密藏或刻意迎合政權等情況，對於史料整理或保存是很大的挑戰；二來撰寫者若無相當的佛教文化史的知識基礎，也很難釐清其中的相關脈絡。

如今本書以臺南府城佛教文化史作為主軸，並凸顯盧嘉興這位重要先驅者，不僅讓臺南府城的佛教發展史佔有「臺南學」的一席之地，更將作為地方學的「臺南學」，擴展為東亞區域史的國際脈動，堪可補足這個缺憾。

本書書名以「盧嘉興研究」作為副標題，作者在通讀了盧嘉興所編的 24 輯《臺灣研究彙集》後，定位盧嘉興這位跨越日本殖民到戰後臺灣的臺南文化史研究者為「臺南學詮釋與建構的重要先驅者」，許多人可能好奇盧嘉興為何可以享有此一評價，作者在本書第一、二章已有所交代，其中在本書第一章這樣說明：

> 盧嘉興是自學成功的鄉土史調查專家，更是臺灣傳統製鹽發展史調查與書寫的第一人。此外，他對明鄭時期的最初登陸地點的考察、對於明鄭時期有無媽祖信仰的權威論斷、有關孔廟的改建、古蹟的維護、赤崁樓的增修、臺南傳統著名的史志名家的詳盡介紹、在地著名古剎的深入考證、著名齋姑的介紹、詩藝名流的長篇書寫、鹽商巨富世家的發達史跡挖掘等，都有其專業的獨到造詣。

在此章結論並言：

> 從整體學術業績來看，縱使是當代的資深臺灣鄉土史專業學者，也未必能如盧嘉興的治學涉獵範圍之多樣性與考證資料之齊全。

以上這段的說明與歸納盧嘉興這位工友出身，後來靠著不斷自學，接觸了國分直一與石暘睢的關鍵影響，數十年努力不懈，最終成為「臺南學」的詮釋建構者的心路歷程，堪稱與曹永和先生的自學歷程有異曲同工之處。

確實，以「臺南學」作為核心，不論在「質」與「量」上的研究，盧嘉興都稱得上這個「臺南學」的領航者或先驅者。

不過，筆者以為盧嘉興遺留下的 24 輯《臺灣研究彙集》，目前尚缺乏有人好好進行研究與通讀，能看出盧嘉興在「臺南學」的重要意義者，尚江山有待。

質言之，發現盧嘉興的研究不難，但要賦予盧嘉興的學術定位與意義才是困難之處，須得一有史識洞見及佛教專業的識貨者，才能做到這點。毫無疑問，作者是極少數之一具有這條件者。但這也只是開始而已。

由盧嘉興的研究再往前攀藤摸瓜，發現其導師石暘睢、國分直一等人也都是建構「臺南學」的重要支柱之一環，更不用說殖民時代蔡國琳等所完成的《南部臺灣誌》（本書第五章）等等，由此類推，從他們研究的佛教文化、鄭成功、碑林、書院、孔廟、地理河道變遷……等等，一步步由「點」到「線」擴充到立體的「面」，如是所謂「臺南學」的系譜將會一一很具體地呈現而出。

將來若能有更多的研究，提煉其「臺南學」的文化精神內涵，或許能開展出「臺南學」的文化新意義。

＊ ＊ ＊

　　其次，為何此書具有超越地方文化區域知識，而能嫁接到東亞區域文化史甚至全球意義的價值內涵呢？因為書中涉及的臺南文化知識人及宗教人物，固然其核心現場均在臺南地域，但細讀作者的分析，他們都是跨越時代、跨越區域，甚至跨越宗教，具有東亞近現代文化發展史的內涵。

　　書中提到的關鍵人物如林秋梧（1903-1934）有革命僧之稱，他參與「臺灣文化協會」的政治運動，同情無產階級、反對殖民、對抗資本主義，道道地地是個左派人物。林秋梧更是毅然披起袈裟，不僅反抗帝國主義，也對佛教內部進行思想改造革命。

　　從林秋梧一生參與的左派運動，本是殖民反抗史或全球殖民史的一環，更特別的是他有僧人的身份，這樣的革命僧在臺灣可說是鳳毛麟角，卻出現在臺南開元寺。

　　再如本書第二章〈盧嘉興研究與《開元寺徵詩錄》的歷史新解：有關殖民改造與戒嚴陰影下的雙重辯證嘗試〉提及臺南著名的開元寺，經作者分析日治時期有從日本曹洞宗轉向成為臨濟宗派的曲折過程，裡頭更有祭祀鄭成功的延平郡王畫像及神主牌，更有為了配合日本統治當局，不得不在大殿供奉日本天皇的「萬壽金牌」，凡此種種已經超出單一區域佛教文化史，更具有殖民統治史，也跨越從鄭成功時代到日治乃至二戰後的當代發展史。

　　若再從全球史的視野看，也可與近代基督教傳播到東亞國家過程中各派勢力在各殖民地的競爭佈教做一互相比較的跨宗教傳播研究。再如論及臺灣的齋教文化史，如第五章〈從蔡國琳著《南部臺灣誌》透視：明清時代臺灣傳統在家佛教的齋教三派〉（江燦騰著）及第六章〈戰前臺南大仙岩廖炭與臺灣佛教龍華會：臺灣史上首次「齋教」三派成立的全島性聯合組織〉（王見川著），也涉及臺南齋教系統隸屬日本

臨濟宗法脈之下，並在日式化的「皇道佛教」的高壓意識形態下如何求得信仰與生存之道的平衡。

凡此種種，「臺南佛教史」根本是殖民統治的縮影，放在日軍在東亞國家的韓國、中國滿州等提供從軍佈教團的脈絡中，都可形成橫跨地方區域與國家區域之間的關聯史。而其在殖民地的傳教事業，也可放在全球殖民史的宗教交涉來進一步審視其代表的時代意義。

再如第九章〈戰後東北天臺宗僧侶來臺南市發展的歷程〉，讓人看到作者江燦騰在軍中與王少校（後成為臺南湛然寺第二任住持的水月法師）的奇緣，引發作者寫就釋慧峰這些東北外省出家人來臺後弘法的困境及如何在臺南經營湛然寺的艱辛過程。

其中內容涉及「中國佛教會」（1947 年成立）組織的成立，如何扭轉本省與外省出家地位的關鍵，亦見戰後臺灣本土佛教界普遍戒律不足的狀況，更見當時不少外省軍中退伍剃度的法師現象。

毫無疑問，湛然寺的開山法師釋慧峰及水月法師本身的經歷，既是國共內戰大時代下的逃難史，也是兩岸佛教高僧大德大遷徙延續法脈的傳承史，他們最後重樹法幢於臺南，不僅成為「臺南學」佛教傳播史不可分割的一部份，更是見證外省、本省佛教折衝與融合過程的艱辛，儼然已是超越臺南學而成為兩岸佛學發展的共同課題。若再從全球意義的觀點進行透視，類似像印順法師、慈航法師、釋慧峰等離散來臺或他地的弘法僧，可以用東亞區域或全球區域文化交流史的方法來重新進行比較研究，筆者或暫可稱為「離散弘法僧的跨文化詮釋與脈絡性轉化」之類的研究計畫，在大歷史（Big History）的架構下重新評估這個為數不少的離散弘法師如何離開原鄉又在異鄉落地生根的苦鬥與重生過程。

* * *

　　最後，讀者在閱讀本書之際，應可以充分感受到書中人物處於社會現況的「脈絡性氛圍」，乃因作者擅長挖掘史料背後不為人知的許多內幕，這需要有相當高的佛教專業敏銳度，當然也與作者從底層工人艱辛奮鬥的人生閱歷有關。

　　一般學者難有這種切身在艱困環境中苦鬥的經驗，所以作者往往能深入社會與時代脈絡，進一步深入釐清常人所難見到的佛教內部與外部連結的真相。

　　例如作者能讀出盧嘉興的開元寺研究寫法有「事前逃避」與「事後逃脫」的巧飾筆法（第二章），也能深掘日據時期林秋梧這位臺南革命僧的佛教革新關懷（第八章），更能釐清戰後臺南湛然寺與法華寺之間的廟產關係，沉痛指出盜賣廟產的出家人之過程（第九章）。

　　佛教人物慈悲為懷，不忍家醜外揚，也擔心違反戒律，諸多法門彼此之爭或法門內的傳承之爭，多所隱諱，須由像作者這類佛教文史專家，披露史實，釐清脈絡，還原過程。

　　此外，對於一般陌生的「在家教團」（或新興佛教）研究，作者也涉獵甚深，對於已經幾近消失與趨向「空門化」的兩個在家教團「現代禪菩薩教團」（李元松所創）與「臺南佛教維鬘傳道協會」（王儒龍所創）有較全面的研究，對其組織及領導人的轉變歷程，均有獨到的觀察與見解。

　　書中幾乎都是透過關鍵人物以構成本書各章的重點，這些關鍵人物都可是「臺南學」有關佛教文化史建構者。林秋梧短命，沒活過臺灣光復，但其革命僧侶的形象已足堪傳世。

　　此書中出現的許多關鍵人物如石暘睢（1898-1964）身處「一生兩世」（日治到戒嚴時代）或如盧嘉興（1918-1992）、國分直一（1908-2005）身處「一生三世」（日治→戒嚴→解嚴），還有像來自大陸東北出家僧卻在臺南創立湛然寺的釋慧峰（？-1974）及其繼承者水月法師等，更是跨時代與跨地域的弘法者。

　　經過作者深入文獻及其佛教專業的敏銳，既能看到林秋梧的批判禪學來自日本曹洞宗學問僧忽滑谷快天（1867-1934），也直探盧嘉興寫作開元寺的作品心思，測出他「事前逃避」與「事後逃脫」的巧飾筆法，為的就是避免在威權體制時代文字獄的心路歷程。更能透視釋慧峰作為東北出家僧如何在南臺灣樹立法幢的克難過程。

　　以上關鍵人物在作者既能「入乎其內」從臺南地方出發進行深度描繪，又能「出乎其外」從大歷史時代脈絡連結其綿密的網絡，解析其存在的時代意義，如同空拍的攝影機從一個地方小點，逐漸拉到大視野格局來掌握這些關鍵人物。

　　如果再由這些關鍵人物擴充到涉及的廟宇建築的宗教信仰與傳播事業、書院孔廟與文教事業、鄭成功史蹟與大航海時代、殖民與威權統治的抵抗精神、臺南幫與商業發展等等，在「大歷史」／「小歷史」、「地方區域」／「東亞區域」、「在地性」／「全球性」彼此之間的交光互影之下，建構出一個鮮明「臺南學的系譜學」當是指日可待。

　　如此之「臺南學」不只是「臺南學」，而是「具有全球意義的在地臺南學」，這是一種新文化史的嘗試與建構。本書堪稱為這樣的臺南學願景做了很好的示範作用。是為之序。

現代宗教社會學視野下的跨世代學術對話：對於江、邱、王三位新著《臺南府城佛影的歷史構造》詮釋學的另類解讀

丁仁傑

中央研究院民族學研究所研究員

　　江燦騰、邱敏捷與王見川三位教授合著的專書《臺南府城佛影的歷史構造》即將出版，囑我寫一篇序言，我深感榮幸能參與這場盛事。江教授、邱教授和王教授三位學者，皆是老練辛辣的寫手，著作等身，涉獵廣泛，功力積累也都超過三十年。

　　彼等親履府城，收集第一手文獻，一步一腳印，這是史家超群技藝的展示。而本書力圖鑽探臺灣佛教的「歷史構造」，其理論企圖更是不同凡響，對臺灣宗教或甚至是東亞宗教的研究者，都將帶來啟發。

　　本書除導論外，共有十章和兩篇附錄，各章提供了不同的案例，由盧嘉興所建立的臺南研究揭開序幕，彰顯在地文史工作者所具有的深厚人文內涵，這已是一個殖民與後殖民歷史歷程的縮影，殖民雖然是壓迫與剝削，但卻也是把現代的學術技藝與素養傳播到被殖民者，並進而創造出融合的典範，甚至是「第三空間」。「臺南學」如此，臺灣佛教何嘗不是如此。

　　第二章起依據歷史發展的層次，清代、日治時代、戰後與當代而依序展開，各時期中的案例也許輝煌於一時，但在政權遞變與經濟發展的新情勢中，有時趨於隱晦，有時趨於沒落。

這些案例包括了開元寺、齋教、德化堂、林秋梧所帶動的新批判禪學思想、戰後東北天臺宗的在臺發展、解嚴後臺灣佛教在家教團的崛起與頓挫。

各篇文字原本有其特殊寫作的機緣，是作者上窮碧落下黃泉而讓許多未見的史料出土，並讓材料安置在各自的歷史理性與作者的宏觀視野上，而產生的精闢史作。

本書導論中曾將臺灣佛教發展史分為四個時期：

1. 移墾初期：首先是低文化、近本能的普羅大眾艱難謀生的新墾地，當日本德川幕府獨具慧眼邀請隱元隆崎師徒，成功地完整移植了漢傳的明清佛教中，最豐富和最精致的黃蘗山禪文化之燦爛果實，卻也掏空了明清禪佛教主要根源地之一。

但清代也有僧侶和文人居士為刻意避開抗清身分而非自願性變相出家的僧侶。受閩粵影響的邊陲性和依賴性仍是主要特徵，而且信仰神佛不分，有相當的混融性。

2. 日治時期：佛教受到日本政府的寬容，日本各佛教宗派與臺灣本土寺廟及齋堂建立合作的加盟關係以外，甚至建立永久性傳教中心。種種情勢促成了臺灣四大法派的出現。日治後期在皇道佛教的影響下，臺灣本土佛教部分的喪失了自主性。

3. 戰後：中國佛教會的主導下，一面極力排斥日式佛教，一面同時進行「再建大陸佛教」新傳統。大陸傳戒的規範和出家佛教至上的意識形態，主宰了原有的臺灣佛教文化的發展，而且日本在臺的許多美麗的佛寺，大多被變賣或改建。

取而代之的是廣播型、觀光型和舞臺化的新佛教傳播方式，逐漸成了新的主流。大陸來臺的星雲法師及其一手建立的在高雄地區的佛光山系統，就是其中最典型的代表。

另一方面，脫胎於傳統齋教先天派的一貫道，則藉著結合儒家思想和入教的簡易化，在臺灣地區大大盛行起來，並成為僅次於佛教的大

教派，其實力甚至逐漸擴散至全球各地。

4.解嚴後的發展，中國佛教會的霸權崩解，傳戒多元與僧尼平權的訴求相繼出現，漢傳佛教回流大陸，此一時期開始有諸多禪修型和靈驗型的佛教團體或組織，都延續前期的發展，更大行其道。藏傳佛教的傳入臺灣也進入高峰。也有不少緬甸、泰國和斯里蘭卡的僧侶來臺傳授禪法。

＊ ＊ ＊

本文是應三位作者之一的江燦騰教授特邀，並明確指定，本序文不是泛泛的學術應酬序文，而是戰後不同時代臺灣本土宗教研究以及源自不同學科的現役學者之間，彼此有意識自覺性的相互進行跨學科對話。因而，我的此篇另類解讀，正是呼應了本書作者之一所期盼的多音交響解讀方式。

因此，容我針對上述的新書內容提要，在此饒舌一番，並重新改用社會學的語言來看待這幾個分期。須知，縱使在同樣的歷史社會條件下，不同宗教學者的觀察視野也會出現不同角度的巨大差異性。據此而論，則我認為本新書內容在宗教社會學分期之下，也能夠清楚察覺：這幾個分期之間的發展，其實也有著一種內在的連動性。

不過，以下本文的詮釋建構，是採取「理想類型式」的，主要是想要說明歷史發展中，其實也具有內在因果性的線索。但現實狀態下，當然是複雜得多，對應本書中的四個分期（各分期中，還可區別出 a、b 等現象上的伴生），用社會學的語言來說，可以是：

1a.「自然團體」（nature group）狀態下的「基本性的瀰散性」（primary diffuseness）：在社會尚未分化而高度混融的狀態，社會組織與宗教組織合一，宗教團體領導者和世俗團體領導者往往是同樣的人，或至少是高度重疊的。不過這個階段的後期，發生了一些有趣的現

象，如 1b；

1b.「俗人的專業化／僧人的非專業化」（lay specification/clergy un-specified）

由自然團體到邁向專門宗教組織的出現，過度過程中，有可能出現在家眾專業強，而僧院中的僧侶反而極不專業的狀態。

這是因為宗教修為與知識，尚未為宗教機構所壟斷，俗人乃有可能比僧侶更接近於宗教達人，更不用說如齋教徒這種受過系統性宗教訓練的俗人了，書中提到的龍華派「太空級齋友」廖炭，以齋教之徒卻擔當起籌建大仙寺的使命，就反映了這樣的一種歷史樣態。

2.機構的專業化（institutional specification）：出家人主持的佛寺和在家人主持的齋教，各自分立而邁向了更為專精的組織狀態。受到殖民政府的統治策略、基督教的刺激與日本宗派網絡運作模式的影響，原來自然團體壟罩下的宗教部門也走向專門化，一方面，1b 裡的俗人的專業化，在政治上許可的情況下（清代時的處於化外之地而得以發展，以及日本政府的鼓勵），它有了意外的發展，也得到了合法性的地位（齋教的發展）；1b 裡的不夠專業的寺院組織，至此也走向寺院的宗派化與專門化發展。

3a. 倫理（政治）優位取代專業優位：中國佛教會的主導，事實上是以一個低度現代化而高度泛政治性（中國民族主義）的佛教框架來壓抑現代專業化程度較高（曾歷經殖民現代化洗禮）的臺灣佛教宗派和齋教。

齋教的被壓抑與一貫道的蓬勃發展間雖無內在直接的因果關係，但的確在宗教市場的供給面上有其產品性質的親近性（鮮明的在家主義的意識形態），同類產品的競爭而產生的此消彼長的態勢相當明顯。

3b.「改革主義」與資本主義功能分工化社會的合流：傳統社會（如前述 1a），容忍宗教的超越性與世俗的應用性間保持分離，只要不要相互干擾即可，甚至於宗教的超越性往往也是以其靈驗的效果而被

俗民看重。

　　但是進入現代社會，面對宗教存亡，和受到基督新教的影響，認為宗教必須以教義為綱，並且要和實用性與神祕主義脫鉤，信徒的身心與認知間必須維持某種一致性，由精英份子所主導，因無法容忍傳統社會裡宗教的超越性與世俗性間的界線過於模糊，或是宗教的出世性被世俗性所併吞或蠶食，於是精英份子會產生一種或是標榜以超越性來領導實用性，或是以重新恢復佛教的超越性為職志的行動取向，這也就是近現代漢傳佛教界人間佛教改革主義的發展。

　　這個改革主義取向，歷史因緣下，當接軌在 1970 年代以後的臺灣社會，也就是資本主義功能分工的結構框架下，「出家／在家」等同於某種功能性分化，各社會階級也沒有先天內在階層性的意義，而趁勢有了新的發展。

　　於是，臺灣以人間佛教為名的幾個大型教團，內部以堅實的在家眾與女眾為主體，意識形態上則是引入「改革主義」以正當化自身的世俗性取向，這已成為了當代臺灣佛教最為引人入勝的發展。

　　而標榜以在家眾為唯一組成的「在家改革性教團」（如現代禪、維鬘傳道協會），起點上原想彰顯真正的「在家主義」精神（佛教社團不須任何出家人的領導），雖得以開宗，卻未能永續，則和其自身路線選擇的自我矛盾與自我設限有關（詳後）。

　　4. 解嚴後的發展，一方面是 3b 的進入「自覺性的宗派化」（慈濟宗、法鼓宗、佛光宗等名號的紛紛出現並積極建構中，這和 2a.時期裡的受到日本宗派網絡影響而產生的宗派化不太一樣）的成熟發展期（誕生於改革主義的宗教組織已發展至宏大的規模，如何將其成果加以永續化？這件事對各教團當事者來說，都已迫在眉睫）；另一方面，整體社會宗教的需求面則又已開始發生了激烈的變化，因為一旦傳統的信仰歸屬關係被打破，以及出家與在家間的界線只是形式上的，而非先天既存的階層，每一個人都面臨了重新選擇與建構自身宗教性的自由與主體焦

慮，不難想像所有既存的宗教供給面，也都會重新型態化以對應於這個新的流動性的靈性市場。

＊　＊　＊

　　以上，乃是本人對本書獨特的社會學解讀。進一步來說，本書各篇本都有各自獨到的歷史見解，但赫然回首，連續閱讀起來，便會發現，這不僅是臺南府城佛教發展的百科全書，還是有關於當代臺灣佛教蓬勃發展的解謎之作。

　　因為當代臺灣佛教蓬勃發展的歷史基因，或是說基因庫，已經沉澱與交織於府城佛教發展的歷史紋理當中，讀本書猶如解讀這個歷史劇的上半場。而有了對於上半場的歷史爬梳，我們才有可能對於當代正在發生著的歷史劇的下半場——某一種型態的佛教成為了臺灣當代宗教熱潮的最重要的主角——產生更具有歷史對焦性的理解。

　　我自己是以研究新興宗教起家的，我想我便以這個角度切入來說幾句話。在歐美，1960 至 1970 年代的「新宗教運動」代表了一種西方理性社會中的「反抗文化」的興起，而 1980 年代末期至今，歐美新興宗教活動中的另一個熱潮「新時代運動」，則是代表了一種結合神秘主義並強調自我性靈開發的新潮流。

　　整體而言，它們都是和主流宗教傳統相對立的，也是與既有權威的對抗。雖然這些團體吸引了不少人，也對社會文化產生的極大的影響。但事實上，就人數來說，並非如媒體所述似乎遍地都是新興宗教的信徒，只不過出於獵奇的心理，他們被媒體極度放大，其特異的組織與生活型態也被大幅報導。新興宗教團體招募信徒的方式，往往也被認為是一種洗腦與心靈控制，各教團的克里斯瑪領導者更是常被媒體無限放大，而被予以極為誇張性的報導。

　　但是在東亞脈絡裡，當代新興宗教運動和西方社會的發展相當不

同，由十九世紀以來就已蔚為各種風潮而誕生的大量的新宗教，如日本的天理教、金光教、大本教和稍後的創價學會，韓國的東學教、甑山道、圓佛教，中國在二十世紀初期大量的救世團體，如同善社、紅卍字學會、萬國道德會、一貫道等，它們信徒的人數不在少數，並非文化上的異端，而是往往具有創新型的組織。而當傳統的西方社會以基督教為唯一宗教正統，東亞社會的儒釋道共存及多元地方信仰的背景，則是形成了與西方不同的新興宗教發展的背景。

對於東亞的日本社會來說，大眾主義（popularism）的興起是一個重要的背景，這一點可以參考日本宗教社會學家島薗進（《由救贖到靈性》一書中）的講法，他指出，在前現代的社會，歷史宗教受限於精英份子的文化，並且在這些社會的宗教文化中，精英宗教以一種享有霸權之不可動搖的傳統的形式而存在。精英宗教的形成中，會去拒絕大眾的宗教，並且它會持續性的刻意去擴張其在民間的影響力。過去，這兩種宗教形式，在一個共生的意義下二者彼此可以相互補充，也因此，大眾的宗教仍有其穩固的根基，並且得以部分繼續持續其傳統，不過，它在相當程度上是被精英份子所壓抑的。

現代情境，包括市場經濟、國家政府的成長，都市中心的文化氛圍等，讓精英與大眾之間和平共存平衡性的關係瓦解了。過去宗教的歷史，很大部分取決於這兩位的拉鋸精英的宗教是否能維持其優越性的位置，或者是大眾的宗教是否能夠成功地擺脫於精英宗教的框架之外。

當在其中精英宗教牢牢地維持著其霸權時，其能量是榨取自大眾宗教的，於是庸俗化過程也會滲入到大眾的私人領域中，即使說表面上看起來，精英宗教仍較占有優勢。

不過，進入現代社會，精英已對民眾宗教無法管控，由大眾宗教中跑出來的救贖性宗教運動也開始出現，並且產生了對於支持「現代化中的世俗化」（將理性精神帶入世界，並減弱宗教的影響力，這又和大眾性的庸俗化不同）之精英文化（如同發生在美國、韓國和日本的情

況）的一種反抗性的姿態。新宗教，正可以被視為是由精英文化中解放出來，對抗於世俗化，和調適於當代環境的一種大眾宗教的發展形式。

換言之，大眾主義，也就是大眾宗教意識崛起裡的宗教教義與實踐模式上的新內容，它在宗教詮釋與權力分享上，和僧侶導向或精英導向的教義與組織模式截然不同。在這個大眾主義的意義下，有幾件事情相當值得注意：

1. 20 世紀開始，日本的新宗教，尤其是 1920-1970 年之間成立的新宗教團體，有約 68.5%的信徒比率，有著屬於法華經系統的佛教的根源（日蓮宗），這不僅是因為佛教曾是德川幕府時期的國教，更是因為有著其他教義與歷史演變上的根源，那是因為 13 世紀時，日蓮對於法華經的詮釋與實踐（「唱題」式的教法的簡化、末世論的強調、反儀式主義、宣揚法華信仰的團結國家的作用），已經為大眾主義、在家主義、經驗主義、現世救贖的操作和國家主義等，都已經鋪好了路，也之在 20 世紀進入工業化和都市化的情境，有大量法華經系統的新宗派產生（善鄰會、靈友會與創價學會）。

2. 大眾主義所帶來的新宗教的主要特色就是現世（this-worldly）取向。回歸到大眾的日常層次，相對於拒斥現世而尋求來世的救贖，新宗教更傾向於重視現世生命的價值，並且提供瞭解除現世苦難的希望。新宗教的強烈吸引力就在於現世得益的保證，比如透過信神或佛陀，因而解除了由貧窮或疾病而產生的問題。許多人受到新宗教的吸引，就是因為其保證巫術性的儀式可以治癒疾病。

3. 由大眾日常生活倫理價值出發的宗教團體，在社會組織與宗教活動的一個明顯特徵就是，有大規模的民眾參與，民眾也在團體中有著積極主動性，並經常扮演了領導性的角色。

地方團體的活動是由近親關係及同儕成員組成，日常生活的問題都以宗教用語來理解，由全體成員一起分享並討論。每一位成員在團體期待下，都積極參與團體活動，並宣揚他們的信仰。神職人員與平民信

徒之間並沒有明顯的劃分，個人的宗教進展取決於努力與能力，而非個人的社會階級或背景。

事實上，在新宗教中，支持地方活動並且產生無數領導者的最有力量的社會組成，經常是中年家庭主婦，她們常因較低的社會地位而受苦，但在宗教經驗中得到了自我認同，並進而在新宗教中，有著高度熱情的投入而扮演了重要角色。

在這裡，大眾主義的興起構成了當代新興宗教的熱潮，雖然其內涵往往有著傳統經典法華系統的根源，但卻形成了和精英文化鮮明的對立性，特別強調在家主義（在家人可執行一切儀式，修行不需出家人的協助）、經驗主義（以個人體驗為真理的判準）與生機性世界觀（vitalistic worldview）（強調宇宙萬物的感應與轉化）。簡言之，日本大眾主義的興起，在宗教場域裡，有很大的一部分會經由其占了全國宗教版圖裡高達 15% 的新宗教範疇中所體現，而其主要特徵就體現在了在家主義、經驗主義和生機性世界觀這幾點特質上。

反觀華人社會大眾主義的萌芽，早在 17 世紀起，有很大的一部分，是由飽受政府壓抑的民間教派（被官方定義為白蓮教之類的團體，當代則為一貫道）所承載，這些民間教派往往有非常強的宗教融合思想和末世論視野；而到了當代，佛教經過調整，在臺灣出現了以人間佛教為名的多個佛教教團的振興，這又成為新的一波大眾主義風潮，他們更像是屬於大量大眾階層進入都市成為中產階級後而所帶動的新興教派運動。這一波大眾主義的風潮，主流呈現於臺灣佛教的新興宗派，其歷史前哨即隱藏於本書的細節之中。

簡言之，臺灣社會大眾宗教意識的發展，在不同時代裡的呈現，和日本具有濃厚大眾主義性格的新宗教，其結構性位置與表現形式，雖都起自於大眾社會，但仍有極大差異。臺灣在不同時空，曾由不同類團體，各以不同重點，來承載了大眾主義的表現方式，這和日本的主要透過法華經系統的新宗教來表現，並帶有濃厚的神祕主義、經驗主義（真

理會以個人體驗的方式而呈現）與在家主義屬性等，會有著一定程度上的差異。

在當代臺灣，大眾宗教意識的發展，大量被現代佛教改革運動（以人間佛教之名，而由被大眾所認可的佛教團體所彰顯），與華人民間教派的近代與現代發展所吸納（如一貫道這類綜攝性民間教派，其傳統在民間，自明清以來即有根基），僅部分由不被社會主流所認可的新興宗教（可能會帶有類似於日本「生機性的世界觀」的操作模式）所來表現。

換句話說，在臺灣，大眾宗教意識的表現，是經由：（一）迅速調整而跟上時代的新興佛教教團，以其溫和的入世思想與實踐；（二）被底層大眾早已接納的民間教派重新出發後，而所產生的儒家本位的救贖論（所以這也已非早期的民間教派運動）；和（三）新興教派的更強調即刻開悟的解脫論，三者分別，卻也是互補性的，共同承擔了大眾社會新的救贖與靈性上的需求（現代佛教教團：在家主義與普遍性的救贖；民間教派：儒家倫理與普遍性的救贖；新興教派：近似於日本新宗教生機性的世界觀與普遍性的救贖觀）。

＊ ＊ ＊

到這裡，我鋪了那麼長的一個梗，正是要問：為什麼臺灣的大眾主義，到了當代，輾轉的，最主要是由新興佛教所呈現？而它又具有什麼樣的特色？由本書的歷史描述中，我們看到了幾個至關重要的歷史前件：

A. 移墾地原初的佛教傳統，就是神佛不分，相當大眾性的普羅傳統，甚至於釋教、齋教三派的普及，並沒有要取代佛教的意向，而是在正規僧人不足的情況下，某種「替代性佛教」的大眾化模式，對大眾來說，「齋／佛」只是制度上的差異，而並非截然的區隔。

這種神佛不分的混融性，以實踐與實用為導向，也是隱晦的民眾主體性（區別於精英）之所在。

B. 日治時代儒生與佛教地位產生消長，殖民政府取消出家資格的限制，加以日本政府對佛教的重視，佛教與齋教的地位都驟升。精緻的日本佛教和宗派性的日本佛教，帶動臺灣佛教的宗派化。殖民經驗中，信仰聯盟與跨國交流等，都是普世性佛教的演練場所，受壓迫者在宗教體制內得到了一種能具有普世性宣稱的主體性。可以說，廣泛的大眾性信仰，內裡也許並未改變，但已銜接上精緻與傳播型的宗派主義，形成一種實用性與超越性的巧妙銜接。

C. 國民黨政權與中國佛教會的合作，甚至於以聲稱為是出於「去殖民」的清掃，打擊了「替代性佛教」體制上的正當性，過去曾蓬勃發展的「在家主義」被回流到民間教派而不再是在齋教裡得到伸張。

而新的一波都會化的佛教運動（等於是不受中國佛教會所控制的意外發展），與世俗性相調和，有效的協調了「出家超越性」與「在家入世性」，也呼應了 A 廣泛的移墾普羅大眾入世且虔敬的信仰基因，和 B 殖民現代性所引入的自我改革與精緻化的現代佛教風貌。

這裡，我們注意到，當代的新佛教運動裡，佛光山與法鼓山的具有中國佛教色彩，且當齋教與齋堂都開始受到了相當大的排擠，臺灣主體性似乎悵然若失。但其實，或許臺灣主體性在此並未真正流失，而只是隱藏或變形。主要在於佛光山與法鼓山的開宗立派，中國作為支點，並不是現實上的中國。

前者是指一個演化性的進步中國，後者是指歷史上禪宗的風華時代，二者的自我改革性的色彩，緩和了中國的威權性。而慈濟尤其如此，雖然證嚴依止於印順，但印順是一個與中國佛教會格格不入的理想主義者，慈濟終能開展出後殖民光暈影響下的具有務實性、利他性與普世性（這可以參考李丁讚 1996 載於《中研院民族學研究所集刊》的〈宗教與殖民：臺灣佛教的變遷與轉型，1895-1995〉一文）性格的由

臺灣本土所誕生的全球性佛教教團。

事實上，因為佛教（尤其在對於世間苦與虛幻的體會的著重上）已相當內化於臺灣民眾的內在宗教品味與氣質當中，作為一個墾移地與多重政權殖民歷程下的島民，歷史悲情中孳生出互助利他與慈悲助人的人際敏感性。同時，它又曾洗鍊於「在家主義精神」濃厚的齋教，與日本殖民現代性所帶來的宗派意識與改革進步思想。結果是，普羅大眾的「佛教性」與佛教認同的指向性，內化的相當深。

當有兼具實修與理想情懷的高僧登高一呼，極易獲得廣大臺灣普羅大眾（其內在多層次的「佛教性」相當深沉）的共鳴。

其次，我們注意到，過去的齋教，雖然具有「在家主義」的特色，但其實這還只是一種與僧院佛教相互補性的「在家主義」，或僅是特定歷史處境下的「替代佛教」，而非具堅實哲學基礎的「排他性的在家主義」。

在這樣的歷史傳統下，這使得後來的「在家主義運動」（如現代禪、維鬘傳道協會），起點上原想彰顯真正的「在家主義」精神（佛教社團不須任何出家人的領導），雖得以開宗，卻未能永續，而且常會進退失據，自身並未能堅持「排他性的在家主義」（落得個只是「俗家主義」〔俗眾為主的社會社團〕而連「在家主義」都不是），並且也未能長期獲得廣大普羅大眾的共鳴。

而大陸佛教僧侶（星雲與聖嚴）的取得臺灣宗教市場，本地證嚴的依止印順而開展入世性的慈濟志業，其實原皆為非主流位置的改革派，最後反而成為領導群倫的新佛教運動的開拓者，這極為耐人尋味。

是不是說，在後殖民情境的掙扎中，「中國性」一方面是壓迫的來源，卻也有可能成為普世佛教和抵抗強權的文化著力點；歐美，一方面是有待被解構的文化殖民者，一方面卻也是普世性的標準的源頭；日本同樣是兼具被解構的殖民者和導往進步的橋樑的雙重角色。在本土歷史感與三重外力的交織中，如何能建立臺灣人的當下主體，各教團的選

擇與憑依稍有不同，但無不充滿著歷史連續性與永續性主體建構的想像，這也才能匯聚廣大大眾的心靈依止。

＊　＊　＊

回到前面的問題，日本當代大眾主義興起而出現了與精英成抗衡之勢的「新宗教」，其特質結晶化在在家主義、經驗主義與生機性的救贖論等這些相當普羅的面向上；臺灣當代大眾主義的萌發，有很大的部分卻被吸納與反映在新佛教運動（慈濟、佛光山與法鼓山）裡，其主要表現特質雖還有待分析與檢驗，但與日本的大眾主義相較，我們可以發現：

1. 與出家僧相調和的在家主義、經驗主義、強調入世取向、以及在一定的程度上承擔起公眾性的角色，而對於生機性的救贖論則保持了一定的距離。

2. 其和日本最大的差異是，日本的當代大眾主義，更濃烈的抵抗著精英文化而走向神祕主義濃厚的生機性的世界觀。

3. 當代臺灣的大眾主義，固然部分內涵與日本相同，但卻是走向了不一樣的道路，我稱此為「仕紳化」（gentried）的大眾主義路線（以對比於日本新興宗教主流「生機性的世界觀」裡的大眾主義路線），也就是說，在傳統極為大眾化的行為基礎上（如積功德、求神問卜等）。因為大眾的走入公眾並承擔社會責任，它的考量開始出現更多內在性的道德思維和理性原則，於是，臺灣本土性大眾主義的崛起，不是神秘主義的氾濫（雖然媒體與學者都對臺灣俗民生活世界神祕主義的氾濫充滿批判），反而是更具有公共意識與入世實踐性的「仕紳化」的大眾主義路線。

以臺灣的新興佛教運動作為供給，之能夠滿足於當代臺灣大眾主義浮現中所出現的宗教需求，這整件事情的背後，是出於以漢傳佛教在

臺灣移墾社會與殖民政權遞變中，已產生了種種非預期性的內在性的轉化。

首先，我們注意到，大眾主義至少有著以下的前提：

一、它具有一個人人可及的平等性；

二、擴展於外它也就超越了階級上的區隔；

三、當具有了人人可及的平等性，中介性（如透過別人儀式上的代理）也就非必要；

四、在普羅大眾共通人性的基礎上，感性不用被排除，或甚至於是必要，於是混融於一般大眾日常生活中的生機性與動力，也就成為了達成於真理時所不可或缺的元素。

就此四點前提來說，華人民間教派意識形態的基礎牢牢的走在佛教前面，但是它的發展卻也一直受到極大的政治阻力和汙名化。

而解嚴前後，正是大眾主義可得而擴展的關鍵時機（政治上的開放與公領域中的靈性上的真空），經過改革主義自我調整，與兼具移民與殖民經驗中的佛教，在其修練框架下，已具有在家性的歷史基礎（過往民眾佛教的混融性和齋教的歷史風華），並且，雖在組織結構上並無根本轉變，但在意識形態上已產生了根本性的轉折，且正以更具體的社會與慈善實踐來體現出這種內在性的轉向。

於是，當大眾主義擴展的時代契機背後，新興大眾不再僅是普羅，而更是全球市場擴張中的在地中產階級時，人間佛教運動比起民間教派（如一貫道），在 1990 年代以後的臺灣的特殊時空裡，似乎是還來得更為「契理、契機、契情與契智」。

而為什麼同樣的是大眾主義的興起，日本和臺灣相比較，其發展方向的差異會那麼大呢？更一般性的來看，我認為，一般來說，傳統社會裡大眾與精英的關係，受到三個判準的影響：

一、階級區分的鮮明性，在某個特定的文化傳統和歷史時空裡，精英與大眾之間是否存在著嚴格而不可跨越的階級區分；或是說雖有階

級區分卻仍允許其間高度的流動與轉換；或是說並沒有存在實質世襲性的階級區分，而僅是因社會分工上的需要而存在著階級劃分。

二、大眾文化對精英文化是否採取完全的複製、模仿與接納？或是說二者雖然不同，相互間卻仍具有高度的交流性？還是說二者間的區隔與分別相對較為鮮明，而發展出了完全不同的內涵與軌跡。

三、大眾之在內涵與姿態上所出現的抵抗性。大眾文化勢必採取對精英的某種抗拒性，但是在不同時空氛圍的影響下，這種抗拒可以是極為鮮明與對立的；或僅是對精英持一種比較批判性的態度；更或者是僅處在一種複雜且愛恨交加情緒下的競爭或對抗，而並無鮮明的批判。

而中華帝國晚期的歷史發展，正如清史學家 E.Rawski 在一篇文章（Pp.403-404 in 1985, "Problems and Prospects," In Johnson Davis G , Andrew J. Nathan & Rawski , eds ., Popular Culture in Late Imperial China）中曾如此描述：

　　　　和法國相比，帝國時代末期的中國有著高度的文化整合。這部分是因為經由中國各種社會團體的傳布所造成的識字能力的普及。法國的民間文化基本上是屬於文盲的……一直到 19 世紀，當法語逐漸滲透到各個方言區域以後，法國民族文化上的統一才完成。和此相比，中國的文盲居於一個文字文化的環境中，並在多方面受此影響……。法國鄉村人口各部門中長期的文盲狀態部分是階級結構所造成，……和此成對比的是中國的體系中對於考選人才的強調超過對於出身的強調，這對於有功名的精英分子而言，當他們的兒子也必須要通過科舉考試才能取得社會地位時，事實上產生了向下流動的結果。雖然大部分考上的人仍然多半是來自於過去產生過功名的家族，考試制度所造成的個人地位的改變使民間普遍產生了相信社會流動是可能的印象，而這對於型塑家庭的生存方式而言極具影響力。法國和中國其它的對比還包括

了：早期的現代法國其城市與鄉村的分離比晚明與清初的中國更嚴重。法國的該種分離狀態還被貿易網絡、方言以及階級分層嚴格的語言等因素所強化，並為法國前現代時期運輸系統的限制所影響而更為加深。尤其在 14 到 17 世紀時，比起中國統一性的官僚體系而言，法國政治體系在克服各種地方主義上的能力相差頗遠。……Skinner 的研究也指出，中國和許多人類學家所研究的中美洲農民社會差異顯著。Skinner 以分析地域性系統來檢視帝國晚期時城市與鄉村傳統的整合性的狀態。中國文化是高度地理與社會流動狀態下的產物，並經過了精英階層在本地鄉土所做的一些修改和調整。

簡言之，關於精英與大眾的互動，傳統華人世界在許多方面都和歐美或日本不同，它在精英與大眾之間，文化更整合並相互滲透，階級流動更自由，識字能力在大眾各行各業中也相當普遍。

正是在這個前提下，當代臺灣的大眾主義的興起，並不見得會反映為與精英的鮮明批判和對抗，或宗教操演上的極度神秘主義化，反而因緣際會，歷史的非預期性的塑造，讓它出現了一種「仕紳化」的大眾主義路線，大眾文化不特別排斥精英文化，甚至於在內涵上還模仿與接納精英文化，但仍特別彰顯自身大眾性的立場，而此也正是目前高度反映在臺灣新佛教運動裡的方方面面上的獨特的風貌。

也就是說，大眾主義之走向了不同的路線，除了文化形構的深層原因以外，殖民與後殖民的歷史經驗，也是一個關鍵性的因素。正如同臺灣社會曾一一經歷出於政治邊陲之地而得以生存的齋教、日本的宗派主義、日本現代化的佛教、聲稱為以去殖民為目的的大陸佛教的操作、對抗文化帝國主義的佛教改革主義、追尋歐美現代化的與西方宗教的競爭等等方面的歷史經驗。

若沒有這些殖民與後殖民歷史經驗的淬鍊、在中國內地漢傳佛教

的原本環境裡，也許不會那麼順利的開展出這樣兼具有世界性、現代性與本土性新面貌的漢傳佛教，而這也提供了大眾主義發展趨勢裡的一種具有相當的入世性格且公眾道德意識濃厚的民眾佛教。甚至於，臺灣新佛教運動的背後，即使說確實有日治時代臺灣本地佛教頓挫的陰影，然而當代臺灣具有中產階級性格的虔敬大眾，與大陸來臺佛教內部改革派的協作，在殖民與後殖民的情境裡，卻也形成了一種微妙的臺灣版的大眾主義中所渴望的隱藏性的抵抗的形式。

府城的佛教，正出現了能檢視這種微妙的結合與辯證性發展地歷史層次上的重要線索。本書一手史料與事實的澄清，正有助於開展一個更細膩的後殖民佛教史或新興宗教史的討論。我個人的歷史素養極為有限，但是對於作者史料詮釋的細膩性，和作者對歷史人物能動性的歷歷在目的呈現，感受的到本書在每一個方向和尺度上，都有助於引導我們更進一步去思考當代臺灣新佛教運動的內在紋理與歷史發展的辯證性。

許多重大的社會學命題正呼之欲出且有待進一步的推衍，這是作為讀者的我的既興奮且焦慮期待之處。當然，我的閱讀重點和史識不見得和作者相同，拉拉雜雜，書寫下個人初讀本書的感想，忝為之序，並預祝本書洛陽紙貴，能讓更多人看見臺南佛教的歷史構造，並進一步對其歷史進程中所貫穿的映影，得以與當代現象做想像性的連結與反思。

本書導論

江燦騰
臺北城市科技大學創校首位榮譽教授

如今已高度發展的臺南地區,在明清時代早期,除土著外,其實幾乎都是國際冒險家和海盜群的出沒之處。像這樣未墾的洋中之島,若不是近代航運技術的進步,可以克服黑潮洶湧的海峽阻隔,並有與大陸、日本、南洋等地的商業交易的經濟巨利,那麼臺灣這一洋中島,將仍是為世遺忘的孤島,既不會有荷蘭人來經營、也不會有西班牙人來佔據。

而自 1624 年荷蘭人來臺南建立熱蘭遮城迄今(2024),剛好四百年,這是以臺南地區為中心,開始向國際發展接軌的劃時代事件。所以本書的編輯與出版,就是以此年代作為此重要歷史開展歷程的紀念。

雖然如此,本書的相關內容,與荷蘭在臺南經營的 37 年(1624-1661)歷史文化,並無直接關聯。正如本書的書名所提示的《臺南府城佛影的歷史構造 —— 臺南市佛教史新透視與盧嘉興研究導論》那樣,是關於臺南府城的漢人佛教歷史文化的最新縱深探索與書寫,所以同樣也與臺南早期土著西拉雅人的歷史文化無關。

所以,在本書中居首要地位的府城傳統名剎,就是繼荷蘭來臺南建城 37 年之後的新統治者明鄭王朝在臺築「北園別館官邸」,在其短暫的霸業覆滅之後,於同一遺址上於清王朝來臺後新建佛教「海會寺」(即日後臺南開元寺)這一歷史興革史。

因此，本書的詮釋歷史上限是明鄭覆滅之後，臺灣漢人移民佛教歷史文化變革的各階段，發展變革與相關特色。茲分述如下：

一、明鄭覆滅迄今，臺灣漢人移民佛教歷史文化變革概述

（一）臺南府城早期的明清傳統漢傳佛教文化及其發展趨勢

如今，若以現代知識份子的新眼光，再回頭看看，出現於明清之際的兩個東亞新王朝：（一）是崛起東北，代明統治大陸的滿清政權；（二）是在關原、大阪兩役擊敗豐田秀吉餘部後，於關東江戶建立起新幕府的德川政權。

當時，這兩個新政權，在某種程度上，彼此所面對的外在情勢，其實是一樣的。所不同的只是，統治區域的大小而已。

於是我們看到，統治區域較大的康熙帝，在攻下臺灣之初，還不太想要這個島呢，更不要說要費心來經營了。

反而是，原先移墾臺灣的對岸閩粵漢族，又歷經被撤離、再移入的種種波折。到最後，依然是因對岸耕地不足、人口壓力過大的強烈冷酷現實，衝垮了渡臺的層層阻礙，大批地湧入此一臺灣島，並逐漸住占滿全臺，包括作者的祖先在內。

所以，這是一個低文化、近本能的普羅大眾艱難謀生的新墾地，處處充滿著危機和絕望的無奈，各地隨處可見的無名屍塚，淒厲地構成清代臺灣漢民族渡海後，最彷徨無助的社會遺棄標誌，和顯示著人間最無情無義的黯然景觀。

可是，當時隔著大洋海流遠在臺灣北方的日本德川幕府新政權，卻能眼光獨具地藉此機會，多次極力邀請隱元隆崎師徒，相繼東渡日本，並給予種種優惠和關照，從而成功地完整移植了漢傳的明清佛教

中，最豐富和最精緻的黃蘗山禪文化之燦爛果實。

這實質上，也等於是掏空了明清禪佛教主要根源地之一：福建黃蘗山的一切可能後續發展的絕大部分宗教資源。因為隱元渡日後，在福建祖廷的黃蘗山，從此即未再現其渡日之前的禪林盛況。

反觀，清初雖也有福建省黃蘗山的部分禪僧，來臺灣建寺弘法，卻在清廷的消極治臺政策下，同樣無法正常發展。

所以，新領地的禪佛教是否能成功的移入？以及其後是否能繼續正常的發展？若比照大陸福建黃蘗山的禪僧，在日臺兩地的不同處境，可以說完全取決於當時統治者的態度。

而很顯然地，一個被層層管制的新領地，像清初臺灣，是沒有太大的宗教自主性的，其不能繼續正常發展，亦為必然的結局。

此因臺灣原為南明抗清的最後基地，又位於東海的波濤之中，與最鄰近大陸的福建省尚有黑潮洋流通過的臺灣海峽之隔，因此大陸地區的僧侶不但東渡來臺困難，要在臺島的社會上公開活動更難，除非先獲得官方的許可。

因此，有清一代，不少早期渡海來臺灣的佛教僧侶和文人居士，以及明鄭在臺政權遭滿清新皇朝擊降後，為免其曾抗清的真實身分曝光和有意躲開官方的注意與追捕者，此類非自願性出家的變相僧侶和居士，所以其背景資料相關的事蹟記載，不但少見而且欠詳；其最大原因，就是考慮到隨時有滿清官方的嚴厲監控和不斷地追捕，其行蹤和相關活動，自不為外界所熟知和難以為清代各種官修的方志所詳載。

然而，晚明時期的中國社會，已流行三教（儒、釋、道）混合的思潮，因此一般民眾的信仰，也往往三教兼拜，不嚴格區分；並且這種信仰型態，只要不涉及治安和政治反抗的問題，從官方的統治立場來看，基本上是可以允許和不加以干預的，這也是傳統中國的宗法社會

「帝政多神教」統治下的常態現象。[1]

　　臺灣民眾的佛教信仰型態及其內涵，就是在明清之際，由中國南方的閩粵漢人傳入的，事實上也就是此一混合宗教思潮的延續。因此，當代佛教學者所批評的不純粹（神佛不分）的佛教信仰，其實正是臺灣早期佛教的主要特徵。[2]

　　此外，我們必須知道的是，臺灣早期的漢傳佛教源流，若是從明鄭時代，自閩南傳來臺灣地區開始算起，雖已歷快 400 年（1662-2023）之久，但因臺灣位處大陸東南海疆的邊陲，並且是一新開發的島嶼，所以在臺地所傳播的傳統漢傳佛教文化，若要深層化或精緻化，除少數個別情況外，是缺乏足夠開展條件的。並且，由於臺灣的地理位置和移入人口，都和對岸的閩、粵兩省具有密切的地緣關係，所以，臺灣佛教史的開展──邊陲性和依賴性──主要便是受此兩省的佛教性格所影響。

　　此後，則是直到戰後，才有大量各省逃難來臺移民，並因此發生另一波新移入的大陸近代漢傳佛教文化，在現代臺灣地區傳播的普遍化影響。

　　所以，我們若要瞭解歷史上臺南府城地區的漢傳佛教發展與變革，則我們首先須知，有下列三種宗教現象出現：

　　1. 在近代以前傳播於臺南府城地區的本土各地的「漢傳佛教」信

---

[1]　此處所用的「帝政多神教」一詞，是參考日治時期，柴田廉在其《臺灣同化策論》（臺北：晃文館，1923）一書，頁 36 的看法。

[2]　可是，此種情形正如早期羅馬帝國盛行多神教一樣，從當時臺灣或大陸原鄉民眾的認知以及官方的施政立場來看，此種看似不純粹的佛教信仰型態或其相關內涵，其實是在中國境內這種幅員廣大且族群複雜社會中，最能兼具平等與寬容這兩種特質的宗教合理性和信仰必要性，因此才能廣為接受而不加以排斥。其實，在歷史上也不曾存在有絕對能「神佛分離」的「純粹佛教」狀況。任何人只要觀察明清迄今佛教「水陸法會」的儀式內涵，以及翻閱清代出版的《禪門日誦》一書，就知道明清時期的中國佛寺都有神佛兼祀的情形，所以用「神佛不分」來批評，甚至貶抑明清時期的臺灣本土佛教信仰內涵，可謂是昧於歷史發展現實的一種看法。參考江燦騰，《臺灣佛教史》，頁 4-23。

仰文化，主要是從明鄭時代由閩南傳來，迄今雖已歷快 400 年之久，但明清時代臺灣出家佛教的源流，其實只有兩種：

第一種，是住在「禪寺」裡的和尚，被稱為「禪和子」，因彼等多為大陸華南僧侶東渡來臺，所以亦通稱其為「外江僧」，表示其為外省或內地（大陸）來臺的僧侶之意。

第二種，則是主持「香火寺廟」（更精確的稱呼，應是「以祭祀祈福和免災為主的寺廟」）的「香花僧」的變相型態，普遍流行於清代臺灣西部的南、北、中三地。因此，彼等所主持的儀式性祭典佛教，事實上構成清代臺灣地區佛教活動和信仰文化的主要內涵。

第三種，清代中葉有在家型態的齋教三派先後傳入臺南府城地區的，影響甚大及久遠。當時臺南府城地區有不少信佛的未婚婦女或寡婦，因受限於官方的法律規定，不得任意出入佛寺和隨意出家為尼，便自建齋堂或入居共有的齋堂，來安處日常的宗教生活，即可不必到佛寺去落髮出家，又可以「帶髮修行」，以安度其孀居晚年的奉佛生涯，所以逐漸形成風氣，並成為清代華人社會中的一大特色。

等到進入日本殖民治時期以後，彼等在日本佛教各派的促成之下，有一部分便順利轉型為傳統的僧伽佛教，甚至成為當時臺南府城地區的漢傳佛教發展的新主流。

所以清代齋教三派的傳入臺南府城地區，對日後臺南府城地區佛教的發展，貢獻極大。

（二）日治時代臺南府城地區的佛教文化的傳播趨勢及其分期和主要特色

日治時期臺南府城地區的漢傳佛教發展，前後共計 50 年（1895-1945）間，又可分為三個發展階段，各有其不同的傳播特色：

第一階段，從開始統治到「西來庵事件」爆發，約當統治的前 20

年或到第一次世界大戰為止（1895-1918）。

這一時期，日本佛教各派，除禪宗和本願寺派的淨土真宗，與臺灣本土寺廟及齋堂建立合作的加盟關係以外，因新殖民統治者對臺灣民眾的宗教信仰，採取自由寬容的政策，使佛教的發展機會大增，所以臺灣本土的跨地域佛寺信仰聯盟，也紛紛蓄勢待發。

可是，到日治大正 4 年（1915）時，因余清芳等人利用臺南的齋堂「西來庵」做為抗日聯絡中心，造成日本官方的驚慌和警覺，因此，在事變後，即進行深入的全島宗教調查，並試圖藉聯誼和組織的方式，將全臺灣的齋教徒納入其中而加以掌握。

在此同時，上述的作為和新情勢的急遽發展，也逐漸促成臺灣近代出現的四大本土佛教法派出現，即：（1）基隆月眉山靈泉禪寺派；（2）臺北觀音山凌雲禪寺派；（3）大湖法雲寺派；（4）高雄大崗山超峰寺派。加上臺南開元寺先發展的「玄精‧傳芳」派，和日本來臺發展的幾個佛教宗派，都在此一階段紛紛擴張初期的在臺教勢，力圖大展其鴻鵠之志。

第二階段，是直到日本在臺殖民統治的第四十年為止，約當從第一次世界大戰結束到第二次世界大戰爆發之前（1919-1936）。

這一時期的特色是，日本佛教各派紛紛在臺建立永久性的傳教中心寺院（或稱為「臺灣別院」或稱其「臺北別院」）和各地分院及或佈教所，建立中等佛教教育機構或訓練班，以提升加盟的臺灣本土佛教弘法人物的知識水準，派遣優秀的留學生赴日深造，以養成高等佛教學術人材，以及促成本土佛教大法派的系統建立。所以這一時期，也是臺灣佛教發展與轉型的黃金時代，和當時臺灣社會的其他改革運動，完全可以對照來看。

例如主張僧侶可結婚、不必禁慾的正反派激烈爭論、批判禪學和正信佛教的思想推廣運動、新人性化的佛教藝術創新，和儒、釋知識社群的嚴重對立等，都是此一階段的產物。同時，全臺性的佛教正式組織

和其機關刊物，也出現於此一階段；並且此一階段，也首次有臺灣本土僧侶獲派，參與第一屆在日本東京增上寺舉行的「東亞佛教大會」，使臺灣佛教人士能夠在正式國際佛教交流的場合，宣布其佛教改革主張和對其他佛教團體表示關懷。

所以，在此一階段中的發展特色，可以說是具有「現代性」的前衛表現，故稱之為傳播和發展的黃金時期，應無過譽之虞。

第三階段，就是日本在臺殖民的最後的 8 年（1937-1945）。在此階段中，由於日本在中國大陸發動全面性的侵略戰爭，在臺的日本統治當局為免臺人心向祖國，因而加速實施皇民化政策。於是臺灣佛教也被要求全面日本化，同時要配合官方的需求總動員，成為統治的輔助工具之一。

當時日式化的「皇道佛教」，[3]具有強烈軍國主義的色彩，所以透過南北兩處「佛教練成所」的培訓和意識形態的灌輸，在這一時期之內，臺灣本土佛教完全喪失其自主性，直到戰爭結束，日本退出臺灣為止。

（三）戰後臺南府城地區佛教的文化傳播趨勢及其分期和主要特色

二戰後，日本因戰敗，於 1945 年 10 月全面退出臺灣，改由國民

---

[3] 闞正宗在其博士論文，稱日治時期的臺灣佛教為「皇國佛教」，所以闞正宗在其博士論文的標題全文，即書寫為〈日本殖民時期臺灣「皇國佛教」之研究：「教化、同化、皇民化」的佛教〉（2010 年，國立成功大學歷史研究所博士論文）。可是，我不能同意他這篇論文的名稱，因為在當時日本殖民政府的國家體制中，只有跟天皇統治正當性有關的國家神道，才是官方施於全民的教育目標和崇拜對象，所以皇民化時期所改造的臺灣佛教，才正式被稱為「皇道（化的）佛教」。但，這種特殊時期的「皇道（化的）佛教」名稱，就其性質和適用範圍，並不能等同於「皇國（化的）佛教」，因佛教只是全日本官方統治下各轄區中的眾多民間宗教之一，所以，稱其為「皇國（化的）佛教」並不精確，也與真正的歷史事實不符。

政府接管，但當時，由於 1949 年官方開始正式實施的戒嚴體制，曾延續了 38 年（1949-1987）之久，所以由大陸逃難來臺僧侶所重組的「中國佛教會」，藉黨政軍的權力支持，彼等因此得以統領解嚴之前整個臺灣本土現代漢傳佛教界的歷次傳戒活動，並主導新發展方向；亦即，彼等是一面極力排斥日式佛教，一面同時進行張曼濤所誇稱的「再建大陸佛教」新傳統。

因此，戰後臺南府城地區佛教佛教文化的發展分期，事實上是以戒嚴前的 5 年（1945-1949）、戒嚴時期的 38 年（1949-1987）和解嚴迄今（1987-2024），共分為三個時期：第一時期，是放任的過渡期；第二時期是為改造和發展期；第三時期，則是變革期和批判期。

其中尤以第二時期的傳播和發展最具特色。因在此一階段中，大陸傳戒的規範和出家佛教至上的意識型態，主宰了原有的臺灣佛教文化發展，而且日本在臺的許多美麗的佛寺，大多被變賣或改建，取而代之的是廣播型、觀光型和舞臺化的新佛教傳播方式，逐漸成了新的主流。大陸來臺的星雲法師及其一手建立的在高雄地區佛光山系統，就是其中最典型的代表。

此外，仿日本鎌倉市銅鑄大佛的彰化縣八卦山水泥製大佛，則是更早期的臺灣佛教建物仿製品觀光化的著名先驅。

但在戒嚴前期的 20 年間（約當 1949-1969），臺灣本土現代佛教的整體傳播和發展，與基督教和天主教的在臺同一階段教勢的強力發展相比，仍較弱勢，此從教會大學的數量之多與佛教大學全無之對比，即一目了然。

1970 年代以後，由於臺灣地區退出聯合國（1971 年 10 月）和美臺正式斷交（1987 年 12 月），臺灣的經濟方面仍能持續高度成長，而高等教育人口業隨之激增，加上新社區、新故鄉的逐漸形成，因此臺灣本土佛教的發展黃金時代再度出現，並且規模更大。

所以，在前述的佛光山之外，另一更具社會影響力的佛教系統，

則是由臺籍尼師釋證嚴所領導的佛教慈濟功德會，也快速的擴張於解嚴之前的 10 年。

加上北臺灣的法鼓山教團和位於南投縣的中臺禪寺教團，都相繼崛起於此時。[4]因此，在第二階段的最後 10 年間，堪稱臺灣佛教傳播發展史上，已逐漸邁向高峰期的極佳黃金期成長階段。[5]

可是，臺灣本土傳統的齋教，在 1949 年之後，由於面臨被出家僧侶強烈批判為「非佛教」的尷尬窘境，因此被情勢所迫，彼等不得已紛紛轉為「空門化」（亦即「齋堂」大量改為「佛寺」，而「齋教徒」則大量落髮受戒而成為正式的「僧尼」）。所以，傳統臺灣的「齋教三派」教勢，在當代臺灣地區早已是如夕陽般的式微了。[6]

另一方面，脫胎於傳統齋教先天派的一貫道，則藉著結合儒家思想和入教的簡易化，在臺灣地區大大盛行起來，並成為僅次於佛教的大教派，其實力甚至逐漸擴散至全球各地。

（四）解嚴以來臺南府城地區的佛教文化的多元創新概觀

1987 年時，臺灣地區因官方宣布解嚴，並頒布《人民團體組織

---

4 江燦騰，〈臺灣佛教四大道場的經營與轉型——佛光山、慈濟、法鼓山、中臺山〉，《臺灣當代佛教》，頁 8-48。何綿山，《臺灣佛教》，頁 247-233。闞正宗，《重讀臺灣佛教——戰後臺灣佛教（續編）》，頁 241-480。

5 江燦騰，〈臺灣佛教四大道場的經營與轉型——佛光山、慈濟、法鼓山、中臺山〉，《臺灣當代佛教》（臺北：南天書局，1997），頁 8-48。何綿山，《臺灣佛教》（北京：九州出版社，2010），頁 247-233。闞正宗，《重讀臺灣佛教——戰後臺灣佛教（續編）》（臺北：大千出版社，2004），頁 241-480。

6 參考江燦騰，〈戰後臺灣齋教發展的困境〉，收入江燦騰、王見川編，《臺灣齋教的歷史觀察與展望——首屆臺灣齋教學術研討會論文集》（臺北：新文豐，1994），頁 255-274，；江燦騰，〈從齋姑到比丘尼——臺灣佛教女性出家的百年滄桑〉，《臺灣佛教百年史，1895-1995》（臺北：東大出版社，1996），頁 49-60。參看李玉珍，〈桃竹苗齋教「佛教化」之形式與意涵〉，國科會計畫編號，子計畫二十四：98-0399-06-05-04-24 的最新說明。

法》和開放到大陸探親及觀光,因而進入第三期的發展階段。

具有中央強勢領導權的「中國佛教會」,由於官方正式立法允許多政黨和眾多同中央及佛教組織的成立,所以其長期獨霸的支配優勢頓時為之崩解:傳戒多元化和僧尼平權的強力訴求,都因之相繼出現,且其勢皆不可擋。

此外,因兩岸恢復交流,所以臺灣地區的「漢傳佛教」回流大陸,成了新的發展方向之一。受此影響,此一時期開始有諸多禪修型和靈驗型的佛教團體或組織,都延續前期的發展,更大行其道。

特別是西藏流亡海外的各派僧侶,趁著達賴二次來臺訪問的有利時機,紛紛相繼來臺發展,開啟了第二波藏密佛教傳入臺灣的高峰期。

而幾乎與藏密佛教第二波傳入臺灣地區的同一期間,更有不少緬甸、泰國和斯里蘭卡的禪師或僧侶,相繼來臺交流或傳授禪法。

但是,相對的,臺灣現代佛教思想的異化與衝突,也一再出現於此時。

其中尤以印順法師的人間佛教思想為指導的社會關懷之實踐方向,逐漸為知識分子所接納,並在佛教婦女的戒律改革和環保方面,取得重大的發展。

同時,臺灣佛教的知識分子,對臺灣佛教界出現諸多弊端的批判現象,也相繼出現。因此,當代臺灣佛教界的發展,其實正處於變革期和批判期的過渡階段。

二、本書作者詮釋各篇主題時所持的共同論述概念

在本書中,每篇被納入內容的作者,雖各有不同的學術背景,很難求其具有內在清晰的統一性論述概念。可是,本書在擇取時的早期相關考量過程中,如何避免不同作者之間出現互相矛盾論述概念,則其最終還是會傾向於以較相近的共同論述概念作為裁量準則。

　　因此，出現在本書內容的某種共同論述概念還是存在的。其中的內在因素，並不難理解。因本書目前的所有內容，不論其主題如何，基本上可以說，都是以既有的歷史狀況或其和臺南府城本地佛教歷史與文化發展有關者，來舉例說明和進行相關討論。但，本書不討論所謂「純粹性本土佛教文化」，這一具有爭議性的歷史課題。

　　畢竟是由歷史材料的呈現史實所內涵的衍生物，不宜將過於狹隘的意識型態作為引導性概念，來框限應有的歷史表達。況且，在本質上來講，臺灣原本就是移民之島，不管是土著或漢人，都帶來了外地的文化成分，所以講「純粹性」是不能成立的。

　　確切的說，應是指臺灣社會大眾不分族群，都因其能具有本身文化上的自覺，並本此一新認知的豐富和多元視野，來進行有關臺南府城的區域性佛教史體系性建構，才是常規性的作法。

　　再者本書在詮釋時則力求能夠呈現出作為「臺南學」分支之一的「臺南市佛教史」，將其與「東亞佛教歷史文化」進行多層次的對話，如此的區域佛教史學才有具有深化與廣化「臺南學」的時代性意義。

　　再者，本書並非一本「臺南市佛教史」的全面書寫，但這是有其歷史條件的深層原因的。事實上，若不計入大量的單篇論文、或有關個別寺院及佛教人物的研究專書，而是單就「臺南市佛教史」的全面書寫來說，則迄今為止也從未有任何歷史學者，曾編寫與出版過，具有學術嚴謹性的這樣一本《臺南市佛教史》。

　　因此，本書可以本質上可以被視為是：一本《臺南市佛教史》的精萃主題彙編集，而非通史性的全面書寫。

三、有關本書的各篇論述背景介紹與擇取書名的問題概述

　　目前，本書所組成的全書目次，涵蓋不同精萃主題十篇和二附

錄，並取書名為：《臺南府城佛影的歷史構造 —— 臺南市佛教史新透視與盧嘉興研究導論》。其之所以編輯成本書的相關考量如下：

（一）全書各篇的篇名如下

第一章　盧嘉興先生的學術研究導論：為何他是臺南學研究的重要
　　　　先驅之一？／江燦騰

第二章　盧嘉興研究與《開元寺徵詩錄》的歷史新解：有關殖民改
　　　　造與戒嚴陰影下的雙重辯證嘗試／江燦騰

第三章　盧嘉興的臺灣佛教研究／邱敏捷

第四章　陸鉞巖、井上秀天與臺南佛教 —— 兼論其禪學觀點
　　　　／邱敏捷

第五章　從蔡國琳著《南部臺灣誌》透視：明清時代臺灣傳統在家
　　　　佛教的齋教三派／江燦騰

第六章　戰前臺南大仙岩廖炭與臺南佛教龍華會：臺灣史上首次
　　　　「齋教」三派成立的全島性聯合組織／王見川

第七章　從新史料看光復前的臺南市齋教龍華派「德化堂」
　　　　／王見川

第八章　戰前林秋梧的新批判禪學思想及其巨大衝擊／江燦騰

第九章　戰後東北天臺宗僧侶來臺南市發展的歷程／江燦騰

第十章　解嚴後臺灣佛教「在家教團」的崛起與頓挫：現代禪菩薩
　　　　教團與臺南佛教維鬘傳道協會的研究史回顧與檢討
　　　　／江燦騰

附錄（一）　臺灣傳統齋堂史研究的新典範：王見川的治學歷程與
　　　　　　臺南「德化堂」史的研究問題／江燦騰

附錄（二）　永懷傳道法師／江燦騰

代跋：期待更全面更豐富的臺南佛教史著作／王見川

（二）本書書名擇取與各篇論述背景的相關釋義

　　因本書的論述的目的，正如書名《臺南府城佛影的歷史構造——臺南市佛教史新透視與盧嘉興研究導論》所呈現的涵義那樣，全書的著眼點是在「府城佛影的歷史構造：臺南市佛教史的新透視」。

　　可是，若非有 2022、2023 連續兩屆在國立臺南大學人文學院舉辦的有關臺南學與盧嘉興研究的學術研討會活動，則根本不會有本書前三章的論文出現，所以本書書名的副標題才會增加「與盧嘉興研究導論」的字眼。

　　因此，按照如今已排定的全書章節順序，首先第一章就是透過相關文獻根據，來證明盧嘉興先生「為何他是臺南學研究的重要先驅之一」？

　　之後的二、三章，則同樣也是根據盧嘉興先生本身，即是臺南府城佛教歷史詮釋的最重先驅性奠基者。所以本書書名與副標題的相關標示，就是根據此一論述邏輯而來。

　　以下按各章編排順序，先從第一章〈盧嘉興先生的學術研究導論：為何他是臺南學研究的重要先驅之一？〉，是其原是作為盧嘉興先生的學術研究導論而提出的，意在透過相關歷史文獻證明：為何他是臺南學研究的重要先驅之一？此因戰後臺南地區最出色的文史調查者：盧嘉興（1918-1992），就是本文介紹的主要對象。雖然筆者進臺大歷史所博士班第二年（1992），盧嘉興就過世了，未能認識他本人，但是透過閱讀他所著的眾多著作，特別是有關臺南早期重要寺院的調查資料，才驚嘆他的田野實力之強。

　　不過，此一資料來源，其實是在佛教名學者（即曾就讀日本讀大谷大學研究所博士班）的張曼濤（1933-1981），[7]於 1979 年所主編現

7　張曼濤，湖南耒陽人。一度出家。早年研學於南嶽佛學院及香港光夏書院。1963 年赴日本留學，就讀於京都大谷大學大學院，修畢博士課程。1969 年回國，執教於中國文化學

代佛教學術叢刊中的一本《中國佛教史論集六：（臺灣佛教篇）》上，
[8]讀到數篇盧本人所發表過的，關於臺南本地著名古剎，像：竹溪寺、
彌陀寺、開元寺、法華寺的長篇解說文。

　　而且，據作者所知，像現任中央研究院民族學研究所張珣所長、
已退休的臺大哲學系佛學教授楊惠南等，也都和作者一樣，是從張曼濤
編的書中讀到的。

　　特別是楊惠南教授，他不但撰文討論盧嘉興的佛教寺院調查資
料，還把張曼濤編的這本《中國佛教史論集六：（臺灣佛教篇）》的全
部內容，都放在「臺灣佛教數位博物館」的網頁上，讓大家有興趣都可
以去點閱或下載，可見其受歡迎的程度。

　　此外，已故古亭書屋主人高賢治，與筆者在臺歷史所的曹永和老
師特別有交情，他總是在我們上課時，開著小發財車，載各類珍貴的臺
灣史籍來校園內販售，並且打五折，特別優惠出售。有時遇假日，我們
一群學生就與曹老師去古亭書屋找高賢治買書，並趁機借曹老師家藏的
相關著作，在臺大附近影印。所以，有一次，筆者也趁便買了高所盜印
的盧嘉興著作所彙編的三大冊《臺灣文化集刊》。因為臺灣史研究既是
本身專攻之學，豈可放過任何相關參考資料？

　　然而，由於此一盜印版上，沒有出版地點與時間，更沒有版權
頁，就是黑皮精裝的三大冊。其全部內容只是盧嘉興生前多年所編與出
版而成的二十四輯《臺灣研究彙集》原樣影印而已。[9]因此，很長的時

───────────

院，並榮膺中國十大傑出青年。後出任該校佛學研究所所長，並主持《華岡佛學學報》
之編輯及出版事宜。該學報為臺灣大專院校中最早出現之佛學研究專刊。1973 年再赴日
本研究，並在東京創辦《天聲雜誌》。回臺後，仍執教於中國文化學院。1978 年在臺北
創辦大乘文化出版社，出版現代佛教學術叢刊，全集共 100 冊。著述除發表於各刊物
外，有《佛教思想文集》、《涅槃思想研究》、《魏晉新學與佛教思想》等文。1981 年
病逝於日本，世壽四十九。

8　張曼濤主編，《中國佛教史論集六：（臺灣佛教篇）》（臺北：大乘文化出版社，
　　1979）。

9　最後二十四輯《臺灣研究彙集》最後一頁，有印上通訊地址：臺南市永福路六十三巷九

間，我都放著，沒有全部細讀。可是，它具有重要的學術價值是無庸置疑的。

直到 2021 年中，筆者無意中看到「維基百科」有「盧嘉興紀念館」的條目，一讀之下，才知已從 2014 年設立到現在。此一「盧嘉興紀念館」的成立，是他兒子捐屋設立的。

於是，筆者建議認識多年的邱敏捷教授：既然她剛接任臺南大學人文學院院長一職不久，又想籌畫有關「臺南學」的學術活動，何不先親自走訪臺南大學附近的「盧嘉興紀念館」相關館藏之後，就以「臺南學的重要先驅者盧嘉興」作為該院舉辦第一次「臺南學」學術活動的重要主題？

她聽後不久，很快就明智地接受了。而筆者既然是建議者，自然也被邀請撰文並參與討論，所以才有此文的提出。至於為何要有本文主題相關的導論性論述？

不用說，如上所述，筆者是鑑於盧嘉興之所以被稱為「臺南學建構的重要先驅者」，是因其畢生數十年所寫的大量著作中，宛如一部百科全書般地涉及臺南地區及其周邊環境的歷史文獻解讀或其實地田野考察的豐碩成果。

因此筆者透過文獻目錄上的明細資料，即可以清楚發現盧嘉興生前發表的文章，總數已累積近一百五十篇左右，且總字數有好幾百萬字之多。之後，經其親手編輯出版的《臺灣研究彙集》，就有二十四輯的浩大成就問世。

這在歷來臺南區域文獻學建構史上，應已堪稱為首屈一指的優異成就，非常值得我們的敬佩與高度推崇。

但，令人十分不解的是，上述經其親手輯成二十四輯的《臺灣研

號（臺南市體育館西北畔黃進士街廢廬）。電話：（06）2270549 號。此外，沒有其他說明。

究彙集》，儘管在學界長期被持續參考或引用，乃至有將其編輯承單冊或套書出版者，卻少有對於盧本人或其治學歷程有所介紹。

例如 2000 年在成大臺灣文學研究所成立時，當時的臺南文化局就委由該所的呂興昌教授負責編校一套三冊版的盧嘉興著《臺灣古典文學作家論集》，[10]納入二十篇一百多萬字的相關內容。

但是，臺南市文獻委員黃天橫與盧嘉興相識多年，且長期同為臺南市文獻委員，也只扼要交代盧嘉興的生前寫作習慣與著作出版狀況，[11]作為盧嘉興著《臺灣古典文學作家論集》的介紹文之一。

此外，經其親手輯成二十四輯的《臺灣研究彙集》，也卻迄今仍無一篇較正式的單篇學術研究導論，能就其「作為重要臺南學建構先驅者」的角色，提出較全面性相關學術報告。

因而此一情況的長期存在，不能不說是，相關從事「臺南學」建構與詮釋的一大缺失與急待加以填補之處。作者就是基於對上述問題意識的深刻學術體認，於是在選擇撰述主題時，才試圖介紹盧嘉興其人其事及其對於臺南學重要建構的相關研究導論。

只是由於是在極短時間內匆促趕工，無法針對事先擬定的下述幾項條目，提出詳細的正式報告，而是以初稿的方式，提出初步的學術檢討報告，以就教於相關學界同道。

此文於 2022 年 6 月 18 日，因筆者參與臺南市政府文化局與臺南大學共同舉辦「第一屆盧嘉興研究學術研討會」時，是作為該屆的主題演說內容，並承前教育部長、中央研究院院士杜正勝老師負責主持，至感榮幸。

又因筆者本人既是臺灣佛教史學者又是學界最先重視盧嘉興有關

---

[10] 盧嘉興原著，呂興昌編校，《臺灣古典文學作家論集》上、中、下（臺南：臺南市文化局，2000）。

[11] 黃天橫，〈盧嘉興先生其人其寫作〉，載盧嘉興原著，呂興昌編校，《臺灣古典文學作家論集》上，原書序文未標頁碼。

臺南佛寺研究巨大先驅貢獻的倡議者，所以將其與「臺南市佛教史的新透視」關聯，完全是基於歷史事實的精確限定用語。

* * *

本書的第二章〈盧嘉興研究與《開元寺徵詩錄》的歷史新解：有關殖民改造與戒嚴陰影下的雙重辯證嘗試〉，又是因何而作呢？相關釋義如下：

1995 年夏季，筆者由於撰寫戰前日本著名禪學思想家忽滑谷快天（1858-193）的禪學思想史著作，對於當時幾位赴日就讀日本曹洞宗私立的駒澤大學臺灣留學生，像曾景來（1899-1988）、高執德（1896-1955）、林秋梧（1903-1934）等，有過實際的深厚影響這一課題，當時曾特別透過有多次學術交流的日本禪學研究僧侶學者野口善敬博士，[12]幫忙在駒澤大學圖書館內，搜尋有關忽滑谷快天的全部禪學目錄，以做為購書之參考。

之後發現其中有一冊臺南開元寺在 1919 年 6 月 1 日出版的《開元寺徵詩錄》，是過去很少見的，曾特別請他設法幫忙複製一冊。所以本文引述的這本，是蓋有「駒澤大學圖書館章」圖記的。[13]

但，由於這本《開元寺徵詩錄》是特殊歷史事件的紀念品，[14]其中

---

[12] 野口善敬教授，是現任日本臨濟宗妙心寺派宗務總長、花園大學國際禪學研究所所長。

[13] 其實此詩集，現在很容易找到。在國家圖書館、臺灣文學館、臺大圖書館等都可以輕易搜尋到，甚至連網路上都有此詩集的二手書在有拍賣，且被列入引用參考書目的次數很多。但，就是找不到曾有深入研究過此詩集全部內容、或其編輯與出版流程、及其出現的相關歷史背景等的研究論文。所以，本文應屬於先驅性質的原創性論述。此外，臺大圖書館的此詩集上，是來自楊雲萍教授的藏書，所以也蓋上他的收藏紅印。

[14] 此即 1917 年夏季，臺南開元寺從日本迎回今上大正天皇陛下聖壽萬歲金牌及大藏經一套，並舉行盛大隆重的大殿安座大典之特殊大事件。

又充滿的大量與臺南開元寺有關的臺南傳統詩社「南社」[15]兩大名人趙雲石（1863-1936）[16]與連橫（1876-1936）[17]所主持向全臺詩友徵詩的作品，[18]要進行深入討論實有其困難。

---

[15] 臺南的「南社」是以臺南的傳統漢詩社團，由連橫、陳渭川邀集謝石秋、趙鍾麒、鄒小奇、楊宜綠等，於 1906 年在臺南廳創立，其社員前後多達百人，以開元寺與固園為最常聚會的場所。相關論文，可參考吳宜靜，〈日治時期臺灣南社詩人研究——以洪鐵濤、王芷香為探討對象〉，國立臺灣師範大學國文學系碩士論文，2021 年。

[16] 盧嘉興關於「趙雲石（1863-1936）」的相關介紹長文〈記臺南府城詩壇領袖趙雲石喬梓〉，收在呂興昌編校，《臺灣古典文學作家論集（上）》（臺南：臺南市文化局，2000）。頁 166-321。此處引自彭瑞金主編的《臺南市文學小百科》的簡潔介紹文：「趙雲石（1863-1936），漢語文言詩人。乳名興泰，官章鍾麒，字麟士，雲石是別號，晚年又號老雲、老云。出生於臺南府清水寺街，10 歲入富紳吳朝宗家塾，與其子天誠習科舉之業。16 歲入泮，在臺灣縣學為邑庠生，與陳春木、吳國華、張嶔、王景、蘇哲如等常出遊聯吟。19 歲作賦〈壬午上巳修禊〉：吟鞭又會梵王宮，入眼出花舊日紅。香火故人風雅在，歲時樂事古今同。榕陰晝靜濤箋潤，草色春殘霸氣雄。日暮詩成僧送客，滿天霞綺掛晴空。吐屬不凡，可見其創作的潛力。最重鄭板橋的詩和書法，用隸、楷、行三體混合作字，馳名一時。1890 年與許南英、胡南溟、蔡國琳等組『浪吟詩社』。1896 年，任臺南地方法院通譯。1899 年 11 月 1 日，參加兒玉總督在府城粵東舊館舉行的饗老典，作〈慶饗老典〉6 首。1900 年 3 月 15 日，日人於淡水開『揚文會』，應邀赴會。作策議三篇：〈修保廟宇議〉闡論整修維護文廟、城隍廟、天后宮的意義。〈旌表節孝議〉申述表揚孝子、節婦、忠婢、義侯，以激勵民心。〈救濟賑恤議〉建議設養濟院、育嬰院、義倉、義塚、義渡、義井等。1909 年，南社首任社長蔡國琳逝世，由雲石繼任」。此《臺南市文學小百科》，臺南：臺南市文化局，（2014 年完成，後因故未出版，但，仍可在臺南市文化局網頁上自由下載該小百科全部內容的 pdf 檔），頁 55。

[17] 連橫不但是臺南在地著名文人，也是「南社」的創辦人之一，還帶有反基督教的傾向，曾於《開元寺徵詩錄》正式公開向全臺詩人徵稿的前一年（1916），同時也是西來庵事件爆發（1915 年）後的下一年，恰為日本領臺二十週年（1895-1916），又逢臺灣總督府新建大樓完成，故在臺北舉辦為期月餘的大規模「臺灣勸業共進會」。當時又有基督長老教會向大會申請設攤，欲舉辦佈教演講會，促使負責宗教事務的柴田廉認為，此事不宜獨厚基督長老教會，便知會佛教方面，亦可同時設攤舉辦佈教演講會。於是，臺北佛教徒方面，才臨時緊急架篷設臺，並調來人手登臺演講。連雅堂（當時為臺南新聞記者），也北上登臺，助講三夜，以增氣勢。普易道人，《臺灣宗教沿革志》（臺北：臺灣佛教月刊社，1950），頁 2-3。

[18] 當時，〈開元寺之徵詩〉的新聞報導，是刊於《臺灣日日新報》（1917 年 12 月 14 日）第 6 版上，截止時間是在 1918 年 1 月 31 日。趙雲石與連雅堂兩人，被指定分別擔任左右詞宗，共同評審所有應徵詩的入選優勝名次，並公佈於眾。

　　直到 2022 年因要撰寫有關盧嘉興的研究論文，通讀盧嘉興的全部著作後，才發現盧嘉興的相關論述中，雖皆曾涉及臺南開元寺的歷史發展、寺中名僧事蹟、[19]臺南齋教金幢派開基慎德堂近代中興名齋姑林朝治與其父臺南當地大富商林文賢，皆和開元寺名僧曾有深厚交往事宜；[20]且在《開元寺徵詩錄》詩集中，所有曾被納入的相關文獻及大量各類詩文性質，也都反映在盧嘉興曾論述過的篇章內。卻唯獨不見其曾提及這本《開元寺徵詩錄》詩集，幾乎也等於它是不存在一樣。

　　顯然，上述這一反常情形，照理來說，是不應該出現的。

　　因讀過盧嘉興大量論述的研究者皆知，一般而言，盧嘉興的論述的相關內容，往往非常冗長。亦即，他習慣於窮盡似地，將大量相關文史資料，全都一一抄錄於其文內，以顯示其所依據的歷史文獻，確有多面向來源。[21]

　　如今他在論及臺南開元寺的長期發展史時，[22]明明在其文中已直接

---

[19] 盧嘉興，〈北園別館與開元寺上〉，《古今談》第 27 期（臺北：1967 年 5 月），頁 19-26。〈北園別館與開元寺下〉，《古今談》第 28 期（臺北：1967 年 6 月），頁 27-32。後被盧嘉興合併收入，《臺灣研究彙集》第 9 輯（臺南：1970 年 8 月），頁 1-8。最後是，被張曼濤主編，《中國佛教史論集六：（臺灣佛教篇）》（臺北：大乘文化出版社，1979）。頁 269-321。

[20] 盧嘉興，〈臺郡名門貞修齋女林嘮姑〉，《古今談》第 54 期（臺北：1969 年 8 月），頁 14-21。後被盧嘉興收入，《臺灣研究彙集》第 9 輯（臺南：1970 年 8 月），頁 1-8。

[21] 當然，也可以解讀為，他的此種過於大量冗長引述法，雖常會讓讀者難以吞嚥下去，卻不失為其用心保存相關原始文獻的一大特色。

[22] 此處是指盧嘉興雖曾發表〈北園別館與開元寺〉的長文，其歷程已貫串開從明鄭北園別館時期、清建開元寺並持續發展到戰後 1960 年代中期的最新發展。其中，他雖也簡單提及在 1920 年代，傳芳、成圓等曾促成開元寺內新變化的發展事蹟，卻都不直接細述實態，而是有意地略過彼等曾主導，將開元寺宗派轉與新日本佛教宗派的合作真相。亦即，他在文中只會選擇性地，就此階段最基本的事件，以無害且表象的方式來提一下，以當作歷史過場的交代而已。因此，是不會讓人聯想到，這其實是與《開元寺徵詩錄》有關的。

涉及《開元寺徵詩錄》詩集內的大量詩文資料，[23]卻完全不見他提及《開元寺徵詩錄》之所以特別編輯出版，其實是由於開元寺曾在 1917 年出現過轟動一時的新變革大事件所致。讓人百思不得其解。

　　直到 2022 年 6 月 18 日，因參與臺南市政府文化局與臺南大學共同舉辦「第一屆盧嘉興研究學術研討會」時，曾在綜合座談中，大吃一驚地突然聽到張復明理事長[24]與盧嘉興么兒盧金坊醫師的當場沉痛陳述話語內容，皆涉及在戰後戒嚴時期，每當盧嘉興要從事日治時代臺南地方文史的論述時，他都往往會萌生出高度警覺性，並會預先多方修飾，將可能觸犯相關政治禁忌的任何風險，都全清除乾淨，以避免觸犯當局無所不管的政治禁忌紅線。並且，他平素除了在很親近的同事或朋友間，還會帶著些許自嘲與不滿的語氣，私下談及他之所以如此自我壓抑，和之所以願意高度配合官方嚴管下的大量公開發表作品，其實是處在現實中的無奈之舉。[25]

　　因此，他的第二代都辛苦栽培成優秀的專業看診醫師，而不鼓勵彼等繼承他畢生最耗心血的臺灣地方文史研究。[26]

　　之後，雖有盧嘉興紀念館的成立與官方前來掛牌，[27]但，有關盧嘉

---

23 在〈北園別館與開元寺〉的長文的後半段，盧嘉興抄錄大量與開元寺有關的詩作，這其實是與《開元寺徵詩錄》內出現的大量詩作重疊，只是將徵詩錄中有關日殖民當局入選作品都刪除而已。因此，這也是同樣不會讓人聯想到，其實是與《開元寺徵詩錄》有關的，顯然這是盧嘉興曾謹慎選擇出可用且無敏感的，才放心大量抄入文中所致。

24 張復明是臺鹽場長退休，現任臺南市鳳凰城文史協會理事長，曾是盧嘉興在臺鹽總場服務時的舊屬，兩人有長期共事的深厚交情。

25 顏銘俊紀錄、邱敏捷審稿，〈附錄：「臺南學研究重要先驅──盧嘉興學術研討會」綜合座談紀錄〉，《人文研究學報》第 56 期（臺南：國立臺南大學，2022-10，一年刊），頁 63-66。

26 盧嘉興么兒盧金成醫師的發言內容。顏銘俊紀錄、邱敏捷審稿，〈附錄：「臺南學研究重要先驅──盧嘉興學術研討會」綜合座談紀錄〉，《人文研究學報》第 56 期，頁 66。

27 《自由時報》（2017/03/12 13）〔記者蔡文居／臺南報導〕「臺南市政府今天上午於中西區友愛街盧嘉興故居（盧嘉興紀念館後方）舉行掛牌儀式，由市長賴清德親自於故

興本人生前留下的，有關臺灣地方文史研究的大量內容豐富又高質量的研究成果，仍有待相關學者的進一步深入探討。

而本章的主題意識的萌生，就是基於聽到上述的新內幕後，才觸發將探討的問題意識回溯至盧嘉興在研究中的謹慎措辭，是否與其實際經歷過殖民改造與戒嚴陰影有關？

於是而有本章，將針對《開元寺徵詩錄》內容提出歷史的新解，以作為具體的鮮明實例，來分析盧嘉興在研究時是否真會有上述情形發生？

故而，本第二章在副標題上，特別強調是著眼在：「有關殖民改造與戒嚴陰影下的雙重辯證嘗試」，就是由於這個緣故。

＊　＊　＊

本書第三章〈盧嘉興的臺灣佛教研究〉是國立臺南大學國語文系教授兼人文學院邱敏捷院長所提供的重要相關論文，也是 2022 年國立臺南大學人文學院所舉辦的第一屆「臺南學的重要先驅——盧嘉興學術研討會」的發表論文之一，也是歷來第一篇專以盧嘉興的臺灣佛教研究為主題論述的開創性著述。

邱敏捷院長認為：臺南學重要人物盧嘉興是臺灣史研究的先驅之一，曾於 1964 年以《鹿耳門地理演變考》一書榮獲中國學術著作獎，另有《輿地纂要》、《二層行溪與蟯港》、《臺南縣志稿》與《臺灣研究彙集》24 輯等書。其關注的議題相當多元，諸如赤嵌樓與鹿耳門的研究、鹽場與鹽制的相關研究、孔廟改建的問題、媽祖信仰的問題、臺

居掛上紀念牌，盧嘉興家屬、藝文界人士等多人出席見證。賴清德推崇他熱愛臺灣，對臺灣史治學所付出的心力及貢獻」。https://news.ltn.com.tw› news › life › breakingnews。

灣佛教的考察、歷史人物行蹟的探索,以及古蹟的考證與維護等,都作出開拓性的研究。

邱院長特別指出:盧氏作為「臺灣佛教研究」的先驅,其〈臺灣最早興建的寺廟〉、〈臺灣的第一座寺院 ── 竹溪寺〉、〈臺南古剎彌陀寺〉、〈北園別館與開元寺〉、〈夢蝶園改稱法華寺年代考〉、〈蔣允焄擴建法華寺〉等針對早期臺灣佛教的考察,頗為學界所關注。所以論文就分幾個子題:「前人有關盧嘉興佛教研究之評述」、「盧嘉興與佛教的淵源」與「盧嘉興臺灣佛教研究的特色、影響與侷限」來簡明論述,以凸顯其佛教研究成果。

此外,在附錄「臺南學的重要先驅 ── 盧嘉興學術研討會」第一屆舉辦後的綜合座談長篇紀錄,是集合眾多學者的精彩討論內容,以及盧嘉興先生家屬也透過視訊,現身說法,指證歷歷。所以將其放在本章作為珍貴史料,提供給本書讀者先睹為快。

＊ ＊ ＊

本書第四章〈陸鉞巖、井上秀天與臺南佛教 ── 兼論其禪學觀點〉,同樣也是國立臺南大學國語文系教授兼人文學院邱敏捷院長,所提供的重要相關論文之一,而且是臺灣學界歷來從未探討過的新主題。邱院長認為:東亞佛教交流史是東亞文化發展史上重要的面向,而日治時期的臺灣佛教是邁向現代的轉型階段,在那期間臺灣佛教與日本佛教的交會,自然是東亞佛教史關鍵的環節之一。

尤其是,自 1896 年至 1900 年間,日本曹洞宗重要僧侶陸鉞巖、井上秀天,他們兩人在臺南市致力於傳教弘法。陸氏掌理當時大臺南的布教事業,先後曾設立國語學校,組織臺南婦人會,成立碧巖會,主持共修會等,推展文教工作且講授禪學,撰述禪學論著。因其德高望眾,感化力強,成效顯著。

　　至於井上秀天本人，則除了曾參與陸氏在大臺南區的日本曹洞宗布教事業外，他在與陸氏返回東瀛後，曾於 1902 年又再復來臺南並孜孜於創辦義塾，裨益於地方。

　　邱院長在論文中還特別提及井上氏之於現代禪學，不限於曹洞宗禪法，他揭示自由開放取向，並與臨濟宗鈴木大拙論辯，展現其禪學觀點。所以，這是深具先驅性的臺南學佛教史論述主題，值得吾人參考。

＊　＊　＊

　　本書的第五章〈從蔡國琳著《南部臺灣誌》透視：明清時代臺灣傳統在家佛教的齋教三派〉，又是因何而作呢？相關釋義如下：

　　對於這個課題的討論，作為本書作者之一，打算從自己的經驗出發。因在 2003 年時，是作者最初閱讀的《南部臺灣誌》第八篇〈宗教〉中的相關齋教資料，來據以完成之後撰寫五南版《臺灣佛教史》的清代齋教部分論述。

　　之後很訝異的發現，裡面都是日文手寫稿內容，而主要撰述者之一就是蔡國琳（1843-1909）。[28]他原是前清舉人，被剛來臺南就任縣知事磯貝靜藏和負責縣志編修瀨戶晉的邀請，參與日本統治初期急需參考的在地歷史沿革志纂修，以作為統治臺南的官方政策參考用書。

　　而蔡國琳之所以被邀請，是他在清末考中舉人後，官方派給他的職缺，就是負責纂修已經中斷很久未修的《臺灣通志》。但，當時已是清朝統治臺灣的晚期階段，修誌的參考文獻相當欠缺，特別是對於地方的民眾各類生活與信仰的習俗紀錄更是少之。不得已，只得採用訪談筆錄整理的方式，完成了初稿。

---

[28] 廢廬主人，〈記清舉人蔡國琳與蔡壁吟〉，《臺灣研究彙集》第 6 輯（1968 年 8 月 25 日），頁 23-28。

　　政權鼎革之際，他先渡海回大陸居住，以觀望時局發展。之後，由於家庭的緣故，所以他又回臺南居住，所以才會被日本官方的當地新縣誌編修當局應請參與，因此他是重要的參與者，貢獻很大，從內容前面的具名蔡國琳就可以看得出來。當然，此一新修的是日文手寫稿，涉及的範圍與材料，是從清朝時期的臺南府大轄區來著墨的。可是，日本統治初期出現地方行政轄區頻頻重劃與變更的情形。因此，導致《臺南縣志》（1897）只出版兩卷，之後的相關編修工作只得暫時擱置。[29]

　　在後藤新平（1859-1929）當臺灣總督府民政長官時，除了展開大規模的土地與舊慣調查之外，也邀請他是日本最當紅的日本史作家竹越與三郎（1965-1950）撰寫表揚日本在臺殖民統治典範性成就的《臺灣統治志》，[30]除日文版之外，還有外文版在國外發行。

　　竹越與三郎在臺北撰寫《臺灣統治志》期間，由總督府提供大量相關外文參考著作，以及當時官方掌握的相關檔案資料，其中包括已出版的二卷《臺南縣志》和尚未出版的《新竹廳志》初稿。

　　但，因後藤新平看了尚未出版的《新竹廳志》初稿後，發現篇幅太大，又涉及很多民俗和地方文人的藝文作品，於是他交由他信賴的日本漢學家館森鴻（1862-1942）[31]負責刪除與重新訂正。

---

[29] 臺灣總督府圖書館館長山中樵，〈敘言〉，臺南州共榮會編纂，《南部臺灣誌》（臺南，臺南州共榮會，1934），頁 1-3。

[30] 竹越與三郎，《臺灣統治志》，（東京：博文館，1905 年）。之後，又有廣松良臣，《帝國最初の殖民地臺灣の情況附南洋事情》，（臺北，臺灣圖書刊行會，1918 年）。

[31] 館森鴻（1862-1942），本名萬平，字子漸，號袖海，日本宮城縣人。館森鴻嘗遊學東京，列重野成齋（安繹）博士門下。乙未（1895）日軍侵臺，即隨軍南來，明治 38 年（1895）11 月來臺任職臺灣總督府雇員，因通曉經、史漢學，深受民政長官水野遵、後藤新平等倚重，恭稱他為「孔子公」，時以詩酒相徵逐，並積極參與官紳聯吟唱和活動，與中村櫻溪、加藤雪窗、章太炎及臺灣士紳連雅堂、羅秀惠、魏清德等臺、日漢學家親善友好。活躍於文學社團，曾與加藤雪窗成立玉山吟社；與中村櫻溪、小泉盜泉合創淡社，與尾崎秀真合編《鳥松閣唱和集》，與宇野秋皋合編《竹蘭雨集》，保存了日治前期臺、日古典詩界的交流風貌。求真百科：https://factpedia.org › title。

所以《新竹廳志》（1905）在後藤新平離任後才出版，當中的涉及很多民俗記載和地方文人的藝文作品幾乎都被刪光了。[32]至於《南部臺灣誌》第八篇〈宗教〉的手寫稿由於沒有出版，才能原樣保留。

直到 1930 年 10 月下旬，由總督府主導的臺灣文化三百年祭在臺南市大規模舉辦時，特設臺灣史料館展出各類臺灣史料，其中《南部臺灣誌》第八篇〈宗教〉的手寫稿與兩卷出版的《臺南縣志》也一併展出，立刻引起相關學者的重視。

1934 年時，臺南州共榮會是日本民間的教化團體之一，因此由此會相關人員將《南部臺灣誌》的手寫稿與兩卷出版的《臺南縣志》成書，全書以《南部臺灣誌》的書名出版。

而此時，正是國分直一在臺南女中教書的第二年，也是盧嘉興親進石暘睢並結識國分直一的年代。所以，《南部臺灣誌》的全書新編出版，可以視為標誌著近代「臺南學」建構與詮釋的顯著起點。

而本章內容，即是取材自 2009 年出版的五南版《臺灣佛教史》清代齋教部分。

＊ ＊ ＊

本書的第六章〈戰前臺南大仙岩廖炭與臺灣佛教龍華會：臺灣史上首次「齋教」三派成立的全島性聯合組織〉，又是因何而作呢？相關釋義如下：

本章的題目原為〈略論日治時期「齋教」的全島性聯合組織：臺灣佛教龍華會〉，是本書作者之一的王見川博士於 1994 年 7 月，發表於《當代》第 99 期（頁 34-45）。之後又納入本書兩位作者主編的

---

[32] 後藤新平，〈序〉，新竹廳總務課，《新竹廳志》，（臺北，臺灣日日新日報，1907年），頁 3-4。

1994 年出版《臺灣齋教的歷史觀察與展望：首屆臺灣齋教學術學術研討會論文集》內的相關論文之一（頁 194-190）。

如今，再納入本書的〈第六章〉，為了統一全書的詮釋體系，以及未了更增加讀者的容易理解，所以才改為〈戰前臺南大仙岩廖炭與臺灣佛教龍華會：臺灣史上首次「齋教」三派成立的全島性聯合組織〉。此章作者王見川博士，堪稱當代臺灣關於臺灣「齋教」三派的歷史溯源與批判性研究的第一論述權威與集大成者，海峽兩岸罕有能與其比肩者。加上多年來已主編與出版大套書型的「民間宗教文獻叢刊」，更在國際漢學界享有盛譽。

因此，本書共納入他的兩篇最具原創性的高峰精萃論文，本書的第章七即是他的力作：〈從新史料看光復前的臺南市齋教龍華派「德化堂」〉。而由於王見川博士是我生平最佳論學之交，所以我在本書特別納入一篇〈臺灣傳統齋堂史研究的新典範：王見川的治學歷程與臺南「德化堂」史的研究問題〉，有對他最深入的介紹。

按：此文原是王見川博士出版他寫的《臺灣現存最古老的龍華派齋堂：臺南德化堂的歷史》（臺南：臺南德化堂，1995 年）一書的序文之一，原題為〈關於作者、「齋教」與佛教的一些看法〉（頁 1-16）。所以，王見川博士在其（本書第六章）文章的開頭及提到：

> 幾年前，在著名佛教學者江燦騰的推薦下，我（王見川）接受臺灣古老齋堂臺南德化堂管理人員的委託，撰寫《臺南德化堂的歷史》（1995），對該堂成立至今的歷史，做了初步的探討。這本書可說是學界對臺灣現存齋堂的歷史所做的第一本研究專書。由於德化堂歷史悠久，堂中人員參與不少佛教、齋教活動，堂中留存一些清代到日據時期的重要經卷、文獻。因此《臺南德化堂的歷史》一出版，即獲得學者的注意！

近來，在德化堂重修的整理過程中，堂方人員又發現龐大的光復前佛教資料與該堂的相關經卷文獻。其中堂中所留存的臺灣寺廟參加日本臨濟宗妙心寺派的聯絡寺廟名冊、德化堂皇民化運動中的活動日誌及幾箱清代木刻佛經、善書經板，頗具學術參考價值。本文即利用這些新出資料，對光復前（1945 年），臺南德化堂的歷史做新的描述與詮釋。[33]

但是，在本書的第五、六、七章，並未論及戰後臺灣「齋教」三派在發展上的主要困境：大量臺灣傳統齋姑趨向「出家受戒」和逐漸走向「空門化」的嚴重問題。此因臺灣本土齋教的傳統三派，在戰後的 1949 年那年間，曾有大批大陸出家僧侶逃難來臺，彼等藉著戒嚴體制的威勢，推行出家傳戒、以及強調出家僧侶為正信和純粹的佛教代表者，於是全臺的齋堂和「齋教徒」，即面臨被強烈批判為「非佛教」的尷尬窘境。

雖然有些臺灣的齋堂，也加入「中國佛教會」成為正式會員，會費的捐獻也極踴躍，可是來自佛教內的責難卻從未中止。因此，現在除少數老齋友還在力撐外，臺灣全島的齋堂，可以說都極為式微，當然因此而改信或被接管的，更不在少數。

另一方面，脫胎於先天派的一貫道，藉著結合儒家思想和入教的簡易化，在臺灣地區大大地盛行起來，成為僅次於佛教的大教派。

雖然從傳統佛教的正統角度來看，有些學者和僧侶們，不認為臺灣的「齋教」是「佛教」，但「齋教徒」本身卻自認為是，並實際帶有很強的自我認同度；而在日治時代，由於官方沒有在法律上對臺灣本土「齋教」的歧視或差別待遇，所以在家型態的「齋教三派」，事實上也

---

[33] 王見川，〈從龍華教到佛教——光復前臺南德化堂的歷史〉，《圓光佛學學報》第五期（中壢：圓光佛學研究所，2000.12），頁 241。

構成臺灣佛教的主要勢力之一。

並且，不少具有重大影響力的出家僧尼，其最初接觸佛教的機緣，都是先透過齋教人士的引進和指導，而後再轉型為正式受戒的僧尼的。

所以在日治時期，臺灣在家佛教的齋教三派和出家佛教兩者，是長期互補地相提攜和共處及共發展的。

可是，在戰後臺灣地區，在家型態的「齋教三派」，卻遭到以僧侶佛教為主流的各種組織勢力或特定教內人物的強烈批判和完全否定，加上「齋教」本身長期缺乏有力的領導轉型人才和有效的適應新情勢的方法，所以除少數的「齋堂」和「齋教人物」之外，其餘的皆紛紛自願的或被情勢所迫不得已的轉為「空門化」，亦即「齋堂」大量改為「佛寺」，「齋教徒」則大量落髮受戒，而成為正式的「僧尼」。

不過，作為一位臺灣佛教史學者，作者卻能屢次以相關的精確研究證據，為彼等「去污名化」而努力，並迅速獲得學術界的極大共鳴。所以「從齋姑到比丘尼」的歷史發展，已逐漸被學界廣為探討。

雖然到目前為止（2024/04），作者的此一努力，仍無法改變現實明顯早已逐漸沒落和被轉為「空門化」的歷史走向。但若單就以學術研究為彼等「去污名化」的努力之事來說，作者過去的相關作為和實際績效，已相當成功。

＊ ＊ ＊

本書的第八章〈戰前林秋梧的新批判禪學思想及其巨大衝擊〉，之所以被納入，其理由有二，第一個理由是早在 1967 年 8 月，盧嘉興於《古今談》第 27 期與第 28 期，連載發表其著名的〈北園別館與開

元寺）長文的上下篇時，[34]即曾特別提及林秋梧（1903-1934）在臺南開元寺的相關事蹟，只是當時並未引起學界人士，注意到林秋梧此人的重要性。

直到 10 年之後，才有林秋梧的親人李筱峰教授接棒，深入發掘林秋梧生平事跡，並先後寫了兩本專書：第一本是《革命的和尚──抗日社會運動者林秋梧》（臺北：八十年代出版社，1979）、第二本是《臺灣革命僧林秋梧》（臺北：自立晚報社文化出版部，1991），立刻起引起當代臺灣學界相當大的注意。

當然，這也是由於李筱峰教授本人，早期即從事臺灣政治民主化運動，又是學院科班出身的臺灣史研究專家，再加上林秋梧為他的親人之一。因此他對林秋梧的探討，不但主題新穎、題目聳動、內容豐富，書中更洋溢著他對臺灣文化運動乃至佛教現代化的深切關懷之情，所以林秋梧的大名，可以說在李書一問世，即不脛而走，廣為人知。

所以，本書納入的第八章的第二個理由，就是由於雖然日治時期的臺灣本土佛教禪學知識精英社群，出身日本駒澤大學同學會的本省籍佛教精英像：高執德（1896-1955）、李孝本、林秋梧（1903-1934）、曾景來（1902-1977）、李添春（1899-1988）等人，都是直接受教於忽滑谷快天（1867-1934）的門下，都曾各自發揮了相當大的作用。

再加上，本書是專為臺南府城佛教史與盧嘉興的相關研究，所以林秋梧與開元寺的學術課題，自然必須將其納入作為全書內容組成的重要部分。至於和林秋梧同時崛起的夥伴，則依然掩埋歷史塵土中，等待

---

[34] 盧嘉興，〈北園別館與開元寺上〉，《古今談》第 27 期（1967 年 5 月），頁 19-26。〈北園別館與開元寺下〉，《古今談》第 28 期（1967 年 6 月），頁 27-32。後被盧嘉興合併收入，《臺灣研究彙集》第 9 輯（臺南：1970 年 8 月），頁 1-8。最後是，被張曼濤主編，《中國佛教史論集六：（臺灣佛教篇）》（臺北：大乘文化出版社，1979），頁 269-321。

被有心人挖掘，然後進行更深層化的相關歷史真相解說。

不過，話雖如此，要從事這一歷史重建的工作，也並非容易。以李筱峰本人來說，有關林秋梧的兩本書，從初著問世到改寫新書，中間幾乎隔了有十二年之久。以李先生之快筆和對林秋梧的史料之熟悉及功力之深，尚且間隔如此之久，難怪日治時期的臺灣佛教史研究，遲遲未能全面展開了。

但事實上，如今若回顧當年林秋梧活躍於開元寺的時代，其實正值大正昭和之際的日本現代佛學研究的高峰期，所以，當時的留日佛教學者如高執德、李孝本、林秋梧、曾景來[35]等人，都深受忽滑谷快天批

---

[35] 有關曾景來的本土客家籍農村的生活背景、日治時代最早科班佛教中學教育與留日高等佛學教育、最先從事原始佛教佛陀觀的變革、探討道德倫理思想的善惡根源、大量翻譯日本禪學思想論述和建構臺灣傳統宗教民俗，的批判體系等，都是臺灣近代宗教學者中的重要指標性人物，卻長期被臺灣學界的相關研究所忽略了。迄今有關曾景來事跡的最清楚討論，是大野育子的最新研究所提出的，因其能提供曾景來留日時的學籍資料、留日返臺的婚姻、工作和家庭，以及曾景來著作中的反迷信研究與批判等。見大野育子，〈日治時期臺灣佛教菁英的崛起——以曹洞宗駒澤大學臺灣留學生為中心〉，頁 53-54；頁 136-137；頁 161。但是，她對曾景來 1928 的重要學位論文〈阿含の佛陀觀〉，並未作具體討論，對曾景來的倫理學著述，也完全忽略了。此外，于凌波在其《現代佛教人物詞典（下）【曾普信】》（臺北縣三重市：佛光文化事業有限公司，2004），頁 1167-1168 的相關說明，是迄今最詳細和能貼近戰後臺灣佛教史經驗的。至於釋慧嚴對於，〈曾景來〉，其說明內容如下：「曾景來（1902.3-?），亦名曾普信，高雄美濃人，是李添春表舅曾阿貴的三男。禮林德林師為師，1928 年 3 月畢業於駒澤大學，次年 3 月 18 日任特別曹洞宗布教師，勤務於臺中佛教會館。1931 年任曹洞宗臺灣佛教中學林教授，1932 年至 1940 年以總督府囑託身分，勤務於文教局社會課，負責《南瀛佛教》的主編工作。1949 年任花蓮東淨寺住持，至 1965 年退任。1973 年視察美國的佛教，回臺後著有《日本禪僧涅槃記》。而留日期間（1921-1929），先就讀於山口縣多多良中學林二年，畢業後，繼續在駒澤大學研鑽 6 年，其間師事忽滑谷快天，與其師德林師皆心儀忽滑谷快天。1938 年著有《臺灣宗教と迷信陋習》一書，是一部體察國民精神總動員的旨趣為一新風潮，提倡打破改善臺灣宗教和迷信陋習的著作，時逢徹底促進皇民化運動的時期，故此書的出版，頗受當局的重視。」見《臺灣歷史辭典》（臺北：遠流出版社，2004），頁 0884-0885。可以說，相當簡單和欠完整。因于氏已明確指出：曾景來生 1977 年過世的，但是，釋慧嚴的說明，則對此事，無任何交代。再者，在《南瀛佛教》的各期，曾景來除撰述佛教或臺灣宗教的文章之外，可能是擔任多期該刊的主編，必須增補版面和增加趣味，所以譯介不少佛教文學或非佛教文學作品，值得進一步介紹其業績，也可為臺灣近代文學史增加部分新內容。至於他的有關善惡問題與宗教倫理研究，也可見曾景來，〈善惡根源之研究（一）〉，《南瀛佛教》第 4 卷

判禪學思想[36]和社會主義思潮的影響，[37]不但開始探討非超人化的人間佛陀，也強烈批判臺灣傳統宗教迷信、主張純禪修持與積極敦促改革落

---

5 號（1926.9），頁 22-23；〈善惡根源之研究（二）〉，《南瀛佛教》第 4 卷 6 號（1927.12），頁 17-20；〈善惡根源之研究（三）〉，《南瀛佛教》第 5 卷 1 號（1928.1），頁 29-38；〈善惡根源之研究（完）〉，《南瀛佛教》第 5 卷 4 號（1928.5），頁 38-41；〈戒律底研究〉，《南瀛佛教》第 6 卷 4 號（1928.8），頁 26-38；〈罪惡觀〉，《南瀛佛教》第 8 卷 7 號（1930.8），頁 39-42；〈自我問題〉，《南瀛佛教》第 11 卷 4 號(1933.4)，頁 10-11；〈人為財死鳥為食亡〉，《南瀛佛教》第 11 卷 8 號（1933.8），頁 10。

[36] 關於「批判禪學」的研究問題。忽滑谷快天的大多數禪學著作，除了與胡適有關的《禪學思想史》在海峽兩岸分別出現中譯本之外，可以說只在臺灣佛教學者討論日治時期的臺灣佛教學者如林秋梧、林德林、李添春等時，會一併討論其師忽滑谷快天的禪學思想，但僅限於出現在《南瀛佛教》上的部分文章而已，此外並無任何進一步的涉及。自另一方面來說，日治時期的臺灣佛教僧侶曾景來和林德林兩人，大正後期和昭和初期，彼等在臺中市建立「臺中佛教會館」和創辦機關刊物《中道》雜誌，就是直接以其師忽滑谷快天的禪學思想，作為推廣的核心思想。所以曾景來曾逐期刊載所譯的《禪學批判論》（附「大梵天王問佛決疑經に就て」一冊，明治 38 年東京鴻盟社）一書。而林德林則翻譯和出版《正信問答》（原書《正信問答》1 冊：（甲）、大正 15 年東京光融館；（乙）、昭和 17 年臺中佛教會館。

但是，迄慧嚴法師 2008 年最新的研究《臺灣與閩日佛教交流史》（高雄：春暉出版社）出版為止，在其書的第四篇第三章〈臺灣僧尼的閩日留學史〉（原書，頁 504-578），雖能很細膩地分析忽滑谷快天的《正信問答》和《四一論》，可是，仍然未涉及有關之前思想源流的《禪學扎判論》與《曹洞宗正信論爭》。

[37] 大野育子的最新研究〈日治時期臺灣佛教菁英的崛起——以曹洞宗駒澤大學臺灣留學生為中心〉，是定義「佛教菁英」為：「所謂『佛教菁英』是指日治時期由臺灣前往日本，在日本佛教系統大學內深造的臺灣人，他們是臺灣佛教史上首次出現具有高學歷的佛教知識份子，由於具備相當深度的佛學素養，流利的日文能力，因而成為日治時期佛教界的佼佼者。」大野育子主要是根據《駒澤大學百年史》的相關資料，來論述該校佛教學科的「佛教菁英」，前往日本學習佛學的意義之所在，以及彼等返臺後所呈現的宗教思想與其在日本所受教育之關聯性。

可是，在思想上源流，她很明顯地是忽略了忽滑谷快天的「批判禪學」之思想的重要啟蒙和影響，甚至於她也忽略了 1926 年由河口慧海所著的《在家佛教》（東京：世界文庫刊行會）一書和 1924 年由豐田劍陵所著《佛教と社會主義》（東京：重川書店）一書的重要影響。因前者所主張的「在家佛教」理念和後者以社會主義思考佛教思想的新課題，都是當時臺灣留學生的主要課外讀物之一，這只要參看殘留的《李添春留學日記手稿》內容，就不難明白。此外，釋宗演的《佛教家庭講話》（東京：光融館，1912）一書，更是林德林和曾景來師徒，作為彼等製訂《在家佛教憲法》的重要依據，但是，此一事實，也同樣並未被大野育子的最新研究所提及。

伍的臺灣宗教崇拜模式，並激烈辯論如何面對情慾與婚姻的相關現實改
造問題。

此外，由於新僧與在家佛教化的新發展趨向，在當時的傳統儒佛
知識社群間，曾一度產生彼此認知角度和信仰內涵差異的集體性強烈互
相激辯的宗教論述衝突，[38]此種影響的相對衝擊，也迅速反映在當時留
日佛教學者如高執德、李孝本兩者所撰寫的反排佛論學位論文內涵[39]和
林秋梧對朝鮮知訥禪師的經典名著所做的《真心直說白話註解》（臺

---

[38] 參考江燦騰，〈日據時期臺灣新佛教運動的開展與儒釋知識社群的衝突——以「臺灣佛
教馬丁路德」林德林的新佛教事業為中心〉，載《臺灣文獻》第 51 卷第 3 期（2000 年
9 月），頁 9-80。此外，翁聖峰，〈《鳴鼓集》反佛教破戒文學的創作與儒釋知識社群
的衝突〉，其主要論述觀點如下：「…論述《鳴鼓集》除精熟其文獻，尚須配合崇文社
所有徵文、徵詩與傳媒，才能充分掌握問題的全貌。《鳴鼓集》反佛教破戒文學的創作
與其維護倫常規範是一體兩面，互為表裡的，論者或以『色情文學』稱之實未允當。詮
釋《鳴鼓集》固然不容疏離當前的生命處境與價值觀，然亦須注意儒學與佛學的核心價
值，方不致使問題流於以今律古，才能較周延闡釋儒釋衝突的文化意義。」《臺灣文學
學報》第 9 期(政大臺灣文學研究所，2006.12)，頁 83。此外，釋慧嚴，〈推動正信佛
教運動與臺灣佛教會館〉一文說明，是其新著《臺灣與閩日佛教流史》中的一小節內
容。但此文，其實是據江燦騰先前的相關研究成果，再另補充新材料，故其新貢獻有
二：(1)討論林德林接受忽滑谷快天「法衣」的拜師經過。(2)討論林德林在臺灣佛教會
館，從事社會救助的「臺中愛生院」經營狀況。這些資料說明，都出自《臺灣日日新報》
的各項報導，所以頗有新意。見釋慧嚴，《臺灣與閩日佛教交流史》（高雄：春暉出版
社，2008），頁 579-584。

[39] 舉例來說，高執德在駒澤大學的 1933 年學位畢業論文《朱子之排佛論》，資料詳盡、
體系分明、批判深刻，應是臺灣本土知識份子所撰批判儒學論述的前期鼎峰之作。可惜
的是，臺灣當代的諸多儒學研究者，甚至於連高執德有此巨著的存在，都毫不知情。事
實上，繼高執德之後，同屬駒大臺灣同學會的吳瑞諸在 1933 年的「東洋學科」由小柳
司氣太和那智陀典指導的〈關於大學諸說〉和同校「佛教學科」的李孝本，也在小柳司
氣太和境野哲的聯合指導之下，於 1933 年撰寫了另一長篇《以明代儒佛為中心的儒佛
關係論》的駒大學位論文。另一方面，我也觀察到：在當代臺灣學界同道中，雖有李世
偉博士於 1999 年出版《日據時代臺灣儒教結社與活動》（臺北：文津出版社）、林慶
彰教授於 2000 年出版《日據時期臺灣儒學參考文獻（上下）》二冊（臺北：學生書
局）、陳昭瑛教授於 2000 年出版《臺灣儒學：起源、發展與轉化》（臺北：正中書
局）、以及金培懿的〈日據時代臺灣儒學研究之類型〉（1997 年『第一屆臺灣儒學研究
國際研討會論文集』，頁 283-328）等的相關資料和研究出現。可是，此類以儒學為中
心的專題研究和相關資料，共同的缺點之一，就忽略了同一時期還有臺灣佛教知識菁英
群（知識階層）的思想論述或文化批判。

南：開元寺，1933），都相繼展現出和當時日本佛教學者新研究成果發表幾近同步的有效吸收，[40]並能具一定新論述特色的優秀表現。

只是在本第八章的內容中，對於上述這些複雜的學術史問題的處理，仍很概括與不足，因此更詳細深入的研究，還有待今後持續努力。

* * *

本書的第九章〈戰後東北天臺宗僧侶來臺南市發展的歷程〉，之所以被納入，是由於戰後影響臺南府城佛教發展的最大外在因素，是以1949 年的大陸政局逆轉國府大舉撤退來臺並建立起以外省權力為中心的中央獨裁政體為最關鍵，在此同時，此一獨裁政治的統治型態也促使各省逃難來臺的出家僧侶，能夠藉機重建中央級佛教組織和長期對臺灣在地佛教組織進行干預或指導的支配系統。

但是，此一情勢發展的具體的演進過程，究竟是如何進行的？外界其實並不很清楚。所以我們有必要選擇有代表性並且能親歷其中的各階段環節，而後追蹤其發展的足跡線索，就可以使我們觀察的視野，透過當事人的角度來搜尋和就近獲得有效的系統瞭解。

而本章所要說明的個案，就是基於上述的觀察角度來選取的，因此其具體細節的精確性，也相對容易掌握。因此，此章的納入有其學術邏輯上的必要性。

可是，筆者之所以會撰寫本章，原始動機是來自筆者在 1966 年當兵時，曾結識尚未退伍出家於臺南府城忠義路二段湛然寺的水月法師，其經過如下：

---

[40] 例如久保田量遠，《支那儒道佛三教史論》（東京，東方書院，1931）和常盤大定，《支那に於ける佛教と儒教道教》（東京：財團法人東洋文庫刊行，1930）兩者出書時，都是和高執德與李孝本在日寫相關論文的時間接近。

　　1966 年底，筆者在臺中水湳機場的人事室，遇到了當時官拜「空軍少校」的王俊嶺少校。那時候筆者的身分是「二等行政兵」，剛從虎尾新兵訓練中心結訓，被分發到臺中的水湳機場服務，由於作者的字跡端正，富文書經驗，報到時，在第一站「人事室」的第一關：李耀光少校處，即被留了下來。而王俊嶺少校亦在人事室任人事官，所以成了「同事」。

　　因緣的形成需要薰習。為甚麼筆者和王少校的認識，會開啟了作者日後研究佛教學術的契機呢？因為，那時的筆者，根本看不出，筆者有研究佛教學術的可能性。

　　因為一直到當兵為止，筆者正式學歷，只是初中一年肄業。而筆者對佛教的理解，只是在桃園縣大溪鎮老家，鄰居有人每天早晚誦經的印象，以及鎮郊東南邊蓮座山觀音亭的禮拜觀音菩薩而已。

　　幼年時期，家中正廳，貼有南海觀音坐於竹林座上，浮於大海波濤中，善財、玉女分立兩邊蓮花上向觀音菩薩禮拜的畫像。這原是本省北部農家，習見的神畫和關公、土地公、媽祖等，是畫在一起的。

　　筆者每天早晚都要燒香，不但成了習慣，而且，的確感到心靈中，有種安定和寧靜的力量。特別是，由於家庭變故，筆者有一段辛酸和凄苦的童年，當我感受不到家庭的溫暖和遭受鄰人、同學的歧視，心中徬徨無依時，作者即到蓮座山觀音亭去禮拜、去聽山下的溪水波濤聲，而獲得苦悶的紓解。

　　當然像這種信仰方是，是樸素的、感性的、直覺的，雖仍具有生命力和實在的內容，卻於佛教義理的深奧知識，一無所知。關於佛經的梵夾本，在當時，只被視為神桌上的供物，神聖的象徵而已。而其中的文字障礙和傳統信仰加諸其上的崇高、神聖性，使筆者只能對它膜拜，而不能做知性的理解。

　　多年後，筆者在竹北街頭，遇到一個賣水果的婦人，她要筆者講她常唸的佛經中的道理給她聽，水果免費任作者吃，筆者才知道，在樸

實的信仰背後，人類的求知本能，是會探索信仰對象的內涵，不論他是一個學者，或一個鄉下未讀過書的婦人。

但是，要跨越文字的障礙和進入抽象的哲理世界，而能優悠自在，談何容易？這個困難，相信許多開始研究佛教典籍的人，都會面臨到，筆者也是其中的一個。

不過，筆者終於還是跨進去了！這個關鍵，就是和王少校的一段相處，才正式開啟。否則，筆者恐怕迄今，心頭仍在懷疑：為甚麼海中的觀音菩薩不會沉下去？他不需要吃飯嗎？……這類可笑，卻百思不得其解的謎題。

王少校到底當時告訴了筆者甚麼樣的佛教義理呢？並沒有。筆者記得他那時，雖身穿空軍少校官服，卻理個大光頭，有一對濃眉，戴金邊眼鏡，白天上班，精勤治事，效率之高，堪稱室中第一。下班時，則自理伙食、吃齋，並勤奮攻讀佛典，天天記著寫日記。

他告訴筆者，他在研究佛教的「因明」（佛教邏輯學）。但，甚麼是「因明」？筆者完全不知。

筆者只知道，他提過陳大齊先生的名字和著作，可是筆者也不知誰是陳大齊，或他寫了甚麼樣的書。

不過，為甚麼他會對筆者提起這些呢？原因是，筆者好奇的問他。

當時，在基地人事部門的同事中，像筆者這樣的「充員兵」，有五、六個之多；例如當時擔任王少校的助手，就是其中的一個。

然而，他們都不像筆者喜歡讀書。因為筆者雖已輟學多年，卻仍自修不懈。在當兵那年，筆者立志當法官，已自修四年的法律課程，並已通過「法院書記官」的資格檢定考試，還報名「文壇函授學校」的課程，練習寫作。

因此，筆者有相當的語文基礎，又是著名的「政治課」考試的高手。作者寫的論文，參加軍官、士官、士兵三級的競賽（軍官、士官，

以他人名義參加），全部同時入選獲獎。以這樣的顯赫資歷，使筆者的言行很受矚目。以後筆者和王少校的談話內容，會逐漸加深，也應與這一背景有關。

但，筆者日後會從一個初中一年級的肄業者，居然一躍而成為臺灣大學歷史研究所的正式研究生，這當中實有太大的距離。

筆者想，當年軍中的那些同事，不論怎樣富於想像的人，大概也無法預測，筆者日後在正式學歷上，會有這樣大的變化出現吧？

說來有點不可思議，筆者當時和王少校的共同話題，其實是由一位著名的臺大歷史研究生──李敖的筆墨官司談起的。

當年的李敖，以他的文章熱情和淵博的知識，的確讓社會上無數的人傾倒。特別是他在《文星雜誌》撰寫，並掀起激烈筆戰的系列文章，令作者初次對中西文化的問題，有了極大的興趣和思考。

由於涉及許多「五四運動」以來的成名學者，而筆者卻毫無所知，於是透過王少校之口，筆者知道了梁漱溟、熊十力、湯用彤和方東美等學者的名字和著作的名稱，並趁著假日，到臺北市的書店，購買他們的著作。

其中，梁漱溟的《東西文化及其哲學》、熊十力的《佛家名相釋要》和湯用彤的《漢魏兩晉南北朝佛教史》，以及錢穆的《國史大綱》，便是筆者接觸中國傳統文化和佛教史的啟蒙課本。

王少校雖曾向筆者介紹了一些它們的背景，但閱讀它們和理解，則靠筆者自己摸索。所以，筆者的治佛教史，並無任何的師承可言，直到今日，依然如此。

可是，若非當年這位王俊嶺少校，曾提供了一些相關的背景知識，則可以斷定：筆者少有可能接觸或深入地閱讀它們！這一因緣至關重要，它影響了筆者日後的整個治學方向。

當時，他還介紹筆者去聽大名鼎鼎的李炳南居士講《金剛經》，地點就在水湳機場附近，一個大稻埕上。

當時的聽眾，老少都有，人們就站在圍在四周，聽他坐著講。雖然李居士名氣甚大，王少校提及時，深懷敬意，但筆者並不欣賞，只聽到一半，當他開始攻擊科學如何、如何時，筆者就離去。次日，並對王少校表示了筆者的失望。從此筆者就踏上自己漫長的自修佛學路途。

據說李居士是藍吉富先生在佛學方面的啟蒙師。筆者和藍先生很熟，也一向欽佩他，但個人因緣不同，因此影響相異。

當時筆者也曾在軍中，參加隨營的中學教育，但幾個月後，參加考試及格，取得一張初中畢業的同等學力證書。

等到筆者從空軍的三年義務役退伍之後，雖一直在工廠作事，但在三十一歲那年，因家中的弟妹，都已成人，能自立了，筆者又報名教育廳辦的高中自修學力鑑定考試；及格後，再於同年考入師範大學歷史學系夜間部。從此每天半工半讀，往返奔波於竹北－臺北之間，非常辛苦，但五年在學期間，筆者的學業成績始終保持全班第一名，直到畢業。

筆者後來又考入臺灣大學的歷史研究所攻讀。由於想申請佛學獎學金，所以筆者從大學二年級時，開始撰寫佛教思想的論文，而其中的一篇《楞伽經研究》，被刊登在《中國佛教》（第 27 卷，第 6 期，1983 年 6 月，頁 5-13），使「水月法師」發現了筆者的名字。到此時為止，筆者與他已將近二十年未曾聯絡了。

但，在此之前，筆者其實曾寫了數封長信，到臺中的空軍水湳基地去詢問，但一無回首。筆者後來聽說，他在日月潭的某間佛寺出家；可是告訴筆者的人，也不敢確定他是否就在日月潭出家。

筆者也曾問別人說：有一個王少校，曾研究因明，出家為法師，法號不明，但以他的學養，應不會默默無聞才對。可是筆者不管如何的努力，一直都查不到他的下落。人海茫茫，如果沒有正確的尋人資料線索，縱使在像臺灣這樣資訊發達的狹小地區，想要找一個人，也是困難無比！

另一方面，「王少校」（水月法師）又是如何找筆者呢？在 1987 年 7 月 15 日出版的《福田》雜誌，曾刊登過這樣的一則啟事：

借郵——致江燦騰居士

　　燦騰居士惠鑒：臺中水湳一別，近二十年未晤，時相懷念。近幾年想多次音問高山，惜未如願。幾年前，在《中國佛教》月刊看到你的文章（案：即《楞伽經研究》），深慶舊友，不迷風雨，同履佛法一轍。即去信該刊主編大德，希望查到你的地址。但未得到片言回答。因我無藉藉名，沒有受到重視，也是很正常。以後在佛刊上（案：即《獅子吼》），偶見你的報導或文章。怕寫信的我，和前一次遭拒經驗，未敢再探詢尊址。今年春節，在彌勒出版社服務的某師回南度歲，向他提起，希望協助查詢，也無消息。這幾天，我住的茅蓬西閣樓，原存放我一些雜物，因有人要住，需清理出來。不意發現你寫的四封長信，使我再鼓一次勇氣，向《福田》懇借一角。你如看到，請與《福田》雜誌聯絡，好心的編輯，會把消息轉給我。你知道我是誰吧！

　　可是，在此之前，筆者根本未見過《福田》雜誌，也無人轉告筆者，故上面的「啟事」，毫無作用。

　　又過了幾個月，1987 年底，一個北臺灣細雨霏霏的寒冷夜晚，筆者家中的電話響起，一個陌生的聲音，從聽筒傳出：問筆者是否姓江？曾在臺中水湳當兵？是否認識一個王俊嶺的軍官？筆者一一答是。

　　然後，她告訴筆者：這是臺南打來的長途電話，一位法師要和筆者說話。筆者一聽：是少校的細緻的聲音！雖隔二十多年，一無改變。

　　他告訴筆者：資料是從臺南妙心寺探悉的。臺南妙心寺有筆者的檔案，這可能和傳道法師有關，傳道法師曾為佛教百科全書的編輯問

題，以及參加「東方宗教討論會」第一屆年會，所以與筆者雙方有數面之緣。

於是，透過這一線索，使筆者和王少校又聯絡上了。他告訴筆者：他現在叫「水月法師」，居住在臺南市的湛然寺。雙方約定以後，繼續保持聯絡。而《福田》雜誌上的「啟事」，則是事後，他寄來給筆者，才知道的。

然而，臺南的湛然寺又是怎樣的一座佛教的叢林呢？筆者一直沒聽說過。

承佛光山寺的星雲法師贈我一本《臺灣佛教寺院庵堂總錄》（高雄：佛光出版社，1977 年），在第 444 頁上，有湛然寺和「聖禾和尚」的簡介。

湛然寺的說明是：

湛然寺位於臺南市忠義路，緣於 1951 年春，籍隸河北灤縣的慧峯和尚，應臺南市佛教界之聘，首次啟建護國息災大法會於竹溪古寺， 3 日之中，蒞會參拜者，愈 10 萬眾，極一時之盛。勝會畢，又受聘講經於天壇諸寺，歷二載餘，法緣所成，聽眾發起捐購忠義路三十八巷十二號為宏法道場，稱「湛然精舍」。1966 年春，拆除重建為古色古香宮殿式的三樓寺宇，更名為「湛然寺」，構築宏偉，至 1973 年完成。開山住持的慧峯和尚，即於是年 12 月 8 日，覺滿圓寂。

聖禾和尚的說明是：

法號水月。自 1974 年 2 月 8 日選為該寺第二任住持，悉守舊制。覃思因明，講學各校。並經眾議決定，為追念其恩師及達成虎頭埤闢建道場之遺訓，興建「慧峯大紀念館」一座，供作研究佛學之理想道場·

因此，1995 年當時筆者已讀臺大歷史研究所博士班，並準備出版《20 世紀臺灣佛教的轉型與發展》一書（高雄：淨心文教基金會，1995）的第六章，如今本章的全文就是重刊此第六章，以作為筆者與臺南府城戰後佛教界的深厚情誼。

＊ ＊ ＊

　　本書第十章〈解嚴後臺灣佛教「在家教團」的崛起與頓挫：現代禪菩薩教團與臺南佛教維鬘傳道協會的研究史回顧與檢討〉，[41]之所以被納入，是由於是研究戰後臺南府城佛教「在家教團」最核心、也是最具代表性的主題和問題。正如研究臺灣戰後現代舞的發展，雖不能否認蔡瑞月的早期重要啟蒙和貢獻，卻不能不以林懷民所創立的第一個臺灣職業性現代舞團「雲門舞集」，作為關鍵性的分析對象。

　　這是由於除了「雲門舞集」長期以來所呈現的一連串高峰迭起的出色成就之外，還包括整個舞團現代性經營經驗的呈現以及它對其他舞團的廣大影響。可以說，抽去了林懷民和「雲門舞集」，就很難完整理解戰後臺灣現代舞的發展。[42]

　　同樣的，不論如何討論臺戰後臺南府城在家佛教的信仰或各類居士佛教團體的組織和活動，假如沒有將分析的概念提升到「在家教團」（這是在家佛教發展到最高峰的宗教產物）、以及將解嚴後的兩個最重要的「在家教團」：維鬘與現代禪（※此因彼等是呈現出最具典範性的發展經驗，所以本章暫不討論「新雨」、「正覺同修會」和「印心禪學會」等在家佛教團體）納入對象與問題的探討，則很難完整理解戰後甚至近百年來臺灣在家佛教的發展。

　　事實上，明清以來長期流傳於臺灣地區的傳統齋教三派（龍華、金幢、先天），就是傳統「在家教團」的一種。但傳統齋教三派雖在戰後戒嚴體制下的不利環境無法成功轉型而趨於沒落，不意味在家佛教徒都不從事「非僧侶主義」的信仰自主性的追求。

─────────────

[41] 本文是 97 年度國科會補助計畫編號：NSC.97-2410-H-149-0012 的部分成果。

[42] 參見江燦騰、陳正茂合著，〈飆舞：林懷民和羅曼菲的舞蹈世界〉，收在《新臺灣史讀本》（臺北：東大出版社，2008），頁 284-293。

　　因為戰後基督教新信仰型態對民眾、特別是佛教徒的強烈刺激、大量現代西方文明知識或新文化概念的輸入、出版業的高度發達、鈴木禪學著作的風行、資訊的流通快速、教育的機會提高、社會經濟條件的大幅改善、都會化與疏離感的增強等，都促使戰後臺灣民眾有意願和有能力去從事新信仰的追求。所以我們在臺灣北部現代禪創立者李元松或臺南府城維鬘主導者王儒龍的身上，都可以觀察到上述影響的清楚軌跡。

　　因而，反映在此等「在家教團」的規範和信仰內涵上，則處處都可看出有民主觀念和合議制運作的強調、理性化和多元性知識的高度攝取、注重溝通與協調、與學界往來密切、在財務上透明化和謹慎取用等。所以，研究「解嚴後的臺灣佛教『在家教團』的發展與頓挫」，即是研究戰後臺南府城「在家佛教」信仰型態或歷史現象的最核心和最具代表性的主題和問題。

　　而之所以，將南北兩個幾乎同時成立的，臺灣佛教「在家教團」作為對比研究，是基於此南北不同型態的新興「在家教團」，都同樣面臨「發展與頓挫」的相同結局，所以將其對比可以看得更清楚。

＊　＊　＊

　　本書的附錄之一〈臺灣傳統齋堂史研究的新典範：王見川的治學歷程與臺南「德化堂」史的研究問題〉，是因 1984 年，在臺南府城地區創立已達 160 年的齋教龍華派「德化堂」，要在此年擴大舉辦創立160 週年紀念，而其中有一項重要的學術研討會，希望邀請各界對於臺灣齋教源流和歷史發展有深刻認識的學者，匯集到臺南來共同討論。所需的經費自然由主辦單位悉數提供。至於大會期間的人手支援，更是理所當然的協助到底。

　　可是，在臺灣地區的學術界，平素雖有一些學者撰寫關於齋教的

文章,卻從未聽說有人打算召開臺灣齋教的學術研討會。原因是研究的人口太少,且真能專精深入者,可以說寥寥無幾。因此,如何邀請齋教學者撰寫論文?即成了最令人頭痛的問題。

　　幸好,主辦單位的「德化堂」與臺南市的「佛教維鬘傳道協會」,有密切交往,透過「維鬘」同仁的聯絡,委請筆者與王見川博士兩人代為邀請。因王見川博士,和日本學界的淺井紀、武內房司,以及大陸學界的馬西沙、韓秉方,曾有學術上的交往。所以,大陸和日本學者的部分,即交由王見川博士聯絡。至於國內的部分,則由筆者本人負責。所以,所以當年順利的在臺南市立文化中心舉辦「首屆臺灣齋教學術研討會」,大獲成功。會後並結集成《臺灣齋教的歷史觀察與展望:首屆臺灣齋教學術研討會論文集》,交由新文豐出版公司於 1994 年 9 月出版。

　　會後臺南「德化堂」邀請筆者替其轉寫《臺南德化堂的歷史》一書,筆者則介紹更為專精的王見川博士撰寫。王見川博士隔年 10 月完成《臺灣現存最古老的龍華派齋堂:臺南德化堂的歷史》全書初稿,交由筆者閱讀,於是筆者在讀完後特別撰寫〈關於筆者、「齋教」與佛教的一些看法〉,作為該書出版時的書序。這就是目前納入的附錄全文。讀者有興趣可以參看。

　　本書附錄之二〈永懷傳道法師〉一文,是筆者在傳道法師過世後,筆者有感於傳道法師(1941-2014)走得很突然,也很令人意外,同時也特別令人惋惜,因而才會有此文的發表。

　　特別是筆者認識傳道法師已近二十八年,並且筆者又是一個專業的臺灣佛教史研究者,也因此連帶對傳道法師這個人、他的師門、他的隸屬宗派、或學思歷程、及佛教思想傳承等各方面,都能有一定程度的理解。所以在為文之際,內心感慨良深,久久不能自已。

第一章　盧嘉興先生的學術研究導論：為何他是臺南學研究的重要先驅之一？

江燦騰

臺北城市科技大學創校首位榮譽教授

一、前言

本章是探討作為臺南學研究的重要先驅，盧嘉興（1918-1992），為何他可以成功？他的方法是如何辦到的？

他出生在臺南、受教育在臺南、他的工作都在臺南，從年輕到他年老退休，他都是在政府的部門或官方辦的事業機構服務。

但是他為何會在下班後，或是放假日，沒有去娛樂，而是單獨去郊區找歷史古蹟來研究。他是跟誰學來的？他利用了何種圖書館？他的家庭如何照顧呢？

最後，他為何可以寫出數量很多的著作？而且水準很高，可以得獎？本章就是根據他的這些著作來理解他，於是寫出一篇研究的導論。

二、從現有所知的傳記資料出發：簡述盧嘉興的家族史

根據盧嘉興在 1981 年的個人說法，他的生平履歷如下：他在日治時期的公學校畢業後，先當過小學工友、臺南歷史館工友，因喜歡繪畫，曾畫過三幅十二勝景，其一仍現存於臺南文物館。

他的畫筆頗得當時臺南市役所土木課長的賞識，就推薦他到土木

課作測夫工員，學習建築。其時，他並抽空入工業養成所半工半讀，1944 年還負責設計赤崁樓修建工程。戰後，任職鹽製總局臺南製鹽總廠，1981 年 4 月 1 日，正式退休。[1]

但是，這樣的敘述，其實就是目前在「盧嘉興紀念館」或在「維基百科」上有關盧嘉興生平介紹的內容。比前兩者更詳些的相關介紹的一篇，是臺師大社教系黃靖惠教授於 2003 年 10 月，發表在《社教雙月刊雜誌》117 期上的，那篇〈走過日據、臺灣光復、走過鄉野、鹽田烈日：臺灣文史學人盧嘉興〉，區區四頁的簡短論文而已。雖然黃靖惠教授還特別提到我說：

> 您知道臺灣第一座寺院是臺南市竹溪寺嗎？您知道日本人治臺期間，曾經修復荷蘭人建築的赤崁樓嗎？這些歷史，都詳載於盧嘉興先生的著作當中。此外，許多關於臺灣文化與歷史的研究論文或書籍篇章都引述了盧嘉興的研究，學者我（1997）就強調盧氏論文的重要性。[2]因此盧嘉興在臺灣文史研究上的地位不容被忽視，儘管他並非學院出身；他的貢獻更不應被遺忘，儘管他已去世多年。[3]

但，連我本人過去也很少介紹盧嘉興的學術傳記資料。至於現有

---

[1] 盧嘉興口述，《民生報》記者筆錄，〈荒山尋墓碑廳堂覓神主〉，1981 年 7 月 21 日，《民生報》第 13 版，簡報資料收入盧嘉興編，第 22 輯輯《臺灣文化彙集》（臺南：廢盧，1982），頁 49-52。

[2] 黃靖惠，〈走過日據、臺灣光復、走過鄉野、鹽田烈日：臺灣文史學人盧嘉興〉，《社教雙月刊雜誌》117 期（2003 年 10 月），頁 61。她是在我的《臺灣佛教百年史之研究：1895-1995》（臺北：南天書局，1996），頁 506，看到我列有盧嘉興的多篇佛寺論文。這都是張曼濤所主編現代佛教學術叢刊，《中國佛教史論集六：（臺灣佛教篇）》，臺南本地著名古剎，像：竹溪寺、彌陀寺、開元寺、法華寺的資料出處。

[3] 黃靖惠，〈走過日據、臺灣光復、走過鄉野、鹽田烈日：臺灣文史學人盧嘉興〉，《社教雙月刊雜誌》117 期，頁 61-63。

「盧嘉興紀念館」內的關於其家族的相關照片與解說，雖已有更大範圍內的家族生活影像的呈現，還是有很大的部分未被引述和解說。

不過，為了避免與前述黃靖惠教授的論文內容，出現重複地引述，所以此處只是條列式約略說明涉對其本人具有重要性，或與其治學內容有明顯相連結者。這樣做的目的，讓讀者先行進入盧嘉興的著作資料中，涉及他的家族史的相關簡報編輯或影印彙編納入的狀況。例如：

1. 在 1966 年 12 月 10 日，他第 1 輯《臺灣研究彙集》出版，所收的六篇沒有一篇是跟佛教信仰有關的，反而第一篇就是〈臺灣的國民革命運動史略〉，並且在封面上他加蓋一個紀念章，說是「為紀念盧許綢法號錦妙於民國五十五年農曆十月十六日滅度二週年而輯」。這當中分明存在不少疑點。

首先，他母親是他父親的側室，是活躍於地方的無照中醫，也是臺南古剎竹溪寺主持眼淨和尚的在家女徒弟，曾把畢生積蓄捐給竹溪寺建一座鋼筋水泥構造的骨灰塔，是非常虔誠的佛教在家帶髮修行的女信徒。

但是，他第 1 輯《臺灣研究彙集》出版的時間，其實是在當時官方宣佈成立「中華文化復興委員會」，以對抗當時毛澤東在大陸發動文化大革命的過激破壞文化行動的第二個月，而且文章又是將前一年剛發表的〈臺灣的國民革命運動史略〉放在第一篇。[4]這不是很奇怪嗎？

因此，第 1 輯的出版，應該是呼應官方推動「中華文化復興運動」的試探風向球成份較大。至於跟他母親逝世二週年的紀念，為何不是從逝世一週年的紀念開始？況且以後還有 23 輯的編輯與出版，又是為了紀念什麼？

4　況且，盧嘉興生平很少寫類似第一篇性質的文章。而且，從第 1 輯《臺灣研究彙集》開始，他從未說明他的編輯體例是什麼？也沒有按照文章發表的前後順序，而是各輯都視情況或當年的需要，隨意抽取歷年已發表的大量文章中的幾篇，大致從 1966 年以後，每年一輯《臺灣研究彙集》出版。

在另一方面，盧嘉興特別關注於竹溪寺歷史的發祥史，多次撰文探討，甚至一度參與竹溪寺改建的工程問題，應該與其母是竹溪寺主持眼淨和尚的在家女徒弟，這一背景有關。

2. 盧嘉興是 1939 年與王笑結婚。兩人生了五女二男，女的依次是富美、富麗、富貴、富芳、富足。男的依次是金成、金坊。盧嘉興對於子女的教育，督導很嚴，所以子女都受過高等教育，特別是兩個兒子前者是臺大醫學院畢業，後者是臺北醫學院畢業，所以兩個兒子都是醫生，甚至連兒媳婦也是。

因此，盧嘉興很有光彩的把兒子的臺大畢業或臺北醫學院畢業證書、國家考試及格證書等，都一一影印，納入其中出現年那輯《臺灣研究彙集》中出版。例如 1979 年第 19 輯《臺灣研究彙集》的封面右下欄上，他很得意的印上像這樣驕傲中帶著含蓄的說明：

> 本輯成書適值長子金成暨已文定長媳劉長楷，於六十八年六月十五日畢業於臺大醫學院醫學系，金成旋即服預官「軍醫」職，長楷在臺大醫院婦產科住院醫師服務，爰綴數語用資紀念。

至於老二呢？他同樣於 1984 年 4 月時，在他一手編選第 24 輯《臺灣研究彙集》，特別在封面的右下欄打字印上：

> 本輯集編期間，次子金坊、次媳廖雅玲於七十二年畢業臺北醫學院醫學系，經分別任長庚醫院皮膚科、眼科住院醫師，均參加高考及格，嗣於十二月三十一日結婚，爰綴數語用資紀念。

可見這又一次是他向當代臺灣社會彰顯，自己後代又一次大大出彩的光耀表現。

當然，盧嘉興對於自己能在戰後第一屆省政府舉辦的公務員幹部

考試通過一事，也深感榮幸，同樣將考試及格證書、幹訓學員證等，都一一影印，納入 1980 年編第 20 輯《臺灣研究彙集》中出版。[5]再者，他因在職表現良好，在 1977 年 8 月編的第 17 輯《臺灣研究彙集》封面的右下欄上，特別打字加印：

> 紀念六十六年七月廿六日服務鹽務滿三十週年，奉頒金質（十二 K）久任獎章一面及久任獎金本薪三個月，而特輯之。

至於他的學術著作得獎的這樣大榮耀，那就更不用說了。當時的得獎新聞報導、得獎原因、得獎著作推薦序等，都沒有任何遺漏，全部影印納入 1978 年第 18 輯《臺灣研究彙集》中出版。[6]

但是，盧嘉興結婚後，一直留短髮，並由妻子親自包辦，[7]可見夫妻感情和睦至極。但是，此一留短髮的習慣，是效法當年國分直一（1908-2005）的留短髮的習慣。而國分直一任臺南市女中當教員時期，曾被要求要教師應有莊嚴形象所致。[8]可見，盧嘉興當年對於臺南市女中當教員時期的國分直一，是如何的深受影響。[9]

此外，盧嘉興的妻子，不但支持他長期與眾不同的治學方式，而且在盧嘉興的母親盧許綢過世後，也接續她的無照中醫事業，到處為人

---

[5]　盧嘉興，〈臺灣的國民革命運動史略〉，原發表於《古今談》第 18 期（1966 年 8 月 25 日），頁 23-29。

[6]　而事實上他得獎是十四年前（1964 年），但他當時還未開始編第 1 輯《臺灣研究彙集》，所以把相關資料保留到十四年後才刊登在第 18 輯《臺灣研究彙集》上。因此，在第 20 輯《臺灣研究彙集》的頁 143-147，有全部的考試簡章、准考證、錄取名單，報紙登載的簡報資料。

[7]　1974 年 8 月 30 日的《中華日報南部版》是如此報導。

[8]　劉益昌，《國分直一與臺南》（臺南：臺南市文化局，2022 年），頁 69-72。但此書最大缺失之一，是沒有提到國分直一與盧嘉興兩人曾有的重要學術傳承及深遠影響一事。

[9]　盧嘉興在他退休當年，1981 年的 7 月 21 日，首次對來訪的《民生報》記者坦承披露，日本學者國分直一治學理念，對他所產生的終身影響。

看診。1992 年，盧嘉興因病過世後，隔年 1993 年，妻子王笑也跟著過世。

3. 盧嘉興通常發表文章，都是用本名發表，但有時會用筆名「廢蘆主人」發表。這不是故作風雅而取的筆名，而是他自己買了一間簡陋的倉庫，改裝後當住家，所以形容所住之宅為「廢蘆」，筆名當然是「廢蘆主人」了。

三、追蹤早期學術系譜的繼承與開展：來自教育環境與新時代思潮的深刻影響

盧嘉興出生在 1918 年的臺南市，是家中的獨子，母親是地方活躍的無照中醫。他從小就讀臺南市第一公學校，畢業後到臺南市小學當工友。以上是他幼年時期的成長時代環境。我們要如何對此解讀呢？讀者須知，1918 年已是第一次世界大戰的尾聲與結束之年。

當時的臺灣或臺南都沒有受到戰爭的破壞，反而因為日本政府的財經政策，使臺灣在戰爭期間賺了外貿的戰爭財，因此民眾生活相對穩定。這一年也是大正天皇統治臺灣的中期，臺灣教育法已頒布，民眾可以普遍受國民基礎教育，也有中學可以報考就讀。

因此，盧嘉興是在大正後期與昭和初期入臺南市立第一公學校就讀。雖是接受國民基礎教育而已，都已有閱讀與運用日本語文的基本能力，若生在清代則因民眾九成以上是文盲，盧嘉興未必有閱讀與運用日本語文的基本能力。所以，這是受惠於教育環境第一階段有利之處。

再者，盧嘉興受教與期間，適逢臺灣文化協會的成立與展開社會活動時期，所以民主思潮與鄉土意識的社會影響，也開始逐漸滲透。[10]此外，一戰後的社會主義思潮蔓延國際，連臺灣也受衝擊，[11]最後甚至

---

[10] 宮川尚志，《臺灣文化運動の現況》（東京：拓殖通信社，1926）。
[11] 深作安文，《外來思想と我ガ國民道德》（東京：右文館，1924 年）。土田杏村，《思

導致臺灣文化協會的分裂下場。[12]因此，日本官方要在教育政策上或文化認知上，必須兼顧對於日本以天皇為中心的國家意識的忠誠培養，[13]同時也須就臺灣地方意識的民眾在地認同有所疏導。[14]

　　1930 年，盧嘉興 12 歲，接近六年公學校教育的末期，臺南市官方在總督府的督導與大力協助之下，有史以來，第一次舉辦自荷蘭東印度公司在臺南地區建立熱蘭遮城以來的臺灣三百年文化祭大型綜合博覽會，特設臺灣文化史料館展出各色各樣的外文臺灣相關著作、人類學原住民的考古文物與各種攝影圖像、臺灣漢人的公私史料文物珍藏、祖譜、土地契約、民俗與信仰各類神明塑像、祭祀儀式用的器物等。這些展出目錄的彙編，就是有圖文解說的《臺灣史料彙成》的出版。[15]至於大會安排的專題演講稿，則出版兩冊的《臺灣文化史說正續集》。[16]現場還有兩大巨著，伊能嘉矩的三大冊《臺灣文化志》[17]和連雅堂著的兩冊版《臺灣通史》。[18]其中，連雅堂還擔任大會的分組顧問，並擔任明鄭時代的文化專題演講者。

　　而以上這些日後大多成為臺南歷史館的豐富館藏，因此如何有效利用這些館藏，就是是否能成為「臺南學」詮釋建構者的入門臺階。

想問題》（東京，日本評論社，1929）。

[12]　鷲巢敦哉編，《警察沿革中卷：臺灣社會運動史（1913-1936）》（臺北：臺灣總督府警務局，1942）。

[13]　教化團體聯合會編，《國體觀念》，（東京：教化團體聯合會，1925）。亘理章三郎，《建國の精神と建國史觀》，（東京：大成書院，1929）。國民教育振興彙編，《四大勅釋義》（東京：國民教育振興彙，1930）。

[14]　矢內原忠雄，《帝國主義下の臺灣》（東京：岩波書店，1929）。蔡培火，《日本本國國民に與ふ殖民地問題解決の基調》（東京：臺灣問題研究會，1929）。

[15]　臺灣文化三百年紀念會，《臺灣史料集成》（臺南：臺日社臺南支局，1931）。

[16]　臺灣文化三百年紀念會，《臺灣文化史說》（臺北：山科商店，1930）。臺灣文化三百年紀念會，《續臺灣文化史說》（臺北：山科商店，1931）。

[17]　伊能嘉矩，《臺灣文化志（上、中、下卷）》（東京：刀江書院，1928）。

[18]　連橫，《臺灣通史》（臺北：臺灣通史社出版發行，1920 年）。

　　由於石暘睢從此一臺灣文化三百年祭的籌備階段，就是其中的正式重要參與者之一，當大會活動結束之後，對於展出史料的收藏與管理，石暘睢更是長期協辦者之一。[19]他的淵博知識，之後使他成當地著名的「文化活字典」與「文獻學導師」。[20]

　　而國分直一的初期史蹟考古挖掘工作，就會請教石暘睢，因而讓國分直一在晚年回憶時，還會提及。石暘睢底下工作的盧嘉興也因暘睢的牽線，而成了任教臺南女中教師時期的考古師友善緣。只是因盧嘉興當時還是新手，所以日後國分直一無從提起。

　　可是，臺南市政府土木課的工作環境，石暘睢的經常臺南史蹟文物解說，以及國分直一的正規學術考古方法學的對其蒙與讓其銘刻深層歷史文物藉研究而得以永續傳承的歷史意識，才能使盧嘉興日後能成為臺南文史考證的大家。

　　但是，在臺灣文化三百年祭的活動期間，出現兩件有意義的插曲。

　　其一是，在臺灣中部爆發了震驚國際的霧社事件，導致臺灣總督

---

[19] 謝仕淵在其「論文摘要」提及：1930 年「臺灣文化三百年紀念會」中的史料展覽會，1930 年代「臺南市史料館」、「臺南市歷史館」以及延續至戰後的「臺南市立歷史館」均與石暘睢有關。被同好稱為「活字典」的石暘睢之調查事業，或受惠於在臺日人如村上玉吉等的啟發，因此他開始在都市計畫如火如荼開展的臺南市，進行石碑調查，將之保存在今赤崁樓與大南門外等地，並於物件調查時，保留了不同歷史層理中的空間訊息，給予追索從當代回溯日治、清領等階段，地方歷史變遷的重要線索。在皇民化運動的脈絡下，他對肖像、匾聯、神像等進行廣泛的調查，留下重要的文化資產。而其在挖掘李茂春墓與洪夫人墓的工作，也說明了他的文史調查活動，已非純粹的文人雅士之文藝活動，而是具有歷史考古之企圖。石氏的調查活動及其成果，往往也透過博物館或者展覽的型態與社會溝通。戰後，他所推動的被稱為歷史文物展等活動，企圖構建以臺南為主的地方歷史想像，然而，它的在地化途徑，使其所經歷的風景，並非故國河山的視野，恰好也是這條路，保留著我們追索臺灣博物館發展歷程另一種可能──在殖民現代性與大中國史觀之外。見謝仕淵，〈石暘睢（1898-1964）文史調查事業之初探－兼論戰後初期的臺灣博物館〉，《臺灣師大歷史學報》（臺北：臺灣師範大學歷史研究所，2006 年 12）。

[20] 盧嘉興，〈文獻導師石暘睢先生〉，《南瀛文獻》第 10 期（1965 年 6 月 30 日），頁 27-28。

去職。[21]

其二是，臺灣文化協會領導者林獻堂帶著一批人前來參觀，致使大會活動破例延期三天結束。[22]

前者使官方對於臺灣山地住民的治理思維，必須有所重大調整。後者則意味者外來殖民政權正在奪回臺灣歷史文化的詮釋話語權。之後展開的戰時「皇民化運動」，更是強力主宰臺灣歷史文化的詮釋話語權與有效消除在地認同的自覺主體意識。

可是，盧嘉興當時是在日本統治機構任職，同時按照日本作業程序，對於臺南歷史建築進行維護，所以沒有構成認同意識的矛盾危機。直到戰後，改隸新統治政權為止，才有重新調整與適應的問題。而且，盧嘉興的著作發表，已是五十年代初期了，轉換的衝擊相對緩和一些，甚至已不再衝擊了。

---

[21] 霧社事件（泰雅族語：Mkuni Paran [mukuni ˈpaɾan]、日语：霧社事件／むしゃじけん *musha jiken*）是臺灣在日治時期 1930 年（昭和 5 年 10 月 27 日到 12 月 1 日）發生的原住民武裝反日事件，地點位於今南投縣仁愛鄉霧社。事件起因是賽德克族原住民不滿日本統治當局長期以來苛虐暴政，而由馬赫坡社頭目莫那·魯道率領德克達雅群各部落聯合起事，襲擊由日方建立的樣板聚落霧社，趁霧社公學校舉行運動會時襲殺日本人。事發後立即遭日方調集軍警，以飛機、山炮、毒氣等武器強力鎮壓；而起事的賽德克族人雖在襲擊成功後即回撤備戰，但仍不敵日方的強大武力，身為起事領袖的莫那·魯道飲彈自盡，參與行動的各部落幾遭滅族，數百位族人在寧死不屈下集體自縊，餘生者則被日方強制遷至川中島（今南投縣仁愛鄉西北端的清流部落）集中居住與管理。該事件爆發震驚日本政府與國際社會，除了使臺灣總督府的理蕃政策遭到重大挑戰，並造成時任總督石塚英藏、總務長官人見次郎等高層官員引咎去職。見維基百科：https://zh.wikipedia.org › zh-tw。

[22] 趙靜瑜／攝影：裝禎、吳家昇，〈臺灣文協一百年的啟蒙與勇氣，周婉窈：如光一般的存在〉，《中央社》，（臺北：2021 年 9 月 25 日）。https://www.cna.com.tw › culture › article。

四、獨創「荒山尋墓碑廳堂覓神主」治學法的奧秘解說

（一）從退休日有記者專訪盧本人後的相關報導談起

　　在介紹戰後的盧嘉興作為「重要臺南學建構先驅者」的學術大成就之前，本章擬先介紹盧嘉興承襲戰前學術系譜後的戰後開展為：獨創「荒山尋墓碑廳堂覓神主」治學法的奧秘解說。之後，才展開具體的著作類別與主題性值得討論。

　　1981 年 3 月 30 日，是盧嘉興在臺鹽總廠上班日的最後前一天，他在當天上午特別接受《聯合報》記者吳振福的專訪，之後長篇專訪的全文先在次日的《聯合報》第七版刊出，新聞標題赫然是：

> 披星戴月尋尋覓覓資料
> 尋根考證年逾花甲不疲
> 盧嘉興今自鹽廠退休全力研究史蹟[23]

　　之後，同一長篇專訪的全文又在 1981 年 4 月 7 日的《世界日報》刊出。此一專訪的開頭提到：「史蹟專家盧嘉興，為了臺南縣市文獻的『尋根』工作，數十年來馬不停蹄進行專訪、考證。他在臺南市製鹽總廠服務了卅三年半，今天年滿六十三歲退休，將有助於他今後進一步的史蹟研究」。接著報導說：

> 　　數十年來，盧嘉興為了考古興趣，遇有空暇即與神主牌、墓碑及斷垣殘瓦為伍，而這些都是外界人所忌而不願接近的，但他常利用假日或閒暇，到偏遠的鄉間採集有關文物。早期交通工具

---

[23] 見盧嘉興編，《臺灣研究彙集》第 22 輯，頁 37-38。

不發達時，他獨自騎著老爺腳踏車，清晨從臺南摸黑出發，獨自
前往預定目的地，在荒山野嶺及各墓地及廢棄的古厝尋尋覓覓，
深夜還得歸納整理，雖然很累，但樂此不疲，他的老伴經常叮嚀
再三，但也全力支持他的狂熱。[24]

　　這是根據盧嘉興本人的口述，再由記者吳振福轉錄出來的專訪稿
前段部分，當然是很精確的描述。而我們目前所看到的其他報導，也都
類似此段內容。

　　可是，若想試著再追索他，之所以會幾十年來，都持續如此辛勞
的考古尋根調查、考證，並將其書寫、發表時，其內在狂熱激情的原動
力，又是緣何而起？因此，有關此一為何而起的線索，有必要循著盧本
人所留下的相關剪報資料，繼續往下追蹤。

（二）追蹤線索的相關思維與問題提示

　　根據我們本身的天性與生活經驗，大致可以確定，一個人之所以
有特別的積極行為或狂熱追求的深層動機，且又能夠長期持續下去，不
外以下四種情況的全部或其中之一才會如此：

　　一、追尋目標是於己有切身利益者。

　　二、是於己有特別的意義和價值之標的。

　　三、本身高度喜愛此標的物。

　　四、此標的物能符合公眾利益的促進效應，因而又可獲得莫大的
社會榮譽。

　　因此，我們可以據此，來對照盧嘉興所提，而由吳振福記者所轉
錄的一段相關報導說：盧嘉興默默地為文獻保存而努力，因為他抱著有

---

[24] 見盧嘉興編，《臺灣研究彙集》第 22 輯，頁 37-38。

生之年要為後代有個交代，將祖先的文物善加考證。

但數十年來，社會不斷進步，往往許多文物被破壞，而使他的考證工作面臨困難，但他仍克服一切，從最原始的資料鍥而不捨的探討，除到現場外，再根據資料做推斷、分析來「尋根」。另一使他感傷的是，光復前的神主牌、族譜因戰爭及人為因素被毀是很大的遺憾。

由此可知，盧嘉興治學狂熱行為的背後，明顯是符合上述四項的後三項的原因，因此他的狂熱行為根源是可以理解的。問題在於，他的教育程度不高，又非文獻考古的專業，為何他可以有如此的專業學術作為？

有關此事的解題，以下我們嘗試將其分成前後兩階段的相關文獻分析，以作為切入解釋：為何他可以有如此專業學術作為的可能性答案線索。

（三）答案線索之一：來自石暘睢啟蒙？

在前一階段的文獻資料中，初期盧嘉興對於來自石暘睢啟蒙的供認與自承，應是相關的解答線索之一。此因我們根據 1965 年 6 月 30 日，盧嘉興在《南瀛文獻》第 10 期上所發表的〈文獻導師石暘睢先生〉一文中，是他生平第一次公開披露對於他個人與石暘陽有關的親歷事件內情：

其一、民國 26 年（案：即昭和 4 年，西元 1937 年），盧嘉興服務於歷史館時，對於鄉土史事一無所知，經石先生諄諄的指導下，始悉鄉土史的重要，對鄉土文獻開始發生濃厚的興趣。

其二、那時候盧嘉興曾就臺南市名勝繪成《臺南十二勝景圖》，資料多係由石先生供給，景題與附詩也都出於他的指導。後來盧嘉興服務於臺南市役所（今市政府）土木課營繕係時，於民國 33 年（案：即昭和 19 年，西元 1944 年）負責設計修建赤崁樓工程，能成功挖掘普

羅民遮城史蹟，也得力於石先生的指示。

其三、其後盧嘉興遇有探研鄉土史地所引用諸多史料，也均蒙他在私自珍藏的文獻中供給，始得完成各項研究。

因此，之後學界據上述盧嘉興的相關親自告白，於是逐漸普遍認為：他之所以有能力探研鄉土史地古蹟的知識來源，就是他的唯一啟蒙師石暘睢而已。（當然，我們知道，另外還曾多次請教過的、曾幫他訂正日文翻譯稿的、或者曾幫他的中文稿潤筆的、或是提供個人私藏資料的；而這些曾幫助過他的人，他也都會在發表文章時，特別致上相關的感謝）。

可是，上述這些人的幫助他，就是他之所以會走上終生致力於鄉土史地古蹟的狂熱探研行為主因？是值得置疑的。

（四）答案線索之二：來自國分直一治學理念的終身影響？

例如來自日本學者國分直一治學理念，對他所產生的終身影響一事，過去所有的學者都不曾發現有相關的記載，因此從未被提及，可是他自己卻一直銘刻在心的。因此，以下對於盧的自白內容進行相關引述，就非常重要。

盧嘉興在他退休當年，1981 年的 7 月 21 日，首次對來訪的《民生報》記者坦承披露，日本學者國分直一治學理念，對他所產生的終身影響，其真相的詳情是：

> 他對於臺灣文物的接觸，始於臺南歷史館時，但深入考古則源於十七、八歲時結識省女中教師日人國分直一，二人亦師亦友，結伴研究，他從中吸取了考證方法的基本原則，繼而走出自己獨特的尋根歷程。[25]

---

[25] 見盧嘉興編，《臺灣研究彙集》第 22 輯，頁 51。

所以，這位來訪的《民生報》記者，接著有如下的進一步陳述：

> 直到現今，盧嘉興提起當年這段淵源，仍是萬分推崇「國分直一對考古的熱誠，實在沒話說。他的薪水三分之一作研究，三分之一採訪費，三分之一家用。每逢週日透早三點多，我們就帶了便當、水壺，騎上腳踏車在臺南縣市尋找先史一些遺跡，挖掘史前生番遺物，日暮方歸」。
>
> 「有一次，我們上高雄桃仔園港（左營軍港附近）山中尋訪，國分直一跌落山谷，一眼失明，仍孜孜於考古不改其願」。敘說早年情景，盧嘉興有說不完的故事。[26]

之後，這位來訪的《民生報》記者，又接續前面引文的話題說道，

> 在實際挖掘中，國分將他對古物的辨識與考證方法教給了盧嘉興，相互交往中接受到國分對古物的關注。迄今他猶不敢或忘國分屢屢告誡他的話語：「資料能代代研究下去，臺灣歷史就會保存下來。」[27]

因此，這位來訪的《民生報》記者的最後歸納為：

> 國分的警言早已化作盧嘉興的座右銘，他研究歷史重視考證方法，「重實質，要找到根，找證據。」環視家中收藏的滿櫃子資料檔案，其中整理出脈絡的畢竟是少數，很多資料仍有欠缺，

---

[26] 見盧嘉興編，《臺灣研究彙集》第 22 輯，頁 51。
[27] 見盧嘉興編，《臺灣研究彙集》第 22 輯，頁 51。

十多年來未得其解,「史冊不可胡言,須有根據。」盧嘉興的叮嚀,表明的是盧嘉興治史的一項秉持精神。[28]

但是,除國分直一的影響之外,正如新聞報導的標題〈荒山尋墓碑廳堂覓神主〉所提示那樣,並非與國分直一專攻的先史原住民遺物考古和挖掘有關,而是盧嘉興根據自己對鄉土史關懷與及根據與國分直一教導的方法學,全靠自己摸索出來的,是屬於他個人獨門研究方法。

(五)答案線索之三:來自獨創的「荒山尋墓碑廳堂覓神主」治學信念?

至於當時盧嘉興的說法又是如何呢?根據上述同一採訪稿的記載,我們可以知道,由神主牌、墓碑、古碑尋訪歷史,是盧嘉興在臺灣史蹟沿革上的自成風格。事實上,他由一般人諱言的文物中覓得資料,往往有別於正史的軼聞。

當然也曾有人對他的方法提出質疑:神主牌怎可亂開?慎終追遠的民族個性,有些人委實很難接受這種作法。另有人則趣言打笑:「你不怕?」面對這諸種外界反應,盧嘉興往往理直氣壯的說:「我又沒有惡意,何況是為研究的需要,有了記錄,以後的子孫可以追思溯源。」[29]

盧嘉興這樣的說法,於是慢慢為人所接受,有些人成了他的好古同道,有些人甚至主動提供資料,央求他為自己的家族尋根。

在對《民生報》的記者講了上述這些個人的獨特治學信念與方法之後,盧嘉興立刻舉了他在 1978 年 12 月,他所發表的一篇〈由鹽商添來介紹晉城總管宮黃家〉為例,藉以說明他實證過現買現賣的有效治

---

[28] 見盧嘉興編,《臺灣研究彙集》第 22 輯,頁 51。

[29] 見盧嘉興編,《臺灣研究彙集》第 22 輯,頁 51。

學信念與方法學。[30]

（六）現買現賣的盧氏方法學效用實例介紹

盧嘉興在此文中，曾根據一張契字證明咸同年間臺灣鹽制的情形，並透過神主、碑誌的研究，得知總管宮黃家黃拔萃、黃化里與黃景琦三代顯赫的事蹟。

文章發表之後不久，總管宮常務理事紀耀宗登門造訪，談及他家所奉祀的祖先神主牌，有紀錄為進士者，但他家原舊祖厝，習時曾璿幾塊匾額，他想央求盧嘉興考證。

只是經過考證後，盧嘉興給出的答案竟是：紀家高祖紀揚聲係明經進士，高伯祖紀揚名為邑貢生（即秀才），其餘都沒有記列進學。所謂明經進士，實際上就是貢生的統稱。

此一考證後出現的大落差鐵證，當然讓委託人紀耀宗相當失望。

可是，盧嘉興卻有意外的發現，他深入探掘紀家百多年來的浮沉，得悉紀家渡臺祖紀若羅白手成家，經營「德元」中藥批發，在嘉慶年間，曾盛極一時。臺南當地民眾都把「德元藥材行」所在的總管宮接連接南巷那一段路，稱為「德元巷」。這一新發現，讓紀耀宗大喜，兩人成為好古知交，紀耀宗並以親暱的「盧仔」來稱呼他。[31]

類似的案例還可舉出許多。但，我們的論述邏輯順序，必須轉為對盧嘉興如何利用上述的獨創方法學與遵循國分直一當年對其深刻影響的治學理念，在戰後幾十年間持續貫徹下來，並具體地落實在他龐大的著作內容上？

---

30 見盧嘉興編，《臺灣研究彙集》第 22 輯，頁 51。

31 見盧嘉興編，《臺灣研究彙集》第 22 輯，頁 52。

五、相關著作的發表歷程及其編輯與流傳狀況

（一）幫助盧嘉興治學有成的臺南市立圖書館略論

　　1984 年 4 月 20 日，盧嘉興六十六歲時，編輯出版他自己的著作彙集最後一輯，即廿四輯之後，他的幾十年來的勤奮個人治學生涯，似乎就告一段落，也少有新作發表了。而且，他是 1992 年過世的，才七十四歲，不算長壽。

　　本來他在退休當天，還雄心萬丈的告訴來訪的報社記者吳振福說，他想在正式擺脫公務之後，可以無所羈絆的專心治學與持續發表新作。

　　但可能身體的健康亮起紅燈了，所他在退休後第三年後，就不得不從原來第一線的臺南地方文獻研究者、或他過去長年到戶外田野考察的常態勞務中，逐漸退隱下來，留下壯志未酬的遺憾。

　　他為了感謝早年石暘睢對他的文學知識啟蒙之恩，他又納入他1965 年 6 月 30 日，曾在《南瀛文獻》第 10 期上所發表過的〈文獻導師石睢暘先生〉一文。此外，他幾十年來經常頻繁利用的臺南市立圖書館，他也納入〈臺南市立圖書館與吳園〉長篇考源史。[32]

　　不過，由於有關他與石睢暘關係，我們之前已討論過了，此處可以省略。但是對於臺南市立圖書館與盧嘉興的特別關係，則要在他的另一篇〈臺南市立圖書館與我〉中，才看得清楚。所以，我們一併在此回顧他的自白。[33]

　　盧嘉興說，他的家族是居臺南府竹仔行（現臺南市民族路東段）大正樹腳（即限中山橋邊），鄰近圖書館，所以少時常去該館兒童室閱

---

[32] 盧嘉興編，《臺灣研究彙集》第 24 輯，頁 117-120。

[33] 盧嘉興，〈臺南市立圖書館與我〉，收入《臺灣研究彙集》第 6 輯（1968 年 8 月 25 日），頁 7-8。

讀兒童書刊,年輕時即成為該館閱報常客。戰後他雖離開臺南市一段時期,但遇到需要資料的時候,就會從佳里、新華等地趕回去該館借閱。

後來調回臺南,雖居處距館較遠,但為探研臺灣鹽場沿革及臺灣歷史與地理,除利用例假日騎車赴各地採訪外,夜間多利用該館所藏的資料來參研。該館為臺灣南部藏書最多、資料最豐富的圖書館,其間亦承前館長韓石爐先生的特准,得以進入藏書室閱覽所需要的資料,至為便利。並承閱覽組長吳東海先生及採編組長林永龍兩先生,惠供參考資料的便利,才得以完成〈臺南之地理與氣象〉及《鹿耳門地理演變考》等篇的研究。

他後來也承當時的現任館長方世昌先生和總務組主任王再生先生,除了讓他方便借書閱讀之外,還為特闢參考室,讓研究者參考利用,而他的《臺灣研究彙集》就是靠這樣的幫助,才得以完成多篇。他不禁感慨說:

> 以一介公務員為例,為了探研一些事物,而所需的資料不下幾十種,如需一一購求,則資力是不勝負荷;且其中係高貴的珍本,是無法用金錢購買得到的,要託熟識的人引介,得獲珍藏家借閱。因係珍本亦難獲得充分利用。所以公設的圖書館,才是探究者的資料寶庫。[34]

但是他認為圖書館藏書的是否豐富或是否適合研究者使用,也要看圖書館方的主事人員如何選書而定。臺南市立圖書館固然歷史悠久,藏書豐富,幫助他很大。但是他嚴厲指控說:

---

[34] 盧嘉興,〈臺南市立圖書館與我〉,收入《臺灣研究彙集》第 6 輯,頁 7。

　　……感到遺憾者，發現有一部分研究者為圖獨佔該館所收藏的參考資料為私有，而將該館珍藏書籍竊佔。例如《臺灣史料集成》該館原收藏二部，《臺南州祠廟名鑑》一冊、《臺灣地名研究》一冊，餘不盡列，但近往借閱，都不知何人借去不還，而無法參考。[35]

　　所以他也提出很多中肯的改善意見給該圖書館。對於盧嘉興的公開建言，臺南市立圖書館館長方世昌，隨後回應〈臺南市立圖書館概況弁言（五十七年度）：「取、予」乃充足圖書館財富的泉源〉一文，其中有一段特別提到盧嘉興說：

　　　　需有所取，有而所與，是利用、充實。充實、利用，反復充足圖書「館財富」的泉源。這裏將要提到的：製鹽總廠盧嘉興先生，他是既取有又予的讀者與著者。近來他看了多少書卻無從估量，而他的著作截至年底為止已整整出版一百種。他是邊看邊寫邊印又邊送的業餘大作家，其衍生的價值是無從估算的！[36]

　　這大概是歷來最貼切形容臺南市立圖書館與盧嘉興的特殊因緣了。而盧嘉興因臺南市立圖書館的豐富圖書資料，因而才能著作超過百種以上，還無私奉獻的「邊印又邊送」來回饋臺灣社會。

（二）從職場勤務出發到傑出學術成果出現的歷程

　　盧嘉興是 1947 年 7 月 23 日，考進臺鹽服務，到 1981 年 3 月 31

[35] 盧嘉興，〈臺南市立圖書館與我〉，收入《臺灣研究彙集》第 6 輯，頁 8。

[36] 方世昌，〈臺南市立圖書館概況弁言（五十七年度）：「取、予」乃充足圖書館財富的泉源〉，收入盧嘉興編，《臺灣研究彙集》第 8 輯（1969 年 7 月 10 日），頁 28。

日,年滿六十三歲屆齡退休。他當時擔任科長,按規定十至十二等職位主管,最高服務限齡為六十三足歲,所以他是屆齡退休。他在臺鹽服務三十三年半,從未離開臺鹽。而他在戰前是服務於臺南市政府土木課,1944 年還擔任赤崁樓修復工程的設計。因此,他初期的著作發表,都是跟職場相關的調查論述。

所以,他最早的兩篇是 1951 年一篇、1953 年一篇,產量很少,而且都是跟他在 1944 年還擔任赤崁樓修復工程的設計有關的回憶,上下篇。之後從 1953 年至 1963 年間,雖然著作頻出,但除少數幾篇地名或土地調查外,都是關於臺鹽各處鹽場的歷史與現況考察報告。

1974 年臺南市首屆傑出父親表揚,他是在四十九位候選人所選出的十名當選者中的第一名。當天各報的新聞報導,都是最先提及盧嘉興。特別是 1974 年 8 月 30 日的《中華日報南部版》是如此報導的:

> 盧嘉興,五十六歲,製鹽總廠課員並擔任省文獻會委員。他依靠薪水維持八口之家,除維持最低生活之外,薪水均作子女教育費,數十年來未用過分文零用錢,連理髮與衣裳,均由其妻代勞。五位女兒均畢業師範、師專,服務教育界,長子就讀臺大醫科,次子就讀臺南一中,均名列前茅。他利用公餘研究臺灣歷史、地理及鹽場沿革,對臺灣史貢獻至偉。曾獲中國學術著作獎助及總統獎狀。[37]

這是貼切的寫實報導,而「利用公餘研究臺灣歷史、地理及鹽場沿革,對臺灣史貢獻至偉」,也是事實。

他是在 1964 年以《鹿耳門地理演變考》獲得臺大歷史系教授方豪的推薦,而獲得中國學術獎,也是唯一的臺灣史著作獲獎者。

---

[37] 收入盧嘉興編,《臺灣研究彙集》第 15 輯(1965 年 9 月 20 日),頁 8。

　　他的研究與他在臺鹽的臺南市安南區安順鹽灘工作七年，鹿耳門就在附近，所以他開始勤奮研究鹿耳門地理演變，多方搜集各種資料及圖片、輿圖、自繪地圖 39 幅，從 1961 年 4 月著手寫作，1962 年 12 月底脫稿，寫了十一萬餘字。

　　所以這幾乎是臺灣史原創性歷史研究博士論文等級的傑出研究。但同時，也是他延續從戰前到戰後的職場工作所衍生出來的。

（三）盧嘉興編輯思維錯序與難解的相關反思

　　盧嘉興編著的 24 輯《臺灣研究彙集》時，已將之前的 23 輯《臺灣研究彙集》的各輯目錄索引完整附上，又附錄多種單獨抽印本的篇名。除外，他也幾次按發表時間前後順序，列表分欄標明：篇名、發表刊物、報表時間，毫無遺漏，也在底欄註明編入各輯的標題，或有同類性質文章的合併資料等。但是，對於讀者來說，若沒有掌握全部 24 輯《臺灣研究彙集》時，將會很難利用。

　　可是，我們之前提過，他是 1966 年 12 月才開始編輯第 1 輯《臺灣研究彙集》的。但是他完全沒有收入任何一篇有關臺鹽鹽場的調查資料，而是收入兩篇《鹿耳門地理演變考》的序文而已。此外，就看不出他編輯的邏輯思維何在？

　　固然，之前提過第 1 輯可能是與當年前一個月官方大舉成立「中華文化復興委員會」的熱門政策有關。況且，當時他的得獎作品，就被歸為「中國學術著作」類的，這在六十年代，完全可以理解這點。但是，文章的編輯思維為何？他從未明說。

　　因此，除非你把 24 輯《臺灣研究彙集》的文章內容，與另一份文章發表原始資料明細表一起對照，或者讀者只能自己重新歸納。否則就是先參看已出版的兩種他人重編的著作：就是前言中提過的，張曼濤編的和呂興昌編的那兩種。

當然，通讀盧嘉興所著的他所編的 24 輯《臺灣研究彙集》後，有經驗的學者大致可以如此歸納：盧嘉興是自學成功的鄉土史調查專家，更是臺灣傳統製鹽發展史調查與書寫的第一人。

此外，他對明鄭時期的最初登陸地點的考察、對於明鄭時期有無媽祖信仰的權威論斷、有關孔廟的改建、古蹟的維護、赤崁樓的增修、臺南傳統著名的史志名家的詳盡介紹、在地著名古刹的深入考證、著名齋姑的介紹、詩藝名流的長篇書寫、鹽商巨富世家的發達史跡挖掘等，都有其專業的獨到造詣。

只是，本章限於篇幅與時間匆促，無法對這些課題分別有系統的詳論，因此目前暫且申論至此。

六、結論

盧嘉興之所以成為治學有大成就的鄉土史調查專家，誠如上述的介紹，他是在早年有幸能夠結識國分直一與石暘睢這類：或是具有專業學術訓練（前者），或是有豐富地方文史知識（後者）的前輩學者，並深受彼等長期影響，加上自己的勤奮治學，幾十年持續不懈，於是才有其巨大的學術成果，留給後人繼承與繼續發揚。

因此，從整體學術業績來看，縱使是當代的資深臺灣鄉土史專業學者，也未必能如盧嘉興的治學涉獵範圍之多樣性與考證資料之齊全。誠然，在特定學術的議題論述上，我們不少當代的資深臺灣鄉土史專業學者，是可以遠遠超過他的程度。但盧嘉興作為南臺灣鄉土史的基礎調查開拓者與奠基者的巨大成就，仍然是無可質疑的。所以，本章稱其為「臺南學詮釋與建構的重要先驅者」，應是可以成立的。

參考書目

1. 臺南廳，《臺南縣誌·沿革之部》，臺北：臺灣日日新日報，

1898 年。

2.　臺南廳，《臺南縣誌‧第三編警察司法監獄》，臺北：臺灣日日新日報，1899 年。

3.　幣原坦，《南島沿革史論》，東京：富山房，1899 年。

4.　竹越與三郎，《臺灣統治志》，東京：博文館，1905 年。

5.　新竹廳總務課，《新竹廳志》，臺北：臺灣日日新日報，1907 年。

6.　大隈重信編，《開國五十年史上卷》，東京：開國五十年史發行所，1907 年。

7.　幣原坦，《殖民地教育》，東京：同文館，1912 年。

8.　廣松良臣，《帝國最初の殖民地臺灣の情況附南洋事情》，臺北：臺灣圖書刊行會，1918 年。

9.　加藤玄智，《我ガ國體と神道》，東京：弘道館，1919。

10.　連橫，《臺灣通史》，臺灣通史社出版發行，1920 年。

11.　深作安文，《現代日本と國家創作》，東京：右文館，1922 年。

12.　深作安文，《外來思想と我ガ國民道德》，東京：右文館，1924 年。

13.　教化團體聯合會編，《國體觀念》，東京：教化團體聯合會，1925。

14.　矢內原忠雄，《植民與植民政策》，東京：有斐閣，1926。

15.　加藤玄智，《東西思想の比較》，東京：京文社，1926。

16.　宮川尚志，《臺灣文化運動の現況》，東京：拓殖通信社，1926。

17.　上田茂樹，《世界歷史》，東京：無產者自由大學，1927。

18.　伊能嘉矩，《臺灣文化志上卷》，東京：刀江書院，1928。

19.　伊能嘉矩，《臺灣文化志中卷》，東京：刀江書院，1928。

20.　伊能嘉矩，《臺灣文化志下卷》，東京：刀江書院，1928。

21. 矢內原忠雄，《帝國主義下の臺灣》，東京：岩波書店，1929。

22. 蔡培火，《日本本國國民に與ふ殖民地問題解決の基調》，東京：臺灣問題研究會，1929。

23. 亙理章三郎，《建國の精神と建國史觀》，東京，大成書院，1929。

24. 土田杏村，《思想問題》，東京：日本評論社，1929。

25. 國民教育振興彙編，《四大勅釋義》，東京：國民教育振興彙，1930。

26. 臺灣文化三百年紀念會，《臺灣史料集成》，臺南：臺日社臺南支局，1931。

27. 臺灣文化三百年紀念會，《臺灣文化史說》，臺北：山科商店，1930。

28. 臺灣文化三百年紀念會，《續臺灣文化史說》，臺北：山科商店，1931。

29. 臺南州共榮會編纂，《南部臺灣誌》，臺南：臺南州共榮會，1934。

30. 社會局社會部，《國民精神更生運動概況》，東京：社會局社會部 1934。

31. 臺灣總督府內務局，《史蹟調查報告第二輯》，臺北：盛文社，1936。

32. 幣原坦，《南方文化の建設へ》，東京：富山房，1938 年。

33. 幣原坦，《國史上南洋發展の一面》，東京：南洋經濟研究所，1938 年。

34. 關口泰，《興亞教育論》，東京：三省堂，1940 年。

35. 田中館秀三，《南方文化施設の接收》，東京：時代社，1941 年。

36. 鷲巢敦哉編，《警察沿革中卷：臺灣社會運動史（1913-

1936）》，臺北：臺灣總督府警務局，1942。

37. 帝室博物館，《南方文化展覽會目錄》，東京：帝室博物館，1942 年。

38. 金關丈夫等著，《臺灣文化論從第一冊》，臺北：清水書店，1943。

39. 國分直一，《南方民俗考：壺祀の村》，東京：東都書籍，1944。

40. 瀧川幸辰，《自由の研究：謂ゆる京大事件》，東京：生活社，1947。

41. 盧嘉興編，第 1 輯《臺灣研究彙集》，1966 年 12 月 10 日。

42. 盧嘉興編，第 2 輯《臺灣研究彙集》，1967 年 4 月 25 日。

43. 盧嘉興編，第 3 輯《臺灣研究彙集》，1967 年 7 月 25 日。

44. 盧嘉興編，第 4 輯《臺灣研究彙集》，1967 年 10 月 25 日。

45. 盧嘉興編，第 5 輯《臺灣研究彙集》，1968 年 3 月 25 日。

46. 盧嘉興編，第 6 輯《臺灣研究彙集》，1968 年 8 月 25 日。

47. 盧嘉興編，第 7 輯《臺灣研究彙集》，1969 年 1 月 10 日。

48. 盧嘉興編，第 8 輯《臺灣研究彙集》，1969 年 7 月 10 日。

49. 盧嘉興編，第 9 輯《臺灣研究彙集》，1970 年 1 月 20 日。

50. 盧嘉興編，第 10 輯《臺灣研究彙集》，1970 年 8 月 1 日。

51. 盧嘉興編，第 11 輯《臺灣研究彙集》，1971 年 5 月 1 日。

52. 盧嘉興編，第 12 輯《臺灣研究彙集》，1972 年 8 月 30 日。

53. 盧嘉興編，第 13 輯《臺灣研究彙集》，1973 年 6 月 25 日。

54. 盧嘉興編，第 14 輯《臺灣研究彙集》，1974 年 6 月 30 日。

55. 盧嘉興編，第 15 輯《臺灣研究彙集》，1975 年 9 月 30 日。

56. 盧嘉興編，第 16 輯《臺灣研究彙集》，1976 年 12 月 6 日。

57. 盧嘉興編，第 17 輯《臺灣研究彙集》，1977 年 8 月 15 日。

58. 盧嘉興編，第 18 輯《臺灣研究彙集》，1978 年 7 月 20 日。

59. 盧嘉興編，第 19 輯《臺灣研究彙集》，1978 年 7 月 30 日。

60. 盧嘉興編，第 20 輯《臺灣研究彙集》，1980 年 5 月 31 日。

61. 盧嘉興編，第 21 輯《臺灣研究彙集》，1981 年 2 月 23 日。

62. 盧嘉興編，第 22 輯《臺灣研究彙集》，1982 年 1 月 20 日。

63. 盧嘉興編，第 23 輯《臺灣研究彙集》，1983 年 1 月 31 日。

64. 盧嘉興編，第 24 輯《臺灣研究彙集》，1984 年 4 月 20 日。

65. 張曼濤主編，《中國佛教史論集六：（臺灣佛教篇）》，臺北：大乘文化出版社，1979。

66. 江燦騰，《臺灣佛教百年史之研究：1895-1995》，臺北：南天書局，1996，

67. 盧嘉興原著，呂興昌編校，《臺灣古典文學作家論集（上、中、下）》，臺南：臺南市文化局，2000。

68. 劉益昌，《國分直一與臺南》臺南：臺南市文化局，2022 年。

第二章　盧嘉興研究與《開元寺徵詩錄》的歷史新解：有關殖民改造與戒嚴陰影下的雙重辯證嘗試

江燦騰

臺北城市科技大學創校首位榮譽教授

一、前言：問題的提出

　　本章是根據第一屆盧嘉興研究學術研討會的綜合座談中的發言資料，發現盧嘉興在戒嚴時期從事日治時代的臺灣文史論述時，常有高度警覺並多方預先修飾可能觸犯戒嚴時期的政治禁忌紅線，所以值得再次就此問題，回溯至盧嘉興研究與殖民改造與戒嚴陰影有關的主題論文上。

　　特別是，針對《開元寺徵詩錄》的歷史新解，來分析其雙重性論述策略的實像？或虛像？

　　因此，本文的副標題：「有關殖民改造與戒嚴陰影下的雙重辯證嘗試」，就是說明全文的論述方式與所及的相關問題意識。

二、相關引述文獻介紹

（一）有關《開元寺徵詩錄》的出版資料介紹

　　此《開元寺徵詩錄》詩集的掛名編輯者是黃慎淨，他是當時開元

寺內的負責接待任務的詩人僧侶。所以發行所者自然是在臺南開元寺的客堂事務所。

此詩集還有一個校正者王芷香，也是當時活躍的女詩人，[1]因此在詩集內文最前一頁，有全詩集內容的詳細錯字訂誤的出處和正誤字對照。所以是非常慎重的寺院出版品。

此詩集全部內容都沒有完整的目錄可查，可是全書內容的編排順序，非常講究，可謂一絲不苟。在內容詩文之前的 15 頁是銅版印刷的相關照片。由於關涉當時開元寺的重大變革及其特殊榮耀大典的紀念性質，所以全部照片的排序，都是經過慎重鋪陳的。

此《開元寺徵詩錄》詩集，是 1919 年的 6 月 10 日發行，但印刷卻早在當年一月底就開始。為何會有六個月的差距？

根據此詩集編輯者寺僧黃慎淨，致內容訂誤者名女詩人王芷香的說明資料，延遲的原因是由於印刷相片的銅版未能即時解決，所以才拖延出版。[2]

但，可以確定的是，此詩集及其所有的內容都是發生在 1919 年之前。所以此詩集的的封面上，清楚寫著當時南社大詩人趙雲石的題字、署名和刊行月份。本章以下即按其排序的前後，將全部內容分別概略解說其涵義。

---

[1] 引自彭瑞金主編《臺南市文學小百科》的簡潔介紹文：「王芷香（1897-1930），漢語文言詩人。幼名阿湘，號懺儂，又號棄兒，臺南市上橫街人（即今之永福路）。為人俊秀瀟灑，可惜文章憎命達，雖是家道富有，但遭其父親的愛妾冷語譖言，家庭間屢起風波。芷香不堪虐待，因此鬱鬱不樂，以致神經錯亂。王芷香為『南社』成員，並於1915 年與洪鐵濤、陳逢源、趙劍泉等組『春鶯吟社』。1918 年夏，王芷香同新竹張純甫、臺南趙劍泉與王大俊，同遊城南勝蹟。1924 年 6 月 15 日「『南社』假酉山書店樓上，開擊缽吟會，約 50 餘人參加，當時推趙雲石、王芷香二氏為詞宗，題為〈新筍〉七絕。」彭瑞金主編，《臺南市文學小百科》，頁 51。相關論文，也可參考吳宜靜，〈日治時期臺灣南社詩人研究——以洪鐵濤、王芷香為探討對象〉，國立臺灣師範大學國文學系碩士論文，2021 年。
[2] 見黃慎淨編，《開元寺徵詩錄》（臺南：開元寺客堂事務所，1919），頁 44。

（二）有關《開元寺徵詩錄》的各類照片排序解說

詩集的第 1 頁照片，是 1910 年代由開元寺玄精住持重修後，該寺外觀的全景：拍照者是站在寺前方的一大片空地上，用相機的廣角鏡頭拍攝外觀的全景，於是照片上出現的景觀，可以看到該寺前後連棟起伏的，傳統瓦頂飛簷的平房外觀，並有一道右方高牆隔成內外庭院。

寺前的樹葉都掉光，只剩枯枝聳立。所以此張照片拍攝的時間，有可能是在寒冷的冬季。

不過，在高牆內的那幾棵大樹頂上，則依然枝葉茂盛生氣勃勃，恰恰與寺前雜草處處的寬廣空地，形成強烈的對比。所以此照片上只簡單註明，是「開元禪寺全景寫真」。[3]

詩集的第 2 頁照片，是單獨一張的「開元禪寺山門嘻哈二將寫真」。

臺灣佛寺的門神，不同於神廟的門神。前者是唅金剛與哈金剛，後者是秦叔寶與尉遲敬德。不過，現在的開元寺門神是 1972 年，才由臺南當地彩繪名家蔡草如（1919-2007）所創作的韋馱與伽藍像。雖然色彩與線條都非常彩艷，可是其造型顯然類似臺灣神廟門神所呈現的中國古代武將外貌。[4]可見，蔡草如本人，對於臺灣傳統佛寺門神的造型並無深刻的理解，才會如此。

詩集的第 3 頁照片，是單獨一張「開元禪寺大雄寶殿三寶佛寫真」。

臺灣傳統佛寺供奉的三寶佛是：藥師佛、釋迦牟尼佛和阿彌陀佛並排的：藥師佛是代表在東方護佑眾生成長與健康的法身佛，中間供奉

---

[3]　在國家圖書館特藏組國圖登錄號：002417009，另外還收藏一張「臺南開元禪寺全景」，是來自當時明信片上的黑白攝影作品，發行時間約 1920 年代。當時寺前的那棵樹上葉子仍是茂密的，而非枯枝。（資料來源：國家圖書館 臺灣記憶 https://tm.ncl.edu.tw/）。

[4]　談宜芳，〈開元寺之建築〉，王麗芬執行主編，《物華天寶話開元：臺南市二級古蹟臺南開元寺文物精選》（臺南：開元寺，1919），頁 181-183。

的是在世間普度眾生的釋迦牟尼佛，至於阿彌陀佛則在西方極樂安頓眾生亡靈的法身佛。正象徵從日出到正午到日落的一天過程，其實也象徵世間眾生今世之前與之後的必經歷程。不過，現在開元寺的大殿供奉的是臺灣南部佛寺盛行的華嚴三聖，就是根據《華嚴經》義理所供奉的毗盧遮那佛（大日如來）、左脅侍為文殊菩薩和右脅侍為普賢普薩。

至於佛寺當中的彌勒佛與觀音菩薩，開元寺也是同於其他臺灣佛寺，就是在大殿之前，另行供奉漢化的彌勒佛，以及在大殿之後，另行供奉漢化的觀音佛祖。只是在詩集的照片中並未列入。[5]

詩集的第 4 頁照片，是回到開元寺建寺之前，亦即此地原是明鄭王朝在臺統治時的官邸之一的「北園別館」舊址，故而開元寺建寺的前期史，自然就是與明鄭王朝在臺霸業興亡相關的那段滄桑史。因此開元寺建寺後，另設有祭祀「延平郡王」的畫像與神主牌之處所。所以照片的說明就是：「臺南開元禪寺鄭王祠寫真」。

詩集的第 5 頁照片，是由兩幅書法長條並排所組成，右邊是「鄭成功遺墨」，是由當時開元寺代理住持鄭成圓，從福建泉州開元寺求請得來的，據說是真跡。

此條幅上寫著「無極而為太極，太極動而生陽，動極而靜，靜而生陰，靜極復動一，動靜互為無極，分陰與陽兩儀」。末後有鄭成功署名與蓋印。

左邊條幅較低小，是清代乾隆時代福建泉州的舉人柯輅所寫的，他曾在嘉慶年間來臺灣府嘉義縣擔任儒學訓導。可是由於照片上的字跡模糊，無法正確辨識，此處省略。第 5 頁照片，可以說也同時彰顯了當時開元寺住持對於「北園別館」舊址主人，鄭成功本人，文物真跡的保

5　但，必須注意，一般人卻容易忽略過去的是，在大雄寶殿上的釋迦牟尼佛前面，有一個
　　另類的「今上天皇陛下萬壽尊牌」被供奉著。這是與《開元寺徵詩錄》的內容最相關的
　　大事。因此在《開元寺徵詩錄》上的第 13 張照片，就有單獨一張，上面寫著「今上天
　　皇陛下萬壽尊牌寫真」（對於此事的內情，待稍後再詳說）。

存用心。

　　所以，在日本帝國殖民統治時期的官方來說，特別禮敬有一半日本血統的鄭成功本人的紀念寺院，或其相關文物的收藏及公開展現等，自然是樂見其成的。

　　因而當時開元寺現任住持成圓的特別用心去請來珍貴的「鄭成功遺墨」，又趁機納入《開元寺徵詩錄》的相關照片內，可謂正逢其時的大好展示良機。對照下張照片的內容，也就更能明白其如此排序的原因之所在。

　　詩集中第 6 頁照片，就是當時日本在臺總督府現任民政長官下村宏（1875-1957），親筆題贈的橫條幅，當中只有大大四個「山高水遠」的行草毛筆字，以及他本人的潦草簽名而已。但也足以代表日本統治當局，已正式對於當時開元寺所進行大儀式活動，表達官方公開支持的合法性立場。

　　詩集中第 7 頁照片，是「南社社友於本寺擊鉢吟會寫真」。

　　這是南社的社友在開元寺召開吟詩大會後，與寺中僧侶的合影，代表臺南最重要的傳統詩社「南社」詩友，與臺南開元寺的來往密切。

　　因而，在《開元寺徵詩錄》舉辦的相關公開徵詩活動，就由「南社」現任社長趙雲石本人，領銜對外通告。

　　在第 8 頁照片上，是南社社長趙雲石本人親筆領銜署名，上面寫著「瀘炬長明」四個大字的直式長條幅行草，並用小字在大字下面寫著：「為開元寺奉安萬壽金牌大藏經禮成紀念書此」。最後是指名送給當時開元寺住持傳芳的。

　　亦即，他是在參與開元寺大殿供奉今上大正天皇的「萬壽金牌」大典，與慶賀傳芳住持從日本東京迎回日本臨濟宗妙心派贈給開元寺一部「佛教大藏經」的特別紀念大會後，才寫此條幅贈給當事者傳芳住持的。

　　此外，在趙雲石條幅左邊略低短的條幅，則是由日本「臨濟宗妙

心派大本山管長猊下圓山元魯真筆」的。此條幅上的草書，是「笠重吳天雪，鞋香楚地花」，原出處是《西清詩話》收錄北宋福建詩僧士可〈送僧〉：「一缽即生涯，隨緣度歲華。是山皆有寺，何處不為家？笠重吳天雪，鞋香楚地花。他年訪禪室，寧憚路歧賒。」的詩句。[6]

再者，此條幅在日後開元寺出版的精美紀念集中，雖有寺中大量文物收藏照片，卻未見此條幅。可見現已不存，唯有在《開元寺徵詩錄》中仍可見到。

詩集上第 9 頁照片，是披著日式佛教袈裟，且嘴巴的周邊留有白髭鬚一大把的，晚年傳芳布聞住持的半身照片。他已從中國國籍變更為日本國籍四年多，所以是許可正式擔任開元寺的現任住持，並且他也是促成 1917 年臺南開元寺，從原先與日本曹洞宗簽約合作的隸屬關係，正式改為與日本臨濟宗妙心寺派在臺合作的主導人物。[7]但是，傳芳住持在《開元寺徵詩錄》正式出版的前一個月，即 1919 年 5 月 21 日已過世，[8]才活 66 歲（1855-1919）。所以，他來不及看到與他關係最深的《開元寺徵詩錄》的出版品及其所呈現的相關各界反映。

詩集上第 10 頁照片，是當時開元寺的副住持成圓。

因他是 1917 年與傳芳住持兩人從日本東京，迎回一部由日本臨濟宗妙心派特贈給開元寺「佛教大藏經」，以及同時讓開元寺成為日本臨濟宗妙心派在臺的重要聯絡寺院之一。在傳芳住持過世之後，副住持成圓也於 1919 年 8 月 7 日，晉山為新住持。

---

[6] 感謝臺南大學人文學院邱敏捷院長、黃宗義教授、林俊臣教授幫忙解讀與提供出處。

[7] 此段傳芳住持與日本臨濟宗妙心派在臺的新交結史，最值得參考的研究論文之一是，王見川，李世偉，〈日據時期的臺南開元寺（1896-1924）〉，《臺灣的廟與齋堂》，臺北：博揚文化，2004 年。頁 203-224。

[8] 傳芳住持的過世日期，王見川據《臺灣日日新報》（1919.5.7）的報導，確定是屬於大正 8 年 5 月 1 日；而同報也登鄭成圓於同年 8 月 7 日晉山任住持。見王見川，〈略論日據時期的臺南開元寺（1896～1924）〉，《圓光佛學學報》第 4 期（1999.12），頁 289。

　　雖然他在之後也曾在寺中，鬧出一場很不堪的醜聞而離寺出逃，最後不但落得人財兩空，還悲涼地病逝於他鄉。[9]

　　但，在《開元寺徵詩錄》正式出版前後各種相關事宜的處理上，他確是關鍵人物之一。所以他個人的半身僧照，繼傳芳住持之後，緊接著出現，也是合理的排序。

　　詩集上第 11 頁照片，是 1917 年 12 月 16 日「奉迎大藏經與供奉今上天皇萬壽金牌」之後第 9 天，就是從 1917 年 12 月（農曆 25 日至 30 日），[10]也開始舉辦為期六天傳戒活動。

　　這不是為臺灣出家僧尼所辦的傳統漢傳佛教的正式「三壇大戒」，而只是大規模的為在家男女信徒所辦的皈依儀式，也是傳芳住持從鼓山湧泉寺回臺發展後第二次在開元寺舉辦，[11]並在 1917 年 12 月 16 日結束之後，集體拍攝紀念照。

　　所以，照片上面寫著「奉迎式後受戒大會寫真」。

　　詩集上第 12 頁照片，上面寫著「開元禪寺今上天皇陛下金牌並大藏經奉迎式場寫真」。

　　這是 1917 年 12 月 16 日，奉迎大藏經與供奉今上天皇萬壽金牌安座的大慶典之後，所有參與的官方代表穿戴正式衣帽，與寺中傳方住持以次的寺中僧侶、社會名流貴賓等，分成前坐後站數排的集體合照。

9　根據闞正宗氏從當時《臺灣日日新報》上所刊載的多筆相關報導資料，所綜合研究並歸納出，最晚成圓住持約在 1921 年末，就帶著在寺內誘姦的來寺養病官宦侍妾與其所保管的大筆寺有公款，私自潛逃至外地同居，所以新住持得圓在 1922 年初，就開始取代他的住持空缺。之後，與情婦潛逃出走的成圓，既沒錢又染毒，所以下場極為不堪。闞正宗，〈開元寺傳承發展史〉，王麗芬執行主編，《物華天寶話開元：臺南市二級古蹟臺南開元寺文物精選》，頁 106-109。對此議題的較近相關研究是，毛紹周，〈破戒的和尚？略論日治時期臺南開元寺成圓事件〉，《文史臺灣學報》，第 7 期，臺北：國立臺北教育大學臺灣文化研究所，2022 年。頁 175-209。

10　換算為農曆後，等於是在：1917 年 11 月 12 日至 11 月 17 日舉行。所以是在大典之後才舉辦，而非在大典之前。因此，照片的標示「奉迎式後受戒大會寫真」，是正確的。

11　1917 年 12 月 16 日的《臺灣日日新報》第六版，就有當登載開元寺傳戒新聞。

　　詩集上第 13 頁照片，是 1917 年 12 月 16 日當天奉迎的「今上天皇萬壽金牌寫真」單獨照片。

　　在此有必要進一步說明的是，當時已是日本殖民統治臺灣時期的大正天皇（1912-1926）在任的第六年。

　　對於已納入日本佛教宗派的臺灣本土寺院來說，若能在其佛寺大殿的佛像之前供奉著象徵日本當代天皇的萬壽尊牌，則此後該寺若遇重要佛教活動時，當地的官方都會派出代表參與。很類似當時在臺日本神社一樣的，受到殖民當局官民一體的崇敬和特殊禮遇。

　　至於為何寫「今上天皇」而非「大正天皇」？這是由於從明治天皇統治時代以來，就逐漸已有臺灣本土寺院納入日本佛教特定宗派的「聯絡寺院」，並在其佛寺大殿的佛像之前，同樣供奉著象徵日本當代天皇的聖壽萬歲金牌。因此，臺南開元寺並非臺灣本土寺院最早供奉的。

　　以當時活動力最強、掌握最多臺人寺廟與其私下簽約日本曹洞宗來說，在《教報》第一號中，除上述提到（一）用佛教刊物的輿論竭力訴求官方同情，以及（二）辦日語班教臺人子弟來配合官方教育政策之外，還提到下列的記載：

　　　　曹洞宗：自去年（1895）6 月以來，已派佈教師在臺北、臺南等地進行佈教。本年元月，更派出七名佈教師駐在臺北、臺南、臺中地區傳道的結果，與本地的臺人寺廟簽下誓約，作為宗下的下游寺院（末寺）者，如今幾已遍及全島，並且各寺廟中皆安置了我至尊（按：即明治天皇）的尊牌（書有現任天皇名號的精美木雕牌位，亦稱「萬壽尊牌」），以供朝夕祈念聖壽萬歲！[12]

---

[12] 鹿山豐編，《教報》第一號（臺北：大日本臺灣佛教會，1896 年 10 月），頁 41。

換言之，當時所謂「尊皇奉佛」的最典型作法，就是將當今天皇的生基萬壽牌，安置在該宗所大量私下收編的臺人原有寺廟中，以示「國體皇道」已透過此類安排，讓其穩固在被殖民者的宗教崇拜場所中。[13]

可是，基於此種供奉是統治權力的象徵，又是長期持續供奉，因此只寫上「今上天皇」而非「某某天皇」，是由於特定天皇有其生命期限，若只寫上「今上天皇」的話，就不用隨天皇更迭，而再重新頒發。

詩集的第 14 頁照片，是一張「開元寺禪寺蓮池寶塔寫真」。這不是開元寺本身的寶塔，但與開元寺的傳方住持及其中興佛教事業的大力奧援有關。所以在《開元寺徵詩錄》第 41 頁到第 42 頁，有一篇開元寺的傳方住持和成圓副住持具名合寫的〈貞女林氏妙緣齋行記述〉的紀念碑文。

本身是臺南金幢派齋教慎德堂中興堂主的林朝治，是一生持齋守貞的著名齋姑。其父為臺南當地大富商林文賢，林朝治為家中長女。

因其父與傳芳住持是出家前的商場至交，其後傳芳到福建湧泉寺出家多年，日治後，未及時在法定年限內返臺，所以成為清國籍住民。日治末期傳芳有一回臺發展，慎德堂中興堂主的林朝治立即盡全力護持。所以傳方住持能夠在開元寺施展其影響深遠的中興佛教事業，來自林朝治的大力奧援是人盡皆知。

林朝治在 1915 年 10 月 8 日過世，才四十九歲。林朝治死後，在開元寺前的空地上舉行盛大出殯儀式，隨即將身體火化。

2 年後，亦即 1917 年 12 月 16 日，因正值舉行供奉今上天皇萬壽金牌的特殊紀念大典，於是趁此良機，由其侄女等檢視 2 年被火化的遺骸，發現有類似佛教僧人舍利的珍奇結晶。其家族後輩多人便共同出資，在開元寺左方的放生池之前，新建一座「開元寺禪寺蓮池寶塔」。

---

[13] 以後日本臨濟宗妙心寺派，也比照辦理，詳後文討論。

其紀念文就是上述那篇,由傳方住持和成圓副住持,師徒二人具名合寫的〈貞女林氏妙緣齋行記述〉。

詩集的第 15 頁照片,是由傳芳布聞住持署名蓋印的,單獨一張直式四個「德雲廣布」毛筆楷書大字條幅照片。

(三)與《開元寺徵詩錄》內容相關的文獻概說

當年有關《開元寺徵詩錄》的編輯完成與開始印刷,是在 1919 年 1 月 31 日。亦即從開始公告到大功告成,已耗時整整一年。由此可知,其間評選作業的慎重。因為要將所有收集到相關歷史文獻及其照片挑選,如何來進行前後呈現順序的恰當安排,是很費心力考量,本質上是不可被低估的艱鉅編輯作業。

但是,由於《開元寺徵詩錄》全書沒有相關目錄,而且沒有清楚的編輯說明。在詩文之前的十五頁照片,其間的前後關連性及其代表的事件意義,只有照片上的簡單標注而已,所以除非是當時的相關參與者,否則一般讀者是很難清楚理解的。

亦即,當時每個拿到《開元寺徵詩錄》的讀者,其實都須透過逐頁翻讀眼前已這本很特殊的詩集彙編,然後在其呈現的全部詩文前後逐頁出現的排序文脈,來各自重構已曾被編輯者們各按其所認為的事情輕重緩急或其關係遠近等思維,來精心安排的概略且有序的呈現內容。

所以,才造成過去縱使專業研究的佛教史家或一般臺灣文史學者,都不曾深入探索過《開元寺徵詩錄》的全部原先編輯意圖及其所要傳達的複雜詩文情懷。

因此本章以下的相關介紹,就是提供一些給本章閱讀者,方便理解其中的關聯性和其所具有特殊重大歷史意義之所在。

一、我們可以試著推測,當初編輯者之所以必須如此,除了有可能是缺乏編輯現代書籍經驗所致。但不論是否如此,當初負責的編輯者

們，主要遭遇的編輯難題是，彼等已非常清楚的知道：擺在彼等眼前所要處理的，大量徵集而來的詩集稿件，其實是為了紀念一起非比尋常地的榮耀大典，並以限定特殊主題的方式來徵集，絕非一般詩社群友平素聚會時，彼此可以隨性擊砵吟詩之作能比擬。

況且，彼等也實際參與了該寺從日本，迎回一套大藏經，並已在該寺大殿上，供奉了今上天皇聖壽萬歲金牌，又舉辦一場既神聖崇高又嚴肅無比的特殊榮典。因此，則彼等究竟要如何將其妥善處理，其實是不容易的。

所以該寺當初，就是為了向臺灣佛教界與全臺社會各界人士，鄭重昭告此事發生的背後重大意義，所以便特別邀平素就有密切往來的「南社」社長趙雲石、及當時詩文大名流連雅堂兩人，共同具名登報向全臺詩人詔告：臺南名剎開元寺公開徵詩，並由兩人分別擔任左右詞宗負責評審所有應徵作者的作品。而當時預計的徵詩活動的截止日期，是到 1918 年 1 月 31 口，前後共歷時一個多月。

可是，由於實際參與 1917 年 12 月 16 日，那次大典的「南社」社友，得以瞭解此次全臺公開徵詩活動所涉及該寺舉辨隆重慶祝大典的實際意義之外，其餘外地的應徵者，就只能根據有限的公開資訊或透過各種探尋管道，來作為其創作應徵詩文的相關依據了。

因而，我們據此可以合理的推斷，此次大規模應徵來詩文評審，其名次在前的一些最優作品，之所以能脫穎而出，也必然是其作品既能合乎傳統詩作格律，且其表現內容也確能契合此次大典的歷史意義。

在《開元寺徵詩錄》的正式入選應徵詩中，曾經左詞宗評判第一名，右詞宗評判第 3 名，合併成第一名的是臺南人吳子宏；但吳子宏的得獎長詩中，他雖用詞極為典雅，卻同時也有很誇張的對應詩句出現。例如，他即曾在詩作中，毫不掩飾的忘情大捧特捧道：

……嵌城城北原，清淨見佛宇。梵宮三百年，寶剎冠千古。
遠公懷大道，求真向東土。玉書三萬卷，金偈四千部。我皇憐正
教，九州恩澤普。……萬壽賜金牌，千秋祀聖主。白馬與金鑾，
恭迎返鯤浦。山門永光輝，真教遍寰宇。……[14]

反之，若只是老套的，純粹以堆砌佛語詩詞藻成篇的應酬作品，
就只能排名在後了。例如，來自臺灣中部葫蘆墩游瓊華曾投稿三首，其
最後一首的內容如下：「貝葉靈文瑞氣多，光華普照耀珊和。龍天擁護
長為吉，萬類安寧國運豪」。[15]顯然由於其詩中，並沒有具體清楚描述
出，當下正在火熱進行的政教融和大神聖事件為何？

因此，他沒有類似之前第一名詩作提過的：「我皇憐正教，九州
恩澤普。……萬壽賜金牌，千秋祀聖主。白馬與金鑾，恭迎返鯤浦。山
門永光輝，真教遍寰宇。」這樣無比懷德慕澤的經典金句。因此，此詩
不但未得名次，且被排在最後，其道理在此。

二、但是，對於陌生的社會讀者來說，想要有效的將其宣傳企圖
極大化地，影響至每位此詩集讀者，則相應編輯邏輯與其圖文呈現內
容，必須是容易理解與合理展示的。而如今我們若有心翻讀其全部內容
時，其實還可以發現其他值得一提的特點．例如：

其一、前面提過，《開元寺徵詩錄》的封面，是「南社」社長趙
雲石所寫的，並有署名、印刷年月，以及蓋印。且《開元寺徵詩錄》的
照片中，也有趙雲石所寫的致賀大典條幅、幾位參與大典的「南社」社
友合照。

但是，對於開元寺的巨大轉變及其與日本臨濟宗妙心寺派的深化

---

[14] 吳子宏，〈祝開元寺奉迎今上天皇陛下萬安金牌並大藏經典禮〉，黃慎淨編，《開元寺徵詩錄》，頁 6。

[15] 游瓊華，〈祝開元寺奉迎今上天皇陛下萬安金牌並大藏經典禮〉，黃慎淨編，《開元寺徵詩錄》，頁 26。

交往，最後並促成開元寺正式成為日本殖民當局認可的皇道化佛寺。因而，才有「赴日迎回大藏經」與「在大殿上供奉今上天皇萬壽金牌」的隆重大典之舉辦。

只是純粹作為《開元寺徵詩錄》評審作品的左詞宗的趙雲石，對此他在實務上只許有參與或有認同而不能有其他置喙的餘地。所以，《開元寺徵詩錄》的編輯者，即是由在開元寺客堂事務所任職的黃慎淨署名，而非趙雲石擔綱。

其二、說明《開元寺徵詩錄》全書編輯最關鍵性的文獻材料是，開元寺僧人證真所寫的〈晉京迎請大藏經序〉，也等於是《開元寺徵詩錄》全書編輯與出版的最清楚說明的序文。但，此序文的主要材料依據，又是當時日本現任文部大臣岡田良平對於赴日的開元寺臺僧的相關訓詞內容。

所以，讀者若能先讀《開元寺徵詩錄》中的這篇〈岡田文部大臣訓詞〉全文，就可以清楚瞭解其編輯與出版的主要意義，茲將其主要段落摘錄原文如下：

> ……臺灣歸帝國版圖以來，茲經二十三年，其間督府銳意圖治。
>
> 今者，臺灣島人，漸懷帝國之恩威，能與居臺之內地人夾治，使臺灣統治·得以確立。洵可賀也。此後尤宜努力於此。此殖民地之統治，最宜者為何？不外其地之人民，與居住內地之人民，思想感情融和壹致，互相理解，互相信賴也。
>
> 臺灣島人與內地人，同是帝國之臣民，且有同種同文之關係，誼則兄弟也。而在臺之宗教，亦與內地同為佛教，禪宗最多，宗教上亦等是釋迦牟尼弟子，即宗教上兄弟也。夫如是，則臺灣人與內地人，其思想情感之融洽，實為容易。欲互相理解，互相信賴，更有何難？

　　願諸君依佛教之教義，以教導臺灣島人，盡瘁於臺灣之教化直接間接，以期臺灣之進步為要也。能如是，其幸福豈臺灣受之者哉，帝國實受之也。

　　余之切望於諸君者，意在此。[16]

　　可見這一篇典型的殖民帝國高官，對於來訪的臺灣在地名僧，所作的關於殖民同化施政有效的友善宣言，雖有嘉勉、有期待，那也不過是官場語言的常見修辭學而已。

　　可是，對於隨之而來的具體象徵物，就是當時日本臨濟宗妙心寺派的長谷慈圓先安排來訪的多位臺僧，除謁見岡田文部大臣、柴田宗教局長，參觀貴族眾議兩院等之外，該派貫首「元魯大國師」又召見彼等開示禪法，並贈與臺南開元寺計有：

　　1.《大藏經》全套一部；2.大正天皇的「御金牌」一基；3.「臨濟祖師舍利塔」一座；4.「被下附七條金襴袈裟」二領；5.及「安陀衣」五肩。[17]

　　以及才有返臺之後所舉行的隆重大典與所展開的全臺徵詩之舉。

　　三、但是，由於開元寺建寺的原址，原是明鄭時期的北園別館，

16　岡田良平，〈岡田文部大臣訓詞〉，黃慎淨編，《開元寺徵詩錄》，頁 4-5。

17　黃慎淨編，《開元寺徵詩錄》（臺南：臺南開元寺客堂，1919）提到：「……側逢安東總督閣下。及下村民政長官。皆熱心於宗教。彈真力以贊成。所以北園僧侶傳芳、成圓、本圓諸師。欲國日臺佛教聯絡。闡揚臨濟宗風化。導臺島人民。共仰帝國　皇恩。特與臺北臨濟寺主。長谷慈圓師。丸井文學士。杭華西。游踏花東渡。不辭洋海。遍歷中華。遍訪名山。視察宗教。飛錫於普陀洛伽。渡杯於西湖靈隱。繼而觀光帝國。參詣京都。叩謁祖師蓮塔。參拜桃山御陵。幸遇謁見岡田文部大臣。及柴田宗教局長。拜覽天皇陛下御園。參觀貴眾議兩院。更蒙妙心寺派。元魯大國師貌下。開示禪宗法要。賜大藏經文全部。今上（按：即大正天皇）天皇陛下御金牌一基。臨濟祖師舍利塔一座。被下附七條金襴袈裟二領。及安陀衣五肩。……」，頁 3。

之後雖被清康熙帝征服與清末改隸日本，如今要歷史回溯開元寺建寺的前期史，就一定會涉及與概括從明鄭時期的北園別館、加上清康熙年間建寺、至日治時期的歷代滄桑史。

因而，明鄭在臺統治所在地的霸業興亡，自然就成為當時詩人，以臺南開元寺擊缽吟詩時的長嘆最佳素材。

順此思考的編輯邏輯思維，在《開元寺徵詩錄》中，除最先納入經左右詞宗評判入選的相關作品之外，緊接在徵選作品之後的，就是把大量非徵選的古今與開元寺史或寺院景觀有關者，也精選納入，做為對照。

所以，在《開元寺徵詩錄》的應徵詩文羅列之後，就出現許多首與開元寺題材相關新舊詩作。例如，其中有一首我清初派到臺地的外省官員齊體物所作，有關〈海會寺〉剛建成的感懷詩，就是這樣表達的：

> 冷月斜橫吊子規，當年黃幄爾徒為；樑塵尚逐梵音起，幡影猶疑舞袖垂。
> 風雨有時聞響屧，草花何用長胭脂；是空是色渾閒事，只合登臨不合悲。[18]

此詩作者，是清領第一任臺灣海防同知滿官，當時〈海會寺〉是在他任上剛建成，所以他也很自然地成為建寺的主要贊助者之一，他的名錄同樣被刻在當時海會寺初期住持福宗所鑄的那口充滿了銘文的梵銅鐘上。

而當時，他所看到才剛落成的新海會寺歷史圖像，正是他在冷弦

---

[18] 此詩出現在黃慎淨編，《開元寺徵詩錄》，頁 27。其後被盧嘉興同樣收入，〈北園別館與開元寺〉，《臺灣研究彙集》第 9 輯。張曼濤主編，《中國佛教史論集六：（臺灣佛教篇）》，頁 276。

月的薄暗光影下，沉思於風雨來襲的寺中殿堂中之寧靜回味。

　　當時他曾聽著淒切的鳥叫聲和注視著殿梁飄落的若有若無落塵，於是他逐漸被寺僧課誦禮佛的晚禱聲，引入對此地往事的歷史回憶。

　　這時置身新海會寺殿堂現場的他，在腦海裏想的，並不是單純的新佛寺如何莊嚴？寺僧的宗教活動有何意義？而是將想象飛躍向前，彷彿能讓他親臨到昔日舊鄭王孫的遊樂歌舞場邊，去看著美麗的舞影和日後寺僧的課頌聲，混成一片悼念人生虛幻、世事無常的歷史回音。

　　此外，同樣被納入的一首〈提北園別館〉的詩句，是臺南近代學人蔡國琳[19]的舊作，也同樣透露出類似沉痛的歷史滄桑感：

───────────────

[19] 盧嘉興已有相關長文介紹蔡國琳與其女蔡壁吟的生平事蹟。見廢廬主人，〈記清舉人蔡國琳與蔡壁吟〉，《臺灣研究彙集》第 6 輯（1968 年 8 月 25 日），頁 23-28。此處引用彭瑞金主編《臺南市文學小百科》的簡潔介紹文：「蔡國琳（1843-1909），漢語文言詩人。字玉屏，號春巖，安平人。1882 年舉人，設帳延平郡王祠，主持文石書院，後任蓮壺書院山長，有《叢桂堂詩鈔》4 卷，今佚。他曾參與浪吟詩社，早期多詠物之作，試觀其〈秋荷〉用王漁洋『秋柳』韻：『鉛華洗盡倍堪憐，秋水盈盈一抹烟；子本有心生太苦，絲雖無力恨常絲。漢皋解珮方前夕，華井傳觴又隔年。莫謂秋光冷落甚，自全清潔畫欄邊。』領聯及於蓮子蓮心和藕絲，頸聯用漢皋解珮成仙的典故，將荷擬人化，尾聯『自全清潔』呼應首聯『鉛華洗盡』，而自見『憐』，是善於刻畫用事者。〈延平郡王祠題壁絕句〉云：生標忠節沒為神，翰海風濤百戰身，祖訓一篇和淚讀，田橫島上泣孤臣。跋浪鯨魚蓋世雄，寒榕祠外尚吟龍，廿年正朔存天復，招撫甘辭爵上公。滇池淅水糾同盟，痛哭神州一旦傾，直向東南爭半壁，樓船海上任縱橫。天意從難一旅興，鯤鰥無復海波騰，參軍夢蝶名園在，也有詩人杜少陵。上引四絕句，其一以田橫比國姓爺，實則鄭氏功業遠逾田氏；其二讚郡王延明正朔，志節永存；其三推崇功業雄風；其四語及陳永華、李茂春。蔡氏在郡王祠栽成甚眾，對鄭王非常敬仰。乙未割臺，臺灣詩人抗敵，除從戎外，也以詩激勵士氣，蔡氏〈和陳仲英觀察感時示諸將韻〉甚為感人，茲舉其四如下：『聞雞竟枕祖生戈，節制終資馬伏波。久已同仇思敵愾，未堪晞髮在陽阿。有圜尤貴勤言練，不戰焉能遽議和？臣朔縱非常壯士，擬牏兵甲淨銀河』。首聯用祖逖、馬援事，中二聯以『同仇思敵愾』、『勤言練』、『不戰焉能遽議和』勉勵士卒，清廷能不愧殺？」，頁 43。

　　一過叢林倍愴然，當時霸業尚流傳。菩提鐘澈三千界，粉黛香銷兩百年。[20]

　　可見，臺南古剎開元寺，既作為奉祀歷史名人鄭成功之所，總是令人興起無限感慨，久久難以忘懷！其他與蔡國琳此首舊作類似，同樣被收進《開元寺徵詩錄》的一首，還有當時臺南名詩人胡南溟[21]的〈佛誕日遊開元寺〉的詩作：

---

[20] 蔡國琳，〈提㕛園別館〉，黃慎淨編，《開元寺徵詩錄》，頁 43。

[21] 盧嘉興撰有〈清末臺灣的詩文大家胡南溟〉長篇。原載於《臺灣風物》第 36 期（1968 年 2 月 25 日），頁 16-22。以及第 37 期（1968 年 3 月 25 日），頁 15-21。再收入，呂興昌主編的，《臺灣文學古典作家論集（上）》（臺南：臺南市立藝術中心，2000），頁 322-382。但此處介紹胡南溟文，引自彭瑞金主編，《臺南市文學小百科》，「胡南溟（1869-1933）」的簡潔介紹：「胡南溟（1869-1933），漢語文言詩人。原名嚴松，官章殿鵬，字子程，號南溟，別號胡天地。漢語文言詩人。出生於臺灣縣胡厝（今臺南市開山路呂祖廟附近），未弱冠，即補博士弟子員。1891 年，與許南英、蔡國琳、趙鍾麒、謝石秋、陳渭川、曾福星、張秋濃、鄒少奇等組『浪吟詩社』。乙未割讓，隨父滄海（字玉峰）內渡廈門，次歲回臺，與母、妻、弟團聚。因不願為官，故受聘為《臺灣日日新報》漢文部通訊記者，過 4 載，轉任《臺南新報》，和連橫同事。1905 年，連氏在廈門創辦《建日日新聞》，南溟應邀任編輯記者年餘，報館被清廷查封，遂回鄉，入《全臺報》社，與黃拱五共撰時事，發表詩文，連載《大冶一爐詩話》。1914 年，妻李仙猝逝，胡氏深受刺激，發狂就醫，經濟困窘，離群索居，不久謝世。作品，僅《浩氣集》留存。雖以狂放出名，卻不喜空疏無根之學，其〈聖符內經〉5 篇表露了深厚的學養與精闢的見解，古文渾灝，駢文沈麗，詩尤睥睨當世，在臺灣詩人中，其人格與文格最無間距。所作『五江曲』（〈長江曲〉、〈黃河曲〉、〈漢江曲〉、〈湘江曲〉、〈曲江曲〉）膾炙人口。〈長江曲〉從其濫觴寫起，中歷險灘，次敘名勝、古蹟、人物、奇麗瑰偉，末以議論作結，凡 3000 言。〈黃河曲〉篇幅約略與〈長江曲〉相當，橫空硬語，氣勢雄偉，胡氏駕御長篇的本領，超邁李白與韓愈，謝星樓（國文）讚云：『上下千古，空所依傍，是為秦漢以來樂府中獨創境界者。』〈曲江曲〉較短，1000 餘言，以錢塘潮起興，全浙流域為線，極之勝，江河溪湖峰巒涵蓋其中，柳鶯荷鷺，茶棚酒肆、奇巖怪石、老藤古樹。電鞭風馬、三潭印月、南屏晚鐘全在字裏行間。〈湘江〉、〈漢江〉二曲最短，亦各 700 言，前者寫景如畫，後者起始即以沛然莫之能禦的氣勢奔瀉，以天為經，以地為緯。五曲之外，〈夢遊崑崙山放歌〉、〈東南行〉都是佳構，〈臺灣懷古〉7 首、〈臺灣雜詠〉40 首、〈臺灣行〉、〈七鯤觀潮行〉皆以本島的人、事、景、物為主要題材，而〈飛機〉14 首的撰寫，顯現其對現代事務的關心與內容的開拓」。頁 46。

　　　　三百年來老道場，鐘聲無限送斜陽；北園人去成塵迹，東海
浪濤是驚慌。

　　　　萬里車塵翻地軸，隔廉拂塵語天香；今朝上巳同修禊，談到
開元舊事長。[22]

　　從此詩作的內容中，可以清楚知道，胡南溟是在佛誕日到開元寺
參訪時，面對此寺是建在北園昔日舊址時，他的歷史情感不禁開始湧
現，他又逐漸回溯到三百多年前的那一段，有關清鄭政權鼎革初期的複
雜政教糾葛中。

　　因此這一首關於「三百年來老道場」的「北園塵迹」詩作，就這
樣成為他在佛誕日書寫的主題。同樣出現在《開元寺徵詩錄》的非應徵
詩作，也收有作為此次評審左右詞宗的多首詠開元寺詩作，[23] 因非本
章討論的重點，此處就不多談。

　　四、但是，在出現在《開元寺徵詩錄》的一張「開元寺禪寺蓮池
寶塔寫真」，以及最後納入的一篇〈貞女妙緣齋行記述〉，雖可以透過
所述內容，知道之所以會被納入，是由於林朝治齋姑對於傳芳從福建返
臺發展後的大力護持，所以傳芳住持與成圓副住持也特撰紀念林朝治一
生著名持齋守貞不婚的蓮池寶紀念文，於是完整的《開元寺徵詩錄》全
書概括的各種內容，於焉完成。

---

[22]　此詩出現在黃慎淨編，《開元寺徵詩錄》，頁 43。

[23]　如趙雲石，〈偕學樵暨南社同人來遊開元寺有作〉，黃慎淨編，《開元寺徵詩錄》，頁
　　　35。連雅堂，〈秋日偕少雲游開元寺〉四首，黃慎淨編，《開元寺徵詩錄》，頁 37。

三、相關歷史內容介紹

（一）有關開元寺前期史的相關概述

　　此節有關開元寺的前期史，之所以不能省略介紹，是由於在《開元寺徵詩錄》的詩文之前，就有一篇〈開元寺略志〉，內容不長，大致敘述從大正初年的地址編號所在、明鄭「北園別館」的簡史、清康熙中期開始建寺到日治之前的變革史概述。

　　且在當中還錄有二篇相關碑文內容，一篇是初建的〈海會寺碑記〉，另一篇是乾隆 15 年（1750）官方重修後，當時的知縣魯鼎梅撰寫〈海會寺改建碑序〉，並交代是在嘉慶 5 年（1800）提督哈當阿改建之後，才改稱「開元寺」的。

　　其間雖又更名兩次，一次稱「海靖寺」，一次稱「榴環寺」，最後還是改回「開元寺」。這大致是歸納寺內收藏的碑文所撰寫的，沒有署名作者。[24]

---

[24] 由於開元寺史的前期史，最初只是如此概要，所以也造成日後研究開元寺前期史學者的研究困難。例如曾任開元寺客堂書記的鄭卓雲，在他 1931 年所輯纂的《開元寺誌略稿》的〈序〉中，曾如此感嘆：「開元寺。溯自海會（寺）之成。至今二百四十有一年（1690-1931）。未曾修誌。維大正己未（1919）。開授戒之《同戒錄》（※即同一梯次接受佛教傳戒者的相關名冊，類似畢業紀念冊的作用）。篇首署有一略誌一篇。僅述寺之沿革。附初建海會寺之碑文而已（按即王化行所撰的〈新建海會寺記〉碑文）。其關於海會寺歷史諸事。均無聞焉」。但，更值得注意是：鄭卓雲在關心臺南開元寺的歷史必須重建之餘，還接著以歷史家的體認和所將承擔的使命感，在序中後段繼續表明：「開元寺為南臺之巨剎。其數百年之史蹟。其無關於文化哉。考中國名山。即內地（按：此處是指日本）古剎。皆有寺誌。以記寺宇之興廢。沙門之道行。佛法之盛衰。歷代之故事。備而且詳矣。臺灣寺院關斯紀錄。誠一大缺憾也。且開元之名僧。代多傑出。遠如志公（※第一代開山志中禪師）石公（※第四代住持石峰澄聲禪師）。近如榮芳上人（※第三十五代住持）。傳芳老和尚（※第四十五代住持）等。及街壿鄉傳諸名流。皆宏法之龍像。而莫知其事蹟。亦良可慨矣。顧斯往事。概不可徵。今欲舉筆而誌之。固為甚難。但若不究之追補萬一。則開元寺虛有二百餘年之歷史。將無以昭示後人。豈非吾輩之罪乎。漢（按：鄭卓雲原名鄭羅漢，嘉義大林人，有關他的生平事蹟，稍後我會再特別說明）不文。濫食空門。病弱之軀莫敢自逭。競競求教於諸老成學士。徵檢舊檢殘篇。欲效班氏（※指漢代史家班固）之遺風。而輯成小誌。奈終歲搜羅史

　　這應是因 1917 年的大典舉行之後，在整理出版《開元寺徵詩錄》的相關資料時，作為該事件發生主體場所的前期史導論而特別撰寫的。因此，在編輯作業的邏輯上，必須有此前期史的概述交代，才能銜接改由日本統治之後，該寺所新建構的，其與日本統治當局的行政隸屬關係，及其所持與官方現行宗教法的基本規範，究竟其實態為何如此的相關解說。

　　也可以理解為，作為舉辦大典的開元寺本身的長期性歷史存在，為何會在日治之後，陸續發生多次巨大的變化而有當前發生事物的一切？亦即，只有先解釋其中的前後的變化原因與歷程，而後才得以接著敘述，如今為何是由日本臨濟宗妙心寺派主導？又是如何呼應了日本在臺殖民官方的統治立場的？

　　如今既已達成與臺南本土最具指標性著名古剎開元寺有了新締結的宗派隸屬關係，以及因之而來擴大舉辦的：「開元禪寺今上天皇陛下金牌並大藏經奉迎式」盛典活動。之後的任務就是，編輯出版《開元寺徵詩錄》的相關資料，當作歷史事件的紀念文獻之餘，繼續發揮以上目的的擴大效果。

　　而我等是在此事發生的一百多年（1917-2023）後，才要深入對其內容重新探明，就有必要透過當時的各種歷史文獻，來實現認知上的重蹈當年發展史的相關軌跡，並藉此來重構新的歷史的詮釋風貌。

（二）重新檢視從日治殖民統治開始至西來庵事件爆發前，官方的相關教育方針及其宗教教育的國家主義至上兩者的施政狀況

　　日本官方 1895 年於臺灣新殖民地所實施的教育政令，是由來臺初

料。如探海求珠之難得。故乃就所徵故事。而略為誌略。以俟他日或遇達人。取其謬而糾之。轉權輪為大輅。重修成誌。斯予之大願也」。頁 1-3。

期首任學務部長伊澤修二根據明治 23 年（1890）所頒佈的「教育敕語」，即借重其先前親歷過的日語教育經驗，將其加以調整後，才正式確立其在臺開創的大力普及日語教育政策的。而在明治時代透過天皇名義所頒布「教育敕語」，其內容為：

> 朕惟我皇祖皇宗，肇國宏遠，樹德深厚，我臣民克忠克孝，億兆一心，世世濟其厥美，此乃我國體之精華，教育之淵源實亦存乎此。爾臣民孝於父母，友於兄弟，夫婦相合，朋友相信，恭儉持己，博愛及眾，修學習業，以啟發智能，成就德器，進而廣公益，開世務，常重國憲，遵國法，一旦緩急，義勇奉公，以扶翼天壤無窮之皇運，如是則不獨為朕之忠良臣民，亦足以彰顯爾祖先之遺風。斯道也，實我皇祖皇宗之遺訓，子孫臣民應俱遵守，通之古今而不謬，施之中外而不博，朕與爾臣民俱拳拳服膺，庶幾咸一其德。[25]

按此「教育敕語」是繼 1889 年頒佈〈大日本帝國憲法〉之後，影響面最深遠的重大日本帝國教育文獻。我們可以理解為，此一「教育敕語」自頒佈之後，迄大東亞戰爭失敗前，所有日本全國「教育法令」，都是依此來制定的。因此臺灣在 1895 年中開始成為日本新殖民地之後，亦持續受到此一「教育敕語」的深刻影響。

但，此一「教育敕語」本質上，卻是建立在天皇制近代國家的大前題之下，儒教主義與近代國家主義二者角逐、妥協的結果。

因此「教育敕語」其實是，由井上毅起草，經儒教主義者元田永浮修正，再採納內閣閣員及天皇的意向而成。

---

[25] 轉引，許佩賢，〈塑造殖民地少國民：日據時期臺灣公學校教科書之分析〉，國立臺灣大學歷史學系碩士論文，1993 年，頁 33。

　　元田永浮認為國家是倫理的共同體，井上毅則認為政治優先於倫理道德。其間又納入了遵守〈大日本帝國憲法〉的近代法制理念，於是將原本矛盾的日本階層式儒教理念與原子化的近代國民理念合而為一。

　　再經過井上哲次郎、加藤弘之等學者在理論上的推演、補強，終於克服內在的矛盾，形成了日本特有的家族國家觀。

　　尤其在頒佈次年（1891）爆發了內村鑑三的「不敬事件」之後，更確定了「教育敕語」的絕對性與神聖性。

　　因而，明治維新的 20 年代是朝向民族主義的第一個轉換期。在此一期間，逐漸由先前基於後進國家的自覺，一切以歐美為典範，教科書也以翻譯居多。

　　問題在於，以歐美為典範的教科書，不能切近國民生活，儒教學者呼籲改以「孝」為中心的儒家倫理，於是在明治 10 年（1878）以後，轉為使用儒教倫理復活的教科書。

　　此二者中，前者強調世界性，後者家族主義的社會倫理，皆共同忽略了所謂具「國民意識」的國家觀念。

　　等到日本在日清、日俄戰爭勝利之後即進入第二個轉換期。因此期間，日本帝國資本主義日益抬頭，於是教科書先具有近代市民倫理的傾向，再逐漸轉移到強調「家」、「祖先」、「天皇」三者合一的「家族國家觀」。

　　直到第一次世界大戰結束，受世界民主思潮的激盪所影響，教科書也相對趨向具有國際協調、和平主義及民主思想的倫理性格。

　　不過，雖然由「教育敕語」所內含的國族主義思想，依然相當濃厚。可是，臺灣既屬非大和民族的文化生活圈，又驟然之間被列強割讓為異國兼異民族的新殖民地，身為首任來臺學務部長的伊澤修二，又如何將日本國內的教育方針轉移到臺灣這塊新殖民地來呢？

　　例如哲學家井上哲次郎本人後來即坦承「曾在臺灣擔任過教育工作者，都異口同聲指出：教『教育敕語』是最感頭痛的事，此乃兩民族

之歷史迥異之故。教導日本兒童『皇祖皇宗』『一旦緩急，義勇奉公』等即為重要，但教導臺灣兒童則易生誤解。特別是『彰顯爾祖先之遺風』更被誤為本島人之祖先」。[26]

因此，他主張須另頒一適宜殖民地之「新教育敕語」，以切實際需要。所以伊澤修二的教育方針，究竟當初是如何決定的？有必要略加探討，才能明白。

近人吳文星對伊澤修二「以普及日語教育為中心」的決策淵源，有極精闢扼要的介紹，今先參考其論述要點以作為討論的線索。

首先，吳文星認為「（在臺）以日語為中心的殖民教育之展開，實與日本國家主義教育思想和政策有關。明治維新後，日本已由封建的幕府體制一變而為中央集權的近代國家，頒佈統一的學制，進而於1886年確立國家主義教育政策，旨在教育國民維護日本固有的語言、習俗、制度及國體等，以奉戴萬世一系的天皇為最大榮譽和幸福；亦即是以培養國民忠君愛國思想為最終標的，由是而建立近代日本的國民教育制度。

首任臺灣總督府學務部長伊澤修二正是國家主義教育的倡導人之一，1890年，號召同志，創立『國家教育社』，宣稱該社首要目的在於統一國語，培養國民忠君愛國精神，積極推動『國家教育』運動。甲午戰後，伊藤遂將該社的主張在臺灣付諸實驗」[27]。

---

[26] 此段文字，原出處為井上哲次郎，〈植民地に新敕語賜うべしし〉，《教育時論》第12275號，1919。而由歐用生首先引用於氏撰〈日據時代臺灣公學校課程之研究〉，《臺南師專學報》第12期，1997，頁101。

[27] 向山寬夫亦提供了另一角度的觀察，他說：「日本自領有之初，即對臺灣人採取施行教育之方針，為此，樺山總督在上任之初，任命以一流教育家聞名於日本、曾留學美國對中文教育別具創意、後者著『中國語正音發音』，自創一種中國白話文字的伊澤修二，為臺灣總督府民政局學務部心得（代理），以應急設施與恆久設施之分的學制意見，著手臺灣人的教育。領有當初，臺灣總督府民政局多半是課，但有關學務的部局，卻和總務、財務、法務、通訊、土木的部局一樣是部，據說這是重視儒教教育、考慮到統治新附之民臺灣人的明治天皇的想法。」見氏著、楊鴻儒等譯，《日本統治下的臺灣民族運

　　「伊澤本著社會達爾文主義與國家有機體說的語言觀，認為臺灣的殖民教育政策適合採用英國在加拿大所採的『混合主義』，使臺灣不只純然是個殖民地，而必須使其真正成為日本不可分割的一部份」。因此，「伊澤就任學務部長之初，向總督樺山資紀提出的『新領土臺灣之教育方針』中，關於應急事業，首先強調宜講求日、臺語教育，以『打開溝通彼此思想之途』；關於永久事業，則特別重視初等普通教育和師範教育。同時，另於『臺灣學事施設一覽』中，建議訓練熟諳臺語的日人講習及設立國（日）語講習所以應急需，設立國語學校、師範學校以奠定永久事業之基」。亦即伊澤視日語教育是達成同化臺人的主要輔助工具，故伊澤斷然拒絕當時在臺南從事以羅馬字將臺語拼音來佈教的基督教長老教會牧師巴克禮（Thomas Barclay）對其經驗借鏡的建議。

　　根據「資料顯示，總督府接受伊澤的意見，乃決定採設立日語學校而漸普及普通教育與尊崇學者的文教方針」[28]。而日人國府種武亦指出：「伊澤所主張的國（日）語，並不只是以國語實施的教育。伊澤並非只是漫然期望臺人透過國語獲得知識，而是熱切地謀求以國語教學而使臺人變成日人，此乃國家主義教育當然的歸結。」[29]

　　動史》（臺北：福祿壽興業股份有限公司，1999），頁 167-168。

[28] 吳文星，〈日據時期臺灣社會領導階層之研究〉，國立臺灣師範大學歷史研究所博士論文，1985，頁 308-309。

[29] 吳文星，〈日據時期臺灣社會領導階層之研究〉，頁 309。在同頁中，吳文星又同時提到：「復次，自德川幕府末年以降，日本即每以日語作為侵略和統治的手段，先後對蝦夷人和琉球人實施學習日語的同化教育，並已獲致相當成效。另一方面，明治初年，福澤諭吉即有移植文明語的日語及日本章化以『開發韓國』之主張。其後，在逐漸形成的『進步的日語』、『落後的亞洲』意識作祟下，日人遂產生對『落後的』亞洲民族強制實施日語可使其開化之觀念，而有『近代化的日語論』之提出。據有臺灣之後，此一『近代化的日語論』進而轉化為『同化的日語論』，認為日語教育可以同化異民族成為日本國民。此一思想明顯地反映在國語傳習所規則中，該規則第一條明揭：『國語傳習所以教授臺人國（日）語，資其日常生活且養成日本的國民精神為本旨。』1896 年 6 月，第二任總督桂太郎宣布施政方針時，亦表示總督府將以日語教育作為同化臺人的手段……。」

　　伊澤修二的教育方向，既是當時臺灣殖民當局所採納的文教政策，日本初期來臺的佛教隨軍佈教師或開教使，不但本身有其必要，更須配合官方的文教政策，故「大日本臺灣佛教會」的〈會則‧第 11條〉即明白提到：

　　　　有關教育子弟事項，在教導臺人子弟學習日語之餘，還應儘量涵養其尊皇奉佛的思想。[30]

　　在同《教報》第一號中，也報導說：「日本語學校──宛若在（明治）開國的教育中，著先鞭的（日）語學普及教育，在臺灣地區成為日本領土之後，（日）語學校的設立，亦如雨後春筍般的陸續興起，實大可慶賀的盛事！我『（大日本臺灣）佛教會』附屬的（日）語學校，如今學員亦達 30 名以上[31]。爾後本會將更增大規模，以薰陶臺灣地區民眾的子弟為務。」[32]

　　以及「各宗派設立的（日）語學校，有 2 處在臺南、有 3 處在關廟。而真宗設立的日本語學校，據說有學員 4、50 人。並且，臺南城內萬福庵內亦有曹洞宗設立的日本語學校。此外，臺北艋舺天后宮內，『臺灣佛教會』也與曹洞宗佈教師協議，將開設日本語學校。」[33]

　　可見，這是在教育制度尚在草創時，日本佛教各宗派來臺僧侶所能參與的教育內容。然而，後來在「臺灣教育會」所編纂的《臺灣教育

---

[30] 鹿山豐編，《教報》第一號，頁 42。

[31] 臺灣佛教會附屬的日語臺籍學員，共分甲、乙兩部。甲部臺籍學員有：林友松、胡呈輝、林宗徐、邱紅地、陳襟三、陳老來、楊振茂、陳益川、張茂林、胡清秀、王必明、柯鑑唐。乙部臺籍學員有：李水、蔡慶、洪必榮、許成金、李勝、鄭建、林天回、許美玉、張塗、林天福、蔡如玉、周登科、黃阿三、李清海、吳和。同上註，頁 46。

[32] 鹿山豐編，《教報》第一號，頁 42。

[33] 鹿山豐編，《教報》第一號，頁 42。

沿革誌》,雖亦在「第一期臺灣教育令發布前(自明治 28 年至大正 8 年 3 月)」提到有「從軍佈教師」參與日本語學校或明治語學校的設置,但草草以「未滿 10 指的程度」一語帶過。[34]換言之,其真正本意,是在暗示日僧的日語學校並無多大作用之意!

但,這在官方的角度來看,不足為奇。事實上,在《臺灣教育沿革誌》的〈第 2 篇學事行政〉中,即列有伊澤修二在抵臺之初(1985 年 6 月 17 日與首任代理民政局長水野遵共同在臺北城參與始政慶典,四日後出任代理學務部長),立即向首任總督樺山建言:

> 由於言語不通,致使文武官吏的不便之感,出乎意外的強烈,雖有陸軍通譯百數十名,一旦要詢問臺北地方的本地人時,仍有幾經翻譯,還搞不懂對方說啥的情形。更何況像憲兵和警官,只有少數脫離本業來從事通譯的工作,因此不可能要彼等能一一擔起翻譯事項。而假使要令其以官語直接與此地臺民來溝通,也一樣有不便之處,並且很可能隨時有遭遇不測之虞。[35]

所以伊澤修二在呈給樺木總督的學部事務說帖中,針對新領地的教育方針,他認為大體應分:(一)當下急需的相關事項和(二)永遠的教育事項兩途。

而在第一類四大項中的首項是要靠日語教育,來打開溝通彼此思想之途。

至於其他三大項內容,伊澤修二所提到的是:

---

[34] 北原雄土、三屋靜、加藤春城等編纂,《臺灣教育沿革誌》(臺北:臺灣教育會,1925),頁 2。

[35] 北原雄土、三屋靜、加藤春城等編纂,《臺灣教育沿革誌》,頁 6。

…………

二、欲使一般民眾知道所以尊文教的主意，須採下列事項：

（甲）待新領地的秩序稍一穩定，即諭示官方所以尊文
　　　教的主意。

（乙）不但須注意保持文廟等（地方的）神聖性，且須
　　　尊崇之。

（丙）原支那歷朝所採用的科舉考試之法，不只不可破
　　　壞，還須更加利用。

例如要任用新領地的民眾為下層官員時，即可在考試科目中
加上日語初階之類的（考題）。

三、宗教與教育的關係事項，須慎重處理。

（甲）對於耶穌教宣教師的處理方法，必不可犯錯。

（乙）從日本所派來的各宗佈教師，須讓彼等在適當的
　　　範圍內佈教。

為達上述兩項之目的，在與宣教師及佈教師打交道時，一定
得小心，並且要常常到教堂、寺院等處所去巡視和探詢。而此類
人員須派能通英、法語，且具有關於神、佛兩教方面的知識者前
往。

四、須對人情及風俗的事項進行視察。

教育一事，是自人心根底來醇化者，故須考察與各種社會有
根深蒂固關連的人情及風俗，以及據以講求適應之道的教育之
法。因此，當局者在始政初期，尤須留意此方面的視察事宜。[36]

由此內容，可以瞭解：

（a）日本官方從一開始，就謹防來臺佈教日僧與在臺西洋宣教師

---

[36] 北原雄土、三屋靜、加藤春城等編纂，《臺灣教育沿革誌》，頁 7-8。

的行為越軌，但提醒須不犯程序失誤，以落人口實。

（b）有關宗教與教育的問題，亦要求謹慎處理，絲毫不敢放鬆。

（c）對臺灣舊慣的社會人情世故，從初期就力求理解和尋求適應之途。

而也唯有包括這些內容，初期整體的教育構想，才可以看到與後來發展的脈絡之間的相關性。

例如兒玉源太郎時期，後藤新平的所謂「教育無方針主義」，其實就是以「普及日語為中心的主義」；而所謂「政治、行政的生物學基礎」，就是以「對臺灣舊慣等社會關連的調查理解為基礎」的。因而，「宗教」事務，很清楚地已被排除於官方正規的教育體制之外。但，對此不利情況的發展趨勢，日本佛教各宗的來臺僧侶，又將如何應付呢？

以當時活動力最強、掌握最多臺人寺廟與其私下簽約日本曹洞宗來說，在《教報》第一號中，除上述提到（一）用佛教刊物的輿論竭力訴求官方同情，以及（二）辦日語班教臺人子弟來配合官方教育政策之外，還提到下列的記載：

> 曹洞宗：自去年（1895）6月以來，已派佈教師在臺北、臺南等地進行佈教。本年元月，更派出七名佈教師駐在臺北、臺南、臺中地區傳道的結果，與本地的臺人寺廟簽下誓約，作為宗下的下游寺院（末寺）者，如今幾已遍及全島，並且各寺廟中皆安置了我至尊（按：即明治天皇）的尊牌（書有現任天皇名號的精美木雕牌位，亦稱「萬壽尊牌」），以供朝夕祈念聖壽萬歲！[37]

換言之，當時所謂「尊皇奉佛」的最典型作法，就是將當今天皇的生基萬壽牌，安置在該宗所大量私下收編的臺人原有寺廟中，以示

---

[37] 鹿山豐編，《教報》第一號，頁41。

「國體皇道」已透過此類安排，讓其穩固在被殖民者的宗教崇拜場所中。[38]同時，此舉似乎也意味著要求官方，亦必須對此安排予以尊重和許可其作法才對。

但，這種挾帶的花招，難道真能產生預期的作用？恐怕未必！否則也不會招來樺山總督要求彼等須安份為國效勞、不得有非份之想的嚴詞警誡了。[39]

同時，樺山總督也坦白說：「現在的情況是，自日本移住之人民，藉此使臺灣人民日本化並不容易，（彼等似乎只）寧願參拜來自日本的高僧，（故今後）如要治理人民，必得自此著手。」[40]此因有不少來臺的日僧，並不專注於弘揚佛法的績效，反而有許多品德不佳的表現，故也招致臺人的厭惡與反感，甚至導致原已擁有的信徒大量流失。[41]

幸好，日曹洞宗的來臺佈教師有諸如長田觀禪（於臺中教區）、陸鉞巖（於臺南教區）等人，行為端正、熱心弘法，甚獲臺人景仰與親近，堪稱「來自日本的高僧」，故佈教績效極佳。[42]

例如日本曹洞宗僧侶若生國榮在 1996 年春天就來到臺灣，先被分派到臺南教區從事佈教，而他一到臺南就到臺南的大天后宮後，立刻設置傳教所，勤於四處拜訪，並接受當地主的請求，為當地的乾旱祈雨。沒料到的，他在大天后宮內努力拜佛求雨，居然應驗下雨，一時聲名大

---

[38] 以後日本臨濟宗妙心寺派，也比照辦理，詳後文討論。

[39] 佐佐木珍龍，《從軍實歷夢遊談》，頁 96-97。轉採松金公正之譯文，〈日本殖民統治初期佈教使眼中之臺灣佛教──以佐佐木珍龍的《從軍夢遊談》為中心〉，頁 30。

[40] 佐佐木珍龍，《從軍實歷夢遊談》，頁 98。轉採松金公正之譯文，〈日本殖民統治初期佈教使眼中之臺灣佛教──以佐佐木珍龍的《從軍夢遊談》為中心〉，頁 30。

[41] 溫國良，〈日據初期日本宗教在臺佈教概況──以總督府民政部調查為中心〉，發表於「臺灣總督府公文類纂專題研究成果研討會」，南投：臺灣省文獻委員會，1988.11.26，頁 15。

[42] 溫國良，〈日據初期日本宗教在臺佈教概況──以總督府民政部調查為中心〉，頁 8-9。

噪。

可是，1896 年 11 月 29 日，當時曹洞宗在臺灣最具教界聲望的高僧陸鉞巖，開始巡迴臺灣各地考察日本曹洞宗在臺拓展的狀況，一路上除對信仰曹洞宗的當地日本駐軍演講之外，也曾到新竹城隍廟對在地人介紹日本曹洞宗將在新竹地區的相關作為。

因此，根據他的考察報告，日本曹洞宗的宗務局在新頒布的〈臺灣島部教規則〉內，將新竹列為第一期佈教區。[43] 所以，才有若生國榮轉調新竹教區的新派任出現。而接替他在臺南教區工作的，就是陸鉞巖本人。

不只如此，對於先前若生國榮在臺南教區的非正規權變傳教方式，他是不以為然的。新接任的陸鉞巖認為，日本曹洞宗僧侶對殖民統治初期的臺灣本地人傳教方式，是不能過於遷就權宜在地民眾的信仰習俗的，而是若能透過以學校教育的方式來進行，將是最佳的辦法。

理由是，要有效改變臺灣現在的信仰的內在或外表，不能貪一時方便的權宜之作法，只有透過教育的方式，才能永久改變。於是，他相繼創辦了日語學校、裁縫學校，所聘的教師與教學設備，在當時堪稱全臺灣第一。另外，他也定期舉辦禪學講座、開設慈善會、婦女會，努力擴充會務。他的努力大獲成功。[44]

因此，不只他本人在三年後，晉升為日本曹洞宗大學林的總監，他在臺南的開創性作法，也成為在臺灣其他教區的傳教典範。當時日本曹洞宗在臺僧侶，之所能在初期得以持續數年教勢一支獨秀，來自陸鉞巖在臺南教區的典範性新佈教模式，相繼被廣為採納，也是其重大原因之一。

---

[43] 曹洞宗海外開教傳道史編纂委員會，《曹洞宗海外開教傳道史》（東京：曹洞宗宗務聽，1980），頁 66。

[44] 這其實也是 1896 年日本曹洞宗務局向議會提出的臺島佈教方案，所獲通過頒布的佈教規程內容。曹洞宗海外開教傳道史編纂委員會，《曹洞宗海外開教傳道史》，頁 66。

不過，因官方的殖民教育方針早已確定，故大勢所趨，日僧的在臺佈教前景，就初期來看，依然是不樂觀的！故以下即以：日本官方與日本臨濟宗妙心寺派之間，兩者出現既矛盾又合作的辯證關係為例，來進行其與本章有直接關聯的必要討論。

（三）日本官方與日本臨濟宗妙心寺派的既矛盾又合作的雙方辯證關係

1.有關日治初期各派日僧來臺發展及其教勢的變革歷程問題

根據上述，所以我們若在回顧 1895 年，隨同日本殖民統治臺灣佔領軍和新移民來臺灣的日本佛教各派，之所以能在此臺灣地區這一新殖民地上順利發展，雖是由於來臺灣前的日本佛教各派，已在日本經歷長期的高度發展，以及在明治維新後遭到嚴厲的政策考驗和現代思潮的洗禮後，並逐漸開始蛻變為一股對政治政策配合度高、且具有高度現代意識的強大宗教勢力。

因此，它才能一反歷史上作為大陸佛教接受者和學習者的角色，開始以上層指導者的身份，來聯絡、控制和啟蒙臺灣地區的傳統漢族寺廟及其宗教的信仰內涵。

不過，在此同時，根據上述，我們也可以發現：當時日本官方的「國家神道」、「祭政一致」、「天皇至上」的主流強勢立場，不只施之於被殖民者的精神領域和生活行為，也同樣對來臺灣的日本佛教的各派僧侶的「同化」主動權，產生了極大的制約、[45]甚至於有排斥和一再

---

45 其實，要觀察有關「臺灣殖民同化概念」及其伴隨的「殖民教育政策」問題，除上述狀況之外，還有兩個主要的切入點，必須被再度提及：其一為官方的「教育」方針與措施，其二為「宗教」在官方的教育方針與措施中如何被定位？因整個「臺灣殖民同化概念」及其相關「殖民教育政策」，其實是先透過前者來達成；而後者的如何被定位？即反映了「宗教」在「殖民教育」的「同化政策」中，有否被納入「次輔助體系」的可能。

但，臺灣地區最高殖民同化的教育原則，是不能與整個日本國家教育方針發生抵觸的，

故有必要先就此部份做一檢視。按：日本章部省宗教局所編的《宗教關係法規集》中的頒佈條文來看，有幾次較重要的政策指示，首先是在明治 32 年（1899）8 月 3 日，以「訓令第 12 號文」通令道、廳、府、縣的直轄（官立或公立）學校，一律禁止在校中教導特定教派、宗派、教會等之教義，並禁止實施其儀式，但一般宗教情操的陶冶則不在此限。

其後的演變是：到了昭和 3 年（1928）文部省召開「學務部長會議」時，由於各學校為其校中的道德教育能貫徹，又再提及有涵養宗教信念及情操之必要，但文部省的回應是──更嚴格地要求各校照明治 32 年該省的「訓令第 12 號文」辦理。

到了昭和 10 年（1935）11 月 28 日，「文部省次官」鑑於該法令未被嚴格遵守，又進一步以「普 106 號通牒」，發給各地方長官，有關「涵養宗教情操必須留意事項」的詳細規定，再次要求嚴格遵照：

一、有關宗派的教育，若於家庭內，基於宗教上的信仰，應任其自然行之，或交由宗教團體的教化活動來進行；至於學校的教育則對一切教派、宗派、教會等，皆須保持中立不偏的態度。

二、在學校中，對於家庭及社會所實施的宗派教育，應保持以下兩項態度：

1. 須留意無損及家庭及社會對學生所養成的宗教心，如有學生因此而自內心萌發宗教上的欲求，同樣不得加以輕視或侮辱。

2. 但，在尊重正當的信仰之同時，若有妨害公共秩序與善良風俗者，如迷信之類的行為，須極力將其打破。

三、絕對不許在學校中實施宗派的教育。雖然在學校教育中，欲透過涵養宗教的情操以為陶冶人格之助，有其極大的必要性，但由於學校教育原本即須遵循「教育敕語」來進行，故有關涵養宗教情操的內容及方法仍不得與此相抵觸。因此，在學校中進行有關宗教情操的涵養時，特別須留意下列規定事項：

1. 在教授修身及公民科時，涉及宗教方面的，尤須更加留意。

2. 在教授哲學時，須著力於對宗教的深層理解以及涵養宗教情操的本意。

3. 由於國史對於宗教的國民文化有其影響，因此在處理偉人受到宗教感化的事蹟或偉大宗教家的傳記時，必須留意才是。

4. 其他學科的教材，亦須注意其為適合於宗教方面的性質。

5. 預備有關宗教方面的適當參考圖書，以供學生修養的幫助，亦不失為一種可行之途。

以上資料來源，為文部省宗教局編纂，《宗教關係法規集》（東京：內閣印刷局，1942）。頁 395-397。

而像這樣的規定，不只在日本國內的教育體系造成重大的影響，連大正年間在臺灣地區開辦的所謂「私立臺灣佛教中學林」（1916.4）、「私立曹洞宗臺灣中學林」（1922.11）、「私立鎮南學林」（1916.10）等，一旦要正式取得官方的立案許可，也同樣受到上述「文部省」相關規定的約束，因而皆逐漸走上各宗合併（1922.11），或最後朝向普通學校發展的途徑（1935.3）。

此外，就像近代以來，連西方傳教士也被利用為擴張西方侵略勢力的工具一樣，雖然日治初期在臺灣的各派日僧本身，並非一定喜歡這樣被利用。但彼此在某種情況下，互為利用、互為助緣的情形，依然是有的。由於有這樣的背景，日本官方，作為一個臺灣島上的新殖民統治者，拿佛教信仰作為溝通異民族文化的一個媒介，毋寧是很自然的。

加以壓制的「公私相剋」的現象出現。

　　因而這和臺灣學界只注意到：日僧與日本官方的親密合作關係，以為日僧即是日本官方的主要「同化」工具，而臺灣佛教的日本化，即是日本官方的宗教行政策略——其實是差異甚大的。

　　再者，我們必須知道，日本官方是因在 1895 年的「甲午戰爭」勝利，以及隨後藉著與滿清政府簽訂〈馬關條約〉的機會，取得臺、澎及周邊離島，作為其海外新殖民地的統治權之後，才派大批精銳軍隊渡海南來。

　　然後，兵分南北兩路，登陸臺灣及澎湖，並於半年內，將各地的臺民反抗軍一一擊潰或加以殺害，[46]以完成其實質的政權轉移和，確立此後長達五十年（1895-1945）之久的殖民統治體制。

　　而在當時隨軍南來的，就有作為軍中「佈教使」的日本佛教各宗派僧侶。這些僧侶來臺灣，有幾層作用：

　　　　在軍事危難和傷亡時，發揮宗教上的撫慰作用，以鎮定或紓解軍中的不安情緒，必要時並為其料理葬儀法事。

　　　　在新佔領的殖民統治區內，調查臺、澎地區的臺人士宗教狀況，並趁機拓展新的佛教據點。

　　　　與臺灣當地的傳統佛教相聯結，一方面建立宗教上的信仰關係，一方面有助於掌握殖民地教民的各種資訊，以提供官方施政上的參考。

---

[46] 當時臺灣總人口約 260 萬，但在初期因反抗及被牽連殺害（傷者除外）的臺民超過 1 萬 4 千人。以上數字是參考黃昭堂著、黃英哲譯，《臺灣總督府》（臺北：自由時代出版社，1989），頁 58。

配合官方政策，開班教臺人子弟學日語。[47]

　　但，最初為何會有這些「佈教使」的設置呢？根據日本學者鷲見定信的研究，「外征士卒慰問使」來任命的，故稱為「軍隊慰問使」或「軍隊佈教使」。[48]

　　不過，當我們有意理解日治初期，這一段的日僧來臺的任務和活動時，固然必須先從「隨軍佈教使」的來臺談起。可是，從研究的角度來看，其實應先有二種不同的區分，才符實情。

　　即第一種區分，必須將第一年有全島武裝衝突的軍事狀況，和第二年全島局面已大致底定軍隊分駐各地的守備狀況作區隔。此即涉及日僧從「隨軍佈教使」到「臺灣開教使」身份轉變問題。

　　此因「隨軍佈教使」的任務，在第一年是配合軍事行動的需要而派遣的，故具有準公務的性質。但當年底，全島的軍事攻擊行動既已告一段落，「隨軍佈教使」也跟著不再具有準公務人員的性質，於是轉為在臺替本宗拓展教勢的「開教使」。

　　亦即，雖然「開教使」的工作，實際上從來臺灣之初，就時時找機會進行，但仍應視為「挾帶的私下行動」；等到「隨軍佈教使」的任務已告一段落，「開教使」的工作就變成主要任務。而原先隨軍佈教使

---

[47] 以明治 29 年（1896）日本曹洞宗在大本山宗務會議的〈議案第二號──臺灣島佈教案〉來說，第一條所規定的該宗特派來臺佈教師，其任務計有五項：1.招徠、懷柔臺灣本地的宗門寺院及僧侶，並統理之。2.開諭、化導臺灣本地的宗門在家護持信徒，使其霑被皇化、沐浴教澤。3.向佈教使駐地的官方稟議開設日語學校，以教育臺灣本地民眾的子弟。4.慰問駐守臺島的軍隊，並於軍中弘法。5.向在臺（日本）官員及民眾進行佈教傳道。見曹洞宗宗務局文書課編，《宗報》第一號（1896.12.15），頁 12 下-13 上。不過，這些內容，其實早在當年 2 月該宗向臺灣總督府民政局提出的〈來臺意旨書〉，已全列出了；而官方也於同年 4 月 3 日，以「申民局第 623 號文」核准。見溫國良編譯，《臺灣總督府公文類纂宗教史料彙編──明治 28 年 10 月至 35 年 4 月》（南投：臺灣省文獻委員會，1999），頁 25。

[48] 江燦騰，《臺灣佛教史》（臺北市：五南書局，2009 年），頁 66-67。

的相關活動，則附屬在「開教使」的工作項目之下來進行。

　　這就是何以第 2 年（1896）春天，各宗在臺日僧仍須重新向臺灣總督府民政局申請來臺弘法許可的主要原因。

　　至於第二種區分，是以 1899 年 6 月，臺灣總督府以「府令第 47號」公告〈社寺、教務所、說教所設立廢除合併規則〉為分水嶺：在此之前屬權宜行政措施的過渡時期、之後則為依法行政的法制化時期。[49]

　　其具體的指標性作法，即之前的新舊社、寺、廟、堂等，仍一概「須於 60 日內」重新按「府令第 47 號」公告辦妥一切手續。[50]

　　事實上，有關法定宗教財產代理人──管理人制度的設定，也是在此法頒行之後，才相繼確立的，故第二種區分亦有其必要。

　　然而，在另一方面，事實上初期在臺灣各派日僧的各自為政的佈教方式，及其實際獲得的在此新領地的佈教成果，又是彼此有落差的。

　　日本曹洞宗的初期來臺「隨軍佈教使」，趁殖民初期到處兵荒馬亂，大家人心惶惶之際，便大膽的採取許諾提供保護，藉以換取大量臺灣人寺廟與其私下簽約為該宗末寺的手段，因而造成他大獲成功的「假象」。

　　但在事後，日本官方根本不承認其簽約的合法性，因此導致 1899年以後，臺人寺廟紛紛根據官方新規定，要求解約或獨立自主。不但使前期的「假象」整個原形畢露，日本曹洞宗方面還遭到來自官方的警告和施壓，令其自行在臺灣建寺傳教。

　　然而，由於臺灣傳統的佛教，過去只是中國的邊陲教區，主要來自閩南佛教的影響。此一佛教的信仰方式，是所謂禪、淨雙修，不過正統的佛教道場不多，反而是在家佛教形態的「齋堂」，以及混雜儒釋道三教，但仍帶有濃厚巫術性成份的民間信仰佔了大部份。

---

[49] 江燦騰，《臺灣佛教史》，頁 87。

[50] 江燦騰，《臺灣佛教史》，頁 87-88。

像這樣的佛教信仰狀態，一方面是和民間信仰相當接近，民眾不會有太大的排斥感；另一方面，則在家佛教的勢力強大，促使日後日本佛教在臺灣要建立新佛教據點時，不得不面對這樣的交涉對手。

如此一來，對於較日本曹洞宗僧侶晚到臺灣發展的日本臨濟宗妙心寺派僧侶來說，[51]便有了其後得以在臺南開元寺的爭得新的宗派歸屬權的良機。而其相關發展史如下所述。

2.有關日治初期開元寺內傳承變革與其後隸屬宗派轉換的過程透視

南臺灣的最大古剎之一，臺南開元寺在日治初期一直是與日本曹洞宗關係密切的簽約臺寺；但到後來 1917 年 6 月 4 日，由於日本臨濟宗妙心寺派僧侶積極的爭取和說服，便正式向官方請准加入為日本臨濟宗妙心寺派的「聯絡寺院」。

這就是促成當年舉辦「開元禪寺今上天皇陛下金牌並大藏經奉迎式」大典，以及隨之而舉辦的全臺徵詩活動和出版《開元寺徵詩錄》，乃至如今成為本章探討的主題意識。其前後的發展狀況，可概述如下：

（1）初期的日本曹洞宗與臺南開元寺簽約之後的新變化

初期的日本曹洞宗與臺南開元寺簽約之後的新變化，由於闞正宗對於這段歷史，已有最清楚的歷史概括，[52]以下即是摘引自他的相關論述：

---

[51] 在初期的激烈軍事行動中，參與「南征軍」來臺的隨軍佈教使，並未包括全部日本佛教各宗派的僧侶，特別是整個日治時期與日本曹洞宗競爭最激烈的日本臨濟宗妙心寺派，直到明治 29 年 4 月以後才派大崎文溪來臺，但大崎文溪來臺後僅略活動於澎湖一地；其次是細野南岳於明治 30 年（1897）來臺，可是他卻認為經營對岸南中國的佛教應較臺灣教區更為優先，不久即轉往華南發展。

[52] 闞正宗對於此段的歸納，主要是參照釋慧嚴的相關研究成果，再增補新資料改寫而成。見釋慧嚴，〈日本曹洞宗僧侶與臺僧互動〉，《中華佛學研究學報》第 11 期（臺北：中華佛學研究所 1998），頁 119-153。

　　（1895）年 9 月 4 日，日軍進入臺南府城，海軍亦至安平，「臺灣民主國」亡。日本佛教各宗從軍僧（隨軍佈教師）隨之進駐全臺各地。而殖民初期的開元寺為日本曹洞宗所吸收，其中的關鍵者為從軍僧佐佐木珍龍。

　　師團於明治 28（1895）年 6 月來臺，兼軍隊慰問，並於艋舺龍山寺開教。[53] 甲午戰後，佐佐木珍龍於明治 28 年 5 月 24 日回到日本，當時已被委任為臺灣總督的樺山大將及一批官員正準備出發前往臺灣接收，本山於是下令佐佐木要隨附而行。5 月 30 日出發，6 月 12 日抵達基隆。佐佐木隨軍慰問，7 月甚至到澎湖追悼慰問。

　　也是在這個月，佐佐木珍龍與艋舺龍山寺簽署本末寺的契約關係，並在同年的 12 月上旬，隨南進軍南下臺南，再與開元寺、竹溪寺、法華寺、大天后宮、考壽院 5 寺訂下本末寺契約。

　　但由於南北無法兼顧，佐佐木於同年 12 月中旬稍後回日，向曹洞宗兩大本山說明情況，於是本山派遣木田韜光、足立普明、若生國榮、鈴木秀雄、櫻井大典、天生有時等 6 人與佐佐木一起來臺開教。

　　這裡要說明的是，必須要等到明治 29 年 4 月 1 日起，臺灣總督施政由軍政轉入民政時他們才能離開軍隊獨立佈教，故他們 7 人剛開始還是以從軍僧的身份從是軍隊慰問、追悼、佈教的工作，4 月 1 日起劃分佈教區，後佐佐木在臺北，足立普明在臺中，若生國榮在臺南等。[54]

　　曹洞宗除了若生國榮外，在臺南地區傳教的還有芳川雄悟，已經在明治 28 年 12 月加入日本曹洞宗派下的開元寺，到了翌

---

[53] 《臺北廳誌》（臺北：成文出版社，1985 年臺一版），頁 203。

[54] 佐佐木珍龍，《從軍實歷夢遊談》，頁 4-5、49-50、99-101。

（明治 29，1896）年 7 月的盂蘭盆會時，住持寶山常青接受若
生國榮與芳川雄悟的指導，在開元寺改用日本式的施餓鬼，個人
也時常穿著曹洞宗大本山管長所下賜的日式僧衣。

　　由於寶山常青的的積極日本化，且常利用加入曹洞宗聯絡寺
廟的名義，巧取不少租息，而被告到官方，責付芳川雄悟處置。
[55]寶山常青並沒有因為自己行為不正而離開開元寺，在明治 31
（1898）年 10 月，還可見到有人在開元寺與寶山喝茶品茗所寫
下的〈開元寺僧寶山次韻〉一詩。[56]

　　寶山常青之後開元寺的住持依序是妙諦禪師（38 代）、妙
覺禪師（39 代）與義心禪師（40 代）、永定宏淨禪師（41
代）。[57]

　　根據上述闞正宗的此段歷史歸納之後，我們接著往下敘述。此因
初期的日本曹洞宗與臺南開元寺簽約之後，該宗仍存有極大的投機心
理，以為臺灣絕大部份的重要寺廟齋堂包括臺南開元寺在內，既已被該
宗藉私下簽約而輕易納入派下寺院，此一寺產及其附屬田園為數極為可
觀，只要再設法取得臺灣殖民當局的首肯，即可合法生效。

　　但，不論該宗日僧曾有如何曖混的作法，都可能隨時會出現極大
的後遺症。例如原先在艋舺龍山寺擔任住持的寶山長青，被日本曹洞宗
委派為新的臺南開元寺住持，在自與來臺的曹洞宗日僧私下簽約合作之
後，即變得驕縱異常，他騎馬出門時，身著黑色法衣，頭上纏繞曹洞宗

---

[55] 王見川，〈日據時期的臺南開元寺（1896-1924）〉，收氏與李世偉合著《臺灣的寺廟
　　 與齋堂》（臺北：博揚文化，2004），頁 204-205。

[56] 結城續堂，〈開元寺次僧寶山韻〉，詩云：「老松陰裏老僧家，不請杯酒唯吃茶。一昧
　　 禪心清似水，何嫌微笑且枯花。春風寥落古禪家，一炷清香一碗茶。客亦不言僧不語，
　　 寒泉石上煮梅花。」載《臺灣日日新報》（1898 年 10 月 13 日），1 版。

[57] 闞正宗，〈開元寺傳承發展史〉，王麗芬執行主編，《物華天寶話開元：臺南是二級古
　　 蹟臺南開元寺文物精選》，頁 83-84。

兩大本山所下賜的安陀衣，腰部以下穿大口褲子，並僱有一位日僕作為前導。

而在當時（1897.6.14）他其實正吃上官司。但因他是繼臺南大天后宮住持林普華、法華寺監司隨緣等人之後，率先代表開元寺與日僧私下簽約合作者，故早在前一年春，曹洞宗在臺灣南部的佈教使若生國榮，便給予他甜頭嚐，讓他兼任鳳山縣舊城觀音堂廟的副住持。

他則藉此每年兩次前往收取廟產租米，完全不管廟方的相關宗教事務，信徒對此無賴行徑甚為不滿，便具狀向當地主管縣廳投訴。於是官方將其起訴，並傳寶山和日僧芳川雄悟前來受審，以瞭解究竟。

根據芳川雄悟的說法，官方於同月 25 日向其表示：身為隨軍佈教使，應停止濫用宗制，縱使雙方簽有誓約也不算手續完備，特別寶山自稱是該廟住持，卻光只收租而不顧廟務，實非宗教家所應為，依法必須處刑。

但，芳川雄悟請該宗另一位具有清望和甚受官方好評的陸鉞巖佈教使，出面代寶山求情，寶山才算免了這一場牢獄之災。[58]

由此可知，當時日本曹洞宗的僧侶，亦宛如日治之前西洋傳教士在臺利用特權向官方關說，使其教民或神職人員逃避法律應有的制裁，其宗教手法之齷齪行徑根本沒兩樣。並且，日僧與臺廟雙方私下簽約──若無官方背書即無效的嚴重問題，亦在此事件中流露無遺！

不過，在另一方面，日本曹洞宗的在臺僧侶，雖藉同屬佛教禪門，而多方參與臺灣齋堂及寺廟的活動，可是雙方在佛教信仰上所存在巨大差異，彼等當時除了表面默許、私下批評之外，其實也很清楚其中改善的困難度之大，幾有無從著手之感。

以該宗來臺佈教最受官民敬重、返日後即出任「曹洞宗大學林」

---

58 曹洞宗務局編，〈芳川雄悟：鳳山縣佈教〉，《宗報・雜項》第 15 號（1887-07-15），頁 15 下-16 下。

（駒澤大學前身）代理（心得）的陸鉞巖佈教使來說，即曾在該宗的
《宗報》第 8 號（1897.4.1）上坦承：「臺灣雖許多民間寺、廟、堂、
宮，被日本佛教各宗競相爭取簽約為末寺，但其契約不一定有效，並且
說到「要如何佈教的話，將來恐怕亦只成一時的畫餅罷了」。換言之，
由於問題始終未有妥善的解決辦法，故縱使簽了許多合約，最後可能也
只是空歡喜一場而已。

　　因此，在陸鉞巖於臺南地區積極展開良性的佈教期間（他是從
1897 年 3 月 30 日到臺南任職，於 1900 年 9 月 6 日回日本），一共勤
勉而有效的在臺南佈教三年多，在他任內也促使開元寺更換了新住持林
永定，因而也帶來開元寺內相對的革新氣息。

　（2）有關初期臺南開元寺新住持永定接任之後的新變化概述

　　臺南開元寺新住持永定和尚，是臺南廳西港堡塭仔內莊蚶寮人
氏，姓林，名蕃薯。日本領臺第二年，他在家鄉皈依「齋教」的龍華
派。1898 年出家圓頂，禮周義敏為師，住臺南開元寺。這一從先皈依
「齋教」，再轉為正僧侶的出家模式，在日治初期的臺灣佛教界，其實
相當普遍，[59]他不是唯一的個案。

　　然而，他的性情溫良忠厚，辦事精明能幹。所以他在日治初期，
雖剛出家，卻在開元寺處於「混亂之期」[60]時，被選為寺中的監院兼住
持[61]，協助開元寺渡過了最艱難的階段。[62]

[59] 見鄭卓雲，〈開南開元禪寺沙門列傳──現在永定禪師略曆〉，《南瀛佛教》第 9 卷第
　　 9 號，頁 20。

[60] 臺南開元寺在日治初期，曾發生寺產被盜賣和寺宇被毀之事，寺僧頗有離散者。故可稱
　　 之為「混亂期」。見李筱峰，《臺灣革命僧林秋梧》（臺北：自立晚報社文化出版部，
　　 1991），頁 86。「混亂期」是筆者用來形容的，非李氏用語。

[61] 王見川在〈臺南開元寺與近代臺灣佛教（1896-1953）〉一文，引曾景來的見解，認為
　　 大正四年以前，開元寺的住持，一定要有赴福建鼓山湧泉寺受大戒的資歷，才能正式擔
　　 任，而林永定，因未到湧泉寺受大戒，故僅能以院兼住持（未刊稿），頁 3。

[62] 除鄭卓雲在〈現在永定禪師略曆〉一文，大為稱讚之外，在〈開元寺建寺二百八十六寺
　　 曆紀要〉，亦提到：「光緒廿九年（1903）方丈玄精和尚視寺荒涼，發起重修，永定和

　　但，當時在開元寺中，其實存在著不同的派系。雖然林永定和周義敏，在「法脈」上，是承襲原開元寺的寶山長青的臨濟法派。可是，在清末時期，開元寺另有新的佛教勢力介入。

　　此即由出身少林寺的榮芳、大商人的傳芳布聞和術數家的蔡玄精三人所代表的新派系。彼等三人，各有專長，社會活動力也強，能逐漸成為開元寺的新主流，也理所當然。

　　但因日治初期，榮芳已逝，傳芳布聞滯留大陸未歸，而蔡玄精是1895年先在開元寺出家，再赴對岸鼓山禮傳芳為師，因此延至1903年才正式接任開元寺的住持之職。以後開元寺的住持，即成了傳芳住持和蔡玄精系的囊中物。[63]

　　林永定的兼任住持職務，自明治36年（1903）起，改由傳芳系的蔡玄精接任。蔡玄精是藉改建的名義，接手了臺南開元寺的寺產。從此以後，開元寺進入另一新的發展期。

　　原代理住持林永定，則決定離寺另起爐灶，所以雙方沒有立刻決裂，反而還有一段過渡的密切合作期。

　　事實上，蔡玄精接任開元寺的住持之職後，仍要求永定協助開元寺大殿的改建。因此，林永定雖在1903年，即應聘至超峰寺任住持之職，卻仍兼理開元寺的監院之職前後長達五年之久。[64]

　　此一協助督理開元寺的改建工程，在表現上是相當傑出的。因此開元寺後來在寺史方面，銘感著他的辛勞和奉獻。

　　尚裏理其事，遂恢復舊觀，法燈重輝。」見朱其昌編，《臺灣佛教寺院庵堂總錄》（高雄：佛光出版社，1977），頁441。

[63] 蔡玄精之後，接任開元寺住持的，是其師傳芳，傳芳住持9年（1912-1920），即圓寂。再由蔡玄精之徒得圓繼任，頁86-87。

[64] 臺南開元寺於明治36年（1903）開始分裂，原寺中監寺兼住持的林永定辭職，由另一派系的蔡玄精接掌。林永定改應聘為高雄大崗山超峰寺的新住持，並於明治41年（1908）起，與其師周義敏將原為一處古老沒落的「香火道場」，逐漸經營為南臺灣教勢最大的本土佛教法派。

（3）有關初期臺南開元寺與西來庵事件爆發後的新發展概述

日治初期，在「西來庵事件」爆發之前，臺灣民眾對日本殖民統治當局激烈地武裝反抗運動，雖自領臺以來一再發生，但幾不曾有藉宗教組織、或宗教理由為起事的號召者。

因此對於臺灣宗教應該如何處理的問題，日本的在臺殖民統治當局，基於維持統治的穩定考慮上，其實大多將其定位為屬於民俗改革或傳統文化的現代傳播，所以在施政的優先順位上，如何處理傳統臺灣宗教和民宿信仰的問題，始終是居輔助性的角色，而非以其為主要的施政考量對象。

然而，「西來庵事件」的突然爆發，既是發生於臺灣民眾的武裝抗日運動已漸趨消沈之際，[65]卻又是不折不扣的與宗教團體結合的大規模臺灣民變，這一事實無疑是對日治在臺當局無疑已構成治安上的一大威脅，必須及時有所因應以避免類似事件的再度爆發或一再重演同樣激烈的官民衝突。

因此，繼大規模的臺灣舊慣調查之後，[66]日本在臺總督府又展開全島性的宗教調查，意圖藉此澈底瞭解並掌握臺灣各種宗教信仰的背景和生態，以防止類似「西來庵事件」的再發生。

而當時負責督導此次宗教調查事務的人，是日後擔任社寺課長的丸井圭治郎。他從大正 4 年（1915）開始督導。[67]大正 8 年（1919）3

---

[65] 王育德在《苦悶的臺灣》（臺北：鄭南榕，1979），將武裝抗日分為 3 期。第三期從明治 410 年（1907）起到大正 4 年（1915），即「西來庵事件」是最後一次。而之前的一次，是大正 2 年（1913）羅福星事件。

[66] 舊慣調查依岡松參太郎在《臨時臺灣舊慣調查會第一部調查第三回報告書——臺灣私法》，第 1 卷（臺中：省文獻會，1990）的〈敘言〉所說，從明治 33 年（1900）2 月開始，到 36 年（1903）3 月完成。原書，頁 1。所以大規模的宗教調查報告，是繼此而進行的。並且，他在大正 10 年（1921），還召集了江善慧（代表曹洞宗）和沈本圓（代表臨濟宗），商討成立「南瀛佛教會」的全島性佛教組織，並於隔年正式成立時，被推為首任會長。故可以說，他一手促成「南瀛佛教會」的成立和成長。

[67] 臺灣總督府編著，〈辨言〉，《臺灣宗教調查報告書（第一卷）》（臺北：臺灣總督

月，他依據多年來調查完成的資料，撰《臺灣宗教調查報告書》第 1
卷。[68]

在另一方面，伴隨丸井圭治郎的臺灣全島性宗教調查工作而來
的，即是在「宗教」與「迷信」之間，試圖加以區隔。

因若從當時官方的立場來看，「西來庵事件」的爆發，雖有其他
各種非宗教迷信的因素，但在整個事件爆發前的群眾動員過程中，很明
顯的曾利用了傳統的臺灣「宗教迷信」和歷代「易姓革命」的變天思
想。

既然如此，於是在有關臺灣舊慣「宗教迷信」是否須加以掃除的
問題上，官方在此之前，所採取的策略是儘量不在政策上公開的批判，
甚至加以默許；但在此之後，則必須加以批判。

此因臺灣舊慣「宗教迷信」的問題，既已涉及重大叛亂，故官方
即不可能再坐視不管，而轉為主動地試行將其導向正軌；可是若不先將
「宗教」與「迷信」有所區隔，事實上除了禁絕一切臺灣舊慣宗教活動
之外，根本難以執行。這就是官方政策上，之所以會有前後階段的不同
之所在。

但是，日治時代的臺南地方首長，其實曾有更清楚的觀察與評
估。我們即以在 1900 年的 12 月 19 日，曾任臺南縣知事今井艮一為
例，他於呈給臺灣總督兒玉源太郎的報告中，即提到有關該地區臺灣佛
教的當時狀況。

但，他先點出臺灣的宗教問題說，當地的宗教師一向素質低落、
普遍遭社會歧視，而信徒亦過度仰賴神明決定人生禍福、不惜典當家產
耗用於取悅神明等。所以他認為：

府，1919），頁 10。

[68] 根據《臺灣宗教調查報告書（第一卷）》的出版日期資料。

本縣轄下……一般而言，其稱寺廟者，亦均鮮有服務於該寺廟中之神職人員、僧侶……或有住持或僧侶之類，惟並非德高望重、學識淵博之輩，甚至於彼等於社會中之地位頗低，因此絲毫沒有喚起民眾信仰心等高尚之觀念。民眾對於此等僧侶亦不信其能傳播神佛之福音，寧可待之以劣等之種族，故其平素僅止於守護堂宇，行點火、奉饌之事，時而列席儀式。

如斯，本縣轄下一千多間之寺廟中，雖無宗教上值得認可者，如統轄寺廟之宗派，亦或宗教上之領導者，即率領大眾庶民之宗教家，惟彼等潛藏於腦海裡之那種宗教心卻頗為頑固、倔強，相信彼等之吉凶禍福全由神佛定奪，故平素似不吝嗇、汲汲於爭奪錙銖之利。其於奉行祭祀之際，全家、全庄必傾全力，投下巨資，狂熱奔走，典當衣物，變賣田園，以供其資，唯恐落他人後。

內地（日本）佛教，其傳來亦因時日尚淺，未具感化力，故本縣轄下 97 萬人民依然為迷信所支配，年度撒下鉅額財富。對此，一旦知之，縱然其不欲成為一整然有序之宗派，此豈無留意之價值乎？[69]

而這也是當時來臺日僧普遍的見解，但整個問題依然出在兩者的信仰內涵及方式，在本質上即是截然不同的，很難克服。因此，臺南縣知事今井艮一在同報告中，亦對日僧來臺後佈教方式之得失，提出他個人很不客氣的批評說：

---

[69] 溫國良編譯，《臺灣總督府公文類纂宗教史料彙編——明治 28 年 10 月至 35 年 4 月》，頁 60。

　　內地佛教之傳來，在於據臺以後，非但時日尚淺，且亦為一佈教勸化至難之事業，非一朝一夕所能為也。

　　話雖如此，在原有之宗教中，或有純然之佛教，或帶佛教之氣味，加上同文同種之故，是以若將此比較之與異文異種之傳道士依然絕對排斥原先之宗教，而與彼等之迷信水火不相容者如耶穌教，則佈教之難易已非同日而語。

　　從事者若能選擇得宜，堅忍不拔，孜孜不倦，善加利用其迷信，漸次導之於法，則將來應大有可為。現或有人試向各人進行說教，或藉由國語知識傳習之便而節節得勢，惟因從事者未得其宜，更迭頻繁，或寄寓日深，致使思想漸次薄弱，而忘卻初志，僅欲與內地人相互往來，盼其多加捐獻香錢。

　　比較之與耶穌教自開教以來即能忍受艱辛，十年如一日，以堅定奉獻之理想致力佈教，則其頹靡之舉，實非言語所能形容，如斯，從事者對於此一迷信頗深且又頑固之本島人，欲收感化之實效，則如所謂緣木求魚。而試向佈教師本人質問其信徒數，雖然答以本島人有數千百人，惟可謂為宗教心發悟之起點，且亦人生之最大禮，及本島人最重視之葬儀，卻未曾聞有以佛教之佈教師擔任導師者。[70]

　　然而，假若以上臺南縣知事今井艮一，對日僧的佈教不力有所批評，但從其愷切的責備語氣中，猶帶有恨鐵不成鋼的期待。但，幾可稱為「後藤新平殖民政策代言人」的竹越與三郎，則無法如此樂觀。

　　因竹越與三郎除了贊同耶穌教著名的傳道士馬偕博士（George Leslie Mackay, D.D.）在其《臺灣遙寄》（*From Far Formosa*）中批

---

[70] 溫國良編譯，《臺灣總督府公文類纂宗教史料彙編──明治28年10月至35年4月》，頁60。

評臺灣民眾有極端迷戀黃金之癖好外，亦認為傳統臺灣社會中，上流者對腐敗之政治絕望，轉而沉淪於酒池肉林的享樂生活。

至於下流者，既乏法律正義與政治保護，故天地間唯獨手中所握黃金可以依靠，以致連應講究真情的男女婚姻，和應有倫理道德自覺的宗教信仰，皆從現實功利的經濟角度來著眼。

所以他認為，處於社會底層的臺灣佛教僧侶，既被社會輕蔑和貶抑，實不能仰賴彼等為臺灣民眾解明人生的道理。所以在此環境中，亦相繼滋生許多含有毒素的新佛新神。因而臺灣雖有號稱佛教徒者，更不能忘記彼等尚有其他的淫祠信仰這一事實。

至於比較客觀持平的學務部長持地六三郎，則認為異民族不同生活習慣和宗教禮俗等，必須加以尊重，不能以政治力加以強制改變，因日治初期官方雖曾一度信誓旦旦，欲執行「急進的風化」政策，以達到禁鴉片、斷頭髮、解纏足的目標，但最後都決定暫緩嚴格執行，而採取漸進的改善方式。

所以，他認為，雖然移易形而下的風俗習慣，可以見到急遽的進步出現，但對於改革形而上的思想及信仰之類，其能達到何種程度？只要看臺灣本地人對「大和魂」的感受如何？即不得不承認這並非輕易之舉所能獲致。

他以來臺日僧的佈教活動和耶穌教的傳教士之獻身情況相比，認為日僧的活動主要仍限於來臺的日人之間，就其對臺灣本地人的感化來說，實不能不對其無法與耶穌教士偉大成就相比而感到汗顏！

特別是，他當時看到移住臺灣的日人，在地方上與本地人的相處，尚稱關係良好，至都會區則漸冷淡疏離。而一到大都會的話，日人社會與臺人社會全然區隔，尤其在社交上兩者幾完全斷絕往來。[71]

所以，如何拉近與臺灣民眾與宗教徒的兩者緊張關係，則是在爆

---

[71] 竹越與三郎，《臺灣統治志》（東京：博文館，1905），頁 478-485。

發西來庵事件之後，日本官方與在臺日僧所需去共同面對的。

而很來得及時的一場意料之外的改變，突然在 1916 年爆發，並因此造成西來庵事件爆發之後，首次出現在臺灣佛教組織中的大變化與大分裂。其過程如下所述。

（4）臺灣佛教組織因應西來庵事件爆發後的大變化與大分裂

在《開元寺徵詩錄》正式公開向全臺詩人徵稿的前一年，同時也是西來庵事件爆發後的下年，是，恰為日本領臺二十週年（1895-1916），又逢臺灣總督府新建大樓完成，故在臺北舉辦為期月餘的大規模「臺灣勸業共進會」。

當時，總督府方面邀請英國籍的甘為霖牧師（Rev. Willian Cambell, A.D.，1871-1917 在臺），擔任臺灣史專題的演講，[72]由總督府的翻譯官翻譯。

另外，又有基督長老教會向大會申請設攤，欲舉辦佈教演講會。當時負責宗教事務的柴田廉認為，此事不宜獨厚基督長老教會，便知會佛教方面，亦可同時設攤舉辦佈教演講會。[73]於是，臺北佛教徒方面，這才臨時緊急架篷設臺，並調來人手登臺演講。

可是，由於基督長老教會的講者，首先不斷地在演講中嚴詞批判佛教的種種不是，引起佛教徒方面的不滿，決定也還以顏色。於是，以佛教徒林學周為主的演講會，和以長老會牧師吳廷芳、陳清義為主的演講會，最後演變成互爭優劣、相互攻擊的宗教批判大會，[74]雙方你來我往，針鋒相對，誰也不願先服輸。

林學周本人則是靠日本友人寄來日本國內著名學者批判基督教專

---

[72] 臺灣基督長老教會總會歷史委員會編，《臺灣基督長老教會百年史》（1965），頁119。講題是：1.臺灣歷史資料。2.荷蘭的臺灣佔領。3.中國的臺灣統治。4.日本最初的殖民地。

[73] 普易道人，《臺灣宗教沿革志》，頁 2-3。

[74] 普易道人，《臺灣宗教沿革志》，頁 2-3。

號的《大國民》雜誌,以作為在臺批判基督教的參考資料,將日本本土
的批判火炬,重新在臺灣地區燃起熊熊大火。

如此一來,由於雙方都力挺不肯退讓的結果,在那長達一個多月
(35 天)的「大演講會」裡,幾乎把全臺的佛教精英都匯聚到臺北都
會區來助講。[75]因此佛教徒方面,不但未落下風,反而愈辯愈引來大批
支持者的聽講和觀戰,並且無論在氣勢和聽眾人數上,都大大勝過對手
基督長老教會的場面和表現。

而由於,當時像這樣能和一向社會地位佔優勢的西洋基督教互相
激烈爭辯而絲毫不遜色的情況,對臺灣整個佛教界來說,乃是前所未見
的嶄新經驗,所以「大演講會」的獲勝消息,不斷地振奮了全臺的佛教
徒,甚至將彼等在「西來庵事件」之後,一直鬱積在心頭的卑怯和沮喪
的陰霾,也一掃而光,宛如脫胎換骨般地,較之從前,開始更明顯地在
臉上流露自信的光采。

因這等於意味著:彼等從此不僅敢於向鴨霸的異教徒公開反駁,
同時也敢於在臺北都會區向社會大眾發出自己信仰的告白。於是林德林
則首先撰文,將此次「大演講會」稱之為「臺灣新佛教運動之先驅」,
可謂慧眼獨具。[76]

此外,由於在這次「大演講會」期間,有大批佛教徒前往聲援,
響應極為熱烈,會後幾個主要的演講者,都受到了曹洞宗臺灣佈教總監
大石堅童的激賞,立刻呈報日本的「大本山宗務院」,分別給予每位演
講者一張獎狀。[77]

但此次「大演講會」(原名)的重要影響,是在會後成立了「臺

---

[75] 連雅堂本人(當時為臺南新聞記者),也北上登臺,助講三夜,以增氣勢。普易道人,
《臺灣宗教沿革志》,頁 3。

[76] 林德林,〈臺灣佛教新運動之先驅〉,《南瀛佛教》第 13 卷第 5 期 (1935.5),頁
23。

[77] 林德林,〈臺灣佛教新運動之先驅〉,《南瀛佛教》第 13 卷第 5 期,頁 28。

灣佛教青年會」和創辦了「臺灣佛教中學林」。而江善慧在這兩樣重要的佛教事業中，皆擔任了重要的角色。

不過，在另一方面，也由於「私立臺灣佛教中學林」的創辦，使日本曹洞宗在臺灣佛教獨霸的局面，遭受另一次嚴重的分裂與頓挫，並使同屬禪佛教的日本臨濟宗妙心寺派得以從中取利，迅速擴張至與日本曹洞宗在臺可以分庭抗禮的程度。而其變革原因和後續的發展如下：

一、根據王見川的精心研究，在南臺灣極富盛名的清代古剎「大仙岩」（現名大仙寺），到大正初期一即「西來庵事件」爆發之前，是由當地的武術家兼龍華派的「太空級齋友」廖炭負責修建的。

廖炭經過四年的奔走，籌得 3 萬圓的巨款，到大正 4 年（1915）秋天，即在「西來庵事件」尾聲，有基隆月眉山靈泉寺的沈德融（時已任「教師補」）及同門師弟林德林等數僧來遊，於是就在當年陰曆 9 月（桐月）將戶口申請寄留在「大仙岩」，並兼任住持之職，林德林副之。使得「大仙岩」因而「諸事煥然，瑕邇參詣絡繹」。

但大正 5 年（1916）4 月初，因在臺北舉辦領臺二十週年的「臺灣勸業共進會」，並爆發了與基督教長老教會眾牧師互批的「大演講會」，於是德融、德林、德文、德圓等，便離寺聯車北上，參與了此次的「大演講會」，以及加入了新成立的「臺灣佛教青年會」。

到了同年 6 月 15 日，由於「私立臺灣佛教中學」開辦有望，德融、德林等決志轉往臺北來發展，於是正式辭退了寺職和遷出寄留的戶口。當然，改建工程規模才粗具，即遭大颱風襲毀，亦是彼等離寺北上的一大因素。但，從此「大仙岩」便與曹洞宗無關了。[78]

二、可是，由於「臺灣佛教中學林」在隔年正式創辦後，江善

---

[78] 參考王見川，〈略論日據時期的東海宜誠及其在臺之佛教事業〉，收入氏與李世偉共著《臺灣的宗教與文化》：69-85，臺北：博揚文化，1999。及氏撰，〈日治時期的「齋教」聯合組織——臺灣齋教龍華會〉，《臺灣的齋教與鸞堂》（臺北：南天書局，1996），頁 143-168。

慧、沈德融師徒同任職其中，徒弟林德林、徒孫李添春（普現）、曾景來（普信）則入林就讀，等於囊括大多數的職位和好處。特別是臺北五股庄觀音山凌雲禪寺本圓住持，不滿在第一屆「臺灣佛教中學林」的職位是副學監，是在基隆月眉山靈泉寺江善慧住持的學監之後。

心生不滿的本圓住持，於是便與曾拜其為師的臺南開元寺新住持傳芳，加上臺南當地佛寺「大仙岩」的負責人廖炭三人一起，接受日本臨濟宗妙心寺派「鎮南山臨濟護國寺」新住持長谷慈圓（1914-1918 在職）的勸說，脫離原日本曹洞宗的聯絡系統，改加入日本臨濟宗妙心寺派的聯絡系統。

長谷慈圓於安排彼等與丸井圭治郎先至大陸朝禮閩、浙佛教名剎，再東渡日本朝禮該派大本山──位於京都市右京區花園妙心寺町的妙心寺，其受到的禮遇，比起日本曹洞宗大本山對待江善慧之前訪日時的等級，尤有過之。……

以上即是在《開元寺徵詩錄》正式出版之前的日治前期，有關開元寺內傳承變革與其後隸屬宗派轉換的過程透視介紹。

同時，也將《開元寺徵詩錄》所涉及的大日本帝國殖民臺灣前期史上，各種對戰後有關盧嘉興在其研究措辭中，特別忌憚觸犯戒嚴時期官方非常排斥的日治時代的敏感政治用語的歷史背景，先期詳細地交代清楚。

四、盧嘉興的新假面詮釋學：究竟是真像？抑或虛像？

本章以上對於《開元寺徵詩錄》的原始資料，進行進行深入透視以後，發現的內容中確實存在著許多關於：日本帝國殖民時期有關同化政策的相關敏感內幕。

亦即，本章在此便可接續討論先前所預設的相關問題意識，追問與釐清盧嘉興生前是否曾基於在《開元寺徵詩錄》中發現，內容涉及大

量有關日治時期相當敏感的殖民同化統治問題，才因而有意採取新假面詮釋學？

　　換言之，他之所以會試圖採取先行避開，有關帝國殖民同化的改造素材，並藉以逃脫處在戒嚴時期嚴厲管制言論尺度的可能觸法紅線，所以他在相關論述發表之前，都會預先多方修飾，將可能觸犯相關政治禁忌的任何風險都全清除乾淨。[79]……並且，他平素除了在很親近的同事或朋友間，還會帶著些許自嘲與不滿的語氣，私下談及他之所以如此自我壓抑，和之所以願意高度配合官方嚴管下的大量公開發表作品，其實是處在現實中的無奈之舉。[80]……

　　因而若要繼續追問究竟盧嘉興的新假面詮釋學：是真像？抑或虛像？則首先就應考慮其在當時之所以要如此作的核心問題，就是他因為要在相關論述的措辭中，儘量做到不會觸及現有的政治禁忌，以致違法受罰。

　　而根據常情，他最安全的作法，就是相關論述發表之前，都會預先兼具「事前逃避」與「事後逃脫」的巧飾免咎辯證法，或者說，就是他會論中多方修飾，並將可能觸犯相關政治禁忌的任何風險都全清除乾淨。

　　故而，盧嘉興本人生前是否曾採取上述方式？就成了本章此處將繼續追問與能否得出解答的關鍵所在。而其追問的相關順序如下：

　　首先，對於研究盧嘉興學術研究者來說，盧嘉興雖撰有關於開元寺歷史變革、林朝治的長篇敘事、趙雲石、連雅堂、胡南溟等人的學術傳記。且上述這些論述的共同關聯性之一，就是曾同時出現在《開元寺徵詩錄》全書內容。

---

[79] 顏銘俊紀錄、邱敏捷審稿，〈附錄：「臺南學研究重要先驅──盧嘉興學術研討會」綜合座談紀錄〉，《人文研究學報》第 56 期，頁 63-66。

[80] 顏銘俊紀錄、邱敏捷審稿，〈附錄：「臺南學研究重要先驅──盧嘉興學術研討會」綜合座談紀錄〉，《人文研究學報》第 56 期，頁 63-66。

　　但是如今在盧嘉興畢生大量的學術著作中，卻從未發現他在著作中提及此本《開元寺徵詩錄》詩集。這不是令人會疑惑不解嗎？

　　其次，根據盧嘉興在 1967 年發表的長篇〈北園別館與開元寺〉一文時，他敘述開元寺歷史的下限，就是到 1966 年那座由龔聯禎獨資捐建新建蓮池寶塔，並提及此寶塔是為了配合圓光寶塔為寺宇的背景，高聳空中。且寺址又近於遊樂地天仁兒童樂園，所以每日遊客絡繹不絕，所以參訪日盛等。[81]

　　但是，當他在文中要涉及《開元寺徵詩錄》出版前後那段歷史時，他雖曾引述來自曾任臺南開元寺書記鄭卓雲，寫於日治時期 1930 那年的《臺南開元寺誌略稿》手稿本資料，卻變成下述的新改造面貌：

> ⋯⋯民國二年由成圓監院聘住鼓山玄精上人的師傅傳芳和尚回臺主持，因德性高深，徒眾轉盛。傳芳和尚於民國六年遊日，請回黃檗《大藏經》回臺後，開大傳戒會，於七年圓寂。[82]由成圓繼任。⋯⋯證峰師（⋯⋯於光緒二十九年，癸卯，民前九年，日明治卅十六年六月初時生⋯⋯）。[83]

　　可以看到，在《開元寺徵詩錄》內的那些敏感話題與舉辦大典過

---

[81] 盧嘉興，〈北園別館與開元寺上〉，《古今談》第 27 期（臺北：1967 年 5 月），頁 19-26。〈北園別館與開元寺下〉，《古今談》第 28 期（臺北：1967 年 6 月），頁 27-32。後被盧嘉興合併收入，《臺灣研究彙集》第 9 輯（臺南：1970 年 8 月），頁 1-8。最後是，被張曼濤主編，《中國佛教史論集六：（臺灣佛教篇）》，頁 269-321。

[82] 傳芳住持的過世日期，盧嘉興誤記為大正 7 年；李筱峰在《臺灣革命僧林秋梧》一書，則據《國師同學會五十週年紀念誌》：119，1972.3。認為是大正 9 年（1920）。但，王見川據《臺灣日日新報》（1919.5.7）的報導，確定是屬於大正 8 年 5 月 1 日；而同報也登鄭成圓於同年 8 月 7 日晉山任住持。見王見川，〈略論日據時期的臺南開元寺（1896～1924）〉，《圓光佛學學報》第 4 期（1999.12），頁 289。

[83] 盧嘉興，〈北園別館與開元寺〉，張曼濤主編，《中國佛教史論集六：（臺灣佛教篇）》，頁 302。

程，甚至連在寺中曾無比崇隆安至今上天皇聖壽萬歲金牌的劃時代記號，也完全消逝了。文中大量民國年號的取代了日治年號，更是戰後政治正確的典型修辭老手，才會如此。

此外，鄭卓雲 1930 那年所寫的《臺南開元寺誌略稿》手稿本資料中，還記載著後：

> ……開元自前清之禪德及寺中之行事，皆與湧泉有密切之關係。迨臺灣改隸之後，大正 6 年丁乙 6 月 4 日，傳芳和尚為圓日臺佛教聯絡，闡揚大法，乃與京都臨濟宗大本山妙心寺派聯絡，受統於轄下。由是本寺僧伽多掛籍於大本山妙心寺者。然因內臺人風俗習慣懸殊甚遠，故本寺制度不能與妙心寺同例，惟佈教機關之聯絡，而寺制則仍依舊例自為獨立者也。[84]

可見，臺日佛教之間的巨大差異性，並非表面上的榮耀和贈與一些禮品，就能解決的。但是，盧嘉興在其相關長文中，也完全沒有提及這段內容。

在另一方面，促成臺南開元寺、臺北觀音山凌雲禪寺、臺南白河大仙岩等臺人寺廟轉投日本臨濟宗妙心寺派的兩要角：長谷慈圓和傳芳住持，都在締結「聯絡」之約後，即先後過世（長谷慈圓在 1918 年 12 月 4 日、傳芳住持則在 1919 年 5 月 1 日）。因而使得雙方正在展開的事業夥伴關係，也跟著萌生了不少新的阻力。

其最大原因是，新負責前往臺南開元寺「聯絡」的臨濟宗妙心寺派日僧東海宜誠，雖極力推動以臺南開元寺為中心的南臺灣教勢擴張計畫，但未能獲寺僧的一致支持，寺中開始出現支持和反對東海宜誠過度介入寺內事務者，以致連開元寺本身也從此陷入長期內部的派系紛爭與

[84] 鄭卓雲，《臺南開元寺誌略稿·法派》手稿本，1930。

處於半分裂狀態。但這已是跟《開元寺徵詩錄》內容相隔很遠,此處可以不再續說。

可是,盧嘉興在其相關長文中,也完全沒有提及這段相關歷史始末。這只能用他可能認識的程度不夠或他無意提起,即不外這兩者之一的可能原因,他才會如此作法。

最後,本章應該提及是,盧嘉興在發表於 1967 年那篇〈北園別館與開元寺〉長文之後,又於 1969 年發表〈臺郡名門貞修齋女林嘲姑〉的長文。[85]

但是,此文的敘述主體原應就是相同於,已曾出現在《開元寺徵詩錄》中那篇,因感於林朝治齋姑對傳芳和尚從福建返臺發展後的大力護持,之後傳芳住持與成圓副住持才會共同署名撰文〈貞女妙緣齋行記述〉,以作為回應及表彰林朝治一生著名持齋守貞不婚的聖潔事蹟,並與一張「開元寺禪寺蓮池寶塔寫真」,共同出現在《開元寺徵詩錄》內,成為特別醒目的例外存在。然而,盧嘉興關於〈臺郡名門貞修齋女林嘲姑〉的長文,卻是把文中前面大部分的敘述內容,都在詳細介紹貞修齋女林嘲姑顯赫出身的家族史,特別是大篇幅渲染女主角之父作為當時臺南府林氏發跡致富的大豪商成功事跡,反而是貞修齋女林嘲姑的生平事跡成為配角一樣的被介紹。

除此之外,還在文末另外全文抄錄一篇由前清舉人羅秀惠[86]所撰的

---

85 盧嘉興,〈臺郡名門貞修齋女林嘲姑〉,1969 年發表。

86 羅秀惠的相關介紹,此處部分摘錄自,彭瑞金主編,《臺南市文學小百科》「作家」的資料:「羅秀惠(1865 -1942),漢語文言詩人,字蔚林,號蕉麓,又號花花世界生。出生於府城大人廟街。師事蔡國琳,光緒年間舉人,1895 年在北京參加乙未科考會試適逢清日和議割臺,乃與汪春源、黃宗鼎等人諫阻割臺,1897 年返回安平定居。曾任《臺澎日報》漢文部主筆,《臺灣日日新報》編輯,及臺南師範學校漢文教務囑託。也曾赴《臺灣日日新報》、《臺南新報》、《三六九小報》、《詩報》,未見結集。因迷戀名妓王香禪,轟動文壇,也遭總督府撤回紳章,二人離異後,入贅蔡國琳之女蔡碧吟。因生性風流,又喜揮霍,不久即散盡家產,以賣字為生。善行草,曾被譽為府城十大書法家之一。」,頁 44。

〈貞女林氏妙緣齋行碑記〉，是原蓮池大眾塔修建後，立於塔後的碑文。如果將其與傳芳住持與成圓副住持才會共同署名撰文〈貞女妙緣齋行記述〉內容對照，則羅秀惠之文顯然撰述在前，傳芳住持與成圓副住持是改寫羅秀惠碑文中的部分稱呼與相關佛教用語而已。可是，前清舉人羅秀惠所撰的〈貞女林氏妙緣齋行碑記〉原文中，日明治 45 年，改成民國元年，也將「日大正」，改成「民國」。[87]

由此可見，盧嘉興在撰兩文之時，正處於中共毛澤東在大陸發動文化大革命運動的狂熱初期，也是蔣介石政權在臺灣發起中華文化復興運動的火熱前期。[88]所以他當是最安全的作法，就是先將 1967 年那篇〈北園別館與開元寺〉長文發表之後，又二年才於 1969 年發表另一篇同樣與《開元寺徵詩錄》相關的〈臺郡名門貞修齋女林嘯姑〉的長文。

亦即，他的當時做法，正好可以印證先前本章所追問的真假問題，其實不出意料之外的，他是選擇了：「相關論述發表之前，都會預先兼具『事前逃避』與『事後逃脫』的巧飾免咎辯證法，或者說，就是他會論中多方修飾，並將可能觸犯相關政治禁忌的任何風險都全清除乾淨」。[89]

五、結論

本章經過以上的長篇詳細討論，並試圖從各種可能的研究角度，

---

[87] 盧嘉興，〈臺郡名門貞修齋女林嘯姑〉，《臺灣研究彙集》第 9 輯，頁 8。

[88] 例如他的《臺灣研究彙集》第 1 輯出版時間，其實是有意選在 1966 年，臺灣官方才剛宣佈成立「中華文化復興委員會」，以對抗當時毛澤東在大陸發動文化大革命過激破壞文化行動的第 2 個月；而且，他還特意將前一年剛發表的〈臺灣的國民革命運動史略〉一文，立刻放在第一篇作為開場白。因此，他的第一輯的出版，應該是呼應並試探官方正在火熱推動「中華文化復興運動」時的風向球成份較大。

[89] 顏銘俊紀錄、邱敏捷審稿，〈附錄：「臺南學研究重要先驅——盧嘉興學術研討會」綜合座談紀錄〉，《人文研究學報》第 56 期，頁 63-66。

進行主題預設問題意識的多焦探索。本章的主題是「盧嘉興學術研究與《開元寺徵詩錄》的歷史新解」。這樣的主題預設是有針對性的：

其一，這是為了呼應「第二屆臺南學與盧嘉興的學術研討會」主旨，是了將盧嘉興學術研究進程，相較於第一屆的初步關於「臺南學與盧嘉興的學術研究」奠基工程，進一步將其深化與廣化。

然而，由於本章是繼續曾在第一屆發表的〈盧嘉興先生的學術研究導論：為何他臺南學研究的重要先驅之一〉的相關研究基礎上，[90]再度從盧嘉興先生的學術研究過程中現在已知的，所謂他其實必須長期高度謹慎處理在戒嚴時期，無所不在的論述與發表中的禁忌紅線問題。

其二，於是，本章決定選擇「盧嘉興研究與《開元寺徵詩錄》的歷史新解」這樣的主題，並預設研究的目的，是從戰前「殖民改造」的統治實態與從戰後詮釋者處在「戒嚴陰影」下的巧飾免咎的相應作法兩者的交匯處，是否可以印證已由張復明先生公開揭露過的真實性？——亦即，本章探索的主題預設，就是在追問是否，他事實上，在每次他要發表文章時，都謹慎地選擇了「事先避開」所有可能犯忌的敏感政治修辭，而後得以從可能的風暴中「全身而退」的穩當策略？

其三，在切入以上的二大追問目標的線索之前，必先有證明「盧嘉興學術研究」與「《開元寺徵詩錄》」兩者之間，確實具有關聯性，而後必先有證明《開元寺徵詩錄》的全書內容，確實具有戰前「殖民改造」的統治實態的敏感性？

而後才能有效證實如下的歷史真相，因而對於任何有所質疑者，都可以答以上述第四節的結語——

---

90 江燦騰，〈盧嘉興先生的學術研究導論：為何他臺南學研究的重要先驅之一〉，《人文研究學報》第 56 期，頁 63-66。

　　果然，不出意料之外的，他是選擇了；「相關論述發表之前，都會預先兼具『事前逃避』與『事後逃脫』的巧飾免咎辯證法，或者說，就是他會論中多方修飾，並將可能觸犯相關政治禁忌的任何風險都全清除乾淨」。

　　其四，在上述選擇《開元寺徵詩錄》的全書內容，作為討論主題的主要素材時，研究者必須首先面對此詩集雖長期存在，並常被一些臺灣傳統詩社的研究者列入參考書目，可惜迄今並無發現，有正式深入研究《開元寺徵詩錄》全書內容的論述著作存在。

　　且縱使在現有精熟開元寺歷史的研究者，彼等也不直接從《開元寺徵詩錄》的全書內相關詩作文獻去取材，反而是廣泛從著如當時的《臺灣日日新報》刊載的相關新聞就近取材，[91]或是改從各種教內外調查文獻的來自行重新組構其主題問題意識。可以說彼等其實直接將其略過，而不試圖將《開元寺徵詩錄》全貌揭露。

　　本章就是有鑑於此，於是在文內的前三節長篇探討，就是首次將《開元寺徵詩錄》的全貌揭露，處在「殖民改造」下的歷史陰影下，並透過必要的論證過程，將期得以完全揭露。之後才據以在第四節中，改從詮釋者盧嘉興個人視角來切入追問的線索。結果，其答案就是：確實有的！

　　至此，我們也可以說，本章起初，在思考預設的限定副標問題意識時，就是有意企圖切入：有關「殖民改造」與處在「戒嚴陰影下」的，雙重詮釋辯證的新探索進程。如今此一新探索進程，應可算已達成當初的預設目標了。

91　例如王怡茹在其論文中的相關段落中所引用的主要討論資料素材，就是來自當時《臺灣日日新報》上的刊載的相關新聞資料，其次才是相關學者的現有研究成果。見王怡茹，〈日治時期臺南開元寺作為觀光地景之空間與文化分析〉，《臺灣文獻》第 73 卷第 3 期（2022 年 9 月），頁 64-107。

六、引用書目（按姓氏筆畫）

1. 丸井圭治郎，《臺灣宗教調查報告書》第一卷，臺北：總督府，1919 年。

2. 不具撰人，〈開元寺之徵詩〉，《臺灣日日新報》，1917 年 12 月 14 日，第 6 版。

3. 中西牛郎，《同化論》，臺北：佐藤源平，1914 年。

4. 日本章部省宗教局編纂，《宗教關係法規集》，東京：內閣印刷局，1935 年。

5. 毛紹周，〈破戒的和尚？略論日治時期臺南開元寺成圓事件〉，《文史臺灣學報》，第 7 期，臺北：國立臺北教育大學臺灣文化研究所，2022 年，頁 175-209。

6. 王育德，《苦悶的臺灣》，臺北：鄭南榕，1979 年。

7. 王見川，〈日治時期的「齋教」聯合組織——臺灣齋教龍華會〉，《臺灣的齋教與鸞堂》（臺北：南天書局，1996），頁 143-168。

8. 王見川，《臺灣的齋教與鸞堂》，臺北：南天書局，1996 年。

9. 王見川，李世偉，〈日據時期的臺南開元寺（1896-1924）〉，《臺灣的廟與齋堂》，臺北：博揚文化，2004 年，頁 203-224。

10. 王怡茹，〈日治時期臺南開元寺作為觀光地景之空間與文化分析〉，《臺灣文獻》第 73 卷第 3 期，2022 年 9 月，頁 64-107。

11. 向山寬夫，楊鴻儒等譯，《日本統治下的臺灣民族運動史》（臺北：福祿壽興業股份有限公司，1999）。

12. 圭室締成監修，《日本佛教史——近世近代篇》，東京：法藏館，1967 年。

13. 江燦騰，《日據時期臺灣佛教文化發展史》，臺北：南天書局，2001 年。

14. 江燦騰,《臺灣佛教史》,臺北:五南出版社,2020 年,二版。

15. 江燦騰,《灣佛教百年史之研究(1895-1945)》,臺北:南天書局,1996 年。

16. 池田英俊編,《論集日本佛教史(8)──明治時代》,東京:雄山閣,1987。

17. 吳子宏,〈祝開元寺奉迎今上天皇陛下萬安金牌並大藏經典禮〉,黃慎淨編,《開元寺徵詩錄》,臺南:開元寺客堂事務所,1919 年,頁 6。

18. 吳文星,〈日據時期臺灣社會領導階層之研究〉,國立臺灣師範大學歷史研究所博士論文,1985 年。

19. 吳宜靜,〈日治時期臺灣南社詩人研究──以洪鐵濤、王芷香為探討對象〉,國立臺灣師範大學國文學系碩士論文,2021 年。

20. 村上重良,《國家神道》,東京:岩波書店,1970 年。

21. 岡松參太郎,《臨時臺灣舊慣調查會第一部調查第三回報告書──臺灣私法》,第 1 卷,臺中:省文獻會,1990 年。

22. 東鄉實、佐藤四郎,《臺灣殖民發達史》,臺北:晃文館,1926 年。

23. 松金公正,〈日本殖民統治初期佈教使眼中之臺灣佛教──以佐佐木珍龍的《從軍夢遊談》為中心〉,《史聯雜誌》第 35 期,中華民國史蹟研究中心,1990 年,頁 21-36。

24. 林德林,〈臺灣佛教新運動之先驅〉,《南瀛佛教》第 13 卷第 5 期 ,1935 年 5 月,頁 23-32。

25. 林欐嫚,《臨濟宗妙心寺派在臺佈教史:在臺灣的日本佛教(1895-1945)》,臺北:萬卷樓圖書有限公司,2019 年。

26. 後藤新平,《日本植民政策一斑》,東京:拓殖新報社,1921 年。

27. 柏源祐泉編,《日本佛教近代史》,東京:吉川弘文館,1990 年。

28. 胡南溟，〈己酉上已日留題看開寺〉，黃慎淨編，《開元寺徵詩錄》，臺南：開元寺客堂事務所，1919 年，頁 43。

29. 曹洞宗宗務廳編，《曹洞宗海外開教傳道史》，東京：1990。

30. 荻須純道編，《增補妙心寺史——明治以降の妙心寺》，京都：思文閣，1975 年。

31. 連雅堂，〈秋日偕少雲游開元寺〉四首，黃慎淨編，《開元寺徵詩錄》，臺南：開元寺客堂事務所，1919 年，頁 37。

32. 連雅堂，《臺灣通史》，臺北：眾文出版社，1978 年。

33. 鹿山豐編，《教報》第一號，臺北：大日本臺灣佛教會，1896 年 10 月。

34. 彭瑞金主編，《臺南市文學小百科》，臺南：臺南市文化局，約 2014 年完成，後因故未出版。但，現在仍可在臺南市文化局網頁上，自由下載該文學小百科的 pdf 檔全文。

35. 普易道人，《臺灣宗教沿革志》，臺北：臺灣佛教月刊社，1950 年。

36. 游瓊華，〈祝開元寺奉迎今上天皇陛下萬安金牌並大藏經典禮〉，黃慎淨編，《開元寺徵詩錄》，臺南：開元寺客堂事務所，1919 年，頁 26。

37. 黃慎淨編，《開元寺徵詩錄》，臺南：開元寺客堂事務所，1919 年。

38. 臺灣基督長老教會總會歷史委員會編，《臺灣基督長老教會百年史》，1965 年。

39. 趙雲石，〈偕學樵暨南社同人來遊開元寺有作〉，黃慎淨編，《開元寺徵詩錄》，臺南：開元寺客堂事務所，1919 年，頁 35。

40. 齊體物，〈北園別館即海會寺〉，黃慎淨編，《開元寺徵詩錄》，臺南：開元寺客堂事務所，1919 年，頁 27。

41. 蔡國琳，〈提北園別館〉，黃慎淨編，《開元寺徵詩錄》，臺

南：開元寺客堂事務所，1919 年，頁 43。

42. 談宜芳，〈開元寺之建築〉，王麗芬執行主編，《物華天寶話開
元：臺南市二級古蹟臺南開元寺文物精選》，臺南：開元寺，
1919 年，頁 168-191。

43. 盧嘉興，〈北園別館與開元寺上〉，張曼濤主編，《中國佛教史
論集六：（臺灣佛教篇）》，臺北：大乘文化出版社，1979，頁
269-321。

44. 盧嘉興，〈臺郡名門貞修齋女林嘲姑〉，《臺灣研究彙集》第 9
輯，臺南：自印本，1970 年 8 月，頁 1-8。

45. 盧嘉興，〈記臺南府城詩壇領袖趙雲石喬梓〉，呂興昌編校，
《臺灣古典文學作家論集（上）》，臺南：臺南市文化局，2000
年，頁 166-321。

46. 盧嘉興，〈臺南府的偉大史學家連雅堂〉，呂興昌編校，《臺灣
古典文學作家論集（下）》，臺南：臺南市文化局，2000 年，頁
783-798。

47. 鍾淑敏，〈東大收藏與臺灣研究〉，《臺灣史研究》第 1 卷第 1
期，1993 年 6 月，頁 161-165。

48. 顏銘俊紀錄、邱敏捷審稿，〈附錄：「臺南學研究重要先驅——
盧嘉興學術研討會」綜合座談紀錄〉，《人文研究學報》，第 56
期，臺南：國立臺南大學，2022 年，一年刊，頁 63-66。

49. 釋慧嚴，《佛教史論集》，高雄：春暉出版社，2003 年。

50. 釋慧嚴，《臺灣與閩日佛教交流史》，高雄：春暉出版社，2008
年。

51. 闞正宗，〈開元寺傳承發展史〉，王麗芬執行主編，《物華天寶
話開元：臺南市二級古蹟臺南開元寺文物精選》，臺南：開元
寺，2010 年，初版一刷，頁 16-127。

第三章　盧嘉興的臺灣佛教研究

邱敏捷
國立臺南大學國語文系教授兼人文學院院長

一、前言

　　臺南學重要人物盧嘉興（1918-1992），生於臺南府城，臺南市第一公學校（今南大附小）、臺南工業技術養成所（今成大附工）畢業，日治時期任職於臺南市役所（市政府）土木課營繕係，專責規劃與設計赤嵌樓的修復工程。國民政府接收臺灣後，任職於臺灣鹽務總局[1]，長期擔任臺南市文獻委員會委員，自號「廢廬主人」[2]。

　　盧嘉興是臺灣史研究的先驅之一，曾於 1964 年以《鹿耳門地理演變考》[3]一書榮獲中國學術著作獎，另有《輿地纂要》[4]、《二層行溪與蟯港》[5]、《臺南縣志稿》與《臺灣研究彙集》24 輯[6]等書，所撰寫之

---

[1] 盧嘉興任職鹽務總局期間，與書法家朱玖瑩（1898-1996）共事，成為摯友，朱氏曾撰贈盧府大門家訓對聯：「慈孝允為當世勸，顯揚宜致合家歡。」〈盧嘉興紀念館看板圖文〉中把「勸」誤做「勤」，「宜」誤做「百」。

[2] 「歷史名人：盧嘉興」，收錄於「臺南研究資料庫」網站，網址：https://trd.culture.tw/home/zh-tw

[3] 盧嘉興：《鹿耳門地理演變考（附續考）》（臺北：中國學術著作獎助委員會，1965 年 1 月）。

[4] 盧嘉興等：《輿地纂要》（臺南：臺南縣民政局，1991 年 6 月）。

[5] 盧嘉興：《二層行溪與蟯港》（臺南：盧嘉興，1965 年 7 月）。

[6] 盧嘉興編著：《臺灣研究彙集》第 1-24 輯（臺南：盧嘉興，1966 年 12 月-1984 年 4 月）

論文，曾刊載於《臺灣文獻》、《南瀛文獻》、《臺南文化》等重要期刊。他關注的議題相當之多，諸如赤嵌樓與鹿耳門的研究、鹽場與鹽制的相關研究、孔廟改建的問題、媽祖信仰的問題、臺灣佛教的考察、歷史人物行蹟的探索[7]，以及古蹟的考證與維護等，都作出開拓性的研究。

　　盧嘉興是戰後臺南地區傑出的文史調查者，臺南學的研究先驅之一[8]，在鹿耳門地理演變考、明鄭媽祖信仰[9]、鹽場與鹽制[10]，以及臺灣佛教研究等田野調查的成果與研究特色，多所貢獻。

　　自學有成的盧嘉興，對臺灣歷史文化的興趣係得力於國分直一[11]（1908-2005）與石暘睢[12]（1898-1964）的啟迪與影響。據民國 70 年7 月 21 日《民生報》記者訪談盧嘉興所記〈荒山尋墓碑廳堂覓神主〉一文云：

_____

7　歷史人物行蹟的探索，如沈光文（1612-1688）、鄭成功（1624-1662）、林朝英（1739-1816）、劉銘傳（1836-1896）、連雅堂（1878-1936）等人都是盧嘉興研究的對象。

8　江燦騰：〈盧嘉興先生的學術研究導論：為何他是臺南學研究的重要先驅之一？〉《人文研究學報》第 56 期，2022 年 10 月，頁 1-22。

9　戴文鋒、楊家祈：〈以多元觀點探討盧嘉興之明鄭無奉祀媽祖論〉，《人文研究學報》第 56 期，2022 年 10 月，頁 23-42。

10　張復明：〈盧嘉興台灣鹽業研究論文之回顧與補述〉，《人文研究學報》第 56 期，2022 年 10 月，頁 43-56。

11　國分直一出生於日本東京，不滿週歲即隨父母到當時稱為打狗的高雄，曾在打狗尋常小學校、臺南州嘉義郡大莆林（大林）小學校、臺南第一中學校、臺北高等學校等各級學校接受教育，隨後並於京都帝國大學史學科接受高等教育，1933 年畢業後回臺南，擔任臺南第一高等女學校（今臺南女中）教師。戰後 1945 年至 1949 年，續任教於臺北師範學校與臺灣大學歷史系。其學術研究對臺灣民俗學與考古學具有重大貢獻。參見劉益昌：《國分直一與臺南：不是灣生的灣生》（臺南：臺南市政府文化局，2021 年 5 月初版），頁 12-15。

12　石暘睢，字穎之，號石叟，生於臺南府城，曾任臺南市文獻委員會市志纂修委員兼特約編纂、臺南歷史館（前身為臺灣史料館）首任管理員，是有名的收藏家。著有〈明鄭營盤考〉、〈南明錢錄〉、〈臺灣明墓考〉等 17 篇文史考察文章，發表於《南瀛文獻》、《臺灣風物》、《臺南文化》等期刊。

　　他（盧嘉興）對臺灣文物的接觸，始於服務臺南歷史館時，但深入考古則源於 17、18 歲結識省女中教師日人國分直一，二人亦師亦友，結伴研究，他從其中吸收了考證方法的基本原則，繼而走出自己獨特的尋根歷程。直到現今，盧嘉興提起當年這段淵源，仍是十分推崇。[13]

　　國分直一可以說是開啟盧嘉興學術考古研究的啟蒙師，而石暘睢則是他文獻學的導師。盧氏〈文獻導師石暘睢先生〉云：

　　　　鄉土史料的維護與保存，有賴地方政府的倡導與保護，……至於私人保存鄉土史料最豐富的應推石暘睢先生。而且臺南市歷史館又是一向為石先生所主持，所以維護臺灣鄉土史料的砥柱，也應該推石先生為首而無愧的。……筆者於民國二十六年服務於歷史館時，對鄉土史事一無所知，經石先生諄諄的指導下，始悉鄉土史的重要，對鄉土文獻開始發生濃厚的興趣。……其後遇有探究鄉土史地所引用諸多史料，均蒙他在私自珍藏的文獻中所供給，始得研成各種的研究。……石先生是後學的導師，也是文獻界的導師。[14]

石氏一生致力於鄉土史料的保存，並提攜後進，盧嘉興受其影響至深且遠。

　　盧嘉興的研究方法，首在精勤於「田野調查」。他經常帶著小土鋤出門考察，除草掘土抄碑文，探訪相關人物，追根究柢，並繪製地

---

[13] 見盧嘉興編著：《臺灣研究彙集》第 22 輯（臺南：盧嘉興，1982 年 1 月），頁 51。

[14] 盧嘉興：〈文獻導師石暘睢先生〉，原刊於《南瀛文獻》第 10 卷，1965 年 6 月，頁 27-28；後刊於氏編著：《臺灣研究彙集》第 24 輯，1984 年 4 月，頁 115-116。

圖、人像與建築物等[15]，誠如黃天橫[16]（1922-2016）在〈盧嘉興先生其人其寫作〉一文所說：

> 他的寫作並不是坐在桌前埋首用功便可完成，都必須在外奔波，或造訪有關人士搜集資料，或探訪實地作田野調查，……他騎一台老朽腳踏車往來市內，……如此蒐羅史料文獻。[17]

徹底發揮了傅斯年（1896-1950）「上窮碧落下黃泉，動手動腳找東西」[18]的史學精神。

有見於盧嘉興的研究貢獻，2000 年臺南市政府將盧嘉興所撰本土古典文學作家的傳記資料、作品，蒐羅彙集成《臺灣古典文學作家論集》三冊出版，彰顯盧氏可觀的研究成果[19]。2012 年「盧嘉興紀念館」[20]（位於中西區友愛街盧嘉興故居）成立，2014 年開幕，2017 年臺南市政府正式為該館舉行掛牌儀式，表達對他在臺灣史研究上的肯定。這些標誌了盧氏的歷史地位與學術貢獻。

盧嘉興作為「臺灣佛教研究」的先驅，頗為學界所關注。本文僅

---

[15] 臺南市政府文化局編：「臺南研究資料庫」。

[16] 黃天橫，與石暘睢知交，曾任臺南市文獻委員會市志纂修委員兼特約編纂。著有黃天橫口述，何鳳嬌、陳美蓉訪問紀錄：《固園黃家：黃天橫先生訪談錄》（臺北：國史館，2008 年 5 月初版）、《司馬遼太郎與臺灣》（臺北：福祿壽興業公司，1993 年 3 月二版），與吳毓琪合撰《固園文學史暨石暘睢庋藏史料圖錄選》（臺南：國立臺灣文學館，2014 年 11 月）等書，以及期刊文章 17 篇。

[17] 黃天橫：〈盧嘉興先生其人其寫作〉，收於盧嘉興著，呂興昌編校：《臺灣古典文學作家論集》（上），（臺南：臺南市立藝術中心，2000 年 11 月初版），頁 9。

[18] 傅斯年：〈歷史語言研究所工作之旨趣〉，收於傅孟真先生遺著編輯委員會編，陳槃等校訂增補：《傅斯年全集》第 4 冊，（臺北：聯經出版公司，1980 年），頁 264。

[19] 盧嘉興過世後，國立成功大學臺灣文學研究所將其對本土古典文學作家所撰寫的傳記資料與作品討論，蒐羅匯集成三大冊編印出版《臺灣古典文學作家論集》。

[20] 「盧嘉興紀念館」為杜正勝題字。

就「前人有關盧嘉興佛教研究之評述」、「盧嘉興與佛教的淵源」與「盧嘉興臺灣佛教研究的特色、影響與侷限」論述之，以呈顯盧氏對於臺灣佛教研究之成果，並充實臺灣佛教研究內涵。

二、前人有關盧嘉興佛教研究之評述

有關盧嘉興的佛教研究受到學界關注的情形，依發表時間探討如下：

其一，1979 年，張曼濤（1933-1981）主編《現代佛教學術叢刊》第 87 冊《中國佛教史論集（臺灣佛教篇）》，共收有 19 篇臺灣佛教論文，其中有盧嘉興論著共 6 篇，分別為〈臺灣最早興建的寺廟〉[21]、〈臺灣的第一座寺院──竹溪寺〉[22]、〈臺南古剎彌陀寺〉[23]、〈北園別館與開元寺〉[24]、〈夢蝶園改稱法華寺年代考〉[25]、〈蔣允焄擴建法華寺〉[26]等，比例相當之高，非常難得。張曼濤在〈編輯旨趣〉

---

[21] 盧嘉興：〈臺灣最早興建的寺廟〉，原刊於《南瀛文獻》第 13 期，1968 年 8 月，頁 49-52；收於張曼濤主編：《現代佛教學術叢刊》第 87 冊（臺北：大乘文化出版社，1979 年 1 月初版），頁 177-186。

[22] 盧嘉興：〈臺灣的第一座寺院──竹溪寺〉，原刊於《古今談》第 9 期，1965 年 11 月，頁 32-37；收於張曼濤主編：《現代佛教學術叢刊》第 87 冊（臺北：大乘文化出版社，1979 年 1 月初版），頁 233-254。

[23] 盧嘉興：〈臺南古剎彌陀寺〉，分別收於盧嘉興編著：《臺灣研究彙集》第 3 輯，1967 年 7 月，頁 41-44；張曼濤主編：《現代佛教學術叢刊》第 87 冊（臺北：大乘文化出版社，1979 年 1 月初版），頁 255-268。

[24] 盧嘉興：〈北園別館與開元寺〉，原刊於《古今談》第 28 期，1967 年 6 月，頁 27-30；收於張曼濤主編：《現代佛教學術叢刊》第 87 冊（臺北：大乘文化出版社，1979 年 1 月初版），頁 269-320。

[25] 盧嘉興：〈夢蝶園改稱法華寺年代考〉（分別收於盧嘉興編著：《臺灣研究彙集》第 4 輯，1967 年 10 月，頁 33-36；張曼濤主編：《現代佛教學術叢刊》第 87 冊（臺北：大乘文化出版社，1979 年 1 月初版），頁 321-328。

[26] 盧嘉興：〈蔣允焄擴建法華寺〉，收於張曼濤主編：《現代佛教學術叢刊》第 87 冊（臺北：大乘文化出版社，1979 年 1 月初版），頁 329-362。

云：

　　探討臺灣佛教史者，自然仍屬不多，經過相當努力，才只有
十九篇的少許成績。……但就目前缺乏研究者的情況下說，本書
之出，仍不失為一本極有價值的有關臺灣佛教史集的專著。[27]

　　這本相當有價值的臺灣佛教史集 19 篇論文中，盧嘉興著作佔了 6
篇，幾乎達三分之一，可見當時有關臺灣佛教的研究，實為稀少。此
外，有〈再談臺南古剎彌陀寺〉[28]、〈竹溪寺沿革誌要〉[29]、〈夢蝶園
與法華寺〉[30]三篇，以及有關齋教的是〈臺郡名門貞修齋女林嘲姑〉一
文，相當難得。〈臺郡名門貞修齋女林嘲姑〉主角林嘲姑（1866-
1915），齋號朝治，法號妙緣，生於臺南，為林文賢長女，自幼茹
素，頗具慧根，矢志不嫁，持齋修德，捐建慎德齋堂，為佛門之楷模。
前清舉人羅秀惠（1865-1943）為其撰〈貞女林氏妙緣齋行碑記〉一文
為記[31]。可以說，這些都是盧嘉興有關臺灣佛教研究的重要論文。
　　其二，1996 年，臺灣佛教史學者江燦騰《臺灣佛教百年史之研究
1895-1995》一書，參考張曼濤《中國佛教史論集》《臺灣佛教篇》所
收的盧氏 6 篇論文，並納入「參考書目」[32]中，可見其重要性與地位

---

[27] 張曼濤主編：《現代佛教學術叢刊》第 87 冊（臺北：大乘文化出版社，1979 年 1 月初
版），頁 2。

[28] 盧嘉興：〈再談臺南古剎彌陀寺〉，《臺灣研究彙集》第 12 輯（1972 年 8 月），頁
17-18。

[29] 盧嘉興：〈竹溪寺沿革誌要〉，《臺灣研究彙集》第 17 輯（1977 年 8 月），頁 1-6。

[30] 盧嘉興：〈夢蝶園與法華寺〉，《臺灣研究彙集》第 3 輯（1967 年 7 月），頁 1-11。

[31] 盧嘉興：〈臺郡名門貞修齋女林嘲姑〉，氏編著：《臺灣研究彙集》第 9 輯（1970 年 1
月），頁 1-8。

[32] 江燦騰：《臺灣佛教百年史之研究 1895-1995》（臺北：南天書局，1996 年 3 月初
版），頁 506。

33 。他說：

> 　　張曼濤曾於 1979 年，編有一冊《中國佛教史論集》〈臺灣
> 佛教篇〉……此冊論文集，收集了 14 個作者，共計 19 篇的臺
> 灣佛教文章，從明末清初到戰後都有。……資料相當多，所以迄
> 今仍值得參考。[34]

　　後來，江氏在〈殖民統治與宗教同化的困境——日據時期臺灣新佛
教運動的頓挫與轉型〉文中，參用盧嘉興〈北園別館與開元寺〉[35]與
〈臺南古剎彌陀寺〉[36]研究成果；江氏再於《日據時期臺灣佛教文化發
展史》一書，引用盧氏〈臺灣的第一座寺院——竹溪寺〉之論點，並提
出評論[37]。

　　其三，1997 年，闞正宗《臺灣佛寺導遊（九）》[38]一書，對竹溪
寺的沿革，引用盧嘉興〈臺灣的第一座寺院——竹溪寺〉一文。

　　其四，1999 年，闞正宗《臺灣佛教一百年》對於竹溪寺與開元寺
的研究，以及「沈光文與佛教」等，多處徵引盧嘉興的研究作為論述依

---

[33] 黃靖惠〈走過日據、臺灣光復、走過田野、鹽田烈日——臺灣文史學人盧嘉興〉說：
「學者江燦騰（1997）就強調盧氏論文的重要性。」（《社教雙月刊》第 117 期，
2003 年 10 月），頁 61。

[34] 江燦騰：《臺灣佛教百年史之研究 1895-1995》，頁 93。

[35] 江燦騰：〈殖民統治與宗教同化的困境——日據時期臺灣新佛教運動的頓挫與轉型〉
（國立臺灣大學歷史研究所博士論文，2000 年 6 月），頁 185。

[36] 江燦騰：〈殖民統治與宗教同化的困境——日據時期臺灣新佛教運動的頓挫與轉型〉，
頁 457。

[37] 江燦騰：《日據時期臺灣佛教文化發展史》（臺北：南天書局，2001 年 1 月初版），頁
498。

[38] 闞正宗：《臺灣佛寺導遊（九）》（臺北：菩提長青出版社，1997 年 5 月初版），頁
57-60。

據[39]。

其五，2002 年，楊惠南〈竹溪寺創建年代的再商榷〉[40]一文，針對盧嘉興〈臺灣的第一座寺院──竹溪寺〉而發，楊氏從「沈光文〈（與州官）酬唱詩〉的創作年代問題」、「盛成〈沈光文研究〉中的若干問題」、「竹溪寺原名小西天寺的問題」等三個觀點，提出質疑。

其六，2010 年，闞正宗〈開元寺傳承發展史〉[41]，多處運用盧嘉興的〈北園別館與開元寺〉[42]一文。

比較可惜的是，2013 年，藍吉富主編《臺灣佛教辭典》[43]並未提盧嘉興及其相關佛教研究成果。

三、盧嘉興與佛教的淵源

盧嘉興[44]與佛教的淵源來自母親盧許綢（ ？-1965）。盧許綢是位虔誠的佛教徒，張李德和[45]在〈盧許綢女士法號錦妙滅度四週年紀念〉云：「念道瓊珠掌並持，仙風堪仰繫人思。傳經本具傳真術，畫荻揚名

---

[39] 闞正宗《臺灣佛教一百年》述「沈光文與佛教」的關聯時，即引用盧嘉興的〈臺灣文獻的始祖沈光文〉一文的內容（臺北：東大圖書公司，1999 年 11 月初版），頁 114；又其追溯臺灣最早的寺院竹溪寺，也是以盧氏〈臺灣的第一座寺院──竹溪寺〉為證（同上），頁 241。

[40] 楊惠南：〈竹溪寺創建年代的再商榷〉，《臺灣文獻》第 53 卷第 2 期，2002 年 6 月，頁 99-112。

[41] 闞正宗：〈開元寺傳承發展史〉，收於闞正宗等撰：《物華天寶話開元──臺南市二級古蹟開元寺文物精華》（臺南：開元寺，2010 年 12 月初版），頁 16-158。

[42] 闞正宗：〈開元寺傳承發展史〉，頁 21、頁 22、頁 27、頁 28 等。

[43] 藍吉富主編：《臺灣佛教辭典》（臺南：妙心出版社，2013 年 4 月初版）。

[44] 盧嘉興於昭和 14 年（1939）與王笑結婚，育有七位兒女：盧富美、盧富麗、盧富貴、盧富芳、盧富足、盧金成、盧金坊等，子孫滿堂。參見〈「盧嘉興紀念館看板圖文」──盧嘉興家族的生活實錄〉。

[45] 參見盧嘉興：〈臺灣名女詩人張李德和女史的家世〉，收於盧嘉興編著：《臺灣研究彙集》第 9 冊（1970 年 1 月），頁 9-15。

萬載垂。」[46]讚誦其念佛修道與持家有成。

　　盧許綢之學佛與竹溪寺素有因緣，為釋眼淨（1898-1971）的大弟子，隨之建立與佛教的因緣。盧嘉興於〈臺灣的第一座寺院——竹溪寺〉文末特云：「紀念先妣盧許綢，法號錦妙，於五十四年農曆十月十六日滅度週年而作於廢廬。」[47]可見其母親與竹溪寺的關係密切，這同時襯托了盧氏之考察、研撰竹溪寺等佛寺，與他受到母親的影響應有內在關聯。

　　據〈盧嘉興紀念館看板圖文〉載民國 42 年（1953）合影於竹溪寺前的文字，云：

> 　　盧嘉興先生的母親盧許綢女士（中），為臺南著名清代福建來臺鳳山縣知府師爺祖傳第二代「醫生嬤」[48]，專治嬰兒發育不良及養育困難等雜症。經常應邀外診，甚遠至澎湖。為竹溪寺重要功德主。為東密高僧來臺的眼淨住持師父帶髮修行女大弟子，與師父及師兄合照於梵式舊竹溪寺。[49]

　　由此可見，盧嘉興的母親盧許綢是虔誠的佛教徒，是眼淨法師的在家弟子，是竹溪寺的重要功德主。然此文稱眼淨法師為「東密」高僧，應是誤解之詞；眼淨法師是東渡日本臨濟學院深造[50]。

---

[46] 張李德和：〈盧許綢女士法號錦妙滅度四週年紀念〉，收於盧嘉興編著：《臺灣研究彙集》第 8 輯（1969 年 7 月），頁 30。

[47] 盧嘉興：〈臺灣的第一座寺院——竹溪寺〉，頁 254。

[48] 盧嘉興紀念館編〈盧嘉興紀念館看板圖文〉云：「盧王笑女士也在母親盧許綢女士往生極樂世界後，接下衣缽成為第三代『醫生嬤』，免費醫治嬰幼兒發育不良及養育困難等雜症多年。」此外，盧嘉興的長子盧金成與次子盧金坊，也分別成為婦產科與皮膚科醫生。

[49] 盧嘉興紀念館編：〈「盧嘉興紀念館看板圖文」——盧嘉興家族的生活實錄〉。

[50] 盧嘉興：〈北園別館與開元寺〉，頁 304。

上面該〈看板圖文〉又載民國 42 年 12 月 19 日竹溪寺蓮池寶塔落成，盧許綢為重要捐款促成者之一。其文云：

> 盧許綢女士，將一生所得盡數捐予南部各大寺廟。促成竹溪寺蓮池寶塔落成，於落成典禮紀念照中，第一排左一唯一女性居士盧許綢女士。中間執拂塵頂戴薩迦尖頂帽者為眼淨住持師父。[51]

盧許綢盡捐一生所得，對於竹溪寺「蓮池寶塔」之興建與落成，居功厥偉。

盧嘉興在佛教信仰上受母親的影響，而他的兒子盧金坊說父親最崇信佛教。盧金坊說：

> 眼淨老和尚想收我父親為徒，但接受了就必須皈依，我爸爸想了一下就說：「我還有很多事情要做，我以後再皈依好了！」但我媽媽和我姊姊都有皈依。總之，我爸爸是最崇信佛教的。[52]

盧嘉興的孫子盧俊瑋則回憶祖父喪事在竹溪寺舉行的印象。他說：

> 我印象最深刻的是，在我們小時候，祖父（盧嘉興）剛過世，在辦頭七，那時候是在竹溪寺辦法事，我記得連續下了兩個月的大雨，整個喪禮都在雨中進行，那時候我爸（盧金坊）會帶著我，在竹溪寺裡面繞來繞去，他就會跟我講說，這片竹林，就

---

[51] 盧嘉興紀念館編：〈盧嘉興紀念館看板圖文〉。

[52] 顏銘俊記錄，邱敏捷審稿：〈「臺南學的重要先驅──盧嘉興學術研討會」綜合座談紀錄〉，《人文研究學報》第 56 期，2022 年 10 月，頁 66。

是以前阿祖會帶著阿公（盧嘉興）來，然後阿公會在這邊念書。
後來阿祖（盧嘉興的母親盧許綢）當了師父的弟子，所以這整塊
地就捐給竹溪寺。[53]

　　關於釋眼淨的生平事蹟，盧嘉興在〈臺灣的第一座寺院－－竹溪
寺〉[54]與〈北園別館與開元寺〉皆有記載，內容大同小異，茲引〈北園
別館與開元寺〉內容如下：

　　　　印明和尚（號隱圓）繼任（住持），因年老事多，就職五
　　年，於四十七年圓寂。……眼淨禪師（號證法，俗家姓林，俗名
　　看，臺南縣下營鄉人，自幼出家，拜竹溪寺捷圓上人為師。少年
　　的時候畢業臺北佛教中學，即往廈門入南普陀山閩南佛學院，後
　　渡日本，入京都臨濟學院深造，民國三十七年捷圓上人圓寂，繼
　　任竹溪寺主持迄今）繼兼任主持，眼淨禪師德高望重，於民國四
　　十八年（己亥）一月接任兼開元寺住持。[55]

　　此文介紹釋眼淨行誼之重點有三：（一）自幼出家，拜竹溪寺釋
捷圓[56]（1879-1948）為師；（二）畢業臺北佛教中學後，就讀普陀山
閩南佛學院，後前往日本京都臨濟學院深造；（三）於民國 37 年
（1948）繼釋捷圓，擔任竹溪寺住持，於民國 48 年（1959）繼釋明
印，擔任開元寺住持。

---

[53] 顏銘俊記錄，邱敏捷審稿：〈「臺南學的重要先驅──盧嘉興學術研討會」綜合座談紀
　　錄〉，頁 67。

[54] 盧嘉興：〈臺灣的第一座寺院──竹溪寺〉，頁 249。

[55] 盧嘉興：〈北園別館與開元寺〉，頁 304。

[56] 釋捷圓，臺南人，俗名周獅，13 歲禮開元寺玄精法師出家，1909 年赴福州鼓山湧泉寺
　　受具足戒，翌年回臺，於 1916 年受聘擔任竹溪寺住持。

可以說，盧家與竹溪寺淵源頗深，而釋眼淨是戰後南臺灣的重要僧侶之一[57]，曾擔任竹溪寺與開元寺的住持，他關心臺灣佛教之發展，撰有〈本島佛教振興策〉提出「振興佛教」、「培養人材」等觀點[58]，得到迴響[59]，其〈臺南竹溪寺沿革〉[60]一文，相當簡要的記錄竹溪寺的沿革與發展。

盧嘉興對於竹溪寺之研究，頗為用心與深入，所撰〈臺灣的第一座寺院──竹溪寺〉、〈竹溪寺沿革誌要〉與〈竹溪寺重建沿革碑〉等文，是「竹溪寺志」很重要的據本。

四、盧嘉興臺灣佛教研究的特色、影響與侷限

盧嘉興對於臺灣佛教的研究，雖未接榫日治時期臺灣佛教如何邁向現代化的問題探究[61]，如 1935 年釋眼淨〈本島佛教振興策〉，然盧

---

[57] 參見楊書濠：〈戰後臺南佛教僧侶之活動──以眼淨、悟慈法師為例〉，《臺南文獻》第 3 輯（2013 年 7 月），頁 210-223。

[58] 釋眼淨：〈本島佛教振興策〉，《南瀛佛教》第 13 卷第 1 期，1935 年 1 月，頁 26-27。

[59] 張微隆：〈讀眼淨大師臺灣佛教振興策後的感想〉，《南瀛佛教》第 13 卷第 3 期，1935 年 3 月，頁 25。

[60] 釋眼淨：〈臺南竹溪寺沿革〉，《南瀛佛教》第 11 卷第 1 期，1933 年 1 月，頁 19。

[61] 日治時期對於臺灣佛教之改革，是當時佛教團體及有識之士共同的呼聲。創刊於 1923 年 7 月的《南瀛佛教》，是「南瀛佛教會」以「提升臺籍僧侶學養智識」為目標的刊物，該刊於 1932 年 10 月（第 10 卷第 8 號），特別製作「臺灣佛教改革號」，標舉「改革之聲」，並刊出〈對臺灣佛教改革之喊聲〉一文，列舉創刊以來（1923-1932）倡導佛教改革之系列文章，凡 40 篇之多（《南瀛佛教》編輯者：〈對臺灣佛教改革之喊聲〉，《南瀛佛教》第 10 卷第 8 號，1932 年 10 月，頁 64-65），其中包括曾景來〈須打破流弊讀《臺灣佛教新運動的先聲》〉，《南瀛佛教》第 8 卷第 1 號（1930 年 1 月），頁 15-18、〈臺灣寺院管見〉，《南瀛佛教》第 9 卷第 3 號（1931 年 3 月），頁 13-18）二文。內中〈臺灣佛教新運動的先聲〉一文，為林德林於 1929 年發表在《中道》的文章：林德林：〈臺灣佛教新運動的先聲〉，《中道》第 69 號（1929 年 9 月），頁 10-12。對此，可參見邱敏捷：〈日治時期曾景來的行誼及其對臺灣佛教之研究〉，《臺灣文獻》第 70 卷第 2 期，2019 年 6 月，頁 1-32。

氏自有其研究的問題意識與關注面向，此處僅就盧氏「臺灣佛教研究之特色」、「竹溪寺研究之影響」與「開元寺與高執德研究的侷限」而論。

（一）臺灣佛教研究之特色

盧嘉興對於臺灣佛教研究之特色在於針對早期臺灣佛寺的考察。他除大量引用資料論證外，對於佛寺之沿革相當重視，並用心蒐集相關文人遊記詩詞中與竹溪寺、彌陀寺、開元寺、法華寺等相關之內容，以相互印證，如〈臺灣的第一座寺院──竹溪寺〉一文中引用 8 種之多，而〈北園別館與開元寺〉中「集錄有關詩詞」更達 19 種[62]，以印證這些佛寺在過去曾是文人留連忘返之地。此處歸納盧氏的佛教研究特色為二大項：一是「以文證史」[63]的研究方法，二是「勾稽文人與佛家之交流」。

其一，以文證史的研究方法。盧嘉興〈臺灣的第一座寺院──竹溪寺〉一文，主要在論證竹溪寺為臺灣第一座佛寺。其主要史料是依據是沈光文[64]（1612-1688）〈州守新構僧舍於南溪人多往游余未及也〉

---

[62] 盧嘉興：〈北園別館與開元寺〉，頁 305-319。

[63] 有關「以文證史」之方法學的時代背景，依張伯偉〈現代學術史中的「教外別傳」：陳寅恪「以文證史」法新探〉云：「就『以文證史』這一方法來說，其學術淵源和學術特色何在？現有的研究多從中國傳統揭示其淵源，比如在上世紀八十年代就有，許冠三先生指出：『以詩證史一法，亦非寅恪首創。』並遠溯北宋時代，近舉王國維、胡適、郭沫若、鄧之誠等人的著述，以為皆『從以詩證史宗旨著眼』……陳寅恪的『以文證史』是其文史研究的新方法。……在吸收中批判，在批判中改造，終於完成其『不古不今之學』。」（《文學評論》，2017 年第 3 期，頁 6-14）

[64] 沈光文，字文開，號斯菴，是臺灣文獻的始祖，在明末起義兵，擁魯王抗清，輾轉於浙、閩沿海。明永曆 5 年（1651）遇颶風飄到臺灣北部，翌年抵達臺南。鄭成功來臺後，以客禮接待。鄭經繼位後，沈因作賦譏之，幾罹不測，遂改服裝入山為僧。待鄭經率軍反攻清軍，沈自山中遷居目加溜灣社教學。未歸故鄉，留居臺灣。參見盧嘉興：〈倡祭臺灣先賢沈光文的蘇岳東〉，引自盧嘉興著，呂興昌編校：《臺灣古典文學作家論集（下）》（臺南：臺南市立藝術中心，2000 年 11 月初版），頁 1021-1022。

云：「沿溪傍水便開山，我亦聞之擬往還。一日無詩渾不可，十年作客幾能閒？書成短偈堪留寺，說到真虛欲點頭。正有許多為政處，僅將心思付禪關。」[65]以此證明，在明鄭時期早有竹溪寺[66]，並點出當時臺南府城文人往往到竹溪寺參訪的史實。

盧嘉興在該文引用連橫（1878-1936）《臺灣詩乘》[67]所記兩首施士洁[68]（1853-1922）〈竹溪寺題壁〉[69]。其中，「同右（用溪西雞其啼韻）」[70]云：「春色無端綠滿溪，我來何處認東西？茫茫世事空雲狗；莽莽雄圖失草雞。萬樹午陰花韻寂，一痕生意筍芽齊。詠觴權作蘭亭會，惆悵夕陽鳥亂啼。」[71]這說明施氏等文人會集於竹溪寺吟詩作對

---

[65] 施懿琳等編撰：《全臺詩》第 1 冊（臺南：國家臺灣文學館，2004 年 2 月出版），頁61。

[66] 對於此詩的解讀，以及竹溪寺創建的時間，盧嘉興〈臺灣的第一座寺院——竹溪寺〉云：「盛成教授研撰的〈沈光文研究〉對這首詩的見解，……竹溪寺係建於永曆 15 年（清順治 18 年，西元 1661）的時候。……光文於改州的翌（十九）年就因寓諷的詩被讒而逃禪。就這一點來看，這一首詩之作最遲也應在永曆 19 年，所以竹溪寺最遲也應在永曆 19 年所建。」，頁 240-242。

[67] 盧文將「臺灣詩乘」誤作「臺灣時乘」，盧嘉興：〈臺灣的第一座寺院——竹溪寺〉，頁 252。

[68] 盧文將「施士洁」誤作「施士詰」，盧嘉興：〈臺灣的第一座寺院——竹溪寺〉，頁252。施士洁，名應嘉，字澐舫，號芸況，晚號耐公，或署定慧老人。22 歲殿試為二甲賜進士出身，欽點內閣中書。23 歲回臺，遊歷臺灣各地，留下不少詩作。與唐景崧頗有交情，獲聘講學於海東書院，培植不少人才，其門生中進士者有許南英、汪春源等。後因臺灣為日本所統治，遂歸泉州，卒於廈門鼓浪嶼。參見盧嘉興：〈開臺唯一父子進士施瓊芳與施士洁〉，引自盧嘉興著，呂興昌編校：《臺灣古典文學作家論集（上）》（臺南：臺南市立藝術中心，2000 年 11 月初版），頁 65-86。

[69] 盧嘉興〈臺灣的第一座寺院——竹溪寺〉：「〈竹溪寺題壁〉：前身慧業我原僧，到此能參最上乘。萬劫紅羊餘法界，一尊綠螘聚吟朋。當門水鏡明於拭，繞徑風篁午不蒸。擊缽詩成饒逸興，墨痕灑遍剝溪藤。」，頁 252。

[70] 此「同右」即指〈竹溪寺題壁〉。不過，施士洁《後蘇龕合集》則載為〈竹溪寺題壁和韻（寺為前明鄭延平王故址）〉云：「春色無端綠滿溪，我來何處辨東西？茫茫世態空雲狗；莽莽雄圖失草雞。半晌午陰花有韻，萬尖生意筍初齊。歸途猶戀山僧味，惆悵夕陽鴉亂啼。」，氏著：《後蘇龕合集》（南投：臺灣省文獻委員會，1993 年 9 月），頁8。

[71] 盧嘉興：〈臺灣的第一座寺院——竹溪寺〉，頁 252。

之概況。此外，盧氏又於〈開臺唯一父子進士施瓊芳與施士洁〉一文中，徵引此詩之「詩題」，進一步佐證他所提出的「臺灣的第一座寺院是竹溪寺」的主張。其文云：

> 施氏未內渡以前的詩稿中，吟詠竹溪寺的詩最多，在他最早詠竹溪寺的詩為〈竹溪寺題壁和韻（寺為前明鄭延平王故址）[72]〉。依照詩題所記的附註來看，竹溪寺係明鄭時期延平王所建的故址，和筆者所考竹溪寺建自明鄭，是臺灣第一座寺院相吻合。[73]

凡此都是盧氏以文證史的例證。

其二，勾稽文人與佛家之交流。盧嘉興在〈北園別館與開元寺〉之「集錄有關詩詞」，引自鄭卓雲《臺灣開元寺誌略稿》中許南英[74]（1855-1917）〈遊開元禪寺〉之詩云：「白雲蒼狗成空幻，自在如僧信不如；老去名心無罣礙，年來習氣盡刪除；初聞聲韻諸天淨，歇盡蟬聲萬籟虛；半日消閑長兀坐，夕陽無語入林於。」[75]〈再過開元寺〉（與窺園留草所錄稍有出入）云：「一肚牢騷不合宜，自家心事自家知；老猶作客遊偏倦，少不為僧悔已遲。彌勒袈裟成一笑，耶穌休息遠

---

[72] 楊惠南〈明鄭時期臺灣「名士佛教」的特質分析〉：「（寺為前明鄭延平王故址）應為錯誤。」（國科會整合型計畫：「臺灣佛教的歷史與思想——明鄭至日據時期」之成果報告，2002 年）。不過，施士洁《後蘇龕合集》確有〈竹溪寺題壁和韻（寺為前明鄭延平王故址）〉（氏著：《後蘇龕合集》，頁 8）之詞。

[73] 盧嘉興：〈開臺唯一父子進士施瓊芳與施士洁〉，頁 78-79。

[74] 許南英，字子蘊，號蘊白，又號窺園主人，生於臺南。自幼家貧，然聰穎好學，於 36 歲中進士，欽點主事，後回臺服務桑梓，協助拓墾事業，也曾協防臺南抗日。參見盧嘉興：〈協防臺南抗日的許南英〉，引自盧嘉興著，呂興昌編校：《臺灣古典文學作家論集（上）》（臺南：臺南市立藝術中心，2000 年 11 月初版），頁 116-147。

[75] 盧嘉興：〈北園別館與開元寺〉，頁 315。

相期；曇花落盡諸天淨，笑與山僧強說詩。」[76]這兩首說明了許南英經常造訪開元寺，敘述他與世無爭的年老心境，以及與僧人以詩對話的互動心情。

此外，對於許南英之生平與成就，盧嘉興另撰〈協防臺南抗日的許南英〉一文，從「兩次赴京會試因言論激昂被放」、「率領義軍協防臺南抗日」、「許氏的生平事蹟」與「許氏的詩詞」等層面而論[77]，特於其詩詞中指出許南英與佛教之密切交流關係，其文云：

> 許氏在南發起「崇正社」於竹溪寺，所以對那寺之詩亦不少，〈臺灣竹枝詞〉中有「小住竹溪蕭寺好，淋漓佳句壁中鈔。」……由他的詞裏就可以瞭解竹溪寺是臺南的舊詩壇，勝日聯吟擊缽的勝地，壁間填滿詩詞佳作。[78]

可以說，盧嘉興對於早期臺灣佛寺的考察，相當重視文史材料，除以文證史外，也透過詩詞轉載進一步闡發臺南府城文人與佛家交往、結衲之概況。

（二）竹溪寺研究之影響

盧嘉興 1965 年發表〈臺灣的第一座寺院──竹溪寺〉一文，就「臺灣早期的寺院」、「最早構建的寺院」、「臺灣早期的書院與寺院」、「竹溪寺的沿革」等面向論述，全文一萬餘字。其中，在「竹溪寺的沿革」較釋眼淨〈臺南竹溪寺沿革〉內容更為豐富。

盧嘉興〈臺灣的第一座寺院──竹溪寺〉提出「竹溪寺創建於永曆

---

[76] 盧嘉興：〈北園別館與開元寺〉，頁 316。

[77] 盧嘉興：〈協防臺南抗日的許南英〉，頁 116-147。

[78] 盧嘉興：〈協防臺南抗日的許南英〉，頁 143-144。

15 年（1661）至十八年間，係由當時的州守所構建」[79]的觀點。盧氏發表該文後，引起不少迴響，並於 2010 年再次被轉載於《普門學報》[80]，可見於受矚目的程度。

　　1976 年，盧嘉興另發表〈竹溪寺沿革誌要〉[81]一文，於 1984 年又增補並更名為〈竹溪寺重建沿革碑〉[82]一文，延續先前的主張且更明確的指出：「故小西天寺係在二縣升州之後，沈氏（光文）逃禪之前，亦即在十八年末，或十九年初所建，乃臺島最早興建之寺院。」[83]

　　〈臺灣的第一座寺院──竹溪寺〉之影響，可粗分三方面：其一，認同並引用盧氏觀點，如朱其麟主編《臺灣佛教名剎》[84]、闞正宗《臺灣佛寺導遊（九）》[85]，釋自憲〈府城竹溪寺創建年代之考察〉[86]等。如闞氏《臺灣佛寺導遊（九）》云：「盧氏考證結果，臺灣建於明朝時

---

[79] 盧嘉興：〈臺灣的第一座寺院──竹溪寺〉，頁 246。

[80] 盧嘉興：〈臺灣的第一座寺院──竹溪寺〉，《普門學報》第 55 期，2010 年 1 月，頁 250-269。

[81] 盧嘉興：〈竹溪寺沿革誌要〉，原刊於《臺南文化》新二期，1976 年 12 月，頁 68-72；收於盧嘉興：《臺灣研究彙集》第 17 輯（1977 年 8 月），頁 1-6。

[82] 盧嘉興：〈竹溪寺重建沿革碑〉（臺南：竹溪寺，1984 年 1 月）。其〈竹溪寺沿革誌要〉一文，於民國 73 年 1 月 3 日立碑時，更名為〈竹溪寺重建沿革碑〉，內容上調整如下：一，原义「留求」改為「琉球」；二，把原文第二段與第三段合起來，「大殿」改為「殿宇」；三，第三段從「採宮殿式，棟宇巍峨，掩映於翠竹蒼松之間，使此最早之古蹟，勝駕舊日之壯觀，成為古都之一觀光勝地，臺南市民亦與有榮焉，謹誌」，增補為「於六十五年初興工，歷八星霜，至七十二年底全部重建完竣，續辦佛學院培育僧才。棟宇巍峨，掩映於翠竹蒼松之間，東西南三面毗鄰體育公園，環境幽美，使此最早之古蹟，駕軼舊日之壯觀，成為古都之一觀光勝地，臺南市民實共與有榮焉。」

[83] 盧嘉興：〈竹溪寺沿革誌要〉，收於盧嘉興編著：《臺灣研究彙集》第 17 輯（1977 年 8 月），頁 1。

[84] 朱其麟主編：《臺灣佛教名剎》（臺北：華宇出版社，1988 年），頁 262。

[85] 闞正宗：《臺灣佛寺導遊（九）》，頁 57-60。

[86] 釋自憲：〈府城竹溪寺創建年代之考察〉，《世界宗教學刊》第 9 期，2012 年 6 月，頁 167-197。

期的三座佛寺中，最早的為竹溪寺，次為彌陀寺，再次為龍湖岩。」[87]
由於明鄭時期所留下的資料稀少，闞氏並無進一步的論證。

　　其二，批判引用者，如江燦騰《日據時期臺灣佛教文化發展史》
一書，有關大崗山超峰寺的淵源，批判盧嘉興〈臺灣的第一座寺院──
竹溪寺〉有關沈光文變服為僧，是為超峰寺開基的紹光禪師[88]。江文
云：

　　　　過去研究臺灣南部寺院歷史，考證最精細的盧嘉興，甚至指
　　出超峰寺在南明永曆 19 年（1665）之後，就由當時的避難文人
　　沈光文開基了，所建的個人潛心靜修的精舍，叫「普陀幻住
　　菴」，也就是後來的「超峰寺」，而沈光文就是開基的紹光禪
　　師。……背景資料缺乏，……無法將其和紹光禪師合為一人。[89]

江氏批判盧文中「沈光文與超峰寺」關係之觀點，間接對盧嘉興〈臺灣
的第一座寺院──竹溪寺〉的認定，有不同意見。

　　其三，楊惠南〈竹溪寺創建年代的再商榷〉提出質疑。楊文云：

---

[87] 闞正宗：《臺灣佛寺導遊（九）》，頁 59-60。

[88] 盧嘉興〈臺灣的第一座寺院──竹溪寺〉云：「至鄭成功於永曆十五年光復臺灣，知道
　　光文在臺灣大喜。以客禮見，令麾下致餼，且以田宅贍公。至成功薨，子經嗣位對遺老
　　稱孤道寡，光文不滿其所施所為。於十七年作〈臺灣賦〉一篇，賦中有《鄭錦（即鄭經
　　的乳名）僭王》之句寓諷。十九年光文寓諷之賦受讒，幾罹不測，乃變服入山為僧，法
　　號紹光。所以有〈普陀幻住菴〉之作，詩云：『磬聲颺出半林閒，中有茅菴隱白雲；幾
　　樹秋聲盧檻度，數竿清影碧窗分。閒僧煮茗能留客，野鳥吟松獨遠羣；此日已收塵世
　　隔，逃禪漫學誦經文。』所謂普陀幻住菴是後來的大岡山超峰寺，係光文變服為僧的所
　　在。」（頁 239）。「法號紹光」原文誤作「法號超光」。

[89] 江燦騰：《日據時期臺灣佛教文化發展史》，頁 498。至於楊惠南〈竹溪寺創建年代的
　　再商榷〉（《臺灣文獻》第 53 卷第 2 期，2002 年 6 月，頁 107）提及江燦騰〈殖民統
　　治與宗教同化的困境──日據時期臺灣新佛教運動的頓挫與轉型〉（國立臺灣大學歷史
　　研究所博士論文，2000 年 6 月，頁 522）有引用，然實無引用此內容。

盧嘉興（以及毛一波、盛成）所謂「竹溪寺是臺灣第一座佛寺」的研究結論，未必能夠成立。……至於小西天寺只是竹溪寺山門的名字，並非竹溪寺專有。同時，也沒有任何文獻可以證明：南溪就是竹溪。[90]

楊文批評盧嘉興〈臺灣的第一座寺院——竹溪寺〉一文，以沈光文〈（與州官）酬唱詩〉與盛成〈沈光文研究〉為本，認為「竹溪寺是臺灣第一座佛寺」有其難成立的理由，而小西天寺並非為竹溪寺專有，南溪未必就是竹溪等。

（三）開元寺與高執德研究的侷限

盧嘉興於 1967 年發表〈北園別館與開元寺〉一文，主要是因乾隆5 年（1740）劉良璧所修的《重修福建臺灣府志》云：「『北園別館』在邑治北五里許，偽鄭為母董氏建。」[91]認為「北園別館」是鄭經奉養母親所建之宅院，與作為鄭經常駐享樂之「行臺」的史實稍有出入[92]。

盧氏上文就「鄭經建造園亭為行臺」、「行臺演變為北園別館」、「北園別館與海會寺」、「榴環寺與開元寺」、「鄭經井與七絃竹」、「榮芳、玄精兩高僧」、「開元寺的沿革」、「集錄有關詩詞」等論述，強調回到「史實」。

不過，有關開元寺住持高執德[93]（證光）（1896-1955）被當局槍決一事，盧嘉興礙於當時戒嚴時期，只能簡要記錄。高執德 1926 年赴

---

90 楊惠南：〈竹溪寺創建年代的再商榷〉，頁 104-105。

91 清・劉良璧：《重修福建臺灣府志》（臺北：大通書局，1984 年），頁 466。

92 盧嘉興：〈北園別館與開元寺〉，頁 269-320。

93 高執德，彰化人，生於 1896 年，1909 年畢業於永靖公學校，1918 年畢業於臺中州教員養成講習所，後擔任公學校教員。

日本駒澤大學求學，畢業論文為〈朱子之排佛論〉[94]，1930 年畢業返臺。1932 年擔任《南瀛佛教》主編並發表〈佛教與社會生活〉[95]等文。1935 年從事開元寺主辦的地方巡迴講演，撰述〈高雄州下巡回講演記〉一文[96]。1943 年參與「大東亞佛教青年會」，並擔任開元寺住持，1947 年被推舉為南京召開全國佛教會臺灣代表，1948 年於開元寺創辦延平佛學院，後因某些因素，遭保密局逮捕，1955 年被槍決。

盧嘉興在於當時的威權體制下，政府嚴密控管民間組織的運作和言論，「臺南市歷史文化史協會章程草案」第七條明定「本會不參加任何政治活動」、第八條「背叛中華民國者不得為本會會員」[97]，盧嘉興身為該會的創始會員和最有影響力的成員，自得提高政治意識，避免觸碰政治禁忌[98]。這是整個時代文史研究者共同的處境。

盧氏〈北園別館與開元寺〉之「開元寺的沿革」云：

> 自抗戰軍興日人敵視漢僧，因此得圓和尚為適應時勢，於民國三十二年（癸末，日昭和十八年）退隱，禪授高足證光（係得

---

[94] 連載於《南瀛佛教》，如高執德：〈朱子之排佛論〉（一），《南瀛佛教》第 13 卷第 8 號，1936 年 6 月，頁 16-21。

[95] 連載於《南瀛佛教》，如高執德：〈佛教與社會生活〉（一），《南瀛佛教》第 10 卷第 3 號，1932 年 3 月，頁 33-36。

[96] 高執德：〈高雄州下巡回講演記〉，《南瀛佛教》第 14 卷第 4 號，1936 年 4 月，頁 22-27。

[97] 臺南市文史協會建檔：「臺南市歷史文化協會章程草案」（研議於 1958 年 4 月 26 日），臺南市政府公文，發佈於《國家文化記憶庫》，數位物件檔名 c45aa85f-2dc0-4be9-a1e5-38a316752594.jpg。

[98] 白色恐怖也曾差點發生在盧嘉興身上。盧金坊說：「我還是要講一下白色恐怖的事情。白色恐怖事實上是有在我們家裡發生的，小時候我聽我媽媽說，白色恐怖時期，有警察到我們家裡來搜索，因為我爸爸每天都在畫圖，然後有人去告密，說有一個人在畫軍事圖，所以警察就來查。我爸爸就跟他們講說，我畫的是古地圖，不是軍事圖。還好那個警察聽完，叫我爸爸就繼續畫，因為那些畫跟臺灣有關，對臺灣有幫助。」（顏銘俊記錄，邱敏捷審稿：〈「臺南學的重要先驅——盧嘉興學術研討會」綜合座談紀錄〉，頁 68）。

圓和尚眾徒中，最傑出的人物）繼任住持。臺灣光復後不久，得
圓和尚於民國三十五年圓寂，證光師創辦延平佛學院，培育僧
材，嗣自感德行不足，於民國四十二年離職赴東京深造。[99]

有關高執德辭去開元寺住持而赴日一事，事實上是民國 41 年底赴
日養病[100]，1954 年回臺後，遭保密局逮捕，1955 年被槍決一事，是開
元寺重要事件。闞正宗〈「高執德事件」及其影響〉[101]深究此事，論
其來龍去脈，以補過去時代之侷限。

高執德是日治時期臺灣佛教知識精英之一，與林德林（1890-
1951）、李添春（1899-1988）、曾景來（1902-1977）、林秋梧
（1903-1934）等人都是當時佛教界的重要人物，遭遇白色恐怖，是佛
教界的一大損失。

五、結語

綜上可知，作為臺灣早期歷史與文化研究者，盧嘉興一生專於筆
耕，勤於田野調查，「荒山尋墓碑，廳堂覓神主」的研究精神，留下諸
多考察資料與研究成果，是臺灣史的寶藏之一。其中，他對於明清至日
治時期臺灣佛教之研究，著眼於佛寺的研究，雖僅區區幾篇，但彌足珍
貴，如竹溪寺、彌陀寺、開元寺、法華寺等論著，都受到後學的重視。
而盧氏關於佛教之研究深受母親影響，佛教也成為他崇信的宗教。

盧氏善於蒐集大量史料，以文證史的研究方法，文史並重，相互
印證，以充實其研究內容，並透過詩詞進而闡述府城傳統文人與佛家交

---

[99] 盧嘉興：〈北園別館與開元寺〉，頁 303-304。

[100] 闞正宗〈開元寺傳承發展史〉說：「這裡所說高執德 42 年辭去（住持）職赴日『深
　　造』，其實是赴日養病，時間是 41 年底。」，頁 143。

[101] 闞正宗：〈開元寺傳承發展史〉，頁 139-149。

流之關係。在問題研究意識上，他雖未承繼日治時期臺灣佛教現代化的議題，而另闢蹊徑，於臺灣早期佛寺創立與沿革問題的探究，同時用心撰寫佛寺沿革史，如〈臺灣的第一座寺院——竹溪寺〉中的「竹溪寺的沿革」，擴充為〈竹溪寺沿革誌要〉，再更為〈竹溪寺重建沿革碑〉等，見證他對臺灣佛教的付出、貢獻與影響。其〈臺灣的第一座寺院——竹溪寺〉一文，引起不少的討論。認同並引用盧氏觀點者，如闞正宗《臺灣佛寺導遊（九）》；批判引用者，如江燦騰《日據時期臺灣佛教文化發展史》一書；質疑盧式觀點者，如楊惠南〈竹溪寺創建年代的再商榷〉一文，在在可見其在臺灣佛教研究之重要性。

可以說，盧嘉興對於臺南府城佛寺之考察著力甚多，居功厥偉，雖然他受限於戒嚴時代，對於開元寺高執德一事自然未能充分論述。這是那個時代文史研究者共同的處境，無法苛求。

參考書目

一、盧嘉興著作

（一）專書

1. 盧嘉興：《鹿耳門地理演變考（附續考）》，臺北：中國學術著作獎助委員會，1965 年 1 月。

2. 盧嘉興：《二層行溪與蟯港》，臺南：盧嘉興，1965 年 7 月。

3. 盧嘉興等：《輿地纂要》，臺南：臺南縣民政局，1991 年 6 月。

4. 盧嘉興著，呂興昌編校：《臺灣古典文學作家論集》（上、中、下），臺南：臺南市立藝術中心，2000 年 11 月初版。

5. 盧嘉興編著：《臺灣研究彙集》第 1 輯，臺南：盧嘉興，1966 年 12 月。

6. 盧嘉興編著：《臺灣研究彙集》第 2 輯，臺南：盧嘉興，1967 年 4 月。

7. 盧嘉興編著：《臺灣研究彙集》第 3 輯，臺南：盧嘉興，1967 年
7 月。

8. 盧嘉興編著：《臺灣研究彙集》第 4 輯，臺南：盧嘉興，1967 年
10 月。

9. 盧嘉興編著：《臺灣研究彙集》第 5 輯，臺南：盧嘉興，1968 年
3 月。

10. 盧嘉興編著：《臺灣研究彙集》第 6 輯，臺南：盧嘉興，1968 年
8 月。

11. 盧嘉興編著：《臺灣研究彙集》第 7 輯，臺南：盧嘉興，1969 年
1 月。

12. 盧嘉興編著：《臺灣研究彙集》第 8 輯，臺南：盧嘉興，1969 年
7 月。

13. 盧嘉興編著：《臺灣研究彙集》第 9 輯，臺南：盧嘉興，1970 年
1 月。

14. 盧嘉興編著：《臺灣研究彙集》第 10 輯，臺南：盧嘉興，1970 年
8 月。

15. 盧嘉興編著：《臺灣研究彙集》第 11 輯，臺南：盧嘉興，1971 年
5 月。

16. 盧嘉興編著：《臺灣研究彙集》第 12 輯，臺南：盧嘉興，1972 年
8 月。

17. 盧嘉興編著：《臺灣研究彙集》第 13 輯，臺南：盧嘉興，1973 年
6 月。

18. 盧嘉興編著：《臺灣研究彙集》第 14 輯，臺南：盧嘉興，1974 年
6 月。

19. 盧嘉興編著：《臺灣研究彙集》第 15 輯，臺南：盧嘉興，1975 年
9 月。

20. 盧嘉興編著：《臺灣研究彙集》第 16 輯，臺南：盧嘉興，1976 年

12 月。

21. 盧嘉興編著：《臺灣研究彙集》第 17 輯，臺南：盧嘉興，1977 年
8 月。

22. 盧嘉興編著：《臺灣研究彙集》第 18 輯，臺南：盧嘉興，1978 年
7 月。

23. 盧嘉興編著：《臺灣研究彙集》第 19 輯，臺南：盧嘉興，1978 年
7 月。

24. 盧嘉興編著：《臺灣研究彙集》第 20 輯，臺南：盧嘉興，1980 年
5 月。

25. 盧嘉興編著：《臺灣研究彙集》第 21 輯，臺南：盧嘉興，1981 年
2 月。

26. 盧嘉興編著：《臺灣研究彙集》第 22 輯，臺南：盧嘉興，1982 年
1 月。

27. 盧嘉興編著：《臺灣研究彙集》第 23 輯，臺南：盧嘉興，1983 年
1 月。

28. 盧嘉興編著：《臺灣研究彙集》第 24 輯，臺南：盧嘉興，1984 年
4 月。

（二）論文

1. 盧嘉興：〈臺灣的第一座寺院——竹溪寺〉，《古今談》第 9 期，
1965 年 11 月，頁 32-37。

2. 盧嘉興：〈臺灣的第一座寺院——竹溪寺〉，收於張曼濤主編：
《現代佛教學術叢刊》第 87 冊，臺北：大乘文化出版社，1979 年
1 月初版，頁 233-254。

3. 盧嘉興：〈臺灣的第一座寺院——竹溪寺〉，《普門學報》第 55
期，2010 年 1 月，頁 250-269。

4. 盧嘉興：〈北園別館與開元寺〉，《古今談》第 28 期，1967 年 6

月，頁 27-30。

5. 盧嘉興：〈北園別館與開元寺〉，收於張曼濤主編：《現代佛教學術叢刊》第 87 冊，臺北：大乘文化出版社，1979 年 1 月初版，頁 269-320。

6. 盧嘉興：〈臺灣最早興建的寺廟〉，《南瀛文獻》第 13 期，1968 年 8 月，頁 49-52。

7. 盧嘉興：〈臺灣最早興建的寺廟〉，收於張曼濤主編：《現代佛教學術叢刊》第 87 冊，臺北：大乘文化出版社，1979 年 1 月初版，頁 177-186。

8. 盧嘉興：〈臺南古剎彌陀寺〉，收於盧嘉興：《臺灣研究彙集》第 3 輯，1967 年 7 月，頁 41-44。

9. 盧嘉興：〈臺南古剎彌陀寺〉，收於張曼濤主編：《現代佛教學術叢刊》第 87 冊，臺北：大乘文化出版社，1979 年 1 月初版，頁 255-268。

10. 盧嘉興：〈夢蝶園與法華寺〉，《臺灣研究彙集》第 3 輯，1967 年 7 月，頁 1-11。

11. 盧嘉興：〈臺郡名門貞修齋女林嘲姑〉，《臺灣研究彙集》第 9 輯，1970 年 1 月，頁 1-8。

12. 盧嘉興：〈夢蝶園改稱法華寺年代考〉，收於張曼濤主編：《現代佛教學術叢刊》第 87 冊，臺北：大乘文化出版社，1979 年 1 月初版，頁 321-328。

13. 盧嘉興：〈蔣允焄擴建法華寺〉，收於張曼濤主編：《現代佛教學術叢刊》第 87 冊，臺北：大乘文化出版社，1979 年 1 月初版，頁 329-362。

14. 盧嘉興：〈再談臺南古剎彌陀寺〉，《臺灣研究彙集》第 12 輯，1972 年 8 月，頁 17-18。

15. 盧嘉興：〈竹溪寺沿革誌要〉，《臺南文化》新 2 期，1976 年 12

月，頁 68-72。

16. 盧嘉興：〈竹溪寺沿革誌要〉，《臺灣研究彙集》第 17 輯，1977年 8 月，頁 1-6。

17. 盧嘉興：〈竹溪寺重建沿革碑〉，臺南：竹溪寺，1984 年 1 月。

18. 盧嘉興：〈文獻導師石暘睢先生〉，《南瀛文獻》第 10 卷，1965年 6 月，頁 27-28。

19. 盧嘉興：〈文獻導師石暘睢先生〉，收於盧嘉興：《臺灣研究彙集》第 24 輯，1984 年 4 月，頁 115-116。

20. 盧嘉興：〈開臺唯一父子進士施瓊芳與施士洁〉，《臺灣研究彙集》第 1 輯，1966 年 12 月，頁 27-39。

21. 盧嘉興：〈協防臺南抗日的許南英〉，《臺灣研究彙集》第 18輯，1978 年 8 月，頁 46-53。

二、古籍部分

1. 清‧高拱乾：《臺灣府志》，南投：臺灣省文獻委員會，1993年。

2. 清‧劉良璧：《重修福建臺灣府志》，臺北：大通書局，1984年。

三、近人研究專書（依作者姓名筆畫由少至多排列）

1. 江燦騰：《臺灣佛教百年史之研究 1895-1995》，臺北：南天書局，1996 年 3 月初版。

2. 江燦騰：《日據時期臺灣佛教文化發展史》，臺北：南天書局，2001 年 1 月初版。

3. 施士洁：《後蘇龕合集》，南投：臺灣省文獻委員會，1993 年 9月。

4. 連橫：《臺灣詩乘》，臺中：臺灣省文獻委員會，1975 年 6 月。

5. 張曼濤主編：《現代佛教學術叢刊》第 87 冊，臺北：大乘文化出

版社，1979 年 1 月初版。

6. 傅孟真先生遺著編輯委員會編，陳槃等校訂增補：《傅斯年全集》第 4 冊，臺北：聯經出版公司，1980 年。

7. 鄭卓雲：《臺灣開元寺誌略稿》，臺南：開元寺，1933 年。

8. 劉益昌：《國分直一與臺南：不是灣生的灣生》，臺南：臺南市政府文化局，2021 年 5 月初版。

9. 藍吉富主編：《臺灣佛教辭典》，臺南：妙心出版社，2013 年 4 月初版。

10. 闞正宗：《臺灣佛教一百年》，臺北：東大圖書公司，1999 年 11 月初版。

11. 闞正宗：《臺灣佛寺導遊（九）》，臺北：菩提長青出版社，1997 年 5 月初版。

12. 闞正宗等撰：《物華天寶話開元——臺南市二級古蹟開元寺文物精華》，臺南：開元寺，2010 年 12 月初版。

四、近人研究論文（依作者姓名筆畫由少至多排列）

1. 江燦騰：〈殖民統治與宗教同化的困境——日據時期臺灣新佛教運動的頓挫與轉型〉，國立臺灣大學歷史研究所博士論文，2000 年 6 月，頁 1-653。

2. 江燦騰：〈盧嘉興先生的學術研究導論：為何他是臺南學研究的重要先驅之一？〉，《人文研究學報》第 56 期，2022 年 10 月，頁 1-22。

3. 杜愚：〈重興竹溪寺的眼淨老和尚〉，《妙林》第 10 卷第 4 期，1998 年 4 月，頁 45-47。

4. 沈琮勝：〈眼淨和尚對臺灣佛教貢獻研究〉，國立臺南大學文化與自然資源學系主辦：「2019 臺南學與區域研究學術研討會」，2019 年 5 月 25、26 日，頁 57-88。

5. 邱敏捷：〈李添春的行誼及其對臺灣佛教之研究〉，《高雄文獻》第 9 卷第 1 期，2019 年 6 月，頁 30-53。

6. 邱敏捷：〈日治時期曾景來的行誼及其對臺灣佛教之研究〉，《臺灣文獻》第 70 卷第 2 期，2019 年 6 月，頁 1-32。

7. 邱敏捷：〈日治時期臺灣佛教在中日佛教交會下的歧點——以「禪淨雙修」為例〉，香港中文大學《禪與人類文明研究》第 9 期，2021 年 6 月，頁 59-72。

8. 林德林：〈臺灣佛教新運動的先聲〉，《中道》第 69 號，1929 年 9 月，頁 10-12。

9. 《南瀛佛教》編輯者：〈對臺灣佛教改革之喊聲〉，《南瀛佛教》第 10 卷第 8 號，1932 年 10 月，頁 64-65。

10. 高執德：〈高雄州下巡回講演記〉，《南瀛佛教》第 14 卷第 4 號，1936 年 4 月，頁 22-27。

11. 高執德：〈佛陀世尊的出家〉，《南瀛佛教》第 9 卷第 4 號，1931 年 4 月，頁 16-19。

12. 高執德：〈起信論的佛身觀〉，《南瀛佛教》第 9 卷第 9 號，1931 年 10 月，頁 2-10。

13. 高執德：〈佛教與社會生活〉（一），《南瀛佛教》第 10 卷第 3 號，1932 年 3 月，頁 33-36。

14. 高執德：〈佛教與社會生活〉（二），《南瀛佛教》第 10 卷第 4 號 1932 年 5 月，頁 18-23。

15. 高執德：〈佛教與社會生活〉（三），《南瀛佛教》第 10 卷第 5 號， 1932 年 6 月，頁 23-29。

16. 高執德：〈佛教與社會生活〉（四），《南瀛佛教》第 10 卷第 7 號，1932 年 8 月，頁 6-11。

17. 高執德：〈高執德氏來信〉，《南瀛佛教》第 12 卷第 11 號，1934 年 11 月，頁 44。

18. 高執德：〈大會對會員的致意〉，《南瀛佛教》第 13 卷第 12
　　號，1935 年 12 月，頁 27。

19. 高執德：〈朱子之排佛論〉（一），《南瀛佛教》第 13 卷第 8
　　號，1936 年 6 月，頁 16-21。

20. 高執德：〈朱子之排佛論〉（二），《南瀛佛教》第 13 卷第 9
　　號，1936 年 9 月，頁 28-30。

21. 高執德：〈朱子之排佛論〉（三），《南瀛佛教》第 13 卷第 10
　　號，1935 年 10 月，頁 30-33。

22. 高執德：〈朱子之排佛論〉（四），《南瀛佛教》第 13 卷第 11
　　號，1935 年 11 月，頁 31-35。

23. 高執德：〈朱子之排佛論〉（五），《南瀛佛教》第 13 卷第 12
　　號，1935 年 12 月，頁 28-32。

24. 高執德：〈朱子之排佛論〉（六），《南瀛佛教》第 14 卷第 1
　　號，1936 年 1 月，頁 47-51。

25. 高執德：〈朱子之排佛論〉（七），《南瀛佛教》第 14 卷第 2
　　號，1936 年 2 月，頁 19-22。

26. 高執德：〈朱子之排佛論〉（八），《南瀛佛教》第 14 卷第 3
　　號，1936 年 3 月，頁 34-36。

27. 高執德：〈朱子之排佛論〉（九），《南瀛佛教》第 14 卷第 4
　　號，1936 年 4 月，頁 32-35。

28. 高執德：〈朱子之排佛論〉（十），《南瀛佛教》第 14 卷第 5
　　號，1936 年 5 月，頁 30-32。

29. 高執德：〈朱子之排佛論〉（十一），《南瀛佛教》第 14 卷第 6
　　號，1936 年 6 月，頁 28-30。

30. 高執德：〈朱子之排佛論〉（十二），《南瀛佛教》第 14 卷第 7
　　號，1936 年 7 月，頁 23-26。

31. 高執德：〈僧伽的意義〉，《南瀛佛教》第 15 卷第 2 號，1937 年

2 月，頁 38-39。

32. 張微隆：〈讀眼淨大師臺灣佛教振興策後的感想〉，《南瀛佛教》第 13 卷第 3 期，1935 年 3 月，頁 25。

33. 張伯偉：〈現代學術史中的「教外別傳」：陳寅恪「以文證史」法新探〉，《文學評論》，2017 年第 3 期，頁 5-16。

34. 張復明：〈盧嘉興台灣鹽業研究論文之回顧與補述〉，《人文研究學報》第 56 期，2022 年 10 月，頁 43-56。

35. 曾景來：〈須打破流弊讀「臺灣佛教新運動的先聲」〉，《南瀛佛教》第 8 卷第 1 號，1930 年 1 月，頁 15-18。

36. 曾景來：〈臺灣寺院管見〉，《南瀛佛教》第 9 卷第 3 號，1931 年 3 月，頁 13-18。

37. 黃靖惠：〈走過日據、臺灣光復、走過田野、鹽田烈日──臺灣文史學人盧嘉興〉，《社教雙月刊》第 117 期，2003 年 10 月，頁 61-64。

38. 楊惠南：〈竹溪寺創建年代的再商榷〉，《臺灣文獻》第 53 卷第 2 期，2002 年 6 月，頁 99-112。

39. 楊書濠：〈戰後臺南佛教僧侶之活動──以眼淨、悟慈法師為例〉，《臺南文獻》第 3 輯，2013 年 7 月，頁 210-223。

40. 戴文鋒、楊家祈：〈以多元觀點探討盧嘉興之明鄭無奉祀媽祖論〉，《人文研究學報》第 56 期，2022 年 10 月，頁 23-42。

41. 闞正宗：〈開元寺傳承發展史〉，收於闞正宗等撰：《物華天寶話開元──臺南市二級古蹟開元寺文物精華》，臺南：開元寺，2010 年 12 月初版，頁 16-158。

42. 釋自憲：〈府城竹溪寺創建年代之考察〉，《世界宗教學刊》第 9 期，2012 年 6 月，頁 167-197。

43. 釋眼淨：〈臺南竹溪寺沿革〉，《南瀛佛教》第 11 卷第 1 期，1933 年 1 月，頁 19。

44. 釋眼淨：〈本島佛教振興策〉，《南瀛佛教》第 13 卷第 1 期，1935 年 1 月，頁 26-27。

45. 釋慧嚴：〈臺南市古剎彌陀寺四百年的滄桑史〉，《玄奘佛學研究》第 21 期，2014 年 3 月，頁 1–27。

五、其他

1. 黃天橫：〈盧嘉興先生其人其寫作〉，收於盧嘉興著，呂興昌編校：《臺灣古典文學作家論集》（上），臺南：臺南市立藝術中心，2000 年 11 月初版，頁 9-12。

2. 楊惠南：〈明鄭時期臺灣「名士佛教」的特質分析〉，國科會整合型計畫：「臺灣佛教的歷史與思想——明鄭至日據時期」之成果報告，2002 年。

3. 臺南市政府文化局編：「臺南研究資料庫」https://trd.culture.tw/home/zh-tw/people/104803

4. 臺南市文史協會建檔：「臺南市歷史文化協會章程草案」（研議於 1958 年 4 月 26 日），臺南市政府公文，發佈於《國家文化記憶庫》，數位物件檔名 c45aa85f-2dc0-4be9-a1e5-38a316752594.jpg。

5. 盧嘉興紀念館編：〈盧嘉興紀念館看板圖文〉。

6. 顏銘俊記錄，邱敏捷審稿：〈「臺南學的重要先驅——盧嘉興學術研討會」綜合座談紀錄〉，《人文研究學報》第 56 期，2022 年 10 月，頁 57-73。

附錄：
「臺南學的重要先驅──盧嘉興學術研討會」

綜合座談記錄

（顏銘俊記錄、邱敏捷審稿　會議日期：2022 年 6 月 18 日）

司儀：

　　綜合座談，現在開始。本場次活動，由國立臺南大學人文學院邱敏捷院長主持，邀請杜正勝院士、江燦騰教授、楊儒賓教授、林朝成教授、戴文鋒教授擔任與談人。現在，我們把時間交給主持人邱院長。

邱敏捷院長：

　　杜院士、江教授、楊教授、林教授、戴院長，還有張復明理事長，所有與會學者，大家好。今天因為葉澤山局長有任務在身，所以我們請張復明理事長一起來參與討論。今天這場座談會有九十分鐘的時間，大會沒有設定任何議題，純粹由各位與談人就自己的涉獵與研究所及，先自由提供意見，然後我們再邀請現場參與的學者一起加入討論。另外，剛剛林教授在主持研討會時，很高興在場有盧嘉興先生的兩位孫子──分別是盧俊銘先生和盧俊瑋先生蒞臨參與。當時我有留言邀請他們發言參與討論，盧俊瑋先生那時也有舉手，但礙於時間的關係，最後沒能讓盧先生有發言的機會，所以稍後等與談人都發言完畢，如果兩位先生想要參與討論，我們非常歡迎。那麼，現在就由杜院士開始，請每位與談人陸續發言。

杜正勝院士：

　　各位好，為了替大會節省時間，我就簡單說說我的想法。我想，如果能早上開始，在線上堅持到現在，那麼，我們今天在場的所有朋友，都該感到佩服並且感謝。也希望在場有些沒排定發言，但心裡也有意見想表達的朋友們，大會能有時間讓他們講講自己的看法。

　　我跟臺南這個地方，其實淵源很深。小時候我經常來到臺南，最具體的是 1960 年時來臺南讀書，那個時候臺南的景觀跟現在相比，真的是截然不同。雖然臺江內海的大變化，在 1950、60 年代時，就已經基本完成了，但這六、七十年來的變化，其實還是非常大。因為自己跟臺南的這點淵源和觀察，今天來到臺南參加這場以盧嘉興先生作為研究中心的研討會，聆聽在場的學者報告，我真的感到獲益良多。這個不是客氣話，因為事實上，我自己對這個議題範疇的瞭解，很多都只是屬於常識層面的見解而已。當然，因為我年紀稍為大一點，所以搜集到的、涉獵到的早期資料也許會比各位多一些，但這些都屬於常識層次，至於學術層次方面，還是要多聽聽大家下工夫、鑽研資料後所得到的意見，所以今天這場研討會，讓我獲得許多知識上的增益。

　　我現在就簡單講幾點我的想法。第一，以盧嘉興先生這樣的例子來開啟臺南學的研究，我在早上開幕致詞時已經提過，我們首先要對盧嘉興先生——不只是他啦！是對像盧嘉興先生這一類人——抱有尊重，但是既然已經將盧嘉興先生放在學術平臺上加以研究、加以討論，我們作為學術研究者，也還是要對盧嘉興先生做一些客觀的審視及衡量。今天一天，包含早上跟下午的報告，大家在這方面都有所展現，尤其張復明先生的那篇鹽業報告，很清楚的點出盧嘉興先生的研究不足在哪裡，我想，這是我們從事相關研究時應該要有的基本態度。

　　當然我們還是很佩服盧嘉興先生他們那一輩的學者，像盧嘉興先生，他作為一個民間學者，沒有受過學術性的科班訓練，但是他能開發新課題，並且討論的層次已經很深入，這是很令人好奇的。也就是說，

那一輩的學者他們的知識來源、觀念來源是在何處？像江燦騰教授在他的主題演講裡面，就特別強調日本學者國分直一對盧嘉興先生的影響，國分直一後來當然成為了一個著名的學者，早期的國分直一還只是一個中學教員而已，還不是一個大學者，但他在那個時期所代表的是一種「新學術」——也就是日本從明治維新後開始接受西方思想，尤其在東京帝國大學成立之後，受蘭克（Ranke，1795-1886）學生的史學研究方法影響所帶來的所謂「現代學術」，這跟傳統上受中國影響的學術方法是不同的。當然，臺灣人的知識來源為何？這是值得我們再去深入考察的，舉個例子，以他們的前輩連橫來講，我很不客氣地給個批評：他是屬於新時代的舊史學，他的《臺灣通史》所代表的，就是一種新時代的舊史學，是一種在中國學術傳統影響下的舊史學，連橫本身甚至沒受到中國新史學的影響——當時中國新史學的發展，已經有二、三十年了，但連橫也並沒有受到中國新史學的影響。

再回到我們今天的重點，像盧嘉興先生那一輩的臺灣學者，他們的知識來源、觀念來源究竟何在？我覺得很值得再繼續追溯下去。但他們當時所學習到的研究方法，已經是過去中國的傳統讀書人所沒有的，也就是今天我們所講的「新學術」，譬如他們尋找新資料的方式，傅斯年就曾講過一句話：「上窮碧落下黃泉，動手動腳找東西。」這就是揭示一種新的做學問的方法，一種新的時代精神。盧嘉興他們那一輩的人當然也要去調查、去找資料，但他們的調查有相當的侷限性，還談不上考古，甚至也談不上是民俗學或人類學，但是在史蹟考察這一方面，他們已經走出了新的格局。（按：此時鈴聲響）看來發言的時間要到了，我就很快做個結束。

第二點是，他們在當時的政治禁忌之下，應該怎樣從事自己的研究的問題，今天有許多的學者有提到這一方面的問題。今天許多從事學術研究的人，他們能進入一些學術社群、研究機構，或者就是進入大學靠著學術研究吃飯，但是像盧嘉興先生他們這樣的民間學者，他們是業

餘的,是業餘的組合。他們這種業餘的組合,除了學術上的興趣之外,他們在心靈上也能有所溝通,有所默契,就好像有學者提到的,他們盡量不談政治;但他們不談政治,是指不直接談你是藍或你是綠,不會彼此之間直接有所衝突而已,而不是說他們能完全跟政治絕緣。坦白講,臺灣今天的學術界,藍的跟綠的要能真正彼此溝通、相處融洽,要彼此之間能互相尊重,很難;當然也有這樣的人,但不多。這也是我們這一輩的學者,可以從他們那些前輩那裡得到一點反省的地方。好像根據謝仕淵教授的報告,他們這批人因為鄭成功登陸的問題分成兩派後,是不是關係就不太好呢?那篇論文裡面好像沒有很清楚的交代,當然這不重要。

總而言之,為了發展臺南學的研究——也就是邱敏捷院長他們正戮力推動的臺南學這一塊,未來該怎麼樣發展?我們今天的討論,或者說,我今天提出的幾點觀察,也許可以提供給臺南大學的戴文鋒教授、邱敏捷院長一點參考。當然我還是建議他們,要再好好思考,要怎麼樣有步驟的、循序漸進的來發展臺南學的研究。我們過去流行的方式,就是開個討論會啊!不斷開討論會,但有時我們也該想想,我們到底有沒有留下什麼比較具體的成果?這個才重要。作為一個退休人員,作為一個旁觀者,我是建議所有主其事者,不論所擁有的資源是多、是少,可以好思考一下這個問題。謝謝大家。

邱敏捷院長:

謝謝杜院士的發言。接著我們邀請江教授發言。

江燦騰教授:

第一點,我先回應杜院士一下。基本上盧嘉興他們那一代的學者,從 1930 年開始,大體是接受臺北帝國大學史學科的學術傳統,史料集成也罷,史料展示也罷,基本上是臺北帝國大學受總督府之命去做的,換句話說,他們一開始就得到了亞洲最先進的學術薰陶。他們是學

徒，但是他們當時展示的文物，有出版品等等之類的東西，都是後來在臺南這邊成立博物館的基礎。換句話說，臺灣史的研究在日治時期，他們總結了之前外國人的研究，再加上他們自己的調查，然後為了展現日本人統治的成果，所以以臺南學為中心，出現了臺灣文化三百年。所以，盧嘉興那一代的學者，他們接受的不是東京帝國大學的影響，而是臺北帝國大學的影響；或者我們可以說，他們學術研究方法，是先受了東京帝國大學的影響，然後再受臺北帝國大學的影響，但基本上就是同一個傳統，這當然跟連雅堂不一樣。以上是我要講的第一點。

第二點來說，我覺得今天這樣的討論非常好，我看到網路上有人寫說，像類似這樣的研討會，他今天看到了含金量最高的演講，你們看，今天這場會議，到現在還有七十幾個人在線上，這就說明，這場研討會是具有社會震撼力的。那麼，針對盧嘉興的研究，或者臺南學的研究，我以下有三個建議。第一個建議是，以臺南大學為主，應該把目前校內只有一套的、很難外借的《臺灣研究彙集》，多影印幾套出來，讓需要這些資料的學者有東西可以借閱，要不然，連資料的借閱都有困難，那就根本無法從事研究。這是第一個建議，請臺南大學圖書館，多影印幾套《臺灣研究彙集》出來。第二個建議是，請將今天這場研討會的成果，盡快學報化，可以跟文化中心合作，盡快把今天的討論成果編印出來，這樣可以替未來鋪起一座橋梁，讓盧嘉興跟臺南學的研究，可以從今天真正開始起步，然後趕快走向第二步。

第三個建議是，環繞盧嘉興跟臺南學的問題，基本上還有很多的專題可以挖掘。比方說跟鈴木大拙在日本、在戰前長期對抗的井上秀天，他是一位最優秀的佛教學者，而且他在臺南待了三年，他甚至還辦雜誌，但直到最近幾年，才有日本教授來臺灣談井上秀天跟忽滑谷快天在臺南的事蹟。總之，過去有許多議題，其實是被我們忽略的，我們應該開始去挖掘它們、研究它們。另外，臺南縣、臺南市有非常多的寺廟，不只是盧嘉興所討論過的那些，像我最先討論的就是戰後來臺灣的

天臺宗湛然寺，我在我的書裡面特別寫了一章，也就是說，佛教的主題也罷，其他的主題也罷，可以分別多辦幾屆研討會，不一定要以盧嘉興先生為主。

總之，可以結合盧嘉先先生和其他各種不同的主題來舉辦研討會，這樣才能累積更豐厚的成果，也才不會有重複調查的情況。最後我還要提一點，就是剛剛林朝成教授已經講到的，很多日治時期的書籍，可能是以前的人們看不懂日文，也可能是人們不理解它們的價值，所以沒有受到善待，這些書籍應該由臺南市政府文化局和臺南市的其他大學一起合作，將它們集中收藏，然後數位化，讓更多的人可以閱讀，這樣才能讓臺南學的研究更加便利，也更加深刻化。我大概就提以上這幾點，謝謝各位。

杜正勝院士：

我回應一下燦騰兄。你剛剛聽我的發言，聽得太跳躍了！我不是說東京帝國大學會直接影響到臺灣南部學者的研究，我是說，東京帝國大學開啟了日本「新學術」的研究傳統。當然臺北帝國大學就是承襲了東京帝國大學的學術傳統，臺北帝國大學史學科講座教授、同時也是第一任文政學部部長——藤田豐八，他就是出身東京帝國大學。當然這其中也可以衍生出一個可以進一步探討的問題，就是臺南的這個研究社群，跟稍早或同一個時期在臺北的那個研究社群，例如在曹永和先生還沒有進入學術界以前的那個時期，他們那一個學術社群跟臺南盧嘉興先生這個學術社群，其實也是具有可比性的，可以相互比較一下。以上是我的回應。

邱敏捷院長：

感謝江教授的報告，也謝謝杜院士的回應。接著我們請楊教授發言。

楊儒賓教授：

謝謝，我想，我是在場最沒資格講話的，剛剛江燦騰教授說，我們今天的演講含金量很高，我想如果把我的部分去除掉，含金量就會更高了。接下來我其實也沒有什麼具體的意見要講，就是講講我的一些感想。

第一個感想是，盧嘉興這位地方文史工作者，在以往我所熟悉的研究領域裡面，老實說不太受到重視，這當然跟背後整個政經局勢的變化有很大的關係，最近這三十年，臺灣的政經局勢變化已經很大，韋伯當年在論述基督教傳播的問題時，有這樣一個說法，他說：我們一般只是注意到名氣較大的大神父、大神學家，但其實在整個基督教的教義不斷傳播、滲透的過程中，地方型的牧師或知識分子，都扮演了很重要角色，我認為，這樣的觀察若放在整個臺灣史研究的發展上來看，可能也是很吻合的，像盧嘉興先生這樣的地方文史工作者，他們其實貢獻了很多銜接地方底層與高層學術工作的努力，但我以前對這方面確實沒有太重視。而且這些地方文史工作者，也有可能提升自我的學術研究層次，例如曹永和先生就是最明顯的例子，後來大概沒有人會只把他看作是一個地方文史工作者，他的研究基本上已經足以進入學術的殿堂。總之，有些地方文史工作者，他們可能也會有這種身分轉化的過程。

我的第二個感想是，剛剛有人提到宗教上的造假問題。我們知道，許多政治人物講過的話、留下的照片、寫下來的日記，其實很多都必須打上問號，因為其中經過造假、重編、加工的可能性，真的奇高無比，我自己就收藏很多字畫，在裡面也會發現這種問題，例如明明是清版本，卻被改成明版本，但沒想到在宗教界也同樣有各種造假的問題，這倒是一個有趣的現象。在今天的討論裡，有提到臺南的文史協會草創時，就主張不談政治，也就是說，在那個年代有一些會讓人們避談政治的因素已經存在。像杜院士剛剛說的也沒錯，在我們當代要避談政治問題，大概很難，尤其從事臺灣史研究，有很多問題跟當代的關係太密切

了，說白了，很多會牽涉到對整個國家定位或認同問題的想像，我想，這都是很難克服的問題，也沒有什麼可以拿來妥善處理這類問題的公式。我總覺得，大概只有上帝能為這種問題找到一種能妥善處理的平衡點，因為我們從不同的角度出發，就總會看到不同的問題。像今天也有人提到辜顯榮，在我的成長過程中，辜顯榮當然不可能是一個太正面的人物，但我自己在清華大學，應該就是清華文物館，曾經讀過辜顯榮寫給他在一個鹿港朋友的信札，很明顯的，辜顯榮對日本的統治很有意見，而且寫得非常直白；我就讀的臺中一中，捐錢最多的也是辜顯榮。我這樣說不是要為辜顯榮翻案，我是要說，人可能有各種面相，這些眾多面相裡面，哪個是主？哪個是從？或者各種面相的比例是佔多少？我們都應該從各種不同的角度，去對他做判斷，不要什麼事情都非黑即白，都強烈要求黑白分明，那麼事情也許就會好一點，對那些牽涉到很多爭議的歷史人物，例如陳儀，我們都該這樣。這只是我的一點感想，並不是什麼建議。我的發言就到這裡，謝謝。

邱敏捷院長：

謝謝楊教授的發言，接著請剛剛主持會議的林教授發言。

林朝成教授：

我認為，今天這種討論很重要，我這邊也提出幾個建議，這些建議也是比較實際的建議。第一個建議是，整個臺南學目前以文化局為主出版的叢書，主要是南瀛叢書跟大臺南文化叢書，這樣一本一本的寫，至今已經超過兩百本，這方面的成果，是不是可以大家拿來做個檢討？這些書的作者群很廣泛，其中有國小老師、國小校長，也有國中老師，基本上都是民間學者的成果，所以，對於目前已經出版的南瀛叢書、大臺南文化叢書，是不是要做一個總體的檢視？這是一個需要時間跟功夫去累積的工作，也是所有臺南人都可以共同投入、參與的工作，所以我認為，對這兩套叢書的檢視，可以做為未來努力的方向之一。

　　第二個建議是，在看待宗教或文化方面的問題時，目前我們有一種傾向，是以前盧嘉興先生那一輩的人所沒有的，就是所謂的「無形文化資產」，譬如說，我們去看西港的廟宇，像西港慶安宮，他們對自己在地的文物就不是很重視，但是「西港仔香（臺語）」被列為「無形文化資產」，所以他們對這方面就比較重視。我的意思是，我們應該怎樣促成各個地方去重視自己的文物，是很重要的問題，例如以西港來說，我們可以從「西港仔香（臺語）」開始，進而連結他們的「有形文化資產」與「無形文化資產」，我覺得這是我們可以採取的方式，也是我們可以去做的事。

　　第三個建議是，這其實是我們在從事文化保護工作時都會碰到的問題。這個問題就是，整個文化因為都市開發、都市發展的進行，很常走向博物館化，博物館化後，這個文化就變成一種死的文化資產，所以我認為臺南市目前從事這方面的工作，最重要的研究，就是要想辦法讓每個文化遺產、文化資產都具有它的「自明性」，我們現在做法，都是一直在破壞這一點，無法讓這些文化資產具有「自明性」，我認為這一點，應該是我們這些學者應該要去討論、應該要去堅持的。譬如明清古墓群裡面最重要的南山公墓，現在也說要對它進行開發，一旦開發，它就會博物館化，也就是就地保存一、兩座，或者全部遷到某個地方，這就是目前我們所看到的，在處理相關問題時的危機。我們在處理這種問題時，能不能提供一些可行的方向，來更好的解決這種問題？這方面的問題，在盧嘉興先生那個時代，是沒有碰到過的，他們沒有機會來反省這種問題，但我們現在從事臺南學的研究，我覺得我們必須實際的來討論跟面對這種問題。

　　另外，剛剛我看到敏捷院長說，是不是可以讓盧俊瑋、盧俊銘先生發言？我相當贊成邀請他們來發言。謝謝。

邱敏捷院長：

我們等一下請戴前院長還有張復明先生發言完畢，就邀請盧金坊醫師和盧俊瑋醫師發言。現在先請戴前院長發言。

戴文鋒教授：

主席，一起參與綜合座談的師長，以及所有一起線上參與會議的先進，今天很高興有這個機會在這裡跟大家進行報告。我想我就集中談幾個部分的問題，不知道大家有沒有看到我 PPT 的畫面？

邱敏捷院長：

有，有看到畫面。

戴文鋒教授：

因為早上我沒有先問，結果報告時 PPT 沒有呈現出來，我自己都不知道，所以現在我先確認一下。我將盧嘉興先生《臺灣研究彙集》共二十四輯的內容，一一彙整成一個 EXCEL 檔，進一步去瞭解盧嘉興先生研究成果的質與量，完成之後，我發現盧嘉興先生有一個非常了不起的成就，那就是：在上冊的部分，盧嘉興先生一共發表了 97 篇論文，扣除掉具有重複性的文章，他實際上有 75 篇研究成果；在中冊的部分，一共有 78 篇，扣除掉具有重複性的文章，實際上有 49 篇；在下冊的部分，一共有 52 篇，實際上有 35 篇。我們把三冊的篇目加起來，總計有 227 篇，但實際發表的是 159 篇。

所以我們概略地說，盧嘉興先生發表了大約 160 篇的論文，這是什麼概念呢？學術期刊有所謂的年刊、半年刊、季刊，當然也有一些月刊、半月刊，以過去臺灣研究領域最常見的兩個刊物來說，一個叫《臺灣風物》，一個叫《臺灣文獻》，它們都是屬於季刊，也就是一年發行四期。若每期都有發表，一年就是會發表四篇；以 160 篇來算，除以 4，盧嘉先生就是要發表四十年，平均每個三個月要寫出一篇文章，我

對這個成果感到很訝異、很震驚。盧嘉興先生真的是一個非常用功、非常勤奮的學人，以他白天上班、禮拜六、禮拜天可能要去做田野調查，剩下很有限的時間，可能必須利用三更半夜的時候比對資料、進行考證、從事資料的閱讀，特別困難的是，我自己就有這樣的經驗，早期所有臺灣文獻叢刊的資料，都是要一頁一頁、一字一字地讀，不像我們現在有很多學術資料，全部都已經數位化。數位化有一個好處，那就是關鍵字一打，例如你打上「媽祖廟」、「天后宮」、「天上聖母」，相關的資料便會一筆一筆排列出來，讓現在很多年輕一輩的研究者比較輕鬆、比較方便。但早期從事研究，在圖書館借閱資料是非常不方便的，就會去買這種大部頭的臺灣文獻叢刊，所以，我特別感佩盧先生這種非常有毅力的治學精神，平均每三個月就寫出一篇論文，而且四十年不中斷。我們看他這 160 篇論文，處理最多的，主要是歷史人物，比例佔了總論文數的四成二；歷史考證方面，也佔了 18%；再來是寺廟、宗教方面的探討，佔了 16%；其次才是鹽業和地理變遷，佔了 12%。不過，在鹽業研究這一塊，我覺得，我們目前的研究基本上都是站在盧前輩的基礎上去發展的，雖然它只佔了 12%，但就像剛剛說的，這些成果的含金量是很高的，讓我特別感到佩服的。所以，有機會讓我重新爬梳盧先生、盧前輩的研究足跡，對於他治學的毅力跟誠心，我實在非常敬佩。以上是我的發言，謝謝。

邱敏捷院長：

我們很謝謝戴前院長，對我們今天研討會的主角——盧嘉興先生的研究，又進一步做了歸納和分析。接下來我們請張復明理事長發言。

張復明理事長：

各位貴賓大家好，我今天是抱著學習的態度到這邊來的，雖然盧嘉興是我的科長，我跟他接觸的時間大概三年，因為工作的關係，後來在臺灣鹽業要結束的時候，我們曾經建立了一個博物館，我也參與了博

物館的規劃,做了一些顧問性質的工作。後來臺灣鹽業停止曬鹽以後,政府就開始積極推動社區營建方面的工作,所以南臺灣曾經有過鹽業設施的地方,它們都開始去尋找自己過去鹽業的足跡,我也因此經常接觸到盧科長所留下來的一些遺產。

我今天聽了各位教授的報告,我想,關於影響盧科長的人,我今天所聽到的,像國分直一啦!或者一個石先生(按:此指石暘睢先生)。但是呢,因為以前我在辦公廳裡面,跟盧科長是面對面坐著的,我曾經問他說:「盧科長……」因為他每次在外面做完田調以後,隔天就會在辦公廳裡面整理相關的資料,所以我就問他說:「盧科長,你怎麼會這樣騎著腳踏車、帶著便當到處跑?」他跟我親口講了一個人,他說,他當年在臺南市役所土木課服務的時候,他們有一個日本籍的課長,他講了這個日本籍課長的日文名字,但是我已經忘了他的名字。我相信,盧科長的小孩子一定曉得這個人,而這位課長,也是每個禮拜六、禮拜天,都騎著腳踏車在臺南這個地方到處跑、到處去做田調,所以盧科長也跟我一樣問那位課長同樣的問題。這位日本課長怎麼回答呢?他說(按:此時張復明先生深有感慨,開始哽咽):「這些東西,是你們臺灣人要做的,你們不做,我幫你們做。」我當時聽了,愣在那邊。所以後來我把這位日本課長的名字忘掉了,卻記住他說的這些話。因為這個緣故,我相信這位日本籍的課長,是真正影響到盧科長所謂使命感的問題。也許你們都從盧科長的文章裡面去瞭解那些影響他的人,因為他們的文史協會一直主張不談政治,所以在他的文章裡面,從來沒有提到過當年這位他踏入社會後、從事第一份工作所遇到的日本課長,從來沒有提到過他的名字,但這是他親自告訴我的。也許等一下我們可以請教一下盧科長的公子,他們應該曉得這位日本課長的名字。這是我首先要講的,我今天聽了演講後的感想。當然,做這些鹽業的研究也好,或者是在那個時代要做臺灣的研究也好,真的是滿危險的。

我跟盧科長相處了三年,他對政治議題,一直是保持沉默的,我

民國 67 年的時候到臺鹽服務，那個時候還是處於戒嚴的狀態，但是對言論尺度的管制，已經有慢慢在放寬，但如果我們當初談到一些在政治上比較敏感的問題，他是保持沉默的，而且那個時代能夠在國營事業裡幹到「長」字輩的，一定是 KMT（按：此指國民黨）的，如果你沒有 KMT 的黨籍，就根本不用談，所以他基本上對這種政治敏感問題就是保持沉默。在寫文章的時候，也要迎合政治上的正確性，要考慮政治正確的問題，譬如說：在臺灣鹽業的曬鹽田調以後，各個社區裡面開始做社區營造，像臺南，整個臺南縣、市幾乎每個地方都有鹽田，譬如我有一次到鹽埕，瀨北廠就在鹽埕，就是安平工業區那個地方，瀨北場當時也做社區營造，在做社區營造的時候，縣市政府會把這些工作就發包出去，發包出去後，顧問公司就來了，就開始討論臺灣鹽業的狀況，裡面就提到，當年日本人離開臺灣的時候，為什麼鹽業會整個萎縮？顧問公司就告訴我們原因，因為當時如果要開會，我們公司就會派我去，顧問公司說：在 1895 年的時候，臺灣這邊有一個法令，讓臺灣的住民可以選擇自己的國籍，因為當時臺灣的鹽民不願意當日本的國民，所以放棄在臺灣的鹽田，回到中國大陸去。當時我就說：你這是根據盧科長所講的話。我想這是不對的，這是不可能的事情，我當時說了一大堆。事實上，這種事情為什會跟政治扯上邊呢？盧科長這麼寫，其實就是為了政治上的正確性，純粹是政治正確的問題。就像剛才楊教授也有談到的，我們經常提到像辜顯榮、還有像朱玖瑩，這兩位就我們從事鹽業研究的人來看，就都是鹽業的在地協力者，而且都是日本人的在地協力者，一個是在戰後，一個是在戰前，但是他們兩個人受到的待遇非常不一樣。

在安平的話，有朱玖瑩的紀念館，其實有兩個地方，一個在安順，一個在安平，但因為辜顯榮建議臺灣恢復鹽業專賣，才有後來安平將近六十年的鹽業風華，但是安平人對朱玖瑩非常尊重，卻將辜顯榮批評得一無是處，其實如果我們很客觀的從整個歷史脈絡來看，該怎麼說呢……所以曾經他們請我到安平去演講，我就講了當辜顯榮遇到朱玖

瑩，拿他們兩個人做比較。所以有些時候，如果我們太從政治的角度去評斷一個人，那不見得是很公平的事。最後我要講的是，其實盧科長因為他本身從事臺灣研究，尤其主要在地理、鹽業方面，而且他本身有臺灣、有在地方面的背景，從臺灣史研究的角度來看，我們的祖先是用雙腳寫歷史的，他們不是用手寫歷史，在早期很多臺灣的祖先都是文盲，所以他們是用雙腳寫歷史；而盧嘉興先生有一個優點就是，他能夠善用總督府當年在做土地改革的時候，所使用的土地交易文書，就是我們所講的契約學，那是研究「地名」非常重要的史料。

　　最後，我再回應一下關於資料的問題，其實在臺灣史研究裡面，對於資料，我們大概都有選擇性的保存，譬如說我早上報告過的，日本時代的官員所取締的走私的私鹽的量，戰後的量，當然《中國鹽政實錄》裡面有記載，但日治時期私鹽的取締量記載在什麼地方？在目前所有圖書館的館藏資料裡面，幾乎都是找不到的，只有在行政長官公署，有一份臺灣省 51 年來的統計資料，那份資料被列為稀少性文書，平時收藏在倉庫裡面，需要時必須特別去登記、借閱，才能找得到。總之，其實日本統治臺灣 51 年，行政長官公署曾經編了這一本統計資料，但是我們平常很少去用它。我們研究社會科學，很多時候希望有些屬於實際數據的東西做基礎，這樣做出來的研究會比較有說服力。以上是我的發言，抱歉，剛剛情緒有一點激動，謝謝大家。

邱敏捷院長：

　　非常感謝張理事長，他真的提供了一些非常寶貴的經驗，尤其他和盧嘉興先生曾經共事過，所以對他的瞭解自然比我們多，非常感謝張復明先生。現在我們就請盧嘉興先生的么子──盧金坊醫師發言。然後我也要特別感謝，在這個過程裡面，盧醫師特別贈送了我們幾套《臺灣古典文學作家論集》供我們研究，現在就請盧醫師發言。

盧金坊醫師：

　　各位大家好，我們很感謝你們能夠辦這個研討會，讓更多人能知道我父親的知識。自從我四年前出了車禍之後，就不太能到南部去，當然我們現在都有請專人在那裡管理。那，對於各位的精闢的演講，我們有一些看法，還有一些我個人知道的事。我是家裡的老么，上面有六個姊姊、一個哥哥，我很小就跟著爸爸到處去，例如他騎著腳踏車，載我們從臺南到岡山去，我坐在前座，我哥哥坐後座。他當時交代我們，都不可以抽菸、喝酒。因為我坐在前座，聽得比較清楚，而我哥哥坐後座，聽得沒那麼清楚，所以我就從來不敢喝酒、不敢抽菸，我哥哥一開始有抽一點菸，但後來也就沒抽了。因為我年紀最小，所以小時候只能做打雜的工作，像他要帶我哥哥出去畫圖，我就只能幫他提水桶，讓他畫畫時可以換水，反正我就是做這些打雜的工作。但是他有交代我很多事情，譬如說他有一些畫，像臺南十二勝景圖，收藏在臺南的鄭成功紀念館裡面，在我大五的時候，有一次他帶我到那裡去看，當時他的畫已經整片都黑色，已經看不到圖樣了，他就跟我講說：真可惜！以後我們的東西還是要自己保存。

　　我爸爸的東西，我都沒有移動，包含他作畫的工具跟書桌，我們都沒有動過，在我爸爸過世之後，因為要成立紀念館，才開始去把那些東西找出來，也才找到臺南十二勝景圖。他有把一份送給歷史博物館，一份送給一個朋友，所以我們家裡只找到一幅他畫一半的，現在放在紀念館裡面，讓大家可以參觀。我要特別感謝的是杜正勝院長，當時我帶著我的小兒子——盧俊銘到中研院去拜訪他，向他表示感謝，而且請他幫我們的紀念館題名，他毫不猶豫的就答應我，把題好的字交給我，他還說，字體大小的問題，排版的人會自己處理好。所以我很感謝杜院長，而且就一直有聯絡。

　　再來，我也要感謝張復明張總顧問、張理事長，在四十年前他跟我爸爸共事的時候，他就已經碩士畢業了，那時候我還是國中生，我爸

爸回來就跟我說：「我對面那個碩士很厲害喔！他什麼都懂，你們以後要認真，至少要像他這樣……」然後我爸爸把很多事情交代給張理事長處理，所以我覺得張理事長非常瞭解我父親。因為我小時候都是拿我爸爸剩下的廢紙來做筆記，那麼，張理事長講的那個人，應該是國分直一啦！那個時候國分直一老師是在臺南女中教書，他帶我爸爸到山上去考古，他從山上掉下來的時候，眼睛受傷，所以戰後他就回日本去了！他現在還是中央研究院的一個顧問，是臺灣史研究的顧問。

還有，我時常在講陳永華，陳永華是鄭成功的軍師，我父親一直有交代，雖然現在有一間「開基永華宮」，裡面有陳永華將軍的相片，我回臺南時都會去拜拜，陳永華的事情是我爸爸有特別交代的，他說：「陳永華並沒有放在廟裡，而是放在他的陳姓家祠裡面。」另外就是，眼淨老和尚想收我父親為徒，但接受了就必須皈依，我爸爸想了一下就說：「我還有很多事情要做，我以後再皈依好了！」但我媽媽和我姊姊都有皈依。

總之，我爸爸是最崇信佛教的，然後因為我爸爸會堪輿術，也會算命，我們家有特別的算命書，他還有龜卦，他每年過年要出門的時候，都要先算出幾點幾分得從哪個門出去、往哪個方向走，接著走了以後就要先到關帝港開基武廟拜拜，拜完以後再回來臺南總管宮那裡拜拜……然後張總顧問所講的事，我小時候都有聽我爸爸講過。然後我問過我爸爸，你為什麼房子不買在路邊？為什麼要買在巷子裡？他說我們家就是少了五百塊，因為路邊的房子要五千五百塊，而我家只有五千塊，所以就住在巷子裡面。所以我就尊重他的意思，他就說，你以後有錢，再自己買到外面去。所以我後來就從原本的盧嘉興故居，買到前面的房子去，幫我爸爸完成他的心願。

然後，因為他一直要我們做科學研究，叫我們不要相信臺灣的歷史課本跟地理課本，那些都沒有用，所以我們都不能唸那些書，我的歷史、地理都不及格。他說，只要能夠過關就好。我說，我一次考 90

分，一次考 46 分，這樣平均就有 60 幾分，後來就臺南一中畢業了。進入醫學院後，我就專攻研究，1981 年我就代表臺灣到世界皮膚科大會發表了一篇論文；1986 年到雪梨去發表三篇論文；2001 年到巴黎去發表四篇論文；2011 年與我兒子到韓國首爾演講，發表了八篇論文；2015 年去加拿大溫哥華發表了十一篇論文；2019 年我兒子到米蘭去發表論文，他現在已經是長庚醫院的助理教授了。所以我們現在主要就是要完成我爸爸的心願，以及他交代的事。他交代我的事，我就一步一步把它完成，我們能做的事情就只有這樣子。

　　各位如果有什麼事，可以跟我們聯絡。另外，我們也有想過，要把我爸爸的書重新再印過一次，因為黃天橫先生說過，市政府出版的那三本書，最可惜的就是沒有照片。我請教過好的影印師，他說以現在的技術，他可以把那些書印得很好，所以我們現在正在籌備這件事。還有石暘睢，他是我爸爸的導師，他因為坐在我爸爸的右前方，所以石暘睢在做事的時候，我爸爸就坐在他的左後方，我爸爸就畫了一張他歪頭的臉的畫，把那張畫送給石暘睢老師。因為石暘睢老師的太太在他過世後，把他遺留下來的作品都賣給了黃天橫，我當時要辦盧嘉興基金會、盧嘉興紀念館，就請黃天橫來，黃天橫就把那張畫送給我，我就把它掛在紀念館的左側，右側是掛我父親畫的我阿公的畫。我聽我大姐說，我爸爸有空的時候，就會拿著那張我阿公的畫，在那邊想著他的爸爸。這也讓我覺得，我就是要照我爸爸交代的去做。以上，謝謝大家。

邱敏捷院長：

　　謝謝盧醫師，我們聽了之後，真的很感動。也很感謝你撥冗參加和發言。接著我們請俊瑋醫師發言。

盧俊瑋醫師：

　　各位老師、前輩，大家午安。我剛從南投回到臺北，我其實是要表達我對各位學者們的感謝。雖然早上我一直都在看門診的病人，但其

實我都有偷偷聽各位在講我阿公以前的故事，很多故事，我們自己身為盧家的子孫，卻讓它們消失在我們的記憶裡面，我聽了之後覺得很感動，也很感慨，有許多很重要的事情，因為我們不在意，後來它們就慢慢不見了。我印象最深刻的是，在我們小時候，祖父剛過世，在辦頭七，那時候是在竹溪寺辦法事，我記得連續下了兩個月的大雨，整個喪禮都在雨中進行，那時候我爸會帶著我，在竹溪寺裡面繞來繞去，他就會跟我講說，這片竹林，就是以前阿祖會帶著阿公來，然後阿公會在這邊唸書。後來阿祖當了師父的弟子，所以這整塊地就捐給竹溪寺。然後還說，這片竹林旁邊的墓仔埔，以前有一隻很老的牛，很有靈性，後來死掉就埋在這邊。

　　我本來認為，這些東西都不會從我們的生命中消失，包含竹溪寺那一片很大的湖，就是每次下大雨就會整個被淹掉的那座湖，但這幾年臺南追求地方創生，希望能夠帶動臺南的經濟，但我從中並沒有看到更多對臺南文化的深度挖掘或理解，只是很多類似複製貼上的商店不斷在出現，那些真正具有歷史涵義的東西，好像都漸漸從臺南人的眼裡消失，我個人認為，這是非常可惜的。所以我很感謝，因為有各位老師們的努力，才能讓這些老一輩的學者們所做的研究能夠留下來。我自己本身也是從事醫學研究，我本身沒有出國，沒有走目前比較流行的路子，也因此有時候會被一些老師嘲笑，說我是一個土博士。但我覺得土博士也沒有什麼不好，因為我們臺灣人有我們臺灣人的想法，我們會做我們自己想要做的研究。這些研究只要我們不斷的進行、不斷的創作，總有一天能讓別人看到。剛剛老師們提到，希望能夠多家搜尋一些關於祖父的資訊、著作，然後讓更多人能看到，我想，這也非常符合我們這些子孫們的想法，希望未來有機會能跟各位老師有進一步的合作。我剛剛看到我大伯其實也在線上，不知道大伯願不願意代表大家講幾句話？謝謝大家，真的很感謝。

邱敏捷院長：

謝謝盧俊瑋醫師。接著我們請盧嘉興先生的大兒子——盧金成醫師發言。俊瑋醫師，可以請你伯父發言嗎？

盧俊瑋醫師：

我有看到他的名字在線上，但不知道他現在是不是在忙⋯⋯

邱敏捷院長：

沒關係，等一下如果他方便的話，再請他打開麥克風發言，我們非常想邀請他來參與。

盧金成醫師：

不好意思，因為我現在衣衫不整，所以就沒有打開鏡頭，讓影像出來。我早上看門診，所以有一些節目我沒有看到。非常感謝各位對我父親的研究，以及對他的一些論文進行了評價。剛剛我弟弟講了很多東西，其實我都不太清楚，因為我從小時候一直到上大學的那段時間，我們家就住在一個小小的房子，我爸爸也很少跟我們提到這些，也許他有跟我弟弟講一些東西。我從上大學之後就離開家裡，小時候雖然我爸爸對我的管教很嚴，但他很少跟我提到這些東西，我只知道他很認真的在做他自己的事。每天早上醒來，就看到他在寫東西；晚上睡覺之前，也是看到他在寫，所以他是很認真的在做那些事情。但我只知道他在做某些研究，有時候會帶我們出去外面看一些東西，就像我弟弟講的那樣。除了這些研究之外，我知道他很會畫圖，很會做一些整理的工作，然後他最有名的就是〈鹿耳門地理研究考〉。等我上大學以後，我們房子翻新了，我也很少回家，所以對於我爸爸的事非常陌生。也是最近這幾年，因為張先生還有一些學者對我提到這些，我才對我父親的事有比較多的瞭解。我非常感謝大家，讓我有機會來瞭解我的父親。當然，像我父親的遺作這些東西，大部分都是我弟弟在處理，我本來也是希望能把

它們集結成一種讓大家很方便參閱的著作。裡面這些東西，我最近有時候會去看，這些著作很豐富，如果能集結起來讓大家很方便的去參閱，能更瞭解以前臺灣的歷史，這是很好的事情。以上是我的回應，謝謝。

邱敏捷院長：

謝謝盧醫師的發言。盧嘉興先生的研究精神，真的是我們臺南學研究的重要先驅。剛剛聽了各位與談人以及三位盧醫師的發言，我們還有一點時間，現在開放給所有與會的學者和嘉賓，可以針對我們今天的這場研討會，進一步提供你們寶貴的意見。請想發言的嘉賓舉個手……盧俊銘先生舉了手！我們就先請盧俊銘先生發言。

盧金坊醫師：

不好意思，是我啦！（按：盧金坊醫師是用其子盧俊銘先生的帳號參加會議）我還是要講一下白色恐怖的事情。白色恐怖事實上是有在我們家裡發生的，小時候我聽我媽媽說，白色恐怖時期，有警察到我們家裡來搜索，因為我爸爸每天都在畫圖，然後有人去告密，說有一個人在畫軍事圖，所以警察就來查。我爸爸就跟他們講說，我畫的是古地圖，不是軍事圖。還好那個警察聽完，叫我爸爸就繼續畫，因為那些畫跟臺灣有關，對臺灣有幫助。我們家因為沒有地方放那些東西，因為只是九坪大的房子，所以就要在地上挖一個洞，把那些東西都放在我們家的地下室，就一個小小的房間裡放那些東西。那些畫圖的工具，現在都還放在家裡，這是第一件事情。第二件事情是，我爸爸他要我們多讀理化，不要多讀歷史跟地理，他說那些歷史、地理都是假的，所以我在考高中的時候，歷史、地理只花了一個月把三張大報紙唸完，我在學校社會科都考 70 分，都被抓到辦公室打屁股，聯考前一個月把三張大報紙唸完，社會科考了 114 分，我才考上臺南一中。我哥哥比較厲害，他四歲半就讀小學，然後以第一志願考上臺大醫學系，我爸爸叫我哥哥把我拎到教務處說，我這個弟弟也要讀丙組，但當時我的成績很差，應該

是要讀丁組的，但最後教務處把我派到丙組最後一班的第三排中間那個位置，天天吃老師的口水。但我並沒有讓我爸爸失望，我一年級的生物科成績是一百分滿分。謝謝。

邱敏捷院長：

　　謝謝盧醫師。有關於白色恐怖，其實我們在閱讀盧嘉興先生的作品時，有隱隱約約的發現一些端倪，尤其江教授也非常的敏感，有提到這件事情。謝謝盧醫師的分享。那麼，江教授是不是有話要再說一下？

江燦騰教授：

　　基本上今天盧家幾個人談到的事情，細節我不知道，但像張理事長所講的那個，我原先都跟邱院長講過。我說盧嘉興先生之所以不太去應酬，基本上就是為了減少麻煩，因為從他開始投入職場，左派的問題就一直是政府極力取締的問題，而戰後又進入戒嚴時期，也是左派的問題，所以盧嘉興先生對這個東西十分敏感。反而到了中華文化復興運動以後，他整個人解放了，所以我們可以看到，他之前都是做鹽場研究，之後他開始做文史調查，他這方面的調查，基本上已經遙遙領先其他人了。比起後來在臺大教書的曹永和也罷，或是王世慶也罷，如果盧嘉興先生不是早死，那麼在杜部長任內，他應該就可以在大學任教，盧嘉興先生絕對夠資格，所以，他並不是一個簡單的民間學者。到目前為止，他著作的數量和質量，基本上都是無可比擬的。所以我建議下一屆繼續辦，包括剛剛戴前院長所說的問題，我們都可以繼續來探討，如果我有能力，我也會繼續幫忙，然後也請杜部長一起繼續支持。我覺得杜部長的影響力很大。謝謝。

邱敏捷院長：

　　謝謝江教授。剛剛在我們的留言訊息中，有一位觀眾，他是連景初——就是今天我們所討論的、老師的文章裡有提到的連景初的家人。

不知道他是連景初的兒子？還是女兒？我們請他發言一下。

連風彥理事長：

　　大家好，我是連風彥，我是連景初的兒子。我剛剛有留言說，我大概是 1960 年到 1965 年這一段時間，就是我大概進小學之前到小學的這段時間接觸到盧嘉興先生的。我的年紀大概跟盧金坊醫師差不多。那時候盧嘉興先生幾乎每個禮拜都到我們家來，我們家常出現的文史界人物，基本上就是江家錦、林勇、盧嘉興他們三位，還有莊松林先生，他們都是我們家的常客，所以我對盧嘉興先生的印象非常深刻。他真的是勤於著作，所以每次他有新的文章，就是經過田野調查或者他自己考究出來的成果，他常常會拿來跟我父親討論，所以他的聲音、他的形象，我到目前為止印象都還非常深刻。所以，在三位盧醫師小時候可能還不是很清楚自己的父親在外面做什麼的時候，盧嘉興先生到我家的次數就滿多的了。另外還有一點，因為我現在負責臺南市文史協會，文史協會早期的參與者，很多都是從文獻委員會出來的，談到所謂對政治的敏感度、所謂研究課題的受限，我覺得在臺南文化裡面的文章受到的限制可能更多，當然這牽涉到，臺南文化、臺南文獻委員會是臺南市政府的一個下屬單位，所以在這一方面來自內部稽核或者自我約束的力量其實更重，這也是後來文獻委員會的前輩會另外成立一個臺南市文史協會的原因之一。以上是我稍微補充說明的，謝謝。

邱敏捷院長：

　　謝謝，我們非常謝謝連風彥理事長的發言。我們當初在邀請社會人士來參與研討會的時候，我就設定了一個目標，因為我們臺南市其實有三、四十個像文史協會這樣的團體，我們幾乎每個都有發送海報過去。所以我們非常感謝今天有人願意接受邀請，來參加我們的研討會，尤其是願意發言。真的非常感謝連理事長。

連風彥理事長：

我這邊再稍微提一點，就是我在稍早的留言裡面有提到，就是〈捏改古匾及篡改廟名考證〉的那篇文章，我不知道是什麼原因，那篇原稿在我手中，當然因為盧嘉興前輩跟我爸爸算是滿投緣的，所以他很多著作大概都會拿來跟我爸爸討論。另外就是，我們家有一些盧先生贈送給我爸爸的東西，如果將來有需要的話，就是說，這個文稿如果有它的參考價值，我想我可以把它捐出來。當然這麼做我不知道盧家的後代看法是怎麼樣，但我就是提供這些訊息給大家。

邱敏捷院長：

謝謝連理事長，如果有機會的話，可以影印一份寄到臺南大學人文學院，我們來收藏，這也是一個方法。因為我們之後還會陸陸續續辦理臺南學的相關研討會。以下還有一點時間，我們也歡迎大家繼續分享自己的看法。

邱敏捷院長：

吳昭明老師，你留言寫了：「請三位盧醫師發揮影響力，留住位在南山的盧家祖墳。」可不可以請你再多說幾句話？

吳昭明老師：

盧嘉興先生的文物跟祖墳，我們一些朋友在南山尋找一些祖墳的時候，奇怪很自然的就走到盧家的祖墳去了。我覺得先人會引導，所以我們去探訪了盧家的祖墳。也有朋友在那裡遇到過盧醫師。我們希望盧醫師能發揮影響力，留住盧家的祖墳，別被臺南市政府迫遷掉了，我們一定有獎勵的，既然房子都可以是歷史名人的建築，為什麼更重要的墳墓不留下來呢？我的發言大概就是這樣，謝謝邱院長給我機會說話，謝謝。

邱敏捷院長：

針對剛剛吳老師所提的，盧醫師有沒有意見要回應呢？

盧俊瑋醫師：

大家好，我是俊瑋。這件事情我們有注意到，就是兩年前我們去掃墓的時候，發現臺南市政府派來的人，直接在墓碑上面噴紅漆，這就代表我們的祖墳要被清掉。我們當時也看到，就是在南山那邊有很多非常古老的日式時期的墓碑，都是直接被敲破、毀損，然後被丟棄在路邊，這其實是很可惜的。這件事情我們有請父親和大伯去跟臺南市政府聯繫，目前這件事情是暫緩，但我不確定後續是不是還是有迫遷的問題。我覺得這件事情跟近年來竹溪寺的大變動非常類似，就是……我們願意發聲，但我們的影響力不足以改變這個趨勢，所以我們也希望各位老師能來協助我們，大家一起為臺南做一些事，因為大家都不希望屬於我們的歷史就這樣不見了。謝謝。

邱敏捷院長：

謝謝俊瑋。吳老師舉手了，我們請吳老師發言。

吳昭明老師：

我們很多朋友一直在努力留住南山，盧醫師也請一起努力，謝謝。

邱敏捷院長：

謝謝吳老師。接著我們請張復明理事長發言。

張復明理事長：

剛才我提到那個影響盧嘉興先生的日本籍課長，事實上，在幾年前我們協會——就是臺南市鳳凰城文史協會曾經辦了一場演講介紹盧嘉興先生，當時盧醫師有提到那位日本課長的名字，因為我非常肯定盧嘉

興先生所講的不是國分直一，國分直一這個人，我在和盧科長共事的時候就曾經跟他討論過了，他當時是臺南女中的老師，他們曾經一起工作。那位日本課長的名字，他是用日語跟我講的，我當時被他後來說的那句話所震撼，就忘掉他的名字了。在盧科長的文章裡面，從來不談這位先生，我剛才有說過，他對政治是非常敏感的。我早上講過，一般的鹽業文章，他一定用民國紀年；在適當的時候，他就會在文章裡面交心，開始談一些五四三的事情；然後在文章的最後，他會感謝主任秘書某某某。他是拿這位長官來墊底啦！就是代表我這篇文章是經過你們審查的，你們不要想太多。他寫文章是有這種考慮的，所以他在文章裡從來不提那位日本課長的名字，那個對他的使命感有重大的影響的人。這是我的補充，謝謝。

邱敏捷院長：

　　好，我們謝謝張理事長的補充。盧醫師還有什麼要回應的嗎？（等了一下）沒有的話，今天真的非常謝謝各位來參加這場研討會，從早上到現在，一直守在電腦前，參加臺南學研究的重要先驅——盧嘉興先生的學術研討會。如果沒有學者與來賓要再發言，我們就直接閉幕。以下由我來說幾句話。

　　今天的研討會，就到這裡告一段落，這個過程裡面，非常感謝江教授，就像江教授講的，臺南大學的圖書館有一套 24 輯的《臺灣研究彙集》，但其中少了一輯，而且這 23 輯是無法外借的，但是圖書館的服務也非常好，我借了後就是放在圖書館，每個禮拜花一些時間過去圖書館閱讀，所以把 23 輯全部讀完了。這個過程真的非常感動，因為盧醫師非常有使命感，而且他的研究當時的一些報紙也有紀錄，我們後代去閱讀他的作品，因為他會剪報，把當時報紙上一些對他的作品有所回應的報導就匯集在一起，這對我們這些研究者來說，真的是非常方便。

　　當然有一個困難就是，這些剪貼的材料，可能也沒辦法長期保

留。所以盧醫師剛剛有提到，他們有計畫要把盧嘉興先生的著作重新整理、出版，我們真的非常期待。我記得，當初將計畫書交給杜部長看的時候，他就提到，盧嘉興先生的研究成果，很多都值得好好的重新出版，江教授也跟我提了這樣的建議，所以不只是臺南大學是不是能多印幾套來方便大家借閱，實際上我認為，我們也應該將這些著作重新排版後出版，方便後代的專家、學者能夠去閱讀、研究。當然，臺南市政府出版的那三冊也是有它的意義，但它裡面把有些重要的圖片和其他東西拿掉了，是有點可惜，剛剛盧醫師也有提到這一點。

總之，在這一方面我們未來能耕耘的事情還很多。杜部長剛剛提到臺南學未來該如何發展？我們有文資系，有人文學院，當然大學是一種開放的場域，所以未來我們會繼續跟一些社會上的文史工作者，或者其他大學的學者一起配合、研究，像我們在徵稿的時候非常開心，有故宮博物院的副研究員、有中研院的博士後研究員來投稿，幫助我們完成這場研討會。最初我們預定要徵求七到八篇論文，後來也順利達標，確實徵集到了足夠數量的文章，所以今天這場研討會才能這樣內容還算豐碩的呈現在各位面前。

真的很感謝所有與會發表的學者，感謝我們各場次的主持人，更感謝今天專題演講的江教授，感謝杜部長撥冗，用了一整天的時間陪著我們，非常非常的感謝。我們臺南大學有文資系、人文學院，所以未來關於臺南學，每學年我們都會持續的努力下去，也希望各位秉持今天這樣的熱忱，繼續給臺南大學支持。有什麼意見，也可以跟我們聯絡，讓我們密切保持聯繫。臺南學這一塊，尤其是 2024 臺南建城四百年，臺南大學絕不會置身事外，臺南大學會跟大家一起來關心臺南學後續的研究和發展。再次代表臺南大學，感謝所有今天與會的專家、學者還有三位盧醫師。謝謝大家！

盧金坊醫師補述：

我這邊還有事情向各位報告一下。我爸爸是臺鹽製鹽總廠裡面人二課的職員，他知道人二課是在做什麼的，所以他一直交代我：政治絕對不要碰。這是第一件事情。再來是剛剛連教授所提到的那篇竄改古匾的文章的事情，事實上就是在講一字匾的事情，我爸爸的書上也有寫。另外就是，我爸爸教導我們，心跟行為必須合一，我從小就看到一些人家從土城那裏送過來的虱目魚，我爸爸會說，我們家不收禮，然後就把他們趕回去，所以我們現在當醫師，都是都不收禮的。另外，我們從小都是兩點鐘起來唸書唸到天亮，當時都是爸爸在寫字，然後我們唸書，所以我才會看到許文龍醫師，我在國中的時候，看到許文龍先生在喝雞精，那時候我不知道那是什麼，就去問我媽說，人家兩點鐘在喝東西，那是在喝什麼？因為他就在我家隔壁嘛！我媽媽就去問他們的管家，那個管家就告訴我說：這是一隻雞啦！所以我就寫了一隻雞的故事給許文龍，請他來幫忙開基總管宮重建的事情，他也就出了一百萬；然後神明也來告訴我說，祂會幫忙許文龍先生，幫忙他改善當時做 LED 遇到的不好的情況，所以後來他才能平順的賣給郭台銘，就是這樣子，神明都有交代。謝謝。

邱敏捷院長：

謝謝盧醫師的補充，謝謝大家。

第四章　陸鉞巖、井上秀天與臺南佛教 ——兼論其禪學觀點

邱敏捷

國立臺南大學國語文系教授兼人文學院院長

一、前言

　　東亞佛教交流史是東亞文化發展史上重要的面向。1924 年，木村泰賢（1881-1930）〈大乘佛教思想文化在東亞的開展〉[1]篇章中有〈禪的種類及其哲學意義〉[2]與〈佛教思想的開展與禪的考察〉[3]等文，關注禪學在東亞佛教史上的開展、意義與地位。有關日治時期臺灣佛教「日、臺、中三地佛教交涉史研究」議題，逐漸受到重視[4]，而日治時

＊　本文是筆者科技部補助專題研究計畫「東亞現代禪學在臺灣——以陸鉞巖、忽滑谷快天、井上秀天到王進瑞為中心」（MOST109-2410-H-024-028）研究成果的一部分。研究過程中，承蒙江燦騰教授提供相關研究資料、依觀法師協助日文翻譯與校正；2022 年 12 月 24 日，聖嚴教育基金會主辦「第八屆近現代漢傳佛教論壇」之「與談人」宣方教授、嚴瑋泓教授與龔雋教授之寶貴意見，以及 2023 年 7 月，《臺灣文獻》兩位匿名審查委員的指正，在此一併致謝。

1　木村泰賢：〈大乘佛教思想文化在東亞的開展〉，收於氏著：《根本佛教解脫道論——新大乘運動思想觀》（臺北：臺灣商務印書館，2021 年 3 月初版），頁 138-293。

2　木村泰賢：〈禪的種類及其哲學意義〉，收於氏著：《根本佛教解脫道論——新大乘運動思想觀》（臺北：臺灣商務印書館，2021 年 3 月初版），頁 138-151。

3　木村泰賢：〈佛教思想的開展與禪的考察〉，收於氏著：《根本佛教解脫道論——新大乘運動思想觀》，頁 230-293。

4　1996 年江燦騰在《臺灣佛教百年史之研究 1895-1995》說：「嚴格來講，學界並無專著或單篇論文，專討論此一問題的。筆者曾在《太虛前傳》……中，透過太虛的來臺、訪日和參加東亞佛教大會的經過，將日、臺、中的三角佛教關係，曾作了部分說明。」（江燦騰：《臺灣佛教百年史之研究 1895-1995》，臺北：南天書局，1996 年 3 月初

期臺灣佛教是邁向現代的轉型階段，在那期間臺灣佛教與日本佛教的交會，自然是東亞佛教史的環節之一[5]。

林德林[6]（1890-1951）〈臺灣佛教新運動之先驅〉一文，在臺灣佛教新運動的「中心人物」一節中指出：

> 由內地（日本）輸入的各宗佛教，對本島（臺灣）人教化最深而法緣最厚者可以說是曹洞宗。而且此時曹洞宗在臺灣教化的勢力，也可以稱為優秀。所以斯時本島人信徒，不論上中下流，歸依曹洞宗者居大半。[7]

日本曹洞宗人物抵臺且對臺灣佛教有過影響者[8]，如陸鉞巖（1855-

版，頁 78）這以當時正領導中國佛教興革大業的太虛大師（1890-1947）抵臺一事，點出日治時期日本佛教、臺灣佛教與中國佛教三者在那段特殊時代的臺灣發生「交會」。其中，《太虛前傳》，指的是江燦騰《太虛大師前傳》（臺北：新文豐出版社，1993年4月初版）。

[5] 此與日本海外殖民的宗教政策，以及日本各宗派之關係頗大，如甲午戰爭後，日本國民愛國情操高漲，海外佈教急遽發展等。這方面的相關論述，可參見闞正宗：〈日本殖民時期臺灣佛教的特點與研究〉，收於氏著：《臺灣佛教殖民與後殖民》（臺北：博揚文化事業公司，2014年6月初版），頁 23-50。

[6] 林德林，1890年生於西螺，約16至22歲在家鄉及其鄰近城鎮被人雇用。後出家禮拜基隆靈泉寺善慧法師（1881-1945）為師，曾就讀私立臺灣佛教中學林，1920年畢業，私淑忽滑谷快天（1867-1934）。1922年，建立「臺中佛教會館」。1923年11月，創辦《中道》雜誌。1935年，發表〈臺灣佛教新運動之先驅〉，對於臺灣佛教冀於厚望，是日治時期臺灣佛教知識菁英之一。參見藍吉富主編：《臺灣佛教辭典》〈林德林〉條（臺南：妙心出版社，2013年），頁 251。

[7] 林德林：〈臺灣佛教新運動之先驅〉，收於張曼濤主編：《中國佛教史論集·臺灣佛教篇》，《現代佛教學術叢刊》第87冊，臺北：大乘文化出版社，1979年1月初版，頁77。亦可參見大野育子：〈日治時期佛教菁英的崛起——以曹洞宗駒澤大學臺灣留學生為中心〉（淡江大學歷史系碩士論文，2009年1月），頁 1-207。

[8] 例如，曹洞宗佈教師佐佐木珍龍（1895-1934），1895年6月從軍來臺，1896年6月在臺北軍隊慰問的過程中，佐佐木與同宗佈教師鈴木雄秀在西門街設立佛教會館，結合淨土宗、真言宗、真宗、實行教、日蓮宗等各宗佈教師，定期聚會演講。與此同時，佐佐木與鈴木兩師發起組織「大日本臺灣佛教會」，結合有志之士從事「對本島人傳教，

1937）與忽滑谷快天之外，在石井公成〈日本禪學的近代化與臺灣佛教──以忽滑谷快天與井上秀天為中心〉[9]一文，特別提到井上秀天（1880-1945），他是隨陸鉞巖來到臺灣傳教弘法的重要人物之一。

　　陸鉞巖是日本曹洞宗重要僧侶，手島益雄《續名古屋百人物評論》，把陸鉞巖列為「宗教家」，並言：「作為僧侶德望崇高。」[10]《大日本人物名鑑》謂：「（陸鉞巖）宗門棟梁。」[11]陸氏來臺佈教弘法，於 1900 年由臺返日擔任曹洞宗大學林校長，並以譯註日本曹洞宗祖師著作，如永平道元（1200-1253）《正眼法藏》等禪書而聞名[12]。

　　隨陸鉞巖到臺灣，且與忽滑谷快天關係深遠的井上秀天，於明治 13 年（1880）出生於日本本州西部的鳥取縣。明治 22 年（1889）小學畢業後，禮倉吉市曹洞宗寺院吉祥院住持豐田仙如為師，成為其弟子。從米子中學畢業後，於明治 28 年（1895）進入曹洞宗大學林深造，並從鳥取景福寺住持陸鉞巖研習印度哲學。明治 29 年（1896），以「瑞少峯景福寺第一座」的身分，輔佐住持陸鉞巖[13]，與臺南佛教有

組織機構對本島人子弟施以日式教育，並欲發行其他雜誌」等。參見闞正宗：〈日僧佐佐木珍龍的臺灣開教：佛教曹洞宗在殖民初期（1895-1901）的活動〉，收於氏著：《臺灣佛教殖民與後殖民》，頁 51-73。

[9] 石井公成著，廖欽彬譯：〈日本禪學的近代化與臺灣佛教──以忽滑谷快天與井上秀天為中心〉，《法鼓佛學學報》第 27 期，2020 年 12 月，頁 1-31。

[10] 手島益雄：《續名古屋百人物評論》（名古屋：中京堂，1915 年 8 月），頁 209。

[11] 羅浮社出版部編纂：《大日本人物名鑑》（東京：羅浮社出版部，1921 年 11 月），頁 234。

[12] 陸鉞巖注：《冠註普勸坐禪儀‧冠註坐禪用心記》（東京：鴻盟社，1886 年 3 月）；懷奘記，陸鉞巖譯：《光明藏三昧布鼓》（名古屋：圓通寺認可僧堂，1916 年 10 月）；太祖常濟大師著，陸鉞巖譯：《傳光錄布鼓‧坤》（名古屋：圓通寺認可僧堂，1917 年 7 月初版）；太祖常濟大師著，陸鉞巖譯：《傳光錄布鼓‧乾》（名古屋：圓通寺認可僧堂，1917 年 7 月初版）；琢宗禪師著，陸鉞巖譯：《永平正法眼藏知津布鼓》（名古屋：圓通寺認可僧堂，1921 年 9 月）；高祖承陽大師著，陸鉞巖譯：《正法眼藏布鼓》（名古屋：圓通寺認可僧堂，1930 年 9 月）。

[13] 赤松徹真：〈井上秀天的思想──其生涯與平和論及禪思想〉，收於《龍谷大學論集──創立三百五十周年紀念特集》，龍谷學會，1989 年 11 月，頁 519。

其淵源，也與中國佛教太虛大師（1890-1947）有所交流[14]，在禪學研究上頗有成就，是在胡適（1891-1962）之前批評鈴木大拙（1870-1966）禪學的重要學者。

目前學界同時對於陸鉞巖與井上秀天兩人之研究，特別是針對他們與臺南佛教之關係，並無專文。本文主要採取文本分析法，就「前人有關陸鉞巖與井上秀天研究之評述」、「陸鉞巖在臺南之佛教行誼及其禪學觀點」與「井上秀天在臺南之佛教行誼及其禪學觀點」等論述之，期以彰顯陸鉞巖與井上秀天兩人在臺傳教弘法之軌跡，及其對臺南佛教之貢獻與影響，同時探析兩人之禪學觀點。

二、前人有關陸鉞巖與井上秀天研究之評述

截至目前，學界針對陸鉞巖與井上秀天的研究論著並不多，茲分別擇要說明之：

（一）有關陸鉞巖之研究論著

關於陸鉞巖之相關研究，主要有下列四作：其一，2001 年，溫國良編譯《臺灣總督府公文類纂宗教史料彙編：明治 28 年至昭和 20 年》一書，指出明治 30 年（1897）3 月，陸鉞巖繼任為臺南佈教主任，該書云：

---

[14] 井上秀天曾於大正 12 年（1923）12 月 6 日寫信給太虛大師。此信中，井上秀天先致謝太虛大師贈送他《因明概論唯識學大綱》，又稱許太虛大師的佛教改革事業是中國佛教的新機運，並向太虛大師表示：自己有公職，頗忙，但「有餘暇，則默想讀書執筆。倦則用勞於菜園花田，避人煙，與天然相交。」井上秀天同時回贈《禪的新研究》，請太虛大師不吝指正（井上秀天：〈致太虛大師函〉，《海潮音》第 4 卷第 12 期，1923 年 12 月，頁 3-4）。

此人德高望重、人格高尚、學識淵博，遠勝其他宗派教師。……非但獨受內地（日本）人之敬重，且本島（臺灣）人亦深仰其德望，故信徒有日增之傾向。[15]

此勾勒出陸氏學行、人格，以及在臺灣受到景仰的一面。

其二，2004 年，闞正宗《臺灣佛寺的信仰與文化》〈壹、寺院文化篇〉中〈日據時期日本曹洞宗派下寺院調查報告書〉一節中，指出陸鉄巖佈教臺南之初，確信以學校教育方式佈教，對當地人是最好的。即為了進入永久性的信仰，就必須從教育方面來佈教。為此，他相繼創立日語學校、裁縫學校，在教授及設備上，在臺灣是一流的。另外，陸氏定期舉辦禪學講座，開設慈善會、婦女會，努力擴充會員，逐漸增強與本地的親密度[16]。

其三，2008 年，釋慧嚴《臺灣與閩日佛教交流史》〈第二篇：日本佛教的傳入〉中〈第二章曹洞宗的臺灣開教〉，說明陸鉄巖在臺南佈教情況，包括其重視國語學校（含夜間學校），為教授日本人的官民臺灣語之土語（臺灣語）學校，為婦女設立之裁縫學校，組織了臺南婦女會（每月舉行共修會），以及成立了臺南佛學會等[17]。認為陸氏成立臺南婦女會，「以每月共修的方式，來培養與會者信心，這應該是臺灣佛教寺廟內，有婦女會定期共修的來源吧！」[18]賦予積極的歷史定位。

其四，2018 年，江燦騰主編《跨世紀的新透視：臺灣新竹市 300

---

[15] 溫國良編譯：《臺灣總督府公文類纂宗教史料彙編：明治 28 年至昭和 20 年》（南投：臺灣省文獻委員會，2001 年 12 月出版），頁 61。

[16] 闞正宗：《臺灣佛寺的信仰與文化》（新北：博揚文化事業公司，2004 年 10 月初版），頁 36。

[17] 釋慧嚴：《臺灣與閩日佛教交流史》（高雄：春暉出版社，2008 年 5 月初版），頁 303-306。

[18] 釋慧嚴：《臺灣與閩日佛教交流史》，頁 306。

年佛教文化史導論》說：「（陸鉞巖）是當時曹洞宗在臺灣最具教界聲望的高僧。」[19]然隨陸鉞巖到臺灣致力於傳教弘法的井上秀天，江書卻略過。

（二）有關井上秀天之研究論著

關於井上秀天之相關研究，重要者有下列四作：其一，1989 年，赤松徹真〈井上秀天的思想——其生涯與平和論及禪思想〉一文，除「前言」與「結語」外，就「生涯的概觀」、「和平論及其諸相」、「禪思想與佛教立場的性格」與「婦人參政權及其政治論」等面向加以梳理。在「禪思想與佛教立場的性格」上，該文指出：

> 對於佛教與禪，井上所抱持的，並不是單純的肯定及繼承曹洞宗教團及其教學傳統，而是堅守作為新佛教徒同志會之綱領的「自由探討宗教」的態度，相對於傳統的禪思想與教團權威，他秉持的是自由的立場，他認為「相較於探求古來的禪者之所言，禪的研究者所應著眼的，應在於彼等所行履的符合正禪的行蹟。沒有倫理的實踐躬行伴隨的禪的研究，只是一種遊戲，對於社會不具任何貢獻」。[20]

這勾稽出井上氏的禪學並不限於曹洞宗的傳統，而是開放地採取自由探求禪思想的立場，同時強調實踐的功夫。

其二，2008 年，石井公成〈明治時期海外渡航僧諸相——北島道

---

19 江燦騰主編：《跨世紀的新透視：臺灣新竹市 300 年佛教文化史導論》（臺北：前衛出版社，2018 年 7 月初版），頁 96。

20 赤松徹真：〈井上秀天的思想——其生涯與平和論及禪思想〉，頁 536。

龍、小泉了諦、織田得能、井上秀天、達磨波羅〉[21]，特介紹井上秀天《印度事情》一書是具有西洋風的有關地理學的著作，風格迥異於北島道龍與南條文雄（1849-1927）的印度見聞記；以及視世尊為宗教家、思想革命家的觀點。

其三，2018 年，上山慧〈井上秀天與初期社會主義者的關係——以神戶平民俱樂部活動與大逆事件為中心〉[22]一文，除「前言」與「結語」外，就「神戶平民俱樂部的會員」、「與中央的社會主義者交流」、「井上秀天與大逆事件」等層面論述之。

其四，2020 年，石井公成〈日本禪學的近代化與臺灣佛教——以忽滑谷快天與井上秀天為中心〉[23]。該文就「忽滑谷快天」、「忽滑谷快天與臺灣佛教」、「曾景來的思想與日本的佛教學」與「井上秀天」論述之。其中，提出「印順法師是否看過秀天的著作」與「秀天禪的研究是否給予臺灣佛教影響」[24]，實可進行進一步探究。

三、陸鉞巖在臺南之佛教行誼及其禪學觀點

作為 19 世紀後期至 20 世紀前期傑出佛教人物，陸鉞巖在臺灣傳教弘法，雖然時間不算長，卻有諸多建樹，帶來社會作用與歷史影響。

---

[21] 石井公成：〈明治時期海外渡航僧諸相——北島道龍、小泉了諦、織田得能、井上秀天、達磨波羅〉，《近代佛教》第 15 期，2008 年，頁 1-24。

[22] 上山慧：〈井上秀天與初期社會主義者的關係——以神戶平民俱樂部活動與大逆事件為中心〉，《歷史與神戶》第 57 卷第 3 號，平成 30 年 6 月，頁 3-18。

[23] 石井公成著，廖欽彬譯：〈日本禪學的近代化與臺灣佛教——以忽滑谷快天與井上秀天為中心〉，頁 1-31。

[24] 石井公成著，廖欽彬譯：〈日本禪學的近代化與臺灣佛教——以忽滑谷快天與井上秀天為中心〉，頁 24。

（一）陸鉞巖在臺南之佛教行誼

　　依日本曹洞宗宗務局編刊的《宗報》載，明治 29 年（1896）7
月，特派陸鉞巖、長田觀禪、芳川雄悟三位佈教師來臺，並於臺北設置
曹洞宗宗務支局，任陸氏為教務監督[25]。而依該宗〈臺灣佈教案〉第 1
條第 1 項，其任務主要在經紀統理宗門寺院，招徠懷柔僧侶及開諭化導
信徒[26]。其後不久（明治 30 年 3 月），陸鉞巖奉命任職「臺南兼安平
嘉義駐劄」[27]，即承擔大臺南地區（含安平、嘉義）之佈教事業，駐錫
臺南至明治 33 年（1900）[28]。

　　關於日治初期臺灣宗教概況，陸鉞巖在〈臺灣與佛教〉文中云：

> 由來臺灣的宗教乃是佛教，臺灣是純粹的佛教島，從表面上
> 看來，臺灣的宗教似乎是孔老釋三教併混，但實際絕非如此。雖
> 然臺灣隨處的寺院多奉祀孔子、關羽等像，又於一定時日舉行祭
> 奠，此外，又有所謂的道士主掌中下層的葬送儀式等，然此絕非
> 三教混淆所致，教育、政治與文學等方面，是受儒教影響，而宗
> 教方面，則受佛教感化。[29]

可見他對臺灣佛教的觀察，並不停留於表層。陸氏植基於佛教情懷，在
臺期間矻矻於組織之建構，以及多項文化教育事業與傳教弘法活動之推

---

[25] 日本曹洞宗宗務局編：〈臺灣島佈教案〉，《宗報》第 1 號，明治 30 年 2 月，頁 13。

[26] 日本曹洞宗宗務局編：〈臺灣島佈教案〉，《宗報》第 1 號，明治 30 年 2 月，頁 12-
13。

[27] 日本曹洞宗宗務局編：〈在臺佈教師教區指定臺灣佈教師〉，《宗報》第 3 號，明治 30
年 3 月，頁 2。

[28] 《臺灣日日新報》編輯：〈臺南通信〉，《臺灣日日新報》「雜報」，明治 33 年 9 月
18 日。

[29] 陸鉞巖：〈臺灣與佛教〉，《臺灣新報》「寄書」，明治 29 年 11 月 26 日。

展，重要者臚列如下：

其一，設立國語學校等教育機構。明治 30 年（1897）3 月，陸鉝巖到臺南履新[30]，他鑒於學校教育有助於佈教[31]，乃在上任之後，除了繼續經營前任芳川雄悟在萬福庵[32]創設的國語學校之外，於同年 4 月增設一校於臺南寺[33]內（含夜間國語學校）[34]。而依該年 6 月，陸氏向宗務局提報的〈臺南佈教〉一文，設於臺南寺內的國語學校課程中，有「禪學講義」一門[35]。

其二，組織臺南婦人會。明治 30 年（1897）6 月，陸氏組織了「臺南婦人會」，會員 267 人，每月 28 日舉辦共修會[36]。可以說，陸鉝巖組織「臺南婦人會」，為日後林秋梧[37]（1903-1934）於 1933 年

---

[30] 日本曹洞宗海外開教傳道史編纂委員會：《曹洞宗海外開教傳道史》（東京：曹洞宗宗務廳，1980 年），頁 68。

[31] 日本曹洞宗宗務局編：〈臺灣島視察書〉，《宗報》第 8 號，明治 30 年 4 月，頁 9-10。

[32] 位於臺南市中西區的觀音寺，建於康熙 31 年（1692）。日治時期與曹洞宗締結本末關係。

[33] 指的是「大天后宮」。日本曹洞宗申請擬把「大天后宮」改稱為「臺南寺」。據溫國良〈日據初期臺南媽祖宮申請改號始末〉云：「媽祖宮成為曹洞宗之分寺後，於明治 31 年（1898）2 月 10 日，向臺南縣提出改號為『臺南寺』之申請。臺南縣認此並無不妥，故乃同意其申請，並於同年 4 月 1 日函報總督府。……惟總督府方面認此舉不妥，……本案不予核准。」（《臺南文化》新 46 期，1998 年 12 月，頁 49-54）。

[34] 據釋慧嚴〈西來庵事件前後臺灣佛教的動向──以曹洞宗為中心〉的考察，陸鉝巖在臺南寺辦理的國語學校，開設初期，學生多達 90 多名；第二年，增加到 156 人；第三年，再度提高為 236 人。該校學生數成長之快，在當時臺灣是值得注目的。畢業生或修業生中，有被諸官廳聘任為通譯及書記者。此外，陸鉝巖為教授在臺南的日本官民學習臺灣語，於明治 31 年（1898）5 月開設土語學校，由通達臺灣話的岡田原龍、竹島文伶督導三名臺灣人的教員（如陸振芳、葉壽臣、邱錫三）教授之，當時學員有 82 名之多。除了語言學校，陸氏也為日本人的婦女設立裁縫學校，教導裁縫、編織、看護等，當時學員也有 53 名（《中華佛學學報》第 10 期，1997 年 10 月，頁 299）。

[35] 日本曹洞宗宗務局編：〈臺南佈教〉，《宗報》第 15 號，明治 30 年 8 月，頁 17-18。

[36] 日本曹洞宗宗務局編：〈雜報〉，《宗報》第 66 號，明治 32 年 9 月，頁 10。

[37] 林秋梧，1903 年生於臺南市。1927 年，拜開元寺得圓和尚（1882-1946）為師，步入禪門，後以開元寺派遣留學生身分，赴日本東京駒澤大學留學。1933 年《真心直說白話

在開元寺舉辦「婦人講座」，講述大乘經典《佛說堅固女經》[38]；高執德[39]（1896-1955）於 1936 年創辦「佛教婦人會」[40]等所延續與繼承。

其三，成立碧巖[41]會。明治 31 年（1898）6 月起，陸氏尚在臺南衛戍醫院成立「碧巖會」，召集信眾共同研讀《碧巖錄》等禪書及支那（中國）哲學[42]。陸鉞巖對於「碧巖會」的成立，相當重視，鄭重於明治 32 年 7 月 5 日舉行紀念會。《臺灣日日新報》載「禪學碧巖會」云：

> 禪學碧巖會的一周年紀念會於二十五日在臺南寺召開，會場的佈置相當莊嚴，鐘響五下之後，首先由結城幹事作事蹟報告，其次由梶川幹事長朗誦賀詞之後，進而有來賓磯具知事以一個多鐘頭的時間開講有關佛教的種種方面，以及川原法院長以「空」作為致詞，陸鉞巖師的誠摯親切的講述，乃至會員岡部的梵語唱誦，最後由結城幹事代讀前會員嘉義栗田軍醫正以及臺北黑須獸醫監等人的賀詞賀電作為結束。會桌上，茶菓之外，還置放《曹洞教會修證義》與《四恩一夕話》兩書贈送會員。此日原先還預

註解》出版。1934 年《佛說堅固女經講話》出版。參見藍吉富主編：《臺灣佛教辭典》〈林秋梧〉條，頁 248-249。

[38] 林秋梧：〈佛說堅固女經講話（一）〉，《南瀛佛教》第 11 卷第 11 號，1933 年 11 月，頁 23-26。

[39] 高執德，彰化人，生於 1896 年。1926 年赴日本駒澤大學求學，1930 年畢業返臺。1943 年參與「大東亞佛教青年會」，並擔任開元寺住持。1947 年被推舉為南京召開全國佛教會臺灣代表。後遭保密局逮捕，1955 年被槍決。參見藍吉富主編：《臺灣佛教辭典》〈高執德〉條，頁 324-326。

[40] 《南瀛佛教》編輯部：〈臺南佛教婦人會發會式〉，《南瀛佛教》第 14 卷第 6 號，1936 年 6 月，頁 60。

[41] 柳田聖山（1922-2006）指出：「室町時代的禪的主流在臨濟禪，但它並不是忠實地繼承臨濟義玄（？-867）的《臨濟錄》，而是碧巖禪，這始終都是五山的禪。」（柳田聖山著，毛丹青譯：《禪與中國》，臺北：桂冠圖書公司，1992 年，頁 163-164）。

[42] 日本曹洞宗宗務局編：〈臺南教況〉，《宗報》第 46 號，明治 31 年 11 月，頁 12。

定由高井旅團長發表有關劍術與禪理的演講，因高井臨時有事缺席，實屬遺憾。[43]

上面這些之外，陸鉞巖從開教初期，在臺南翻譯王慶的協助下，經常拜訪附近一帶的城隍廟、岳帝廟、開隆宮、德善堂、觀音亭等，為地方普羅大眾作定期的弘法佈教。到了明治 32 年（1899）以後，他也利用夜間，指派井上秀天、岡田原龍、大場道賢諸佈教師到德化堂、廣慈院、萬福院等末寺主持共修會[44]。

回溯陸鉞巖自明治 29 年（1896）至 33 年（1900）駐錫臺灣，歷任教務監督、佈教師。他喜好撰作酬對詩與禪詩，如初到臺灣，在中秋佳節拈詩作對，其〈仲秋觀月拈十一尤韻〉云：「竢入中秋皎月淨，今霄綺當恰遊仙。此筵休問禮無禮，忘主忘賓是中秋。」[45]又〈公會唱和〉云：「臺州原是日州鄰，今入版圖精益親。堪祝艋津士商會，從斯全臺亦迎春。」[46]這些體現了他的詩情與心境。

陸鉞巖對臺南佛教頗有貢獻，在其離臺回日本擔任曹洞宗大學林校長時，《臺灣日日新報》記載他對臺南的功績，以及信眾對他的感恩之情：

> 作為曹洞宗佈教師，前後三年駐錫臺南，在佈教、教育方面，績效頗豐，更且曾巡禮印度聖蹟，視察安南、暹羅、南清等地佛教

---

[43] 陸鉞巖：〈禪學碧巖會〉，《臺灣日日新報》「臺南特信」，明治 32 年 7 月 5 日。

[44] 陸鉞巖：〈臺南教況〉，《宗報》第 62 號，明治 32 年 7 月，頁 12。

[45] 陸鉞巖：〈仲秋觀月拈十一尤韻〉，《臺灣新報》「中秋夜龍山寺官紳賞月雅會分韻」，明治 29 年 9 月 27 日。

[46] 陸鉞巖：〈公會唱和〉，《臺灣新報》「祝艋舺士商公會開筵」，明治 29 年 10 月 3 日。

的陸鉞巖，被視為如同「活如來」，此次因榮陞大學林校長，須前
往東京，為此，信徒等聚資數百元，贈予袈裟及緇衣。[47]

與上述相近，明治 33 年 10 月《宗報》第 92 號，〈陸鉞巖師榮陞
與贈謝德品〉亦載云：

> 陸師作為曹洞宗佈教師，自二十九年春以來，五年之間，一
> 次也不曾回返內地，一直竭其全力於佈教事務。……其佈教成
> 果，不僅可以說臺灣全島各宗無出其右，更可以說臺灣佛教幾乎
> 是成於陸師之手，此乃一般人民之所公認。此次對於陸師因榮陞
> 曹洞宗大學林，即將離臺一事，臺南人民甚為不捨，於陸師起程
> 之前日以及出發當天，安平港遍見送行之人。[48]

這段文字如實記載，尤其是「臺灣佛教幾乎是成於陸師之手」，說明了
陸氏在臺南佈教及教育上的付出、成就與貢獻。

（二）陸鉞巖的禪學觀點

1886 年，陸鉞巖《冠註普勸坐禪儀·冠註坐禪用心記》一書，對
日本曹洞宗被尊為高祖的永平道元《普勸坐禪儀》，以及中興日本曹洞
宗而被稱為太祖或常濟大師的瑩山紹瑾（1268-1325）《坐禪用心記》
作註疏解，以為學者相互參照[49]。該書「例言」云：

---

[47] 《臺灣日日新報》編輯：〈臺南通信〉，《臺灣日日新報》「雜報」，明治 33 年 9 月
18 日。

[48] 日本曹洞宗宗務局編：〈陸鉞巖師榮陞與贈謝德品〉，《宗報》第 92 號，明治 33 年 10
月，頁 12。

[49] 有關永平道元與瑩山紹瑾禪觀之別，可參見吉津宜英著，林鳴宇譯：〈道元、瑩山坐禪
觀之較析〉（收於楊儒賓等編：《東亞的靜坐傳統》，臺北：國立臺灣大學出版中心，

此書合高祖《普勸坐禪儀》、太祖《坐禪用心記》二書為一
冊，蓋二祖之作，為學者開撥草瞻風之玄關，示修證一如之妙
道。《坐禪儀》，雄渾敦實；《用心記》，周密稠緻。學者互參
照共，不可離者，因同刊，謀流通云。[50]

其中，「撥草瞻風」意謂撥除無明之荒草，瞻望佛祖之禪風，乃引自
《碧巖錄》[51]。陸氏稱譽高祖《普勸坐禪儀》與太祖《坐禪用心記》二
書有撥草瞻風之功，而其註文明白流暢，思縝意密，方便學者理解與運
用，實有功於習禪者。

　　再者，陸氏發表於《臺灣新報》的〈禪餘漫言〉、〈臺灣與佛
教〉、〈禪學研究論〉，以及刊於《臺灣日日新報》的〈碧巖錄提
唱〉、〈禪學碧巖會〉諸文，都散郁其禪學思想，足堪參究與品味。如
其〈禪餘漫言〉云：

　　　　臺北嶂圍四，中看淡水渓。武陵休覓遠，疑是小桃源。瀛島
佛元熾，禪門特擅威。播宗須竭力，滿地祖風吹。曹洞源源水，
流東再入南。好□無字字，所願此民□。皇化全島洽，到處旭旗
飄。可奮秋津士，南洋嶼不遙。秋霖天晝闇，窗外水充溝。不思
鄉關遠，臺州今日州。糟粕本無真，古書多謬人。要開天外眼，
寰宇作吾臣。一喝白雲散，片彈青嶂崩。何邊別傳旨，火裏結清
冰。[52]

2013 年 2 月初版，頁 247-292。）

[50] 陸鉞巖注：《冠註普勸坐禪儀‧冠註坐禪用心記》（東京：鴻盟社，1886 年 3 月），頁 1。

[51] 宋‧圜悟克勤著，日本‧伊藤猷典校定：《碧巖集定本》第二十則云：「翠巖芝和尚
云：『當時如是，今時衲子，皮下還有血麼？』大溈喆云：『翠微臨濟，可謂本分宗
師；龍牙一等，是撥草瞻風，與後人為規為鑒。』」（收於藍吉富主編：《禪宗全書》
第 89 冊，臺北：文殊出版社，1990 年 4 月初版，頁 115。）

[52] 陸鉞巖：〈禪餘漫言〉，《臺灣新報》「文苑」，明治 29 年 10 月 15 日。

　　其中「瀛島佛元熾,禪門特擅威」,說的是臺灣佛教禪學興盛;「播宗須竭力,滿地祖風吹」,講的是克盡心力弘揚曹洞宗;「糟粕本無真,古書多謬人」,強調自悟自證的重要;「何邊別傳旨,火裏結清冰」,指出證悟如火中生冰,玉潔如水。這首詩勾勒日本曹洞宗傳佈至臺南的脈絡及其宗風精神。

　　陸鉞巖對禪宗有其基本理解,其〈禪學研究論〉云:

　　　　禪學宗旨之高尚,禪學宗趣之卓見,禪學研究之枝葉非只區區如此。古來視禪學乃聖道門中真理研究之極近道,不可拘泥於區區枝葉之論,以令人直接徹契根源為其目的。[53]

在他看來,禪學旨趣高尚、卓越,直契佛法義諦。

　　陸鉞巖駐錫臺南期間,到處宣講禪學,如《臺灣日日新報》明治31 年 7 月 26 日載〈碧巖錄提唱〉:

　　　　《碧巖錄》提唱:自今日起,每日午後四點,臺南寺寺主曹洞宗佈教使陸鉞巖應邀開講,任何人皆許傍聽。心清身自涼之古句,豈僅只參禪之學。由來聽聞渡臺之人妄想多,故應抽暇參聽,開啟正覺妙智之活眼,學習出世道學。[54]

「心清身自涼」,乃破除妄想,出世之道,由聞思而來。此段史料,點出了陸氏在臺南一帶弘揚曹洞禪學、佈教方式及其對地方文化所起之效應。

　　除了上述之外,陸鉞巖曾於明治 32 年（1899）9 月到印度與斯里

53　陸鉞巖:〈禪學研究論〉,《臺灣新報》「寄書」,明治 29 年 12 月 5 日。

54　陸鉞巖:〈碧巖錄提唱〉,《臺灣日日新報》「臺南特信」,明治 31 年 7 月 26 日。

蘭卡等國家進行宗教考察,並撰〈海外宗報視察略記〉一文,分別為
〈支那漳州南山寺（大禪剎）〉[55]、〈新嘉坡所見〉[56]、〈錫蘭島〉
[57]、〈印度內地之部〉[58]、〈支那天童山弘法寺現今狀況〉[59]等文,記
錄當時亞洲佛教發展之概況,值得參見。

　　陸氏返回日本故土後,1917 年,出版《傳光錄布鼓・乾》與《傳
光錄布鼓・坤》二書,乃針對瑩山紹瑾主要著作《傳光錄》加以註譯,
內容是記錄從釋迦牟尼佛到孤雲懷奘（1198-1280）等曹洞宗歷代祖
師,是「一佛五十二祖」的生平系譜。這些論著,應也是他有功於禪宗
史的一部分。

四、井上秀天在臺南之佛教行誼及其禪學觀點

　　作為陸鉞巖在臺實踐佛教弘法利生志業的得力助手兼後續推動
者,井上秀天在臺南的耕耘與成果,也是日治時期臺南佛教發展史上值
得記載的事蹟。

（一）井上秀天在臺灣臺南的行誼

　　井上秀天在臺灣的主要行誼,是在臺南佈教並開設義塾。明治 29

---

[55] 日本曹洞宗宗務局編:〈支那漳州南山寺（大禪剎）〉,《宗報》第 70 號,明治 32 年
11 月,頁 15。

[56] 日本曹洞宗宗務局編:〈新嘉坡所見〉,《宗報》第 71 號,明治 32 年 12 月,頁 15-
16。

[57] 日本曹洞宗宗務局編:〈錫蘭島〉,《宗報》第 72 號,明治 32 年 12 月,頁 15-16;
第 74 號,明治 33 年 1 月,頁 12;第 75 號,明治 33 年 2 月,頁 16。

[58] 日本曹洞宗宗務局編:〈印度內地之部〉,《宗報》第 76 號,明治 33 年 2 月,頁 13-
14;第 80 號,明治 33 年 4 月,頁 16;第 82 號,明治 33 年 5 月,頁 16。

[59] 日本曹洞宗宗務局編:〈支那天童山弘法寺現今狀況〉,《宗報》第 83 號,明治 33 年
6 月,頁 16;第 84 號,明治 33 年 6 月,頁 16。

年（1896），陸鉞巖奉派抵臺駐錫臺南寺佈教所，井上秀天隨行，在陸氏的指導下，從事佈教弘法活動，之後又獨自在臺南開設義塾。明治30 年（1897）7 月 4 日《臺灣新報》「雜報」之〈修學旅行的決定〉中「井上教師」即是井上秀天。該文云：

> 日前就全島國語（日語）傳習所二十五名的畢業生，此次進入國語學校就學，以及學術研究與觀光，師生將前往東京旅行之事所做的討論，今已獲得通過，亦即近期將由本田教授及井上教師率隊出發。職員方面，內地的車資及船資每日補助三十五錢，同於學生；學生方面，內地的車資一里二錢，船資一海里二錢，每日補助五十錢。[60]

又據《宗報》第 46 號所載明治 31 年（1898）11 月〈臺南教況〉中「臺南寺的大中元會」云：「（9 月 9 日）……此夜內地人來拜訪者實際上也很多，其中重要的人是磯貝知事、大津警部長、河原法院長、井上、栗田、笠島、三少佐等。」[61]此中的「井上」，指的是井上秀天。

另據《宗報》第 61 號所載明治 32 年（1899）5 月〈臺南教況〉云：

> 臺南曹洞宗務支局中，現今局長陸鉞巖和尚之外，又有竹島文伶[62]、岡田原龍、大場道賢、島津博巖與井上秀天等五位輔助

---

[60] 《臺灣新報》編輯：〈修學旅行的決定〉，《臺灣新報》「雜報」，明治 30 年 7 月 4 日。

[61] 日本曹洞宗宗務局編：〈臺南教況〉，《宗報》第 46 號，明治 31 年 11 月，頁 12-13。

[62] 安藤嶺丸編《曹洞宗名鑑》：「（竹島文伶）生於明治 5 年（1872）……。明治 18 年

員，其教績於全島各宗中高佔第一。該支局所設立的學校有如次
三種，尤其是國語學校，實有凌駕官立學校之勢，今揭此三校概
況如次：

1. 國語學校：目前學生有二百三十六名，該校的畢業生、
修業生直至今年六月一日為止，被聘用為官廳的通譯或書記等
者，達三十一名之多。

2. 臺語學校：為教授內地官民臺語，於去年五月所開設
者，目前有八十二名學生。岡田原龍與竹島文伶通曉臺語，故此
二人帶領當地教員三名，每夜授課，直至本月五日為止，全科畢
業者有十四人。

3. 裁縫學校：為教授內地婦女裁縫而設立者。目前有五十
三名學生，每日教授裁縫、編織以及其他婦女必備的看護方法
等。看護法是由衛戍醫院的軍醫，與看護長等無酬執教。[63]

明治 32 年（1899）9 月，井上秀天隨陸鉞巖至中國的廈門、福
州、廣東，以及香港、新加坡，斯里蘭卡的可倫坡，印度的孟買，以及
韓國等地作宗教考察。明治 32 年（1899）以後，井上秀天經常利用夜
間與岡田原龍、大場道賢、島津博巖等曹洞宗佈教師，到臺南市中西區
的廣慈庵、德化堂、萬福院等道場舉辦共修會並講說佛法[64]。
井上秀天回日本後，於明治 35 年（1902）3 月，又再次到臺灣臺南，

---

8 月 8 日，禮大阪市天王寺町鳳林寺魁澤重為師……。明治 23 年 9 月進入曹洞宗大學林
學習，27 年 4 月畢業。同年 4 月，在大本山（永平寺）舉行轉衣儀式……。30 年 6 月
渡臺，於臺北曹洞宗佈教所從事佈教，且於日臺語學校學習臺語，畢業之後則教授日臺語
語。33 年 9 月前往中國，駐錫福建省興化甫田縣，佈教三年。35 年 10 月歸國，……大
正元年，由於各個宗派的共同參與，遂將醇厚會改稱為醇厚院。師因其溫厚至誠，佈教
盡力，故被稱為縣下代表性的教家。」（東京：王子出版社，1916 年 1 月），頁 242。

[63] 日本曹洞宗宗務局編：〈臺南教況〉，《宗報》第 61 號，明治 32 年 5 月，頁 16。

[64] 陸鉞巖：〈臺南教況〉，《宗報》第 62 號，明治 32 年 7 月，頁 12。

致力於弘法事業並「創辦義塾」。據《宗報》第 143 號所載明治 36 年（1903）1 月〈臺南義塾〉云：

> 先前曾隨行陸鉞巖和尚遊歷南清、印度諸國歸來的井上秀天和尚，於去年三月再次南渡臺南，獨自在臺南創辦義塾。召集該地的警察、憲兵、軍人及政府官員四十餘名，開設漢學、英語、數學、簿記學等科目，聘請數名講師熱心教授。井上秀天雖是曹洞宗僧侶，然仍受臺南新樓英國長老會直轄的福音大學講師囑託，每日於該教會授課二小時，此舉堪稱本宗僧侶之美談。[65]

井上秀天與基督教長老教會交流。明治 36 年 9 月，井上氏於臺南出版作為考察印度宗教兼遊記的《印度事情》[66]，並發行《友之聲》與《臺南寺》等[67]。後來臺之曹洞宗僧侶，與返回日本之井上秀天互有交流，並以詩文表達思友之情[68]，見證井上秀天與臺南的因緣。

---

[65] 日本曹洞宗宗務局編：〈臺南義塾〉，《宗報》第 143 號，明治 36 年 1 月，頁 7。

[66] 井上秀天：《印度事情》（臺南：龍泉堂書房，1903 年 9 月臺南義塾藏版）。赤松徹真〈井上秀天的思想──其生涯與平和論及禪思想〉：「1903 年 8 月在臺南出版《印度事情》。」（頁 519）

[67] 赤松徹真：〈井上秀天的思想──其生涯與平和論及禪思想〉，頁 519。

[68] 如大正元年（1912）10 月，今西臥雲〈中秋書感寄秀天居士〉云：「節入中秋風物清，滿天瀨氣不堪情。客窗今夜思君處，空抱芳樽對明月。」（今西臥雲：〈中秋書感寄秀天居士〉，《臺灣日日新報》「詞林」，大正元年 10 月 11 日）；又大正 3 年（1914）4 月，花和尚〈頓狂詩・序〉云：「余此頃於上腳生疔瘡，請醫士切開治療之。偶秀天居士有信告曰：『因疝痛，為腰拔療，養於北投養生館。』因戲賦此贈。」（《臺灣日日新報》，大正 3 年 4 月 30 日）花和尚〈頓狂詩〉云：「君拔腰兮我切腳，拔腰切腳共因緣。壺中美酒何堪飲，枕上殘花也可憐。昔日精神縱未滅，此頃痛味幾時邊。笑談無友心寥寂，恨煞臺南炎熱天。」（同上）井上秀天因「大逆事件」受牽連，於明治 43 年（1910）脫離曹洞宗僧侶的身分，故被稱「秀天居士」。

（二）井上秀天的禪學觀點

井上秀天雖然因在明治 43 年（1910）至明治 44 年（1911）「大逆事件」[69]中，遭到日本政府當局「家內搜查」，而與曹洞宗教團的關係決裂，遂脫離曹洞宗僧侶的身分，然也從此開始他佛教與禪的研究[70]；而其思想核心，深受日本 1899 年成立「佛教清徒同志會」（後更名為「新佛教徒同志會」）[71]的影響，在該組織發行之《新佛教》發表批評文章。如赤松徹真〈井上秀天的思想──其生涯與平和論及禪思想〉所云：

> 明治 44（1911）年……（井上秀天）在《新佛教》撰文……且提出非戰──和平論。……以佛教與禪之研究為核心的思想表現以及社會批評的論說是透過此雜誌（《東洋文化》）而

---

[69] 關於此事，楊曾文《日本佛教史》載云：「在 1910 年到 1911 年日本政府製造『大逆事件』冤案殺害幸德秋水（1871-1911）等人的過程中，受牽連受迫害的人中也有僧人。其中有曹洞宗的內山愚童（1874-1911）（死刑）、真宗大谷派的高木顯明（無期徒刑）、古義真言宗的毛利柴庵（家內搜查）、曹洞宗的井上秀天（家內搜查）等。……各宗各局都站在政府一邊，把內山愚童……（等人）開除出教團。」（杭州：浙江人民出版社，1995 年 9 月初版，頁 605-606）上山慧〈井上秀天與初期社會主義者的關係──以神戶平民俱樂部活動與大逆事件為中心〉：「1910（明治 43）年 8 月 9 日，井上撰述〈不問答〉一文。該文與內容敗壞風俗而被禁的小山內薰的短篇小說集──《笛》有關。在文章中，井上指出『實際上，可以說日本並無言論自由、思想自由、出版自由，但貴族卻有行為不軌的自由，高等官吏有淫亂行為的自由』。……井上又如次論道：『從去夏至今夏，被三名探員約談五、六次。善良無比，毫無惡意，幾近於完美的筆者，竟被內務省視為是社會主義者的同路人。』」（《歷史與神戶》第 57 卷第 3 號，平成 30 年 6 月，頁 12）。

[70] 赤松徹真：〈井上秀天的思想──其生涯與平和論及禪思想〉，頁 521-523。

[71] 「新佛教徒同志會」之六條綱領是：「一、我們以佛教的健全信仰為根本義。二、我們振興普及健全的信仰、知識及道義，並致力於社會的根本改善。三、我們主張自由探討佛教和其他宗教。四、我們主張斷絕一切迷信。五、我們不認為有保持歷來的宗教制度及其儀式的必要。六、我們排斥政治上的保護和干預。」（楊曾文主編：《日本近現代佛教史》，杭州：浙江人民出版社，1996 年 3 月初版，頁 93）

開展。[72]

　　他與忽滑谷快天的情誼持續且深遠，在忽滑谷氏所主辦的《達磨禪》發表多篇論文，如赤松徹真〈井上秀天的思想——其生涯與平和論及禪思想〉又云：

　　　　（井上秀天）在駒澤大學的教授忽滑谷快天主辦的東京佛心會雜誌《達磨禪》中，連續發表〈禪的公案的現代觀察〉[73]、〈無門關的研究斷片〉、〈禪的自由討究斷篇〉[74]等。……也與陸鉞巖、山田孝道、忽滑谷快天、山上曹源、石川覺證、山根天龍、秦慧昭等人的教團所屬禪僧有所來往。[75]

可見井上秀天醉心於禪學探究，並與當時同領域學者多所交流，益使他在禪學研究因同儕的激盪而有豐碩的成果。

　　井上秀天長期關注佛教禪宗，著有《現代新譯《碧巖錄》詳解》、《禪の現代的批判》、《無門関の新研究》、《碧巖錄詳解》、《碧巖錄の現代的解說》，《達磨禪の新研究》等書，以及〈禪的公案的現代觀察〉、〈禪的自由討究斷篇〉、〈關於禪宗之公案〉等文，可見其對禪學觀點乃著眼於「現代」、「批判」、「新穎」與「自由」之研究取向。其《碧巖錄詳解》還典藏於林德林所主持的「臺中佛教會

[72] 赤松徹真：〈井上秀天的思想——其生涯與平和論及禪思想〉，頁 522-523。

[73] 井上秀天：〈禪的公案的現代觀察（一）〉，《達磨禪》第 3 卷第 9 號，1919 年 9 月，頁 23-26；〈禪的公案的現代觀察（二）〉，《達磨禪》第 4 卷第 4 號，1920 年 4 月，頁 29-33。

[74] 井上秀天：〈禪的自由討究斷篇〉，《達磨禪》第 4 卷第 12 號，1920 年 12 月，頁 22-27。

[75] 赤松徹真：〈井上秀天的思想——其生涯與平和論及禪思想〉，頁 536。

館」[76]。

此外，曹洞禪的井上秀天與臨濟禪的鈴木大拙，針對禪學早在1918 年即有爭辯。1918 年 5 月井上秀天出版《現代新譯《碧巖錄》詳解》[77]一書，鈴木大拙 1918 年 7 月在《禪道》發表〈讀現代新譯《碧巖錄》詳解〉[78]一文批評之。鈴木氏批評井上秀天的解釋是把「《碧巖錄》當作死物處理」。其文云：

> 第一，態度的問題。「無門關解釋」一書的作者紀平說「自己連十分鐘的禪坐也沒有」，井上並沒有作此說，因此對於禪，應是多少有實際的體驗。但可以發現對於禪之悟，著者是立於文字的解釋之上。對於文字的解釋若能適切，禪也是掌中之物。然而卻忘記禪雖將貓說為杓子，卻也不介意將杓子視為貓。是故，彼將一篇《碧巖錄》當作死物處理。對於如此的態度，筆者甚是反對。[79]

又云：

> 其次，禪錄中，自古雖有下語、著語、拈弄、評唱或偈頌之舉，然而並沒有所謂的「詳解」、「解說」、「解釋」的表現，此中實有莫大的理由。就筆者所見，禪可歸於「妙悟」二字。縱

---

[76] 參見臺灣大學「臺灣佛教史料庫」中「臺中佛教會館特藏」（http://buddhism.lib.ntu.edu.tw/museum/TAIWAN/）。

[77] 井上秀天：《現代新譯《碧巖錄》詳解》（東京：大鐙閣，1918 年 5 月）。

[78] 鈴木大拙：〈讀現代新譯碧巖錄詳解〉，《禪道》，1918 年（大正 7 年）8 月，頁 13-21。

[79] 鈴木大拙：〈讀現代新譯碧巖錄詳解〉，頁 14-15。

使其中有文學，或是哲學，或是歷史，然若欠缺妙悟，就不是禪。[80]

　　鈴木氏一貫地強調禪重在妙悟。針對鈴木氏的評騭，井上秀天回應〈答鈴木大拙居士之論評〉[81]一文，認為鈴木氏把「悟境、悟境的表現及其表現的解釋」混為一談。該文云：

　　　　所以《碧巖錄》所揭的禪的思想也有種種表現，因此其所表現的解釋法自然也應合情合理。「其表面上的說明縱使歷史或文學上有差錯，也是無妨」[82]之說，可說是強辯。雖有差錯，然而若能不錯，豈非更佳。一定會錯，何以會錯？禪之妙應是在於能不錯，就不應錯。說為錯的，豈非已是不佳的。難道禪之妙是於差錯之中顯現？之所以差錯，豈非因於人類的無智。要言之，大拙居士將悟境（大拙居士所謂的主觀的妙處）、悟境的表現及其表現的解釋等三點相混為一談。[83]

又云：

　　　　大拙居士指出「其次，禪錄中，自古雖有下語、著語、拈弄、評唱或偈頌之舉，然而並沒有所謂的『詳解』、『解說』、『解釋』的表現，此中實有莫大的理由。」如此之所言，正如同在世界的科學者將蘿蔔當作科學研究的對象之前，吾人完全不知

---

[80] 鈴木大拙：〈讀現代新譯碧巖錄詳解〉，頁 17-18。

[81] 井上秀天：〈答鈴木大拙居士之論評〉，收於氏著：《禪の現代的批判》（東京：寶文館，1921 年），頁 360-374。

[82] 鈴木大拙：〈讀現代新譯碧巖錄詳解〉，頁 17。

[83] 井上秀天：〈答鈴木大拙居士之論評〉，頁 366-367。

蘿蔔與高峰澱粉酶有關。在大學講座盛行言及蘿蔔、澤庵漬、奈
良漬、豆腐、味噌汁等的今日，大拙居士想必認為禪錄一直都是
在學者的研究範圍之外。[84]

　　井上秀天與鈴木大拙就禪學針鋒相對，鈴木氏強烈質疑井上氏理
解《碧巖錄》的態度，批評其未能靈活掌握禪的活潑精神、妙悟義諦。
而井上氏則自信自己對《碧巖錄》的詮釋契合情理。

　　1925 年，井上秀天《無門關的新研究·自序》云：

　　　　囚其後的禪僧與居士的直譯方式，獨案內擬的提唱與著作，
反而更使愚迷的民眾墮於五里霧中，如此的作為，除了讓禪僧與
居士獲得名利上的成功之外，對於一般民眾畢竟只是有害無益。
如今筆者的禪研究完全是掙脫禪僧的一般舊套，也一併除去古人
糟粕。[85]

這點出井上氏撰著《無門關的新研究》，以掙脫舊套與去除糟粕的立
場。

　　1926 年，井上秀天《碧巖錄詳解·自序》云：

　　　　超越科學、論理、理性的相對，並不是無智。說為超越富士
山，即是登上富士山，若只是停留在富士山麓，並不是超越富士
山。禪哲學是超科學的，是超論理的，是超理性的，但世上諸多
禪僧說是超越富士山，卻不知富士山，不登富士山，只是停留在

---

[84] 井上秀天：〈答鈴木大拙居士之論評〉，頁 371-372。

[85] 井上秀天：《無門關的新研究》（上中下卷）（東京：寶文館，1922-1925 年），頁 8-
9。

富士山麓。即使說為直覺，然此中有理性又是超越的直覺，與沒
有理性的直覺有別，二者完全不同。……禪是尊重超智識的直覺
的宗教，然世上諸多禪僧，則為無智的直覺所束。[86]

井上氏認為禪學是超科學的，超論理的，有它直覺的一面，並將「禪」
定義為「尊重超智識的直覺的宗教」。

1929 年，井上秀天《碧巖錄的現代解說》云：

本書《碧巖錄現代的解說》是基於上來所述的見解與確信，
筆者就古來百則公案的歷史、地理與教理的背景及其典據，盡可
能予以詳密的思索與考證而完成的。[87]

此意謂他長期對禪宗公案鑽研，就歷史、地理、教理的背景與依據，進
行考證與分析，偏重於禪史的研究。

1934 年，井上秀天《達磨禪の新研究》云：「筆者在研究上，不
喜歡嘗先人糟粕，而是念願以筆者自己的鋤鍬與力，在學術研究上開拓
先人所未履之境地。」[88]井上氏試圖針對達磨禪，提出個人新穎的見
解。

1937 年，井上秀天唯一發表在《南瀛佛教》的是〈關於禪宗之公
案〉一文，又批判當時臨濟宗鈴木大拙的禪學思想。該文云：

公案可說是禪的生命，禪宗尤其是臨濟宗派下的人，都對其
相當尊重，事實也是如此。……現在臨濟宗派下的人成為玩弄公

---

[86] 井上秀天：《碧巖錄詳解》（東京：大鐙閣，1926 年），頁 6-8。

[87] 井上秀天：《碧巖錄的現代解說》（東京：大鐙閣，1929 年），頁 6。

[88] 井上秀天：《達磨禪の新研究》（東京：學而書院，1934 年），頁 2。

案者，與低能的禪者為對手，應該稱之為變態思索的遊戲，權威
也好，生命也好，什麼也沒有。[89]

可以說，井上秀天是在胡適批判鈴木大拙[90]禪學前的批評者。在此之
後，1939 年胡適與與鈴木大拙的禪學論辯，於 1969 年才在臺灣佛教界
與學術界引起討論[91]。

五、結語

　　東亞佛教交流史是東亞文化發展史上重要的面向，而日治時期的
臺灣佛教是邁向現代的轉型階段，在那期間臺灣佛教與日本佛教的交
會，自然是東亞佛教史關鍵的環節之一。

　　日治初期臺灣佛教隨著各種制度的設立與對舊慣的革新，整個佛
教規制、運作漸次變化，影響也愈來愈深。日本曹洞宗僧侶抵臺且對臺
灣佛教有過耕耘，如陸鉞巖、井上秀天等都是重要指標人物，對臺南佛
教的興革與發展都起了影響作用。此後，日本曹洞宗於 1917 年在臺設
立「臺灣佛教中學林」；1921 年 4 月成立「南瀛佛教會」，是日治時
期官方主導的唯一全島性佛教組織，在佛教改革上佔有舉足輕重的地
位。

---

[89] 井上秀天：〈關於禪宗之公案〉，《南瀛佛教》第 15 卷第 5 號，1937 年 11 月，頁 3。

[90] 關於胡適與鈴木大拙的論辯，柳田聖山在〈胡適博士與中國初期禪宗史之研究〉說：
「正當胡適在大西洋船室中寫其不勝興奮的《海外讀書記》的那一年，鈴木大拙在倫敦
用英文出版了處女作 *Essays in Zen Buddhism : First Series*。胡適欣聞鄰國這位國際
學人的大名，大概是從這個時候，於是他馬上寫篇書評，投寄《泰晤斯報》。」（柳田
聖山主編：《胡適禪學案》，臺北：正中書局，1990 年 1 月二版，頁 8）鈴木大拙對此
事作了些記錄，他說：「結識胡適是以文會友的開始。1927 年，胡適批判筆者在倫敦出
版《禪論文集》第一卷的書評，刊登在當時《泰晤斯報》的副刊週刊文學。」（同上，
頁 11）這是兩人認識與論辯的開始。

[91] 參見邱敏捷：〈胡適與鈴木大拙〉，收於鄭志明主編：《兩岸當代禪學論文集》（嘉
義：南華大學宗教文化研究中心，2000 年 5 月初版），頁 155-178。

綜上可知，自 1896 年至 1900 年間，日本曹洞宗重要僧侶陸鉞巖、井上秀天，他們兩人在臺灣致力於傳教弘法。陸氏掌理大臺南的佈教事業，設立國語學校，組織臺南婦人會，成立碧巖會，主持共修會等，推展文教工作且講授禪學，撰述禪學論著。因其德高望眾，感化力強，成效顯著。井上秀天除了參與陸氏的佈教事業外，在與陸氏返回東瀛後，於 1902 年井上氏復來臺南並孜孜於創辦義塾，禆益於地方。井上氏之於禪學，不限於曹洞宗禪法，而採取《新佛教》自由開放的取向，並與臨濟宗鈴木大拙論辯，展現其禪學觀點。

參考書目

一、古籍部分（依時代先後順序排列）

1. 宋・圓悟克勤著，日本・伊藤猷典校定：《碧巖集定本》，收於藍吉富主編：《禪宗全書》第 89 冊，臺北：文殊出版社，1990 年 4 月初版。

二、近人研究專書（依作者姓名筆畫由少至多排列）

1. 井上秀天：《印度事情》，臺南：龍泉堂書房，1903 年 9 月臺南義塾藏版。
2. 井上秀天：《現代新譯《碧巖錄》詳解》，東京：大鐙閣，1918 年 5 月。
3. 井上秀天：《禪の現代的批判》，東京：寶文館，1921 年。
4. 井上秀天：《無門關的新研究》（上中下卷），東京：寶文館，1922-1925 年。
5. 井上秀天：《碧巖錄詳解》，東京：大鐙閣，1926 年。
6. 井上秀天：《碧巖錄的現代解說》，東京：大鐙閣，1929 年。

7. 井上秀天：《達磨禪的新研究》，東京：學而書院，1934 年。

8. 太祖常濟大師著，陸鉞巖譯：《傳光錄布鼓・坤》，名古屋：圓通寺認可僧堂，1917 年 7 月初版。

9. 太祖常濟大師著，陸鉞巖譯：《傳光錄布鼓・乾》，名古屋：圓通寺認可僧堂，1917 年 7 月初版。

10. 手島益雄：《續名古屋百人物評論》，名古屋：中京堂，1915 年 8 月。

11. 日本曹洞宗海外開教傳道史編纂委員會：《曹洞宗海外開教傳道史》，東京：曹洞宗宗務廳，1980 年。

12. 木村泰賢：《根本佛教解脫道論──新大乘運動思想觀》，臺北：臺灣商務印書館， 2021 年 3 月初版。

13. 安藤嶺丸編：《曹洞宗名鑑》，東京：王子出版社，1916 年 1 月。

14. 印順：《中國禪宗史》，臺北：正聞出版社，1987 年 4 月四版。

15. 江燦騰：《太虛大師前傳》，臺北：新文豐出版社，1993 年 4 月初版。

16. 江燦騰：《東亞現代批判禪學思想四百年：從當代臺灣本土觀察視野的研究開展及其綜合性解說》，臺北：元華文創出版公司，2021 年 5 月初版。

17. 江燦騰：《臺灣佛教百年史之研究 1895-1995》，臺北：南天書局，1996 年 3 月初版。

18. 江燦騰：《臺灣近代佛教的變革與反思：去殖民化與臺灣佛教主體性確立的新探索》，臺北：東大圖書出版公司，2003 年 10 月初版。

19. 江燦騰主編：《跨世紀的新透視：臺灣新竹市 300 年佛教文化史導論》，臺北：前衛出版社，2018 年 7 月初版。

20. 忽滑谷快天：《正信問答》，東京：鴻蒙社，1913 年。

21. 忽滑谷快天：《禪學批判論》，東京：鴻盟社，1910 年 9 月四版。

22. 忽滑谷快天：《禪學思想史》，東京：著名刊行會，1966 年 2 月出版。

23. 忽滑谷快天：《禪學新論》，琦玉：井冽堂，1907 年。

24. 忽滑谷快天著，朱謙之譯：《中國禪學思想史》，上海：上海古籍出版社，1994 年 5 月初版。

25. 忽滑谷快天著，李慶保譯：《王陽明與禪學》，長春：時代文藝出版社，2008 年 4 月初版。

26. 忽滑谷快天著，郭敏俊譯：《禪學思想史》（1-5），臺北：大千出版社，2003 年出版。

27. 林秋梧：《真心直說白話註解》，臺南：開元禪寺發行，1933 年 8 月初版。

28. 柳田聖山著，毛丹青譯：《禪與中國》，臺北：桂冠圖書公司，1992 年。

29. 柳田聖山主編：《胡適禪學案》，臺北：正中書局，1990 年 1 月二版。

30. 高祖承陽大師著，陸鉞巖譯：《正法眼藏布鼓》，名古屋：圓通寺認可僧堂，1930 年 9 月。

31. 張曼濤主編：《中國佛教史論集·臺灣佛教篇》，《現代佛教學術叢刊》第 87 冊，臺北：大乘文化出版社，1979 年 1 月初版。

32. 陸鉞巖注：《冠註普勸坐禪儀·冠註坐禪用心記》，東京：鴻盟社，1886 年 3 月。

33. 琢宗禪師著，陸鉞巖譯：《永平正法眼藏知津布鼓》，名古屋：圓通寺認可僧堂，1921 年 9 月。

34. 楊曾文：《日本佛教史》，杭州：浙江人民出版社，1995 年 9 月初版。

35. 楊曾文主編：《日本近現代佛教史》，杭州：浙江人民出版社，1996 年 3 月初版。

36. 溫國良編譯：《臺灣總督府公文類纂宗教史料彙編：明治 28 年至昭和 20 年》，南投：臺灣省文獻委員會，2001 年 12 月出版。

37. 藍吉富主編：《臺灣佛教辭典》，臺南：妙心出版社，2013 年。

38. 懷奘記，陸鉞巖譯：《光明藏三昧布鼓》，名古屋：圓通寺認可僧堂，1916 年 10 月。

39. 羅浮社出版部編纂：《大日本人物名鑑》，東京：羅浮社出版部，1921 年 11 月。

40. 釋慧嚴：《臺灣與閩日佛教交流史》，高雄：春暉出版社，2008 年 5 月初版。

41. 闞正宗：《臺灣佛寺的信仰與文化》，新北：博揚文化事業公司，2004 年 10 月初版。

42. 闞正宗：《臺灣佛教殖民與後殖民》，臺北：博揚文化事業公司，2014 年 6 月初版。

三、近人研究論文（依作者姓名筆畫由少至多排列）

（一）期刊論文

1. 上山慧：〈井上秀天與初期社會主義者的關係—以神戶平民俱樂部活動與大逆事件為中心〉，《歷史與神戶》第 57 卷第 3 號，平成 30 年 6 月，頁 3-18。

2. 井上秀天：〈禪的公案的現代觀察（一）〉，《達磨禪》第 3 卷第 9 號，1919 年 9 月，頁 23-26。

3. 井上秀天：〈禪的公案的現代觀察（二）〉，《達磨禪》第 4 卷第 4 號，1920 年 4 月，頁 29-33。

4. 井上秀天：〈禪的自由討究斷篇〉，《達磨禪》第 4 卷第 12 號，

1920 年 12 月，頁 22-27。

5. 井上秀天：〈致太虛大師函〉，《海潮音》第 4 卷第 12 期，1923
年 12 月，頁 3-4。

6. 井上秀天：〈關於禪宗之公案〉，《南瀛佛教》第 15 卷第 5 號，
1937 年 11 月，頁 3-6。

7. 石井公成：〈明治時期海外渡航僧諸相——北島道龍、小泉了諦、
織田得能、井上秀天、達磨波羅〉，《近代佛教》第 15 期，2008
年，頁 1-24。

8. 石井公成著，廖欽彬譯：〈日本禪學的近代化與臺灣佛教——以忽
滑谷快天與井上秀天為中心〉，《法鼓佛學學報》第 27 期，2020
年 12 月，頁 1-31。

9. 守屋友江：〈世紀轉換期之佛教徒的社會觀——以《新佛教》中鈴
木大拙與井上秀天的言論為中心〉，《近代佛教》第 12 期，2006
年，頁 39-57。

10. 林秋梧：〈佛說堅固女經講話（一）〉，《南瀛佛教》第 11 卷第
11 號，1933 年 11 月，頁 23-26。

11. 邱敏捷：〈李添春的行誼及其對臺灣佛教之研究〉，《高雄文
獻》第 9 卷第 1 期，2019 年 6 月，頁 31-53。

12. 邱敏捷：〈日治時期曾景來的行誼及其對臺灣佛教之研究〉，
《臺灣文獻》第 70 卷第 2 期，2019 年 6 月，頁 1-32。

13. 邱敏捷：〈王進瑞的佛教行誼及其《碧巖錄講義》〉，《臺灣文
獻》第 72 卷第 4 期，2021 年 12 月，頁 303-334。

14. 《南瀛佛教》編輯部：〈臺南佛教婦人會發會式〉，《南瀛佛
教》第 14 卷第 6 號，1936 年 6 月，頁 60。

15. 溫國良：〈日據初期臺南媽祖宮申請改號始末〉，《臺南文化》
新 46 期，1998 年 12 月，頁 49-58。

16. 鈴木大拙：〈讀現代新譯碧巖錄詳解〉，《禪道》，1918 年（大

正 7 年）8 月，頁 13-21。

17. 釋慧嚴：〈西來庵事件前後臺灣佛教的動向──以曹洞宗為中心〉，《中華佛學學報》第 10 期，1997 年 10 月，頁 279-310。

（二）專書論文

1. 井上秀天：〈答鈴木大拙居士之論評〉，收於氏著：《禪の現代的批判》，東京：寶文館，1921 年，頁 360-374。

2. 吉津宜英著，林鳴宇譯：〈道元、瑩山坐禪觀之較析〉，收於楊儒賓等編：《東亞的靜坐傳統》，臺北：國立臺灣大學出版中心，2013 年 2 月初版，頁 247-292。

3. 赤松徹真：〈井上秀天的思想──其生涯與平和論及禪思想〉，收於《龍谷大學論集──創立三百五十周年紀念特集》，龍谷學會，1989 年 11 月，頁 517-553。

4. 林德林：〈臺灣佛教新運動之先驅〉，收於張曼濤主編：《中國佛教史論集‧臺灣佛教篇》，《現代佛教學術叢刊》第 87 冊，臺北：大乘文化出版社，1979 年 1 月初版，頁 75-96。

5. 邱敏捷：〈胡適與鈴木大拙〉，收於鄭志明主編：《兩岸當代禪學論文集》，嘉義：南華大學宗教文化研究中心，2000 年 5 月初版，頁 155-178。

（三）學位論文

1. 大野育子：《日治時期佛教精英的崛起──以曹洞宗駒澤大學臺灣留學生為中心》，淡江大學歷史系碩士論文，2009 年 1 月，頁 1-207。

四、其他

1. 日本曹洞宗宗務局編：〈臺灣島佈教案〉，《宗報》第 1 號，明治

30 年 2 月，頁 12-13。

2.　日本曹洞宗宗務局編：〈在臺佈教師教區指定臺灣佈教師〉，《宗報》第 3 號，明治 30 年 3 月，頁 2。

3.　日本曹洞宗宗務局編：〈臺灣島視察書〉，《宗報》第 8 號，明治 30 年 4 月，頁 9-10

4.　日本曹洞宗宗務局編：〈臺南佈教〉，《宗報》第 15 號，明治 30 年 8 月，頁 17-18。

5.　日本曹洞宗宗務局編：〈臺南教況〉，《宗報》第 46 號，明治 31 年 11 月，頁 12-13。

6.　日本曹洞宗宗務局編：〈臺南教況〉，《宗報》第 61 號，明治 32 年 5 月，頁 16。

7.　日本曹洞宗宗務局編：〈雜報〉，《宗報》第 66 號，明治 32 年 9 月，頁 10。

8.　日本曹洞宗宗務局編：〈支那漳州南山寺（大禪剎）〉，《宗報》第 70 號，明治 32 年 11 月，頁 15。

9.　日本曹洞宗宗務局編：〈新嘉坡所見〉，《宗報》第 71 號，明治 32 年 12 月，頁 15-16。

10.　日本曹洞宗宗務局編：〈錫蘭島〉，《宗報》第 72 號，明治 32 年 12 月，頁 15-16。

11.　日本曹洞宗宗務局編：〈錫蘭島〉，《宗報》第 74 號，明治 33 年 1 月，頁 12。

12.　日本曹洞宗宗務局編：〈錫蘭島〉，《宗報》第 75 號，明治 33 年 2 月，頁 16。

13.　日本曹洞宗宗務局編：〈印度內地之部〉，《宗報》第 76 號，明治 33 年 2 月，頁 13-14。

14.　日本曹洞宗宗務局編：〈印度內地之部〉，《宗報》第 80 號，明治 33 年 4 月，頁 16。

15. 日本曹洞宗宗務局編：〈印度內地之部〉，《宗報》第 82 號，明治 33 年 5 月，頁 16。

16. 日本曹洞宗宗務局編：〈支那天童山弘法寺現今狀況〉，《宗報》第 83 號，明治 33 年 6 月，頁 16。

17. 日本曹洞宗宗務局編：〈支那天童山弘法寺現今狀況〉，《宗報》第 84 號，明治 33 年 6 月，頁 16。

18. 日本曹洞宗宗務局編：〈陸鉞巖師榮陞與贈謝德品〉，《宗報》第 92 號，明治 33 年 10 月，頁 12。

19. 日本曹洞宗宗務局編：〈臺南義塾〉，《宗報》第 143 號，明治 36 年 1 月，頁 7。

20. 花和尚：〈頓狂詩〉，《臺灣日日新報》，大正 3 年 4 月 30 日。

21. 陸鉞巖：〈仲秋觀月拈十一尤韻〉，《臺灣新報》「中秋夜龍山寺官紳賞月雅會分韵」，明治 29 年 9 月 27 日。

22. 陸鉞巖：〈公會唱和〉，《臺灣新報》「祝艋舺七商公會開筵」，明治 29 年 10 月 3 日。

23. 陸鉞巖：〈禪餘漫言〉，《臺灣新報》「文苑」，明治 29 年 10 月 15 日。

24. 陸鉞巖：〈祭至聖孔子文〉，《臺灣新報》「文苑」，明治 29 年 10 月 23 日。

25. 陸鉞巖：〈臺灣與佛教〉，《臺灣新報》「寄書」，明治 29 年 11 月 26 日。

26. 陸鉞巖：〈禪學研究論〉，《臺灣新報》「寄書」，明治 29 年 12 月 5 日。

27. 陸鉞巖：〈碧巖錄提唱〉，《臺灣日日新報》「臺南特信」，明治 31 年 7 月 26 日。

28. 陸鉞巖：〈廳員葬儀〉，《臺灣日日新報》「臺南特信」，明治 31 年 8 月 5 日。

29. 陸鉞巖：〈曹洞宗同窗會〉，《臺灣日日新報》「臺南特信」，明治 31 年 8 月 21 日。

30. 陸鉞巖：〈禪學碧巖會〉，《臺灣日日新報》「臺南特信」，明治 32 年 7 月 5 日。

31. 陸鉞巖：〈臺南教況〉，《宗報》第 62 號，明治 32 年 7 月，頁 12。

32. 雲城菅野久：〈中秋書感寄秀天居士〉，《臺灣日日新報》「詞林」，大正元年 10 月 11 日。

33. 《臺灣新報》編輯：〈修學旅行的決定〉，《臺灣新報》「雜報」，明治 30 年 7 月 4 日。

34. 《臺灣日日新報》編輯：〈曹洞宗國語學校卒業式〉，《臺灣日日新報》「雜報」，明治 30 年 12 月 8 日。

35. 《臺灣日日新報》編輯：〈曹洞宗臺南同窗會〉，《臺灣日日新報》「雜報」，明治 31 年 2 月 26 日。

36. 《臺灣日日新報》編輯：〈臺南佛教會〉，《臺灣日日新報》「雜報」，明治 31 年 5 月 11 日。

37. 《臺灣日日新報》編輯：〈曹洞宗國語學校卒業式〉，《臺灣日日新報》「雜報」，明治 31 年 12 月 10 日。

38. 《臺灣日日新報》編輯：〈臺南通信〉，《臺灣日日新報》「雜報」，明治 33 年 9 月 18 日。

39. 臺灣大學：「臺灣佛教史料庫」中「臺中佛教會館特藏」（http://buddhism.lib.ntu.edu.tw/museum/TAIWAN/）。

第五章　從蔡國琳著《南部臺灣誌》透視：
明清時代臺灣傳統在家佛教的齋教三派

江燦騰
臺北城市科技大學創校首位榮譽教授

一、清代中葉大陸齋教三派各堂傳入臺灣地區的原因

有關臺灣「齋教」三派（龍華、金幢、先天）的來歷和解說，在清代臺灣官刻的地方志書，很少提到。直到日治初期，曾任「臺南縣誌編纂委員」之一的蔡國琳，在其所參與、明治 35 年（1902）由臺南廳所編出的《南部臺灣誌》殘抄手稿中，[1]　才首次曾提到臺灣南部的佛教，亦有俗家悟道的「持齋宗」等相關內容。

不過，蔡氏在此相關的內容中，並不涉及清代官方的管理角度，及其在國家法律上如何定位的問題。所以除了根據他所說明的相關背景之外，我們必須結合日治初期日本法學家岡松參太郎博士所作的精細解說，以便我們的以下說明，可以更準確地表達出臺灣齋教在清代官方行政體系下的各種狀況。

1. 首先，根據臺南龍華派的齋堂之一的「德化堂」所收藏的內部登記資料來看，[2]清末臺灣南部的齋教三派，共有齋堂 28 處，齋友總數

---

[1]　臺南廳編的日本明治 35 年殘抄本《南部臺灣誌》，戰後成文出版社影印出版（1985），共三冊。其中第三冊是雜誌的第八篇，〈宗教〉。

[2]　按此殘稿是手抄本，於明治 35 年由臺南廳所編成，但同名的《臺灣南部誌》全書，新編者為村上玉吉，由臺南共榮會於昭和 9 年 9 月出版。其中關於宗教的部分，前者在第

為 2401 人。

2. 其次是，清代中葉大陸齋教的三派，之所以會傳入臺灣的原因，主要是和當時臺灣出家僧侶的極度腐化及墮落有關。

因清代臺灣地區的持戒僧侶，早先自大陸渡海來臺時，頗能嚴守僧規，所以當時臺地官紳也相對非常景仰佛法，於是都願意大力幫助彼等在嘉義、臺南、鳳山等地，陸續闢建大型的佛教寺院，以為彼等的弘法道場。

但在歷經年所之後，清代的臺僧便出現戒規鬆弛、佛法不振的下沉現象，使社會各界的觀感普遍不佳，連原先曾景仰彼等甚殷的官紳們也大失所望，於是自清嘉慶二年（1797）起，便陸續有來自大陸各派的「持齋者」傳入本島，展開佈道，並且至道光（1821-1850）、咸豐兩朝（1851-1861）時，其教勢已大為擴張。

二、臺灣齋教三派的「持齋」信仰及其「持齋」的源流

前面提到，清代中葉自大陸各祖堂相繼傳入臺灣各地的齋教三派，並不自稱為齋教。而是以「持齋者」自居。但是，「持齋者」的「持齋」信仰，根據何在呢？並且其「持齋」的起源，又是怎樣的來歷呢？

要解答這樣的問題，我們可以先按臺南地區隆化派齋堂的「德化堂」內部所藏的私載資料來看，其說明是這樣的：「從佛祖下傳，至第二十八代達磨時，自印度東渡來華，嫡傳佛法正宗，其後有黃蘗、臨濟、曹洞等俊傑輩出，僧俗競修佛道，佛教因而大振。而『持齋』即指『俗家的悟道者』之謂。」

但是，此處為何要強調「持齋」即指「俗家的悟道者」？根據我

八編，後者改在第七編，但內容只有少部分更動，大致上仍維持前者的簡單論述。

們現在的理解，這其實是源自於羅教批判明代中葉禪僧墮落的傳統，[3]所以要特別強調其與出家僧侶的不同之處。

當然，清代中葉以後臺灣的僧侶也有類似的劣行，所以齋教的「持齋者」，才會標榜自己是「俗家的悟道者」，自然有其必要性和時代的合理性。

以下我所引的這段相關的說明，更能看出其後的學者針對此點所提出的更完整和更清楚的說明。但因其出處的原文是日文，所以我特地將其中譯如下：

> 齋教，又名持齋宗，為佛教的一種，由禪宗臨濟派的變胎而來，係以不出家、不著僧衣的俗人，而形成守持佛戒的教（派）。自古以來，以俗人而守持佛戒，並不乏其例，相對於稱比丘、比丘尼為僧尼，彼等則被稱為優婆塞（※清信男）、優婆夷（※清信女）；然而優婆塞、優婆夷，只是皈依的在家佛教信徒，本身並不自立教義，以及向他人弘法。
>
> 可是，到了明代，由於佛教萎靡不振，導致有些俗家信眾，不願只守持佛戒，彼等進而欲與僧尼比肩，便自立其教義，並向外弘法，或為他人祈冥福。而此輩在家信徒，因謹持佛戒，經常斷葷食素，故以吃齋或持齋相稱。官方雖視此輩行徑為邪教而展開鎮壓，終究無法根絕。

3　根據日治時期的田野資料，我們可以看到，清代臺灣齋教徒的宗教心態如下：「……（若問）其何以要以在家俗人而舉措卻如僧尼之所為？彼等將曰：其一，因僧尼唯以著法服、剃頭髮的出家樣子，作為糊口之資而已，其能守持世尊之戒法者，實寥寥無幾，更不說尚有精究教理、能濟度世人者；其二，因僧尼之徒，雖住寺廟而不事生產。假令：一、不著法服、不剃頭髮，又能持佛戒、通法義而無愧於佛教徒者；二、亦能作為務生產、不空費國用的國民，──則對比不務此兩者的僧尼，即（在家）持齋之一派，所以別立而起之由也。」所以我們知道，這是源於先前羅教批判明代中葉禪僧墮落的傳統而來。

清乾隆以來，並逐漸傳入臺灣。當前共有龍華、先天、金幢
三派，形成一具有優勢的宗教。傳來之初，雖有不少上流社會的
信者加入，如今（※日治初期）則只盛行於下流社會的信者之
間。[4]

　　從以上所引的說明，我們可以知道，相對於清代中葉臺灣地區的
移墾拓荒社會，文化水準低落的傳統信仰環境，臺灣民間對佛教僧人的
形象要求，基本上是要求彼等除須具備純熟的主持佛教祭典儀式的專業
之外，在僧人行為的操守方面，也須能潔身自愛才行，亦即不能染有諸
多社會俗人的惡習，才能免於社會人士的惡感和官紳們的排斥。

　　但當時來臺的佛教僧人中，以「香花僧」的數量為最多，而「香
花僧」自明代以來的傳統，又是歷來最容易犯戒的，所以外界很容易將
其與少數惡質和缺文化素養的「禪和子」相提並論，而一概視之為佛教
界的僧侶敗類之流，於是轉而對在家持戒嚴謹的「持齋」者，萌生好感
和敬意，所以使彼等的被接受度便因此而大為提高。

　　但是，清代官方，始終認為臺灣的齋教三派，是承襲明清羅教之
流的教派活動，亦即是具有反政府傾向、或有煽動民眾違法對抗的非法
教派，所以一直視為其「邪教」之流，不承認其為合法的宗教活動。

　　因此，清代臺灣的官紳，礙於官方的嚴格禁令，大多避而不提或
盡量不介入其教派中的相關活動，以免犯法和遭連累。

　　於是，有關清代臺灣社會中的齋教流傳狀況，後人便唯有從有形
齋堂的設立數量和內部登錄的參與人數，來瞭解其所呈現的歷史現象。

4　此處的日文說明，是根據日本法學家岡松參太郎的描述，《臨時臺灣舊慣調查會第一調
　查部第三回報告書》中的《臺灣私法》第二卷（南投：臺灣省文獻委員會，1993），頁
　217。經筆者重譯。

三、近代視野下清代齋教三派的相關解說

不過，在日治初期，由於沒有上述法律上的歧視，所以反而能在實際的田野調查中清楚地發現，清代齋教三派的現代社會適應，其實是有問題的。

所以，據此研究成果，我們可以更進一步在以下，對其提出相關的歷史沿革說明。

（一）「持齋宗」的內部稱呼

根據上述資料，我們知道，「以『持齋』一名而立宗」的「持齋宗」，是如此對其自我定位的，亦即，彼等在其內部是：

（1）稱其「殿堂」為「齋堂」。

（2）呼其「信者」為「齋友」。

（3）並推「齋友」中的長老，擔任「齋主」，經理各種「齋堂」和「齋友」的相關事務。

（二）「齋堂」與「齋友」的屬性及其活動

「齋堂」與「齋友」的屬性及其活動狀況，在《南部臺灣誌》中，已對清代臺灣南部地區這方面的情形，有極為詳細、深刻和生動的描述。茲將其內容，分別介紹如下：

1.有關「齋友的信念」

在《南部臺灣誌》一開始，即樸實而懇切地提到：「齋友中，或有老年無子、少失雙親、壯而喪偶者，彼等因而深感人生的變幻無常，並相信這是肇端於過去世所造的惡業，於是由此發心──爾後願積善、

養德，以祈求自己今世之平安與來世之福報」。[5]

故一般說來，加入「持齋宗」的「齋友」，雖號稱「守五戒及十善戒」，但其要諦，實可以「不殺生」一戒概括之。

因彼等認為，惡死本為人之常情，愛生亦為生物之通性，若徒為一嚐舌上片刻的甘味，即殺戮其他生靈，不但與天地好生之德相背，也導致人心沉淪。

反之，若能斥葷食、避殺生，而開始吃齋茹素，即可立成行善之人。

由此看來，彼等是認為「戒殺」即行萬善的根本。而因此說最為卑近，容易動心起念有共鳴。故凡有失意者初到「齋堂」，向佛禮拜，乃至立誓持齋而成為「齋友」者，只要一有此「不殺生」之念萌起心頭，則彼等不只獨處時，依舊能自禁葷食，舉凡鴉片、煙、酒之類等有害身心之物，亦皆能加以排斥，甚至其他諸如賭博、邪淫等種種惡行，也可一掃而光。

由於彼等能藉此持齋善行，將自己轉化為專心致力於家業的順良之民，從此不再為吸食鴉片而傷身，或不必擔心因酒色而傾家蕩產。

換言之，彼等不單身體會日益健康，連家運也可隨之昌隆起來。「吃齋」之名，因而才會得到社會很高的評價。

2.清代臺灣「齋堂」的設置與功能

在《南部臺灣誌》中，對此部分，也談得很深入。其中提到清代臺灣的「齋堂」，大多避開熱鬧擾攘之區，而選擇幽靜之地來興建。

在「齋堂」中，則安置「齋友」信奉的觀世音菩薩，並且為了維持「齋友」的信念，到一定的齋期時，「齋友」即歇業，齊赴「齋堂」聚會。

5　《南部臺灣誌》第三冊，成文出版社影印版，頁30-31。

而主其事的「齋主」，通常是舉「齋友」中，持齋有年且明事理者充之，以處理「齋堂」內部的事務。

儘管如此，「齋主」有在「齋堂」常住者人數極少，蓋因「齋主」尚有其他的職業要兼顧；而「齋主」除年邁者不派給家事者之外，通常也只在預定的齋期內，親到「齋堂」斡旋眾事。

以臺灣本地的「齋主」來說，彼等並不像佛教僧侶或耶穌教之牧師那樣，須學經典、窮教理，以擔任佈教傳道之職，而是基於堅守持戒的宗旨，僅止於在「持齋宗」處，誦讀：《金剛經》、《心經》、《觀音經》（※按即《法華經·普門品》）等行事而已。

此外，在臺南地區的七處「齋堂」之中，雖有德化、化善、報恩、德善共四堂，由男人出任「齋主」；「慎德」、「西華」、「西竹」共三堂由女人擔任「齋主」，但各堂的「齋友」經常是以婦女的人數居多。

3.清代臺灣「齋友」入住「齋堂」的經濟條件和所獲待遇

由於少數在「齋堂」常住的「齋友」，通常為「齋友」中的鰥、寡、孤、獨者。彼等本身雖可能多少有點積蓄，因慮及日後可能無親戚故舊可相扶掖、或有年老之後的煩累，便成了吃齋持戒之人。

若再能捐個三、四十圓或五、六十圓給「齋堂」，則「齋主」便供給一生的衣食，並將其安頓於「齋堂」內居住。

若亡故則為其料理後事，或於忌辰，為其誦經迴向，以祈冥福。又因自備衣食居住於堂內者，通常即失意的不幸者，而彼等既常住於「齋堂」內吃齋持戒，故「齋堂」的位置，亦以擇幽靜之地為宜。

4.清代臺灣的官方對各派「齋堂」建築的管理方式

可是，我們要問，清代臺灣的官方，對於此類的「齋堂」建築，難道可以完全放任不管嗎？

其實，有關清代臺灣「齋堂」設立與廢止的規定，其法源在清乾

隆 48 年（1783）10 月的【上諭】中，已曾對於單純「愚民吃齋求福」
的行為，與一般邪教者分別處理，只下令全部銷毀其經卷，不另課以刑
責。

但在嘉慶年間，雖仍區分兩者，並且對非邪教的良民吃齋，同樣
不課以罪名；可是當時，在福建省取締邪教的規定中，已提到由開始單
純的吃齋行為，到後來人數增加、團體的份子複雜，於是欲圖不軌者，
即藉此為匪生釁因而成了邪教。

因此，清代臺灣的齋教三派，一如其在大陸傳播的狀況，是在被
官方視為「邪教」之流的非法活動之一種，所以我們會好奇此類的「齋
堂」建築，在清代官方的眼中，又是如何？

根據日治初期的實際調查資料來看，學者判定：以臺灣到處都有
「齋堂」存在的事實來看，清代官方似乎只將其視為一般的民宅。並
且，從國家法制化的實質定位來說，當時臺灣的各派「齋堂」，雖亦公
然以堂號名義申報所持有的附屬田園，而官方也據此發給該堂號名義的
丈單。可是，這仍類似官方發給民設祠堂，及神明會等丈單的同樣性
質，故不能據此即認定，是因官方先承認該「齋友」團體為合法，然後
才發給該團體堂號的丈單。[6]

儘管如此，既然實際已有「齋堂」建築的到處存在，自然不可能
沒有相應的宗教活動。所以，我們可以根據當時的內部資料，得悉當時

---

6 根據日治時期，法學家岡松參太郎博士的看法，他認為清代臺灣的「齋堂」，是由持齋
者共同設立的宗教建築物，故其性質如同民設的神祠或寺觀，亦即不屬於官產。又因
「齋堂」雖同佛寺一樣奉祀菩薩和舉行祭祀活動，但非由僧侶住持，並且其設置和管理
僅限於持齋者團體本身，這幾點特性也使它與一般民設的神祠或寺觀大異其趣。其二，
他認為「齋堂」是一種財團法人，且屬於持齋者公有，而非個人的私有物，即使其建立
是由其中一人或數人籌設的、乃至其基本財產是由其中一人或數人提供的，也須視為捐
贈而非屬其中一人或數人的私產。此即其與臺灣一般民設的神祠或寺觀迥異之處，因後
者常由某一地區具有同祖籍或同職業的民眾所建置，而前者專屬同團體的齋友參與建立
及公有。並且從任何個別齋友入會之際既不須先繳交一定股份，退會時亦無權請求退撤
回持股，亦可判定「齋堂」的性質，與「財團法人」類似。

出入「齋堂」的「齋友」們，又是懷著何種心態和作為，來進出其中的？

5.清代齋教三派「齋友」的宗教修持及其持戒積福的宗教心態

關於此點，根據日治初期的田野調查資料，我們知道，在清代「齋堂」內出入的「齋友」們，通常以「殺生」為人生最大的罪惡，此因彼等信守佛教的「不殺生戒」，為人道的大義，故彼等以日常齋食來成全人心，並欲藉此為當世個人的平安及替未來的福報廣積陰德。

又，若在清代社會，要成為「齋友」，其必要條件，即在於先能不犯下列禁止的行為，諸如：食肉、賭博、邪淫、酒類、煙草、檳榔子、韭葱等；也不許有燒金銀紙和放爆竹等。這都是與一般民俗信仰大不同之處。

6.清代齋教三派「齋友」的死亡安頓問題

清代臺灣齋教三派的「齋友」，若有亡故者，即請各派所屬的「齋主」到其家，為其誦經和料理葬儀之事。其儀式很簡單，故花費極省。並且事後，喪主也僅贈給「齋主」扇子一把、手巾一條而已。

另一方面，「齋主」通常除主持「齋友」的葬儀之外，其他的葬儀即一概謝絕。此或由於「持齋宗」尚未成為大顯於世間的「宗教」，而世人亦如對其置之度外，故彼等自建殿堂、擁有信眾、嘗試佈教、舉行葬儀等，儼然藉此特立獨行於各宗之外，也因此其彼此團結、持戒、信念和感化的程度，反居僧侶之上，真可以說，有一宗的實力！

7.有關「齋堂」興建與維修的經費來源問題

有關「齋堂」興建和維修的經費來源，除由「齋友」隨喜認捐之外，亦有因對「齋友」的素行敬佩有加，而特別志願義捐者。

對於一向最看重金錢的臺灣本地人來說，遇有「齋堂」要興建或維修之時，不論是在旱魃、水災的秋收不豐之季，或正處於市場不景氣

的狀態下，仍願爭相隨喜認捐。由此，即不難窺見「齋友」，在社會上被信賴和被肯定的程度。

四、清代臺灣「持齋宗」的三派歷史沿革

有關清代臺灣「持齋宗」的三派歷史沿革，我們可以結合相關資料，[7]分項製成簡表，以便讀者容易瞭解。

資料來源	派別	內　　容　　描　　述
南部臺灣誌	龍華派	◎本派為臨濟宗的支流，初祖姓羅、名因法、號普仁。山東省萊州府人士，明正統 7 年入道，嘉靖 6 年以八十五歲示寂。經第十六代盧德成，法名普濤（福建省仙遊縣人），來臺傳教，居六年歸仙遊縣。臺灣持齋之龍華派，以普濤為鼻祖。（據德化堂記載）
岡松參太郎	龍華派	◎據龍華派教主稱：最初在山東省萊州府有俗人羅因，此人生於明正統壬戌 7 年（1442），二十八歲皈依臨濟宗，五十二歲得道後，以俗人形體，雲遊四方，教化眾人。嘉靖丁亥 6 年（1527），在露靈山示寂之際，受齋友尊稱為「羅祖」而成為龍華派的開基祖。及雍正年間，第十祖陳普月見「一是堂」於福建省福州府福寧縣觀音埔以後，成為福建及臺灣的總主教處。嘉慶年間，第十五祖盧普耀建「漢陽堂」於興化府仙遊縣，第十六祖盧普濤東渡來臺南傳教，經六年回興化，後由其弟子普爵創建「德善堂」，成為臺灣最早的龍華派齋堂。
南部臺灣誌	金幢派	○本派的初祖，為直隸省大北里河人士（姓不詳），傳至福建分兩派，一為翁姓，是福州馬道街之人；一為蔡姓，是興化府蕭田縣之人。此兩人原為師徒，後以議論不合，教主許其各立一派，四出傳教。故臺灣

<hr>

[7]　此處相關資料，是結合《南部臺灣誌》第三冊第八篇〈宗教〉的持齋宗資料和岡松參太郎在《臺灣私法》第二卷的解說資料。

資料來源	派別	內　　　容　　　描　　　述
		地區的金堂派亦分為兩派，是道光初年來臺傳教，因記錄湮滅，究竟是何者？已無從稽查。
岡松參太郎	金幢派	○據金幢派教主稱：直隸省永平府俗人王太虛（道號普明），生於明嘉靖 17 年（1538），二十三歲時，在鎮定府通州設道場修行。萬曆 6 年（1578）開悟心地，覺知天地乾坤有九轉三回之理，並由其徒董應亮（道號普光）大加宣揚教義，因而獲得皇帝信仰，建道場達八十一所。後來，寧州魚販蔡文舉，皈依本派，得道後稱為齋公，並在福建省興化府莆田縣，建「樹德堂」傳教。其後渡海來臺，在臺南建立「樹德堂」。
南部臺灣誌	先天派	＊本派是清咸豐 11 年（1861），有薛姓者，來臺傳教，原有二處齋堂，一在臺南中巷，一在臺南左營埔，近年來，此兩堂合併改稱「報恩堂」，移建於「五帝廟」街。
岡松參太郎	先天派	＊據先天派教主稱：從前（年代不詳，可能在明代）有徐揚在四川某地建造先天堂，宣揚吃齋教義。咸豐年間，其徒黃昌成渡臺，在臺南建一茅屋傳教。後來其徒弟以齋友捐款改建為瓦屋，並稱為「報恩堂」，成為臺灣先天派的起源。

　　而此三派自清代中葉傳入臺灣後的發展和分佈如下：

　　龍華派的「齋堂」——清代臺灣地區的龍華派「齋堂」，有南北兩路之分，北斗以北屬北路，嘉義以南屬南路。北路以鹿港的某堂為主，斗六的「真一堂」、西螺的「慶天堂」等屬之；南路以臺南市的「德善堂」為主，同市「德化堂」、安平的「化善堂」、嘉義的「大和堂」、朴子腳庄的「正心堂」、鹽水港的「善德堂」屬之。但此南北兩路的本部，據說同屬大陸福建省福州的「一善堂」。

　　金幢派的「齋堂」——此派「齋堂」以臺南市的「西華堂」為主，同市的「慎德堂」、「慎齋堂」、「西竺堂」，以及鳳山的「寶善

堂」、阿里港的「慎修堂」、阿緱的「慎省堂」、鹽水港廳茄苳腳庄的「慎和堂」、嘉義的「增盛堂」皆屬之。而此派的本部，據說位於福建省興化府莆田縣的「構德堂」。

先天派的「齋堂」——此派「齋堂」以臺南市的「報恩堂」為主，同市的「德賢堂」、鳳山的「明善堂」、東港的「明德堂」皆屬之。但此派的本部，一說在上海的「盛觀亭」，另有一說是位於北京北柳河。

五、清代臺灣齋教龍華派「齋友」的年度齋期行事曆

有了自己所屬的「齋堂」建築之後，清代臺灣齋教的「齋友」，通常都有定期的聚會。例如在下列農曆的預定日期，我們即可以看到龍華派各地「齋堂」的活動地點和預定的年度齋期表：

龍華派年度齋期表

齋堂名稱	農曆年度預定齋期之日	齋堂名稱	農曆年度預定齋期之日
德化堂	一月五日（開堂）	德化堂	七月二十九日
德化堂	一月九日	德化堂	八月十五日
化善堂	一月十五日	化善堂	九月十九日
德化堂	二月十九日	化善堂	十月十五日
德化堂	三月十九日	化善堂	十月二十一日
德善堂	四月八日	德化堂	十一月十七日
德善堂	五月十三日	德化堂	十二月八日
德善堂	六月十九日	化善堂	※十月十二日（完堂）
德善堂	七月十二日	—	—

資料來源：《南部臺灣誌——明治 35 年殘本》，頁 44～45。

六、清代臺灣齋教「齋友」出席「齋會」的規矩和表現

但是，在當天出席的齋友，又是如何進行活動的呢？根據《南部臺灣誌》的調查資料來看，在年度預定的齋期表到來那天，各堂「齋友」都會暫時歇下業務，以便前來「齋堂」誦經禮佛和共進午餐，謂之「齋會」。

而此「齋會」的進行，雖不用葷肉，也未備煙酒，卻自有其珍味和佳趣。

不過，「齋友」中若有不恪守齋規者，就會立刻受其他到「齋友」的指責——此因來堂之「齋友」，幾乎視來堂聚會共齋之日，宛如遠方戚友相會之歡愉，彼等原帶著堅定的信念，滿心喜悅地為自他的平安而祈禱。但若違規遭斥，則這一切，亦將隨之消逝無蹤。

再者，「齋友」縱遇有冠、婚、葬、祭的大禮日子，亦排斥各種弊俗；然而，也由於「齋友」能不跟隨臺灣的舊慣行事，可節省種種不必要的浪費，頗有助於家道的漸入佳境。

就此來說，持齋之教，於風俗頹敝清代的社會中，能使一個目不識丁者，因一念之信仰，馬上就能體悟到對修身齊家的要領之把握，由此可知其對清代臺灣社會的貢獻，應該極為深厚才對。

七、清代臺灣「齋堂」的人事費用與繳納上級堂口的功德金問題

有關清代臺灣「齋堂」的人事費用方面情形，目前學界的研究，已經知道，臺灣齋教三派的「齋堂」主堂者，一般皆不支薪。

至於有關「齋堂」的管理費用，通常由附屬財產的收益支付，而有關祭祀費用，則以同堂的「齋友」捐款來開支。

可是，臺灣齋教三派的堂口，卻須提繳一定金額，是否要給在大陸的上級總部負責人問題。過去的資料並不清楚，但根據近年來的相關

研究，我們已能明白此一規費或功德金，實際上是有提繳的，故在大陸方面上級總部的負責人，定期都能收到來自各方繳交的收益金，且往往數目都極為可觀。而這應也是彼等會定期到各處去傳教和進行授階的強烈誘因之一。

第六章 戰前臺南大仙岩廖炭與臺灣佛教龍華會：臺灣史上首次「齋教」三派成立的全島性聯合組織

王見川

南臺科技大學通識教育中心助理教授

一、前言

明治 28 年（1895）日本領臺後，總督府為了理解臺灣島上民眾的習慣、信仰狀況，作為制定法律的基礎，故在明治 34 年（1901）實施所謂的「臺灣舊慣調查」。當時以「齋教」一詞來含括以持齋，在家信仰為特色的三個民間教派：龍華教、金幢教和先天教。[1]這種宗教分類的方式，大正 4 年（1915）起實施的首次宗教調查中，也加以沿用，大正 8 年（1919）丸井圭治郎編纂的《臺灣宗教調查報告書》，第一卷予以確定。[2]之後，「齋教」遂成為三教派的代名詞。

昭和 4 年（1929）臺灣總督府鑒於大正年間的宗教調查，未臻完備，所以決議實行第二回的宗教調查。為此，總督府特地從日本（內

---

[1] 臨時臺灣舊慣調查會第一部調查第三回報告書，見《臺灣私法，卷 2（上）第三款宗教第一項第五目「齋教」部分，頁 257，明治 44 年（1911）8 月，臨時臺灣舊慣調查會出版。日治時初期，地方志書稱龍華教、金幢教，先天教三教派為「持齋宗」或訛為「持濟宗」，至舊慣調查，方以「齋教」稱呼這三教派。

[2] 丸井圭治郎《臺灣宗教調查報告書》，卷 1（臺北，臺灣總督府，大正 8 年（1919）3 月），頁 79。

地）聘請增田福太郎擔任此次調查的主任。另聘駒澤大學畢業，時任總督府囑託的著名佛教人士李添春，作為副手兼通譯。[3]

　　增田福太郎對於這次的宗教調查，相當重視，親自前往臺灣全島各處大寺廟齋堂，搜集資料。在他巡歷全島寺廟齋堂的第十四日手記中，提到：他和嘉義郡役所的手島務，同赴嘉義山子頂的天龍堂，拜會「臺灣佛教龍華會」的人員。[4]

　　根據增田福太郎在《南瀛佛教》上的描述，「臺灣佛教龍華會」是全島齋徒，大正 9 年（1920）3 月 14 日，於斗南的著名齋堂龍處堂倡議成立的的。[5]關於這個齋教聯合組織，李添春、村野孝顯等人的日文著作中，略有言及，但太過簡略。[6]而《臺灣省通志稿》等相關志書，皆未見記載，學者也未加以注意。本文所作，即針對「臺灣佛教龍華會」的成立及發展經過，略作描述，以期補正史籍之遺漏。

---

[3]　《南瀛佛教》，卷 7 號 3，頁 57，昭和 4 年（1929）5 月。李添春早年皈依龍華派，法名普現，1920 年自臺灣佛教中學林畢業，是少數如期畢業的第一屆學生。李添春畢業後，由德融上人資助，前往日本駒澤大學深造，是臺灣留學駒澤大學的前輩。其在駒澤大學期間，除擔任許林在「東亞佛教大會」演講的翻譯及記錄外，另與曾景來（法名普信）、莊名桂、吳瑞諸、高執德、林秋梧、董有為、李孝本合組「駒澤大學臺灣學生會」。李添春在駒澤大學是以《在家佛教──龍華、金幢、先天三派之研究》作為畢業論文，其論文大要曾在昭和 3 年（1928）於駒澤大學佛教學會秋期例會宣講，其題目是〈臺灣の在家佛教に就て〉。不久，李添春返臺，就任第二回宗教調查主任增田福太郎的助手兼通譯。昭和 5 年（1930）12 月接林德林的遺缺，任《南瀛佛教會會報》編輯。昭和 7 年（1932）4 月，李添春轉至臺灣帝大理農科任助教。昭和 13 年（1938）當選為南瀛佛教會教師。戰後到臺大農經系服務，民國 34 年（1945）參與「臺灣省佛教組織籌備會」當選為籌備會理事，後主編《臺灣佛教月刊》，曾一度擔任花蓮東淨寺的住持。1947 年升任農經系教授，1954 替心源和尚《指月集》寫序。1964 年從臺大農經系退休，四年後，其夫人完妹居士去世，享年七十歲。1970 年 3 月心源和尚去世，李添春代表《臺灣佛教月刊》社，到東和禪寺宣讀弔詞。此後，李添春事蹟不詳，盼有關人士告知，不勝感激。

[4]　增田福太郎，〈臺灣の寺廟を巡歷して──嘉義郡〉，頁 8，《南瀛佛教》，卷 11 號 1。

[5]　增田福太郎前引文，頁 8-9。

[6]　李添春，〈本島に於ける齋教の活動〉，頁 119，《臺灣時報》，號 124，昭和 5 年 3 月號。村野孝顯〈在家佛教としての齋教〉，頁 10，《南瀛佛教》，卷 13 號 8。

二、「臺灣佛教龍華會」的成立

　　李添春編纂的《臺灣省通志稿》〈人民志宗教篇〉記載，大正元年（1912）臺南的齋門（教）三派，曾經聯合成立「齋心社」的組織。[7]這個組織，長久以來被認為是日治時期臺灣齋教的首次聯合。西來庵事件（1915）發生時，由於參與事件者中，有不少菜食份子，且事變地點在臺南附近。臺南市齋教三派，為自身的安全著想，進而加入佛教會，以求日本佛教曹洞宗的保護。[8]

　　西來庵事件後，各地齋堂齋友皆戰戰兢兢。大都依靠日本佛教家為之保護，因此發生各種團體組織之需要。[9]先天派領袖黃玉階，基於形勢，擬成立全省性宗教團體的組織「本島人宗教會」，以期保護宗教界的安寧與秩序。[10]黃玉階的構想，雖因故未能落實，但這宗教團體聯合的風氣，已漸擴及全島佛教與齋教界人士的腦海，漸成宗教界的共識，及至統治階級亦受其影響。[11]「南瀛佛教會」及「臺灣佛教龍華會」的成立，即是這種宗教聯合氛圍下的產物。

　　「臺灣佛教龍華會」是臺灣全島齋教徒首次聯合成立的組織。關於它成立的時間，現存資料記載三種不同時間：一是增田福太郎〈臺灣の寺廟を巡歷して—嘉義郡〉一文記錄的大正 9 年（1920）3 月 14 日，[12]一是《臺灣佛教大觀》及《臺灣省嘉義縣市寺廟大觀》記載的民

---

[7] 李添春編纂，《臺灣省通志稿》，〈人民志宗教篇〉（臺北臺灣省文獻委員會，1956 年 6 月），頁 111。

[8] 李添春前揭書，頁 113。

[9] 李添春前揭書，頁 114。

[10] 關於「本島人宗教會」的構想，李添春認為是黃玉階在西來庵事件後所提出的。可是，筆者搜集的「本島人宗教會」規則手抄稿，卻是明治年間抄寫的，因而，李添春《臺灣省通志稿》中的記載，不無疑問。

[11] 李添春前揭書，頁 115。

[12] 增田福太郎前引文，頁 8-9。

國 17 年（1928）6 月，[13]（另一是村野孝顯〈在家佛教としての齋教〉一文中提到的大正 12 年（1923）。[14]參照「臺灣佛教龍華會」大正 11 年（1922）4 月聘請朝天堂堂主林石（普多）為評議員的證書[15]及大正 9 年（1920）、11 年（1922）的收支計算書，[16]可知「臺灣佛教龍華會」創立於大正 9 年的說法，較為可信。

當時，參與成立大會的有來自全島的齋教代表 120 名。[17]

其中較知名的人士是臺南白河大仙岩及碧雲寺管理人廖炭，先天派壹善堂方秀，真一堂張丹、龍華派龍虎堂沈國珍等人。[18]集會的地點是沈國珍的龍虎堂。[19]

---

[13] 張文進，《臺灣佛教大觀》（臺中，正覺出版社，1957 年 9 月），頁 224。嘉義縣市寺廟大觀編刊委員會編《臺灣省嘉義縣市寺廟大觀》（臺南新營，文獻出版社，1964 年 12 月），頁 249。

[14] 村野孝顯前引文，頁 10

[15] 見江燦騰、王見川編，《臺灣齋教的歷史觀察與展望》（臺北市：新文豐出版公司），頁 147。

[16] 見王見川，《臺灣的齋教與鸞堂》（臺北：南天書局，1996），頁 146。

[17] 增田福太郎前引文，頁 9。

[18] 張文進前揭書，頁 224。關於這些人所領導、管理的齋堂寺廟，是筆者參照其他資料增添的。

[19] 沈國珍的龍虎堂，是斗六地區著名的齋堂，屬齋教龍華派中的壹是堂。沈國珍法名普力與壹是堂派總敕周普經的兒子，交情不錯，其來臺經商即住在龍虎堂中。1929 年，周普經蒞臺尋找兒子，並親授傳燈八名，計有：
臺北州萬華保安堂　陳普烈
新竹州新竹證善堂　周普雨
新竹州竹南善道堂　葉普霖
臺中州後仔慎齋堂　張普輝
臺南州嘉義郡德和堂　蘇普長、李普合
臺南州北港郡慈德堂　黃普章
臺中州竹山郡馨蓮堂　王普良
周普經曾在 11 月 10 日，由沈普力引見，到萬華保安堂住了八天，除親授堂主蘇澤養的妻子陳普烈為傳燈外，另外將《羅祖派下七支因果》經，委由蘇澤養出版。蘇澤養將其著作與《羅祖派下七支因果》，合併一起，題名《羅祖派下八支因果經》，於昭和 7 年（1932）出版。

　　根據增田福太郎的記載，與會人士達成決議是成立的組織名叫
「臺灣佛教龍華會」，首任會長是廖炭，其本部擬設在嘉義南門外的山
子頂，並預備在臺北、新竹、臺中、臺南四州，設立二十八個支部。[20]
　　其成立的旨趣及會名的由來，在會內文獻〈齋教三派合同龍華會
設立趣旨書〉中有所言及：

　　　嘗夫本島文運與日月並進，人智同時勢爭趨，而物質上設施
　　略有備矣。其政治上之效果，更進於自治制度之頒佈。吾人無不
　　額手稱慶，所可憾者唯精神上啟發，尚缺涵養。而島民雖浴我天
　　皇陛下之御，恩澤未能體一視同仁之深心。俗既未免，猶多墨守
　　舊慣，不勝浩歎。然欲開島民心地，當以破邪顯正，得信大乘佛
　　教之趣旨。開以自新之路，寔於吾教徒附與使命矣！竊謂從本來
　　島人得信佛教，根底既雜，何以溯觀念於統一，必秩序團結圖振
　　萎靡，否則不足為全島三百萬同胞提激也耶！是以齋教雖一，無
　　如立派不同，則有龍華、先天、金幢者是也。吾人欲圖宗教之振
　　興，必合其派而溯其源，互相聯絡庶幾眾志可以成城，同力自能
　　舉鼎。因名曰龍華會，蓋取東來下生，彌勒三會咸歸於一致故
　　也。同結龍天之緣，各修善後之果，必受學識階級指導。參酌日
　　本佛教清規，權請金針撥瞖，俾齋門內容，暫次改善，勿以捨近
　　圖遠與支那本山舊習是沿。可決然與本國養成純粹宗風。讀其經
　　而求其道，究其理而尋其源，知先覺而後覺人，斯可謂美矣！藉
　　啟發島民心地，以資自治精神。涵養德性，共體佛陀平等，發大
　　願力，施慈悲心，是以設立免囚保護及感化院等諸義舉，與夫社
　　會相輝映。仗仰愛國護法之士，贊襄斯業，以期有成。惟願佛天
　　加佑，好結般若之緣，共證菩提之果。善日積而日深，合屢推而

────────────
[20] 增田福太郎前引文，頁 9，10，14。

屢廣，以達斯趣旨焉可。[21]

「臺灣佛教龍華會」趣旨，宣示的重點有三：第一是佛教龍華會名稱的由來。臺灣齋教三派，雖其崇奉的祖師並不相同，但在教義上，皆是信仰彌勒下生龍華三會。故以此共同信仰作為聯合會名。另一方面，它可能也反映會中龍華派佔優勢的事實。

所謂的「彌勒下生龍華三會」，據佛經記載原指，釋迦牟尼滅度後五億七千六百萬年，彌勒佛當從兜率天宮下生人間成佛，拔救世人，渡化凡塵。彌勒斯時在龍華樹下向眾生，宣講釋迦四諦十二因緣，以解眾苦之本。計行三法會，初會說法，九十六億人得阿羅漢：第二大會說法，九十四億人得阿羅漢；第三大會說法，九十二億得阿羅漢。[22]這是佛教「彌勒下生龍華三會」的基本內容，但在齋教教義中，略有不同。齋教教義中的「彌勒下生龍華三會」與中國明清時期流行的民間宗教中的龍華會意義相同，俱意指：「九二原人」，回到極樂家鄉。[23]

第二是「臺灣佛教龍華會」，明白宣示學習日本佛教，斬斷與中國本山的關係，來淨化宗風。建立自己的本山。這個宣示，反映齋教徒主動配合形勢，積極日化的趨向。往後「臺灣佛教龍華會」，聘請臨濟宗僧侶東海宜誠，擔任顧問，[24]歸隸日本臨濟宗派下，[25]及建立「天龍堂」，作為齋教本山，即是這一宣示的具體實現。「臺灣佛教龍華會」

---

[21] 德化堂所藏。

[22] 馬西沙、韓秉方著，《中國民間宗教史》（上海：上海人民出版社，1992），頁 44-45。另參見《佛說彌勒下生經》，《佛說觀彌勒菩薩下生經》。

[23] 明清民間宗教的龍華三會信仰，是說宇宙自開創起到最後為止，必經的三個時期。無生父母（或無極聖祖，無生老母）在每個時期，會派一位佛祖下凡，拯救迷失本性的「原人」回到家鄉。所謂的龍華初會是燃燈佛下凡，救回二億原人，二會是釋迦佛下凡，救回二億原人，三會是彌勒佛下凡，將殘留人間的九二原人，領回家鄉。

[24] 〈大正十一年十一月一日在大仙岩會議議決議事項〉，德化堂所藏。

[25] 《南瀛佛教》，卷 17 號 11，頁 47。

形式上的日化宣示，有助於減低日本政府的干涉，避免齋堂被全面拆毀或「整理」。皇民化運動時期，中部地區不少齋堂，即申請加入「臺灣佛教龍華會」，以求自保。[26]

　　第三是積極從事社會事業。對此，「臺灣佛教龍華會」標舉設立「免囚保護所」及感化院，作為其教化社會的首要工作。這種設立「免囚保護所」等類似機構，來收容受刑後重生者的作法，可能受當時宗（佛）教界從事釋放者保護工作風潮的影響。日本領臺初期，宗（佛）教界人士，雖已在監獄中從事教誨工作，但並無保護刑滿出獄重生者的觀念與作法。明治 38 年（1905）佛教界人士成立「累功舍」，開始「免囚保護」工作。往後，全省各地陸續成立「免囚保護所」。「免囚保護」形成佛教界從事社會教化工作的要領。[27]「臺灣佛教龍華會」，處於如此風潮下，選擇「免囚保護」作為社會教化的首要工作，也就不足為奇。不過，「臺灣佛教龍華會」以「免囚保護」為首要工作，主要與會中重要成員許林有關。許林是「臺灣佛教龍華會」的佈教主任，有的資料言及，他是創會提議人之一。[28]

　　許林早年從事刑警（士）工作，又曾任臺中監獄囑託，對「免囚保護」的重要性有深刻的認識。[29]現今，監獄中流行宗教人士前往教化及刑滿出獄者更生保護的措施，印證了「臺灣佛教龍華會」對社會問題的先知性。

　　這個「免囚保護」的工作，是「臺灣佛教龍華會」的第一期事業。大正 11 年（1922）6 月 1 日，嘉義免囚保護所完工，[30]標示「臺

---

[26] 張文進前揭書，頁 292。

[27] 真宗本派本願寺臺灣別院編，《真宗本派本願寺臺灣開教史》（臺北：臺灣別院，1935 年 5 月），頁 96-98。

[28] 村野孝顯前引文，頁 10。

[29] 關於許林的生平略歷，見本文「臺灣佛教龍華會」的主要人物部份。

[30] 增田福太郎前引文，頁 12。

灣佛教龍華會」社會教化事業的開始。除了「嘉義免囚保護所」外，「臺灣佛教龍華會」經過四次開會，議決未來的工作進程：第一期尚有改善宗教的法式，第二期事業在嘉義設立齋教三派本山「天龍堂」（意指先天、龍華、金堂〔幢〕），第三期事業在關仔嶺設感化院，第四期事業是在臺中州設立慈惠院。[31]

大正 11 年（1922）1 月 25 日，「臺灣佛教龍華會」正式經總督府批準認可。[32]其會規則如下：

第一章　名稱

第 1 條　本會稱為「臺灣佛教龍華會」。

第 2 條　本會設置本部於臺南州嘉義郡嘉義街南門外，照評議員會所協議，於必要場所設置支部。

第二章　目的及事業

第 3 條　本會所為目的如左：

鼓吹尊王愛國，以基大乘佛之趣旨，圖島民之開發普及風教，且興社會公共事業，以資佛教真旨之振興。

全島各齋堂所用經文法式等，漸為一定兼設置本山，以期本島齋教之統一。

第 4 條　為欲達前條之目的，須行左記之事業於本部及支部或地方，以時時為巡迴講演，稗能徹底前條之意志。

本部於每年舉行大祭兩次，為齋友其他一般會員等之祈禱並供養祖先。順於此期開攉本會、總會而策畫改善之事。

第三章　會員

第 5 條　會會員分為左記四種

---

[31] 增田福太郎前引文，頁 9。

[32] 〈臺灣佛教龍華會規則〉（德化堂所藏）附記。

（1）普通會員　會費一時金拾兼納之。

（2）正會員　會費一時金參拾兼納之。

（3）特別會員　有德望者或一時以金百圓以上寄附，特有稗益本會者，會長推薦之。

（4）贊助會員　翼贊本會事業，特投與援助者，會長推薦之。

第6條　贊助會員為名譽會員。

第7條　普通會員、正會員及特別會員，稗佩用一定徽章。

第四章　役員

第8條　本會置左記役員

會長一名　　　副會長五名

支部長若干名　評議員若干名

理事若干名

第9條　評議員者由會員中選舉。會長、副會長由評議員中互選，理事則由會長命之。

第 10 條　會長者代表本會總理會務，副會長補佐會長。會長有事故時，代理其職務。支部長由評議員中會長命之。理事承會長之命處理會務。

第五章　集會

第11條　本會每年春秋兩季開通常總會。

第 12 條　前項通常總會以外，於會長認為必要之事時，或當有招集臨時總會。

第13條　評議員會每有重要事件時則開之。

第六章　支部及特別機關

第 14 條　支部設支部長一名，理事若干名。支部長會長命之。職在地之理事，依支部長之推薦、會長命之。

第 15 條　支部長承會長之命，擔任支部長之事務。支部長
之理事，承支部長之命處理事務。

第七章　會計

第 16 條　本會費用以會費及寄附金充之。

第 17 條　本會會計所關規程，以評議員會議決之。

第八章　會則變更

第 18 條　本會會則非經總會之議決不得變更。[33]

　　「臺灣佛教龍華會」的規則，跟在它之前的「齋心社」，「本島
人宗教會」等組織的章程規則相比較，宗旨、目的及組織較為明確。而
與同時期成立的「南瀛佛教會」規則，略有異同。[34]其中會費一項，
「臺灣佛教龍華會」普通會員、正會員一時收費較「南瀛佛教會」為
低。[35]但「南瀛佛教會」可以分年付款，每年只要繳二圓即可成為普通
會員。因此，「南瀛佛教會」招收會員較容易。相形之下，「臺灣佛教
龍華會」募集會員難度增高，這也是「臺灣佛教龍華會」初期發生財務
困難的原因之一。

三、「臺灣佛教龍華會」的活動

　　大正 11 年 1 月「臺灣佛教龍華會」，經總督府批准，正式立案成
立後，其首要活動是同年 11 月 1 日的大仙岩會議。[36]大仙岩是臺南知

---

[33]　〈臺灣佛教龍華會規則〉，德化堂所藏手抄稿。

[34]　將〈臺灣佛教龍華會規則〉與《臺灣省通志稿》〈人民志宗教篇〉所記載的「齋心
社」，「本島人宗教會」及「南瀛佛教會」的規則，作一比較，即可一目了然。

[35]　一時收費，指一次付清。「臺灣佛教龍華會」一時金，普通會員是拾圓，正會員是參拾
圓，而「南瀛佛教會」一時金，普通會員是拾陸圓，正會員是肆拾圓。

[36]　〈大正十一年十一月一日在大仙岩會議議決議事項〉，德化堂所藏。

名的古寺，此時的管理人是廖炭（詳後）。由於「臺灣佛教龍華會」的本山「天龍堂」尚未興建完成，只好暫借會長的地方開會。這次會議決議事項達十七項，主要是針對會中人事、經費、法會儀式、佈教及本山「天龍堂」建築，作出具體方針。[37]其中在宣教方面，會議決定設立佈教員二名，囑託佈教員若干，佈教主任一人，聘請許林擔任。另在推展會務方面，主要是聯絡全省各齋堂加入「臺灣佛教龍華會」，及遵守會中的規則與約定。針對吸收新會員，大仙岩會議決議派遣會長廖炭、顧問東海宜誠、佈教主任許林、副會長黃普海，沈國珍及評議員林柱、蔡培東、林石等人，前往全島各地宣傳。[38]

　　大正 12 年（1923）初「臺灣佛教龍華會」各地支會陸續成立。其支部一覽表（請見江燦騰、王見川編《臺灣齋教的歷史觀察與展望》，頁 160-163，根據此表，可知以下一些情況。）[39]

　　大正 9 年「臺灣佛教龍華會」成立之初，原定計畫創設二十八個支部，至大正 12 年已成立二十二個支部。短短三年間已落實計畫的 2/3 以上進程，可見「臺灣佛教龍華會」初期運作頗為順暢，活動也較積極。從二十二個支部的地址所在，可以明顯看出「臺灣佛教龍華會」在臺灣中部地區，[40]得到較大的回響，而北部、南部回應較少。這與「臺灣佛教龍華會」中的核心成員（人物）的聲望和宗教人際關係有關。

---

[37] 〈大正十一年十一月一日在大仙岩會議議決議事項〉，德化堂所藏。

[38] 〈大正十一年十一月一日在大仙岩會議議決議事項〉，德化堂所藏。

[39] 此表是依增田福太郎〈臺灣の寺廟を巡歷して──嘉義郡嘉義郡〉一文中的支部一覽表所製作的。表中各齋堂所屬派別部份，是參照《臺灣佛教名蹟寶鑑》（民德寫真館編，1941），《臺灣全臺寺院齋堂名蹟寶鑑》（臺南，國清寫真館，1932），《臺南州祠廟名鑑》（臺南，臺灣日日新報社臺南支局，1933），《臺灣佛教大觀》及寺廟臺帳，所增添的。

[40] 「中部地區」，涵蓋範圍，除指臺中州所轄各部外，也包含斗六郡、嘉義郡，這是筆者的方便用法。

「臺灣佛教龍華會」的會長廖炭（詳後）、副會長林普海、[41]沈國珍、[42]評議員林柱、[43]林石[44]和佈教主任許林（詳後），皆是中部地區著名的齋教人士及齋堂堂主。透過他們在齋教中的聲望和影響力，「臺灣佛教龍華會」在中部地區奠下厚實的基礎。至於東部地區尚未有「臺灣佛教龍華會」的支部，並不代表「臺灣佛教龍華會」未在該地活動，而是反映大正 11 年大仙岩會議決議──許林、廖炭等人向宜蘭地區佈教的行動，[45]尚未有具體成果。

另一方面，從二十二個支部部長及所在齋堂隸屬的派別來看，龍華派約佔 2/3，其次是先天派，最少是金幢派。這個事實反映龍華派在「臺灣佛教龍華會」中具有優勢地位，擁有較強的影響力。它也說明龍華派活動、組織能力較其他二派為強。這種情況同樣出現在現今齋教活動中。[46]

由於資料所限，我們只能就臺南德化堂成立「臺灣佛教龍華會」支部的經過，略作敘述，無法一一究明各支部成立的情況。根據德化堂所藏〈臺灣佛教龍華會臺南支部發會式舉行御案〉[47]記載，德化堂向當時臺南州知事吉岡荒造等地方行政、警察官員，總督府內務局社寺課長丸井圭治郎，臺南地區著名齋堂、齋教人士及臺南新報等傳播媒體，都發出邀請函，出席的名單大致如下：

---

[41] 鹿港新奧莊德堂堂主

[42] 斗南龍虎堂堂主。

[43] 彰化曇花堂主。

[44] 彰化朝天堂主。

[45] 〈大正十一年十一月一日在大仙岩會議議決議事項〉，德化堂所藏。

[46] 現今臺灣齋教三派中，龍華派全省各齋堂，已整合，組成「臺灣佛教龍華聯誼會」，參與各項活動。先天派中則有「黃道弘先師誕辰紀念恩德報答會」來聯絡各堂，而金幢派並無類似組織。

[47] 德化堂所藏。

來賓：

　　　吉岡州知事　　　酒白宗教係長

　　　九井社寺課長　　荒卷市尹

　　　赤崛警務課長　　田村高等警察課長

　　　真言宗佈教師　　九井日蓮宗佈教師

　　　魏得圓和尚

臺灣佛教龍華會：

　　　東海顧問　　　　盧世澤（德化堂）

　　　薛塗成（德化堂）　洪池（德化堂）

龔振宗（慎齋堂）　蘇光顯（慎齋堂）

葉超然（德化堂）

　　　信者、齋友八十餘名[48]

　　　從「臺灣佛教龍華會」臺南支部成立的出席名單，可知德化堂在臺南地區的政教關係不錯，是日治時期著名的齋堂。

「臺灣佛教龍華會」臺南支部成立的程序為：

1.開會式

2.齋眾登堂

3.聖誕祝讚

4.禮佛

5.獻香

6.齋眾退堂

7.發會致辭　東海宜誠

8.州知事致辭

---

[48] 〈臺灣佛教龍華會臺南支部發會式出席名單〉，德化堂所藏。

9.總督府社寺課丸井圭治郎致辭

10.佛教各宗代表致辭　九井日蓮宗

11.來賓代表致辭　高島居士

12.謝辭　盧世澤

13.閉式　洪池

　　紀念攝影　　　供齋[49]

　　「臺灣佛教龍華會」臺南支部成立流程中的宗教儀式主要是慶祝佛誕而舉行的,並非會中支部成立的特定儀式。在眾多來賓致辭中,臺南州知事吉岡荒造希望「臺灣佛教龍華會」不要消極避世,獨善其身,應積極參與社會教化事業,兼善天下。[50]

　　雖然「臺灣佛教龍華會」的支部,在大正 12 年後陸續成立,但其本山的財務狀況,卻逐漸陷入困境。大正 15 年(1926)至昭和 2 年(1927),「臺灣佛教龍華會」大致處於停頓、中止的狀態,[51]以致有的齋教人士認為它並沒有成立運作。[52]

　　昭和 3 年(1928)「臺灣佛教龍華會」會長廖炭、理事方秀等人,向外募集大量資金及接受信徒寄附(捐贈),使得「臺灣佛教龍華會」度過財務危機,能繼續運作、活動,並將它改為財團法人。[53]昭和 7 年(1932)「臺灣佛教龍華會」舉行春祭,開辦祝聖法會,啟建一天道場,演說佛理並祭獻功德主、祿位。嘉義市內官紳多人前往拈香,頗

49　臺南支部〈發會式序〉,德化堂所藏。

50　吉岡知事述〈對龍華會會員希望〉,德化堂所藏。吉岡的致辭,提及龍華會的主旨:「創立齋教本山,與內地(日本)之佛教互相交流,通其氣脈」。另他也說:「大正 9 年 3 月,在此龍虎堂集會全島齋教代表者百二十餘名,開設總會,假置本部在嘉義,而臺北、新竹、臺中、臺南四州下,共設有二十八部支部,茲核其教徒約有九千餘名。」

51　增田福太郎前引文,頁 12。

52　筆者田野調查時,龍虎堂主沈相當所言,另慎省堂主施銘玄也有相同說法。

53　增田福太郎前引文,頁 12。

稱盛況。[54]昭和 12 年（1937）8 月，「臺灣佛教龍華會」舉辦「第一回國語講習會」。[55]

昭和 12 年（1938）「臺灣佛教龍華會」會長廖炭去世，[56]陳登元繼任會長。這時，中日兩國已交戰。面對外在形勢的轉變，「臺灣佛教龍華會」也有相應之道。如昭和 14 年（1939）主辦「時局佛教講習會」，[57]其程序如下：

一、一同敬禮　　一、神宮遙拜

一、宮城遙拜　　一、君代歌

一、經過報告　　一、證書授與

一、會長訓告　　一、臨席官訓辭

一、來賓祝辭　　一、講習生答辭

一、一同敬禮閉會[58]

從程序中「神宮遙拜」、「宮城遙拜」、唱「君代歌」（日本國歌），都可窺知此時「臺灣佛教龍華會」已披上「皇民化」的外衣。

會長陳登元在會中致辭，講述國民精神，鼓勵齋徒減私奉公，改除陋習迷信，省奢靡之費，以助國防，並提議募集國防獻金，以盡草民之義務。[59]

---

[54] 《南瀛佛教》，卷 10 號 4，頁 59。

[55] 「臺灣佛教龍華會」第一回國語（日語）講習會後，與會者曾攝影紀念。根據記者的報導，「臺灣佛教龍華會」最近鼓吹廢土葬，獎勵火葬的作法，得到會員的熱烈回應。見《南瀛佛教》，卷 15 號 9，頁 57-58，昭和 12 年 9 月。

[56] 大仙寺藏本，〈大仙岩沿革三字經〉，頁 26，《南瀛文獻》，卷 23‧4 合期，1955 年 6 月。

[57] 《南瀛佛教》，卷 17 號 5，頁 60，昭和 14 年 5 月。

[58] 《南瀛佛教》，卷 17 號 5，頁 60，昭和 14 年 5 月。

[59] 《南瀛佛教》，卷 17 號 5，頁 60，昭和 14 年 5 月。

　　「臺灣佛教龍華會」在陳登元的領導下，面對局勢轉變，較以前有更日本化的表現，但其原有的宗教意涵並未消失。「時局佛教講習會」上，依然邀請鄭普淨講述龍華齋教源流及開祖應化事蹟。[60]昭和16 年（1941）陳登元，聯合臺南代表王進瑞、臺中代表鄭松筠，拜會「臺灣奉公會」本山事務總長及梁井文教局長，準備成立「在家佛教奉公團」，以應時經有關當局建議，此一團體併入法華寺岡田日惺的「臺灣佛教奉公團」。[61]

　　「臺灣佛教龍華會」如此積極的「皇民化」，不只未喪失其原有的齋教意涵，反倒成為齋堂躲避「皇民化運動」的護符。中部地區齋教人士王普真、陳普和、林普和等，在皇民化運動時期，即向「臺灣佛教龍華會」，申請設立支部，以避迫害。[62]計有龍華派寺堂、大雅龍善寺、霧峰慈覺院，豐原慈心堂、慈德堂、慈信堂、慈天堂、神岡善心堂、后里懷德堂、東勢靈寶堂，加入「臺灣佛教龍華會」。[63]

　　以往，學者認為皇民化運動對臺灣齋教影響甚大，是齋堂絕跡的主因。[64]其實，這是個錯覺。皇民化運動中直接影響齋堂存續的是「寺廟整理運動」。照宮本延人當時的調查，「寺廟整理運動」的主要目標是「民間信仰」──道教系寺廟，並非專對齋堂。[65]況且，「寺廟整理

---

[60] 《南瀛佛教》，卷 17 號 5，頁 60，昭和 14 年 5 月。

[61] 《臺灣の寺廟問題──舊慣信仰改善に關する調查報告》，第四（臺灣總督府文教局 1943）秘南警高秘第 16212 號之一，昭和 16 年 8 月 25 日臺南州知事一番瀬佳雄文件，另見宮本延人，《日本統治時代臺灣における寺廟整理問題》（奈良，天理教道友會，1988 年 4 月），頁 205-06。

[62] 張文進前揭書，頁 292。

[63] 張文進前揭書，頁 292。關於皇民化時期齋教等宗教活動，將另文處理。

[64] 鄭志明，〈臺灣齋教的淵源及流變〉，頁 47，有類似說法。此文收在氏著《臺灣民間宗教論集》（臺北，臺灣學生書局，1988 年 3 月 2 刷），頁 35-61。

[65] 宮本延人前揭書，頁 39。

運動」實施的時間甚短，各州、郡執行並不徹底，[66]都減低對齋堂的破壞。從宮本延人的書中資料可知，齋堂在「寺廟整理運動」中，所受的破壞並不多。除上述原因外，主要是因為齋堂是屬於佛教系統。在日本佛教的保護下，才能免於嚴重破壞。[67]前所言及中部地區齋堂加入「臺灣佛教龍華會」的例子，也可說明「皇民化運動」對齋堂的破壞是有限的。

四、「臺灣佛教龍華會」中的主要人物

「臺灣佛教龍華會」中的核心人物，大都是日治時期著名的齋教人士。其中不乏地方士紳與知識階級份子。由於資料與視角所限，這些齋教名人並未受到現今學界的重視，予以研究，而《臺灣省通志稿》等志書的人物志，亦少有這方面記載。本小節利用筆者收集的資料，對這些齋教人士的生平，略作描述，以補正志書的缺漏。

（一）廖炭（-1938）

「臺灣佛教龍華會」首任會長廖炭，是嘉南地區知名的齋教人士，也是當地士紳，有的資料說他是龍華派的「太空」。[68]關於廖炭的生年不詳，只知他生於臺南州新營郡後壁莊（今後壁鄉）下茄苳的名望家庭。[69]

廖炭自幼就文武二學，尤精於武術，[70]一般稱他為炭獅（師）或炭

---

[66] 宮本延人前揭書，頁 67。

[67] 宮本延人前揭書，頁 47-48。

[68] 村野孝顯前引文，頁 10。

[69] 《臺灣全臺寺院齋堂名蹟寶鑑》，頁 91。

[70] 同註 69。

司，而當地人士多叫他「廖仔炭」。[71]廖炭家有妻妾，中年持齋，在地方素有德望。[72]大正元年（1912）繼林家珍為修建大仙岩的主事者。[73]大仙岩位於臺南白河仙草里，是嘉南地區著名的佛教古寺。廖炭經過四年的奔走募款，籌集資金三萬元，[74]在大正 4 年（1915）聘請德融上人，負責主持興工，重修大仙岩。[75]

不幸的是，修建工程略具規模時，颱風來襲，前功盡廢。

大仙岩的重建失敗，並沒有動搖廖炭修復古寺的宗教虔信。他再接再厲，到處募捐，得金八萬圓，大正 8 年（1919）再次投入修建大仙岩的工作。[76]大正 9 年（1920）雲嘉地區齋教人士，聯合全島齋徒，在斗南龍虎堂倡立「臺灣佛教龍華會」，廖炭榮登首任會長。廖炭就任會長後，積極籌設「臺灣佛教龍華會」本山「天龍堂」及推展「免囚保護」事業，屢受總督府表揚，授與紳章。[77]

大正 11 年（1922）丸井圭治郎等人籌設「南瀛佛教會」，廖炭參加同年 3 月 6 日，在臺南開元寺舉行的「臺南州開催協議會」。[78] 4 月 4 日「南瀛佛教會」成立，廖炭當選為幹事。[79]往後，廖炭積極參與會務，成為「南瀛佛教會」的講習會員及理事。[80]除了積極從事全島性組織「南瀛佛教會」，「臺灣佛教龍華會」的活動外，廖炭對地方的宗教

[71] 陳柳堂，〈碧雲寺誌〉，頁 29，《南瀛文獻》，卷 2 期 3-4 合期，1955 年 6 月。

[72] 同註 71。

[73] 洪波浪、吳新榮主修，《臺南縣志稿》，卷 2〈人民志〉（臺南：臺南縣文獻委員會，1957），頁 154。大仙寺藏本〈大仙岩沿革三字經〉，頁 26。

[74] 同註 73。

[75] 李添春，〈臺灣佛教史資料〉，頁 16，《臺灣佛教》，卷 25 期 1，1971 年 11 月。

[76] 同註 73。

[77] 同註 69。

[78] 《南瀛佛教會會報》，卷 1 號 1，頁 21，大正 12 年。

[79] 《南瀛佛教會會報》，卷 1 號 1，頁 23。

[80] 《南瀛佛教會會報》，卷 2 號 1，頁 28，大正 13 年。

事務亦是關切。他在大正 11 年後兼任大仙岩及其附近名寺「碧雲寺」的管理人。昭和 2 年（1927）將碧雲寺交由番社陳向義庄長管理，[81]昭和 7 年由其子接管大仙岩。昭和 13 年（1938）廖炭去世。[82]

（二）許林（1877-1933）

許林是日治時代知名的齋教人士，其聲望與同時代的佛教名人靈泉寺江善慧、觀音山凌雲禪寺沈本圓，法雲寺林覺力不分軒輊。他是彰化鹿港許士能的次男，生於明治 10 年（1877）8 月 2 日。[83]

明治 28 年（1895）日本領臺後，許林投身警察界，作刑事（士）。因其間盡忠職守，表現傑出，數度獲得官廳的表揚。[84]據彰化地區的齋教人士述，許林個性粗暴，皈依齋教龍華派後，性情才慢慢變為溫和謙厚，[85]特別同情貧窮孤苦廢疾者。明治 43 年（1910）在鹿港創設「博濟社」救濟孤貧。[86]大正元年（1912），許林辭去警察職務，專心研究宗教。[87]

許林皈依齋教龍華派的時間，齋堂等相關事情，因資料缺乏尚不得其詳。不過，可以肯定的是在 1895-1912 年這一段期間，許林已是龍華教徒。他的法名是普樹，[88]常在鹿港的慎齋堂、恩德堂活動。[89]鹿

---

[81] 《臺南縣志稿》，卷 2〈人民志〉，頁 154，陳柳堂，〈碧雲寺誌〉頁 29-30。

[82] 〈大仙岩沿革三字經〉，頁 26。

[83] 松尾歌太郎，《臺灣美事善行錄》（大分日日新聞社臺灣分社，1934），頁 69。

[84] 松尾歌太郎，《臺灣美事善行錄》（大分日日新聞社臺灣分社，1934），頁 69。

[85] 彰化曇花佛堂堂主林大廣（林柱之子）先生 1993 年 7 月 9 日接受筆者訪談所言。

[86] 《真宗本派本願寺臺灣開教史》，頁 511。

[87] 松尾歌太郎，《臺灣美事善行錄》（大分日日新聞社臺灣分社，1934），頁 69。

[88] 《真宗本派本願寺臺灣開教史》，頁 511。

[89] 彰化郡，《寺廟臺帳》鹿港街「慎齋堂」，「恩德堂」部份。

港的慎齋堂直轄於臺中的慎齋堂，[90]同隸屬於龍華齋教中的「壹是堂派」。臺灣的龍華齋教有二支，一支是普相派下，另一支是普宵派下。[91]其中普宵派下，分為三派：壹是堂派、漢陽堂派、復信堂派。[92]這三派皆以「普」字派名，崇奉的祖師，[93]誦讀的經典相同，[94]修持的心法亦是一樣，不同的是各派傳承的系譜和「祖堂」。許林隸屬的「壹是堂派」，祖堂在福建福清縣觀音埔。[95]

　　照龍華齋教壹是堂派的規定，齋徒要由清虛晉至「太空」階級，一定要到祖堂接受總敕（空空，即教主）的點授，[96]方受到齋友的承認。大正 3 年（1914）2 月，許林與鹿港慎齋堂堂主施炮，彰化曇花堂堂主林柱（法名普能）一同前往大陸領受「太空」（傳燈）。[97]他們一行人先到浙江寧波天童寺參訪圓瑛法師及福安大師，問學佛法。隨後至福州府福清縣西門外觀音埔壹是堂，晉見總敕普梅。[98]經過一些時間的考察、經典研習，許林等人由普梅口傳密語心法，授為傳燈，列太空

---

[90] 彰化郡，《寺廟臺帳》鹿港街「慎齋堂」。

[91] 以往，學者認為臺灣龍華齋教皆是普宵派下，如李添春，《臺灣省通志稿》〈人民志宗教篇〉齋教龍華派部份，即是持這種看法。最近，賴鵬舉醫師提供一份日治時期龍華齋教徒的皈依文單，顯示臺灣龍華齋教除普宵派下外，另有一些齋堂是普相派下。

[92] 李添春，《臺灣省通志稿》〈人民志宗教篇〉，頁 81-87。關於壹（一）是堂派，漢陽堂派、復信堂派三派的由來，參見周益民、林美容、王見川撰述，《高雄縣教派宗教》（即將出版）龍華齋教部份。

[93] 羅因（羅祖），殷繼南祖師、姚文宇祖師。

[94] 《五部六冊》，《三祖行腳因由寶卷》，《明宗孝義達本寶卷》及《大乘正教科儀》。

[95] 李添春前揭書，頁 85。彰化郡《寺廟臺帳》彰化街「曇花堂」部份及鹿港街「莊德堂」部份。關於壹是堂的現址，顏施普空先生在開放探親後，曾到福清縣尋找。透過當地政府的幫助，終於找到壹是堂。根據顏施普空詢問壹是堂內的齋友，得知壹是堂建於康熙年間，宣統 2 年（1910）重修，民國 34 年（1945）毀壞，1960 年成為村裏公所。臺灣最後到壹是堂領傳燈，昇太空位是在 1940 年。

[96] 李添春前揭書，頁 83。

[97] 許林，施炮去壹是堂之事，見彰化郡《寺廟臺帳》鹿港街「慎齋堂」部份。林柱也一同去，是其子林大廣 1993 年 7 月 9 日接受訪談所言。

[98] 彰化郡，《寺廟臺帳》鹿港街「慎齋堂」部份。

位。

　　許林等人另代理鹿港施普春等人領受傳燈，並從壹是堂抄錄一份法脈系譜。[99]照壹是堂的慣例，蒙授傳燈者，領有「續祖傳燈」牌，並須手抄一套《五部六冊》。如此一來，他們就擁有替清虛（熙）以下齋友晉階的權力。可以說，在龍華齋教中位為傳燈太空，皆是一方傳道領袖。

　　大正 4 年（1915）許林與施炮，成為日本佛教曹洞宗的佈教補助囑託。[100]大正 5 年（1916）4 月，「臺灣總督府」新廳舍（今總統府）建築落成。為紀念這次勝事，總督府開摧（召開）「臺灣共進會」以示慶祝。臺灣佛教界名僧江善慧、沈本圓及齋教名人黃玉階、陳火、林學周，在會場中設立「佛教大演講會」，宣揚佛法。[101]許林亦北上聲援，[102]從此，許林與江善慧等人，逐漸建立關係，聲望擴及全島。

　　大正 9 年（1920）臺灣齋教三派：龍華派、金幢派、先天派，首次聯合成立「臺灣佛教龍華會」，其本部設在嘉義「天龍堂」。

　　大正 11 年（1922）許林被聘為「臺灣佛教龍華會」中的佈教主任，也是會中唯一專職教師，常住天龍堂。大正 10 年（1921）丸井圭治郎聯合北部著名佛教、齋教人士江善慧、沈本圓、陳火、黃監等人，籌設「南瀛佛教會」。[103]許林參加同年三月四日下午一時，在臺中後壠子「慎齋堂」召開的臺中州籌設協議會。[104]

[99] 許林抄回去的法脈系譜，見李添春前揭書，頁 86-87。

[100] 同註 98。

[101] 林德林，〈臺灣佛教新運動之先驅〉，頁 77-83。關於「佛教大演講會」的設辦，見林普易，《臺灣宗教沿革誌》（臺北，臺灣佛教月刊社，1950 年 12 月），頁 2-3。

[102] 林德林，〈臺灣佛教新運動之先驅〉，頁 79。此文收入張曼濤主編《中國佛教史論集之八：臺灣佛教篇》（臺北，大乘文化出版社，1977 年 10 月），頁 75-95。

[103] 李添春前揭書，頁 116-17。

[104] 李添春前揭書，頁 117。

　　大正 11 年（1922）4 月 4 日，「南瀛佛教會」正式成立。

　　許林由會員推選為「南瀛佛教會」的理事兼幹事、講師。[105]他同時並接受曹洞宗中學林的邀請，就任中學林講師。[106]之後，「南瀛佛教會」舉辦講習會，許林必定參與，是會中少數講述佛學的齋教人士。[107]許林此時的聲望達於頂點，儼然是全臺齋徒的代言人。

　　與此同時，許林接任臺中刑務所囑託，擔任教誨工作。[108]這個工作是許林早年經歷與宗教信仰結合的具體實踐。大正 12 年（1923）許林成為曹洞宗大本山別院全省佈教師囑託，及彰化、員林、豐原三郡社會教化的囑託。[109]對於這些教化事業，許林東奔西走，日夜不懈，極為投入其中。當時大分日日新聞社記者松尾歌太郎，形容他是以耕作水田所培養的勤樸質素風範，從事思想善導的宣傳。[110]許林積極從事教化工作的事蹟，得到總督府的肯定。大正 14 年（1925）10 月 31 日，總督伊澤多喜男在「始政三十周年紀念」會上賞賜許林杯一組。[111]

　　大正十四年（1925）11 月 1 日至 3 日，日本佛教界於東京芝區公園增上寺，召開「東亞佛教大會」。[112]許林、沈本圓、林覺力同為臺灣代表，連同通譯江木生，出席會議。[113]「東亞佛教大會」會議的議

---

[105] 《南瀛佛教會會報》，卷 1 號 1，頁 24-25，30，另見《真宗本派本願寺臺灣開教史》，頁 510。

[106] 《真宗本派本願寺臺灣開教史》，頁 510。

[107] 《南瀛佛教會會報》，卷 1 號 1，頁 24-25，29, 31。卷 1 號 2，頁 27。另見《重修臺灣省通志》，卷 3〈住民志宗教篇〉（南投：臺灣省文獻委員會，1992 年 4 月），頁 120-21。

[108] 《真宗本派本願寺臺灣開教史》，頁 510。

[109] 松尾歌太郎，《臺灣美事善行錄》，頁 70。

[110] 同註 109。

[111] 同註 109。

[112] 《南瀛佛教會會報》，卷 4 號 2，頁 7。

[113] 《南瀛佛教會會報》，卷 4 號 2，頁 7-8。

程分為四部分：教義研究部、教義宣傳部、教育事業部、社會事業部，每日分配一部研討。[114]許林於 11 月 2 日午後一時，參加教育事業部的討論，並在會中宣讀〈宗教與教育之關係〉的論文[115] 11 月 3 日上午九時，許林和林覺力一同參加社會事業部的研討。在會中，許林發表〈佛教與社會之關係〉的演說，記錄者是時在駒澤大學唸書的李添春。許林演說的主旨在呼籲佛教界應重視社會事業的推廣，如孤兒院等機構的設立，並注重教育事業，另提出設立中國人留日佛教徒宿舍的要求，以照顧言語不通的中國留學生。[116]

「東亞佛教大會」結束後，許林到京都本願寺參詣，得度為寺僧。從此篤信真宗教義。[117]大正 14 年 12 月 22 日，許林與沈本圓、江木生乘扶桑丸（輪）返臺，受到熱烈的歡迎。[118]許林返臺後，以其獨特雄辯能力，鼓吹真宗信仰，一時風靡整個大稻埕。隨後在故鄉彰化鹿港、員林附近，大力宣揚真宗信仰。[119]大正 15（1926）員林知識份子林有志邀請許林籌設「雙林寺」。[120]

昭和 2 年（1927）6 月動工興建，昭和三、四年得本願寺本山認可為「員林佈教所」。昭和 5 年（1930）「雙林寺」所築工事完成，[121]許林以此為基地積極佈教傳道並投入員林郡下的「免囚保護」工作，對教化民風，善導民眾很有貢獻，除受到本願寺本山的獎勵外，亦於昭和

---

[114] 《南瀛佛教會會報》，卷 4 號 2，頁 8。

[115] 《南瀛佛教會會報》，卷 4 號 2，頁 38。

[116] 《南瀛佛教會會報》，卷 4 號 2，頁 39。李添春（普現）記錄許林之演說，見《南瀛佛教會會報》，卷 4 號 1，頁 10。

[117] 《真宗本派本願寺臺灣開教史》，頁 510。

[118] 《南瀛佛教會會報》，卷 4 號 1，頁 34。

[119] 《真宗本派本願寺臺灣開教史》，頁 212。

[120] 《真宗本派本願寺臺灣開教史》，頁 509。雙林寺後由許林的女婿陳萬姜繼任住持。

[121] 《真宗本派本願寺臺灣開教史》，頁 509-10。

7 年（1932）接受臺中州知事太田的表彰。同年 3 月，許林因病去世，享年五十五歲。[122]

（三）陳登元（1885- ？）

陳登元是「臺灣佛教龍華會」第二任會長，也是最後一任，長期居住於「臺灣佛教龍華會」本部「天龍堂」。他是臺灣嘉義人，生於光緒 11 年（1885）。[123]

陳登元早年就讀於臺南師範學校，畢業後任教員，一度擔任地方庄長。[124]昭和 13 年（1938）接任「臺灣佛教龍華會」會長。[125]陳登元接任會長後，積極推展會務，舉辦各項活動，如昭和 14 年（1939）的「龍華佛教講習會」，[126] 17 年（1942）的「在家佛教奉公團」。[127]此外，他也以「龍華會」名義，加入「南瀛佛教會」。[128]

光復後，臺灣地區佛教僧侶及齋教人士，成立「臺灣省佛教組織籌備會」。[129]民國 35 年（1946）2 月 25 日，「臺灣省佛教會」正式成立時，陳登元受大家公推任主席。[130] 36 年（1947）12 月 21 日，「臺灣省佛教會」舉行第一屆代表會，陳登元當選理事。[131]之後，多

[122] 《真宗本派本願寺臺灣開教史》，頁 511。
[123] 這是依據張文進，《臺灣佛教大觀》及《臺南縣大仙寺冬期傳戒同戒錄》（臺南：火山大仙禪寺，1953）上記載陳登元的年歲，推算而來的。
[124] 張文進前揭書，頁 13。《臺南縣大仙寺冬期傳戒同戒錄》，頁 5。
[125] 廖炭於這一年去世，陳登元接任。
[126] 《南瀛佛教》，卷 17 號 11，頁 47。
[127] 《南瀛佛教》，卷 20 號 12，頁 41。
[128] 《南瀛佛教》，卷 20 號 1，頁 42。
[129] 林普易，《臺灣宗教沿革誌》，頁 28。
[130] 林普易，《臺灣宗教沿革誌》，頁 29。
[131] 林普易，《臺灣宗教沿革誌》，頁 31。

次參與「臺灣省佛教會」事務,並擔任要職。[132]

民國 39 年(1950)在天龍堂,結識來訪的佛教大德鍾石磐將軍,聽其建議,將天龍堂改為天龍寺。[133] 41 年(1952)中國佛教會借臺南白河大仙寺,召開臺灣第一次公開傳戒大會,陳登元擔任護戒委員,法名慈至,時年七十。[134]

五、結論

以往,由於《臺灣省通志稿》等志書的影響,學者大都不知道日治時期有「臺灣佛教龍華會」這一齋教組織。經過上述的整理,「臺灣佛教龍華會」成立的時間、參與人物及其活動概況,大致已明白清楚。它是中部地區齋教名人,大正 9 年 3 月,於斗南龍虎堂成立的。首任會長是廖炭,其本山位於嘉義山子頂的「天龍堂」。「天龍堂」又名「三教堂」意涵先天、龍華、金幢(又稱金堂)三派的聯合。

「臺灣佛教龍華會」是日治時期唯一的全島性的齋教聯合組織。它從大正 12 年起,在全島各地成立二十二個支部。大正 15 年至昭和 2 年,因財務困難,一度中止活動。昭和 13 年,廖炭去世,由陳登元接任第二屆會長。面對時局的變化,陳登元以積極日本化的作法,繼續「臺灣佛教龍華會」的活動。

「皇民化運動」期間,中部不少齋堂加入「臺灣佛教龍華會」,

---

[132] 林普易,《臺灣宗教沿革誌》,頁 32-33。張文進前揭書,頁 5,225。

[133] 鍾石磐,《聖賢夢影》(臺北:大乘精舍印經會,1938),頁 35:「民國三十九年……我偕妻偶遊嘉市天龍堂,得識該堂主持陳登元。陳在日治時期的臺南師範出身,能通國語,因而互相交往,為其解決軍眷駐堂問題。陳登元居士為嘉義佛教會長,每次佈教邀我去演講。陳則翻譯臺語,但天龍堂又名三教堂,以龍華、先天、金堂之三教為其內容。正殿供奉觀世音菩薩,經典全是佛經,只有一本先天經,亦多抄襲佛經。我因建議改堂為寺,以完全成為佛教。陳商之全堂大眾,亦全表贊同,遂成為嘉市第一所大佛寺,而寺眾亦全剃度出家了。」

[134] 《臺南縣大仙寺冬期傳戒同戒錄》,頁 5。

以求保護。可以說,「臺灣佛教龍華會」的個案,反映了臺灣宗教組織、團體在異族統治下的適應之道。藉由這個個案研究,也有助於釐清「皇民化運動嚴重破壞齋堂」的謬論。

附　記

　　本文初刊於江燦騰、王見川編《臺灣齋教的歷史觀察與展望》,頁 149-187。後稍加增補,收入王見川《臺灣的齋教與鸞堂》,(臺北:南天書局,1996),頁 143-168。此次收入本書,除修改題目,略加增訂外,也刪去原文一張表,請注意!

第七章　從新史料看光復前的臺南市齋教龍華派「德化堂」

王見川

南臺科技大學通識教育中心助理教授

一、前言

　　幾年前，在著名佛教學者江燦騰的推薦下，我接受臺灣古老齋堂臺南德化堂管理人員的委託，撰寫《臺南德化堂的歷史》（1995），對該堂成立至今的歷史，做了初步的探討。這本書可說是學界對臺灣現存齋堂的歷史所做的第一本研究專書。由於德化堂歷史悠久，堂中人員參與不少佛教、齋教活動，堂中留存一些清代到日據時期的重要經卷、文獻。因此《臺南德化堂史》一出版，即獲得學者的注意！

　　近來，在德化堂重修的整理過程中，堂方人員又發現龐大的光復前佛教資料與該堂的相關經卷文獻。[1]其中堂中所留存的臺灣寺廟參加日本臨濟宗妙心寺派的聯絡寺廟名冊、德化堂皇民化運動中的活動日誌及幾箱清代木刻佛經、善書經板，頗具學術參考價值。本文即利用這些新出資料，對光復前（1945 年），臺南德化堂的歷史做新的描述與詮釋。

---

[1]　主要是由當時主任委員許三省發現，告知鄭水萍，再由鄭水萍通知筆者南下檢視並做初步整理，而經板部份則由我請楊永智開箱整理並寄藏奇美美術館，做進一步清理。

二、「德化堂」的成立與其在清代的發展

　　德化堂屬於龍華教。這個教派，崇奉羅、殷、姚三祖，以普字命名，守三皈五戒，吃長齋，可嫁娶，是明中葉出現的民間教派。[2]從目前資料來看，臺灣之有龍華教，大概是在清乾隆年間。當時，來臺的龍華教齋友，尚少，僅彰化、臺中、臺南、鹿港一帶，略見蹤跡。在日據初期「德化堂」太空盧普省手抄中寫著：

　　　　臺灣島臺南安平鎮效忠里海頭祖
　　　　化善堂齋友謝普爵　林普彩　盧普本
　　　　　　　　張普瑞　胡普雨　陳普厚
　　　　　　　　張藉心　江普周　張普福
　　　　　　　　陳普智　李普定　伍普聚
　　　　　　　　徐普彩　陳天飼
　　　　乾隆三十年二月十九日立設在李宅
　　　　家中號曰
　　　　化善堂[3]

　　由此可知，化善堂成立於乾隆 30 年（1765）2 月 19 日。不過，當時的齋友恐怕並非完全是上述諸人。如謝普爵其時尚未出生（詳後），又如何成為齋友呢？德化堂所藏的《普門墓誌》上記著：「李太公普順，安平化善堂開山，仙遊人氏。」[4]對照來看，可知化善堂原是設在李普順家。而盧普省手抄的這份名單有部份應是李普順等人後來吸收的

2　王見川，《臺灣的齋教與鸞堂》（臺北：南天書局，1996 年），頁 2-19、115-131。王見川，《臺南德化堂的歷史》，德化堂管委會，1995 年。

3　盧普省抄本，無題名，內容包括序、愛國佛教會臺南齋心社宗教聯合約束章程及小引。

4　清末《普門墓誌》，抄本。

門徒。

　　資料記載，其時，「化善堂」齋友，遵守法規，早晚誦經禮佛，勸化度眾，在臺南一帶吸收不少信徒。據云，在嘉慶初年臺南的龍華教齋友曾增設一「開化堂」[5]

　　著名學者李添春在《臺灣省通志稿》〈人民志宗教篇〉中說：「據連雅堂著《臺灣通史》〈宗教志〉說：『乾隆末年白蓮教作亂，蔓延四省，用兵數載，詔毀天下齋堂，時郡治（臺南）檨仔林有龍華之派，聚徒授經，乃改為培英書院。』白蓮教之創亂是乾隆 58 年（1793），故龍華教之傳來，當在乾隆 58 年以前。查龍華教臺南德化堂之手抄；乾隆 30 年（1765）2 月 19 日，設齋堂於安平鎮效忠里海頭社李普通之家，稱為化善堂，此是龍華教之開始。又記原有開化堂被廢，並無其他說明，是否檨仔林之齋堂，無由推知。但由被廢兩字推想，當然不是自廢可比。連氏所舉之齋堂，是指開化堂無疑」。[6]

　　李添春認為連橫所提之檨仔林龍華派齋堂乃是開化堂。這個判斷，是對的，在民國 86 年德化堂古蹟維修時，當時主委許三省清理右殿閣樓時，發現十餘種經的經板，其中有一《觀音佛祖救治疫症神驗良方》，末刻有「檨仔林開化堂敬傳」[7]可為其證！另在德化堂新發現的抄本《普門墓誌》上寫著：「開化祖堂直東謝普爵修造」。由此可見，開化堂是在檨仔林曾出版醫方行世，而德化堂創設人謝普爵曾任開化堂的值東（當家）。資料記載，來自福建仙遊，號三叔的盧太（普本）是開化堂的開山住持！[8]而從漳洲城來臺，住在臺南府衙門後賣豆油維生

5　李添春，《臺灣省通志稿》〈人民志宗教篇〉（臺灣省文獻委員會，1956 年）頁 81。

6　同前註。

7　林朝成，〈以臺南德化堂為中心之臺灣齋教研究——德化堂的成立史與宗教意識的認同〉頁 2，「行政院國家科學委員會專題研究計畫成果報告」，1998 年。該文後改換名稱在《成大中文學報》第 7 期發表，1999 年。

8　清末《普門墓誌》，抄本。

的陳子龍（普貢），則是副住持！[9]

在開化堂被廢後，臺南府內的龍華齋友在原址改立「培英書院」以避人耳目活動。[10]

李添春在《臺灣省通志稿・人民志宗教篇》中說：「據許林太空手抄；嘉慶 2 年（1797）福建省興化府仙遊縣漢陽堂副勅盧普濤來臺，在臺南駐錫八年，與其高足謝普爵創建德善堂，於臺南市廣慈庵街覆金鐍，此時是嘉慶 19 年（1814）。先是嘉慶 4 年（1799）李普順，謝普爵等捐緣建設化善堂。由此觀之，李普順，謝普爵等是龍華教徒中最初來臺教化之人。嘉慶 9 年（1804）普濤將其堂務交於普爵，自己歸省欲就漢陽堂副勅（本派最高指導者稱為總勅，次位稱為副勅，均是本派階級空空之地位），不幸中途病歿。於是其高足普爵繼師之位，稱為空空。兼陞為副勅，總攬臺灣漢陽堂派之龍華教徒」。[11]

這樣的說法，不太正確。主因是許林隸屬壹是堂門下，並不熟悉漢陽堂派下事蹟。照日據初期德化堂、德善堂管理人盧普省手抄之資料，嘉慶 2 年（1797）漢陽堂派總勅盧普耀，派其弟普濤來臺考察教務兼弘法開教。普濤駐錫府城多年，傳徒頗多，聲勢大盛，謝普爵是本地人較早入其門下的。嘉慶 4 年（1799）門徒李普順鳩集同教齋友，捐款壹千圓，遷建「化善堂」於海頭社（今安平效忠街）。嘉慶 8 年（1803），普濤將堂務交付謝普爵，返回大陸。[12]

根據《普門墓誌》，謝普爵謚志誠、諱光勳、普爵是其法號，生於乾隆丁酉（42,1777）年。他原籍泉州府惠安縣文筆山腳人。在其祖父時代，即渡臺，居住於鳳山縣竹戶庄。謝普爵年輕時即來臺南府城謀

9　同註 8。

10　見正文中引連雅堂的敘述。

11　李添春前引書，頁 82。

12　盧普省抄本，《愛國佛教會臺南齋心社宗教聯合約束章程及小引》。

生。

　　由其簡歷可知，謝普爵是本地人，盧普濤將漢陽堂派在臺領導權交由他負責，是該教派本土化的開始。

　　嘉慶 19（1814）年，臺南本地齋友黃丑（普時）鳩集齋友捐錢，在廣慈庵街覆鼎金境，建築「德善堂」，前後共計費金貳仟元。[13]資料記載，德善堂的核心人員如下：[14]

號次	姓名	法號	背景	備註
一	黃　丑	普時（太空）	臺南府本地人	嘉慶壬戌年（七年，一八〇二年）生
二	洪九如	普誦（傳燈）		乾隆戊戌年（四三年，一七七八年）生
三	許炎昆	普玉（傳燈）	泉州府同安縣江繕里人	
四	歐陽立			
五	李英才		臺南府城內人	
六	黃金樽			嘉慶丙辰（元、一七九六）年生
七	吳月德	普華（傳燈）	漳州府長泰縣東坂街	
八	張文鎮			乾隆辛亥（五六，一七九一）年生
九	蔡　坥	普義（清虛）		嘉慶壬戌年（七年，一八〇二年）生

---

[13] 同註 12。

[14] 這是根據盧普省抄本、《普門墓誌》綜合所得的。

盧炎捐資刻經弟子,例貢生李英才捐銀番貳員文,歐陽友捐錢臺千參百文,方祿捐錢臺千文曾大海捐錢捌百文,黃普天、吳月德、潘得陞各捐錢陸百文,蔡宗沛、歐陽立、慶粽、林寶官各捐錢四百文。

謝志誠、林坤光、黃新孫、黃光當、楊虎、蔡春榮、蘇依老、林道宣、陸天助、鄭副龍、洪兩老、張直講、方鵬喜、張採郎、陳燦、許鴻騰、陳水老、陳瑞氣,各捐錢二百文。

蘇泥生、蔡宗淋、洪涼老、楊橋、盧炎、陳普臨、鄭祖楊,各捐錢壹百文。

其中李英才是有功名是「例貢生」,亦是樂善齋人士。[15]根據德化堂保存的清代木刻經版題記,李英才在道光乙未年(15,1835)捐刻《六祖壇經》、道光 16 年後(1836)捐刻《金剛般若波羅蜜多心經註解》、道光 18 年(1838),捐刻《三世因果真經》、《金剛經論》、《佛夢祖師因果錄》此外,尚刻捐一《大藏血盆經》。[16]

在《六祖壇經》末頁鑴刻經弟子名銜:

> 嘉邑北門內街貢生加軍功六品職員黃永淳
> 臺邑候補分府許朝錦
> 臺邑貢生李英才
> 嘉邑弟子杜有慶[17]

另在《金剛般若波羅蜜多心經註解》第六十九葉臚列印送姓名如下:

---

[15] 德化堂藏清代松雲軒雕版《金剛般若波羅蜜多心經註解》卷首〈心經序解〉及六十九葉。另見楊永智〈從臺南德化堂珍藏的清代古書板談起〉頁 12,《歷史文物》75 期,1999 年 10 月。

[16] 這些經板現藏於德化堂,其內容見楊永智前揭文。

[17] 另見楊永智前揭文,頁 8。

> 嘉邑北門內貢生軍功職員黃永淳、嘉邑總爺街弟子杜有慶、
> 臺陽郡城內例貢生李英才、臺郡松雲軒府縣學份生盧崇玉、
> 嘉義太保庄軍功增廣生王朝肅、德化堂、德善堂、化善堂諸
> 弟子信女[18]

　　對照二則刻經題記，可知嘉義、臺南一帶的部份士紳，參與齋堂的印經活動！從人際網路來看，這些士紳極有可能是因李英才之關係捐貲刻經的。

　　值得注意的是，這些士紳除了刻印佛經外，並未參與善書類經卷的捐刻。在現存道光18年的《三世因果真經》經版上寫著：

> 文中的黃普天、陳普臨，從普字看很明顯是龍華教徒，而李英才、吳月德、歐陽立則是德善堂的核心成員。

　　至於謝志誠就是臺南龍華教漢陽派首領謝普爵，這時他正在籌建新的齋堂，故捐錢不多。據盧普省手抄：

> 德化堂齋友謝普爵、歐普義、黃土司、嚴海浪、李普定，道光拾七年謝普爵，鳩集本堂齋友捐綠建築先後計費金四千圓。[19]

　　對照德化堂沈普恩咸豐6年手抄資料，[20]謝普爵在道光17年，鳩集齋友建築齋堂德化堂，這是對的，但僅指德化堂開始興工之期並非德

---

[18] 另見楊永智前揭文，頁12。

[19] 同註12。

[20] 沈普恩，咸豐六年抄本，前題「恭紀德化堂勝跡」，第二頁題「倡建德化祖堂序」。

化堂完工落成之時。不過可以肯定的是,德化堂在咸豐 6 年德化堂倡建
題名登錄以前,就已完成。

　　為什麼謝普爵等要興建德化堂呢?〈倡建德化祖堂序〉提供一點
線索:

> 蓋聞奉佛即所以存心,祀宗正重於報本。東瀛地僻海濱,其
> 間持齋奉佛者固自不少,然禪林佛堂每在幽閒清淨之區、車馬不
> 擾之地,是我同人等僉議鳩金,選擇倡建糖間埕瓦厝貳座。地頗
> 幽靜,是以重為起蓋煥然一新,爰于大廳設立佛堂。東邊另建一
> 座,祀立齋朋九玄七祖香位,及功德主長生祿位并脫化道友總
> 牌。雖曰初置其基,猶願同志有人增益而擴充焉。而且訂以久
> 遠,毋許同人孫子或反覆,齋朋嗣後議分議析。蓋香祀必期于勿
> 替,而恭敬惟要于益新,是之謂勝緣美事。願我同人相傳於不朽
> 耳,今將倡建德化堂捐題善信姓名逐一錄登緣簿,及至收緣銀俱
> 登大簿以垂不朽,並將永遠條規開敘其略以列于後云爾。
>
> 　時咸豐陸年歲次丙辰桂月　吉旦[21]

　　由此大概可知,德化堂的興建,是為了提供齋友清幽的修行環境
和解決齋友往生的祭祀問題。以往,復信堂派齋友死亡,遺體不是運回
大陸,就是葬在法華寺旁和南門新南壇的墓地等處。[22]齋友只在清明、
中元、忌月等,才上墳祭拜,故堂中置有「普門墓誌」,供作祭拜參
考!在德化堂設立七祖堂、功德堂後,堂中齋友去世後的拜祭,基本上
在堂內舉行即可。另一方面,功德堂的設立,亦替德化堂開闢了財源和
回饋捐建者。

---

[21] 同註 20。

[22] 清抄本《普門墓誌》。

　　除了以上這些設想外，謝普爵倡建德化堂，恐怕與其想「開山立堂」的心態有關。在此之前，他曾在安平化善堂活動一段時間，好不容易接任檨仔林開化堂的值東，但又碰上開化堂被官方所廢，謝普爵始終未有自己的根據地。這對一個教門的地區領導者而言，無疑是極大焦慮（壓力）！

　　故在其七十歲時，仍倡設德化堂。在德化堂設立後，他是頗為用心於堂務的，於其晚年還特請專人訂定堂規。[23]據沈普恩手抄，其堂規重點如下：

　　　　一道友先品行而後功夫，每遇供期潔整衣冠瞻仰佛像。談道尋宗、朗誦科教，勿謂至堂議論是非，罔談長短，甚至高聲嬉笑、惡語喧嘩，有沾清規，各宜勸勉。

　　　　一齋堂為習靜之所、樂善行仁，須宜溫良恭儉，遇供期扞佛，猶如見帝雍容揖遜，論品級而登堂……序年齒而排列……

　　　　一住堂……諸道友須宜體貼，每遇佛散供，各道友紛紛散坐或在庭中灶下，或與暉家人坐談。苦行之人捧供飯散分，如無請量家人未免怠慢。倘有一二位道友失覺分無著者，致生怨恨。余思此碗供飯內含萬象，非同小可，必須珍重。若散供飯者，廳磬聲一響，諸友親至前天棹取領。如不來取領，難以怨恨，再廳磬聲二響者散供糍，又廳磬聲三響者散供菜，如前親領。女眾揀一二老成熟識到法船棹支領。凡眾凡用完，同向佛問訊，幸勿輕忽。[24]

　　從德化堂堂規中注重「供期」提及堂中誦「科教」及供飯中的象

---

[23]　同註 22。

[24]　同註 20。

徵意義和「法船棹」都顯示德化堂濃厚的的龍華教性格，這一點亦可從當時德化堂所藏文物、經卷看出：

> 一三公椅叁塊。
> 一三公椅褥全付，此二條開化堂底。
> 一五部白文臺部，方四爺置。
> 一五部經註解貳付。
> 一指月錄經拾本壹部。
> 一柴面金剛經卷叁付。
> 一過褙柴面金剛經卷肆付，姚普恩置，寄天師壇。
> 一孝義經計五部。
> 一金剛註解四本。
> 一真修寶卷貳本，洪普地置。
> 一香山修行卷伍部。
> 一妙法蓮花經四本。
> 一香山度眾四部。
> 一雜號因果經拾貳本。
> 一上中下科教拾柒本。[25]

三公椅係象徵龍華教羅、殷、姚三位祖師，而五部白文，係指沒有註解的龍華教經典《五部六冊》，《孝義經》則是《明宗孝義寶卷》，而「上中下科教」則指龍華教儀式用書《彩門科教》。《香山度眾》則係講述龍華教二祖殷繼南事跡之經卷而《金剛註解》、《妙法蓮華經》等則是佛經。依此來看，清代的德化堂的宗教屬性說是內齋（龍華教）外佛應不為過！

---

[25] 同註 20。

　　咸豐 6 年 10 月 7 日，謝普爵去世，德化堂文物，堂產交由在樂街正順號歐普義管理，而漢陽堂派在臺領導權則傳給李普極。此後的德化堂情況，由於資料缺欠，不知其詳，但從同治五年該堂獲得臺澎兵備道兼提督學政丁曰健贈匾「惠普群生」一事來看，[26]其時的德化堂的人際網絡與社會教化應是頗佳，故能獲得官方的肯定。

　　光緒 15 年 8 月 15 日，德化堂舉辦「光場」法會。這是龍華教最重要的法會，[27]為期七天。從德化堂保留的資料來看，德化堂曾函請鹽水港善德堂、檨仔腳（朴子）心德堂、正心堂、嘉義城內太元堂、鉉德堂、外埔街正順堂、本廳庄德和堂等堂參與盛會。由此可知，清末的德化堂已和嘉義、臺南一帶的龍華齋堂，有所往來！

三、日治時期的「德化堂」

　　光緒 21 年（1895），馬關條約成立，臺灣主權歸屬日本所有。不過，這一政權的轉變，引起臺灣人民的反抗，除由巡撫唐景崧等官紳，組織「臺灣民主國」對抗日人外，臺灣各地亦出現不少抗日活動。日本政府為順利接收，派遣大軍至臺灣，進行征伐。

　　在敉平紛爭的過程中，日本佛教中的淨土宗、曹洞宗、真宗本願寺派、臨濟宗等，亦循往例派遣僧侶當從軍佈教，隨軍活動。他們從事的工作，大致如下：

　　　　（一）訪問各兵營，傳達本山的意志，授與名號，寄贈書籍等。
　　　　（二）訪問醫院，對患者給與安慰等事。

---

[26] 王見川，《臺南德化堂的歷史》前附圖片頁 2 及正文，頁 87。
[27] 清光緒己丑（1889）年普揖抄《功德總式》。

（三）于適宜之所開教筵，對士兵與軍夫演說關於安心立命、及衛生風紀等事。

（四）處理死者的遺骸，或火葬、或埋葬等葬儀之事。

（五）舉行追弔法會之事。

（六）將死者的遺骸及遺物，送至本人鄉里。[28]

　　此外，傳教及考察臺灣各地民情風俗及宗教狀況，作為傳教的評估，亦是從軍佈教使的主要活動。日本領臺初期來臺之從軍佈教使以日本曹洞宗佐佐木珍龍等人較為著名。根據《宗報》，曹洞宗的佐佐木珍龍在 1895 年 5 月入臺後，即奉曹洞宗大本山之命調查臺灣的宗教。曹洞宗大本山後即根據他的報告，展開對臺佈教。於明治 29 年（1896）2 月日本曹洞宗大本山，特派本田韜光、足立普明、佐佐木珍龍、若生國榮、櫻井大典、鈴木雄秀等前往臺灣，傳教及教化，慰問守備隊人員。

　　同年五月，本田韜光因公回日，而櫻井大典亦於六月因病返回日本。1896 年 7 月時，曹洞宗大本山，再派長田觀禪、陸鉞嚴、芳川雄悟佈教使來臺，並於臺北設置曹洞宗宗務支局，以陸鉞嚴為教務監督，佐佐木珍龍任宗務監督，並將臺灣全島分為三教區，陸鉞嚴、佐佐木珍龍、芳川雄悟在臺北，足立普明、長田禪觀在臺中，芳川雄悟、若生國榮在臺南，負責周邊區域的傳教工作。[29]

　　根據總督府檔案，明治 29 年（1896）2 月，本田韜光等曾向總督府投遞〈來臺意旨書〉表達其來臺之目的。其相關內容如下：

---

[28] 參見松金公正，〈關於日據初期日本佛教從軍佈教使的活動——以淨土宗佈教使橋本定幢《再渡日誌》為例〉，《圓光佛學學報》第 3 期，1999 年，頁 384-386。

[29] 釋慧嚴，〈西來庵事件前後臺灣佛教的動向——以曹洞宗為中心〉，《中華佛學學報》10 期，1997 年，頁 285-292。

一、漸次歷訪臺灣總督府民政局以迄兵站部等兵營病房慰問其中人員。

二、本島既歸我國版圖，爾來大政府為收治安成效，孜孜奮勵，而宗教扮演角色實亦不應忽視，故我大本山管長特命吾等速來臺教化人民，翼贊政治。於今吾等來臺教化人民，固應視病投藥，隨機應對，然其大要則先以附件第壹號為基準。

三、對於本島寺院之住持、僧侶，必須特別深加啟發，今略述其大要如附件第貳號。

四、支配人心固為宗教之本分，而以宗教事務為己任者，必熱心感化臺民之精神變為我國風貌而後止，此為必然，固不待多言也。

五、為感化臺民之精神變為我國風貌，先借用寺院或適當之民宅設立教場，教授簡易之日本國語及國文，或施行修身、佛教通俗教義等，灌入臺民之心靈，使其早日奉戴本朝之施政作為，以其報答聖恩。[30]

對於曹洞宗的建議，總督府雖然沒有贊成，但也未反對，於是這些曹洞宗佈教使，遂按照原計畫在臺開展傳教。資料記載，在短短的時間內，在臺北縣已有艋舺龍山寺等十四間寺廟，簽約加盟為日本曹洞宗之末寺（分寺）。[31]明治29年6、7月，曹洞宗的佐佐木珍龍在臺北、若生國榮於臺南、足立普明於彰化，各設有一所國語（日語）學校，教育本島人學習日語。[32]根據資料，若生國榮設立的學校是在萬福庵，這

---

[30] 溫國良編譯，《臺灣總督府公文類纂宗教史料彙編》（明治 28 年 10 月至明治 35 年 4 月），臺灣省文獻委員會，1999 年，頁 25。

[31] 同前註，頁 2-3。

[32] 釋慧嚴前揭文，頁 294、297、298。

間寺廟在臺南城內，此時已簽約加入日本曹洞宗，成為其末寺。[33]

　　當時，曹洞宗在臺南的大本營是設在大天后宮。若生國榮、芳川雄悟二人就是以此為根據地，在臺南、鳳山一帶傳教，吸收不少寺院齋堂加入曹洞宗，德善堂、德化堂即是其中之二。在《臺灣新報》記載其事云：

> 　　曹洞宗佈教師若生國榮氏，久在臺南努力於弘教，信依者漸多，頃東蒞臨，于本宗大會議信徒數百人為開祖道之宴，且托以獻呈開祖之物件，附之以文曰：臺灣島臺南城內德善齋堂、德化齋堂諸，頓首拜於永平寺貫首敕特賜性海慈船大禪師座下，總持寺貫首敕特賜法雲普蓋大禪師座下。蓋聞四河入海匯歸於一，萬步參禪，同歸於宗。地有南北之分而佛無你我之別。逢佈教師若生國榮傳教來臺，顯結拜佛之盟，共行教化。今聞璇歸，特表微情於座下，謹呈歸掉裙二幅、香金若干圓奉申，明治二十九年九月二十八日，德善齋堂、德化齋堂信徒全獻。[34]

　　由此可知，最晚在明治 29 年 9 月 28 日前，德化堂已簽約，加入日本曹洞宗。不久，安平化善堂齋友洪普朗、甘普降、王慶等亦代表「大日本本曹洞宗臺南縣信徒獻經于曹洞宗佈教使芳川雄悟及臺南縣知事」。[35]

　　明治 29 年 11 月 29 日，曹洞宗佈教使陸鉞巖巡迴臺灣全島樞要之地，考察佈教狀況，沿途除在軍隊演講外，亦在新竹城隍廟、臺南府德化堂內向本地人傳教。根據《宗報》，當時是由芳川雄悟陸鉞巖陪同赴

---

[33] 《宗報》8 號，頁 12。

[34] 《臺灣新報》明治 29 年 10 月 10 日。

[35] 《臺灣新報》明治 29 年 10 月 28 日。

德化堂佈教的。[36]

　　明治 30 年（1897）1 月，曹洞宗公布實施〈臺灣島佈教規則〉，將原來的三教區，細分為第一期佈教區、第二期佈教區。其中「臺北、宜蘭、基隆、淡水、新竹、臺中、鹿港、彰化、雲林、苗栗、埔里、臺南。安平、嘉義、鳳山、恆春、打狗、澎湖島。」是第一期佈教區，優先佈教。[37]芳川雄悟即在此時轉任鳳山佈教，不久，若生國榮亦轉任新竹教區。其遺缺由陸鉞巖接任。

　　根據《宗報》記載，陸鉞巖是在明治 30 年 3 月抵達臺南任職，隨即在曹洞宗支局內設立國語夜學校，努力傳播日語，[38]這是由於他有感於推廣教育，必有助於佈教，尤其是對臺灣人佈教，學校教育事業更是不可或缺。因為他認為以臺灣人的性情來看，雖一時皈依了曹洞宗，也決不是出自內心真正的皈依，只不過是為了一時的方便而已的緣故。[39]陸鉞巖自述，自明治 30 年 6 月，其在臺南的佈教活動大致是這樣：早上至曹洞宗國語學校授課、後從事佈教活動（如至監獄弘法、舉行讀經、講經活動、至聯絡寺院處理事情）。或替日軍官兵舉行葬儀、晚上則在夜學校授課。其中在 6 月 12 日，曾應德善堂之請與助手二人至該堂讀（誦）經，傳教，約有信徒七十餘人參與，7 月 1 日，則訪問德化堂。[40]

　　資料記載，由於陸鉞巖熱心傳教及設立、推動國語學校的教育成效良好，於明治 31 年（1898）1 月，得到大本山的獎勵。同年中，陸鉞巖每月一次在德善堂、化善堂和德化堂對臺灣人佈教。[41]這一年「德

---

[36] 《宗報》7 號，頁 10。

[37] 釋慧嚴前揭文，頁 293。

[38] 《宗報》20 號，頁 14。

[39] 釋慧嚴前揭文，頁 298。

[40] 《宗報》15 號，頁 17-18。

[41] 前者見《宗報》27 號，頁 10，後者見《宗報》46 號，頁 13。

化堂」太空陳日三奉曹洞宗特派員陸鉞嚴為導師，陳並被委任為曹宗說教員，[42]當時臺南龍華齋堂多加入曹洞宗派下。盧普省手抄說：

> 我臺南龍華派下，自帝國領臺已認許為曹洞宗之信徒，凡有辦齋供佛之期，延請佈教師來誦經說教。[43]

明治 30 年（1897）前後，臺灣寺廟齋堂中簽署加入曹洞宗的，約一百餘九十間。主要是因日本佔領臺灣之際，軍隊、政府人員佔用寺廟的情形，引起臺灣僧侶或住持對己身寺院之命運，不能掌握，所以才求日本佛教曹洞宗之保護。[44]

當時的簽約內容，據總督府保留的抄本，是這樣的：

> 誓約書，當寺以禪宗之宗義創立，而傳承其法燈來者也。明治二十八年臺灣全島為大日本帝國之版圖，故當寺亦為帝國禪宗曹洞宗大本山之末寺，永久遵守其宗義制度。今茲裁誓約書，以為憑據。[45]

由此可略窺，日本曹洞宗佈教使是以禪宗法脈相同及政權轉移，來誘騙臺灣的寺廟，成為其下屬末寺。不過，此一具強制性的簽約行為，在明治 31 年 5 月遭到總督的否決，不具效力。[46]

---

[42] 民德寫真館編《紀元二千六百年記念臺灣佛教名蹟寶鑑》（民德寫真館，1941 年）「德化堂」部份。

[43] 同註 12。

[44] 參看江燦騰，《臺灣佛教百年史之研究（1895-1995）》（臺北南天書局，1996 年），頁 140。

[45] 溫國良編譯前引書，頁 2。

[46] 同前註，頁 179。

　　由於總督府公權力的介入，阻止了臺灣寺廟淪為日本佛教末寺的趨勢，穩住了臺灣寺院的主體性。在這樣的局面下，日本曹洞宗與簽約加盟的寺廟的關係由原先的本山──末寺上下隸屬轉變成地位平行的聯絡關係。也就是說，二者只在場地、人員等互相支援，而曹洞宗僧侶並無法干涉該寺廟儀式、人事和經濟（財產）。以德化堂為例，明治 32 年（1899）日本曹洞宗尚藉德化堂講經，然而，在德化堂明治 34 年（1901）的修繕過程，看不到日本曹洞宗的經費補助，反而是其他齋堂多所幫助。如先天道報恩堂、金幢派西華堂都有捐款贊助！[47]

　　這種跨教派的互助，隱約顯示臺南吃齋各教已突破原有的藩籬，朝向宗教合作的新思考！明治 35 年（1902），臺南廳當局編《南部臺灣誌》，將吃齋的三個教派視為佛教中的「持齋宗」，[48]進一步使龍華、先天、金幢三教朝共同意識「齋教」的形成邁進。明治 40 年（1907），臺灣舊慣調查報告書正式命名三者為「齋教」。[49]至此，官方已視龍華、先天、金幢三教派為共同體「齋教」。

　　大致在在家佛教「齋教」共同體的形成同時，臺灣本土佛教，亦在明治末年有極大的變化。其中最明顯的表現是凝聚集體力量。這一點，無疑是受到日本佛教傳入臺灣的新佛教風氣的感染，但其實際推動者則是善慧法師。[50]

　　資料記載，他俗姓江，名清俊，生於光緒 7 年（1881），是基隆人。明治 29 年（1896），他在源齋堂，由張太空引進龍華派，法名普傑。其時，基隆地區鼓山湧泉寺僧妙密、善智、妙性、元精來基隆地區

---

[47] 臺南廳編《南部臺灣誌》（1902 年著），頁 35-43，此處用的是成文出版社複印本。

[48] 同前註，頁 179。

[49] 江燦騰《殖民統治與宗教同化的困境：日據時期臺灣新佛教運動的頓挫與轉型》，臺大史研所博士論文，2000 年，頁 83-85。

[50] 王見川，〈臺灣近代佛教史四論〉，《臺灣文獻》51 卷 3 期，2000 年，頁 166-167。

募款兼說法。[51]江善慧常去親近,明治 35 年(1902)由善智法師年攜同到湧泉寺出家、受戒,後返臺籌建靈泉寺。明治 40 年(1907),善慧法師加入日本曹洞宗,並普山為靈泉寺住持。

　　明治 44 年(1910),他赴日本東京請大藏經,並領受為日本曹洞宗佈教使。[52]不久,善慧又赴中國考察佛教,返臺後巡歷全臺知寺院、齋堂:

　　　　宜蘭　　振昌堂　　募善堂
　　　　臺北　　源信堂　　觀音凌雲寺　　善慶堂　　靜修院　　拱北堂　　惟善堂
　　　　新竹　　靜業院　　善導堂　　三聖宮
　　　　桃園　　元化院
　　　　臺中　　慎齋堂　　壹善堂　　曇花堂　　德意堂　　存德堂　　善德堂
　　　　嘉義　　朝天宮　　奉天宮　　慈德堂　　龍德堂　　義德堂
　　　　臺南　　開元寺　　法華寺　　西華堂　　慎德堂　　德化堂　　報恩堂
　　　　阿緱　　慈鳳宮　　崇光寺　　等[53]

　　善慧法師之所以選定這些寺院齋堂作為拜訪對象,主要與它們曾經是日本曹洞宗的簽約寺廟有關!此行他並非單純的參訪,而是尋找具有相同新佛教理念的合作夥伴!《臺灣日日新報》即記載說:

　　　　臺南大北門外開元寺,其住持永定上人,於二十日為先皇陛下虔修三旬佛事,恭安御座於正殿大集僧侶。臺灣月眉山靈泉寺

---

[51] 同前註,頁 165-166。

[52] 江燦騰,《臺灣佛教百年史之研究(1895-1995)》,頁 135。

[53] 《靈泉寺沿寺》(抄本)。

善慧上人亦雲遊到此，將募集設立愛國佛教講習會。是早均在御
座前虔誦佛經，仰祈冥福，而來賓參拜者，亦不乏人。[54]

由此可見，善慧法師全島巡歷寺院、齋堂目的是想成立「愛國佛
教講習會」。此講習會是本島佛教徒最早主辦的佛教講習活動。在《靈
泉寺沿革》（抄本）中有提及：

愛國佛教講習會
壬子之秋築講堂（木造）於天主殿左畔。善慧和尚，臺灣佛
教教育之設，蓄諸衷懷已久，乘此特機即與大本山臺灣別院長相
議，擬設佛教講習會，定於八月二十日發會式，九月二十日閉
會。其宗旨欲養成佈教人材，令一般人民共發遵皇奉佛之精神名
曰愛國佛教講習會。講師即與即支那會泉印月師、內地渡邊淳
師、善慧……，會員即臺南、嘉義、阿緱、臺中、新竹、臺北各
諸方面及本寺住單四十餘人，成績頗優異。

壬子年是大正元年（1912）。從中可知，愛國佛教講習是在大正
元年 8 月 20 日舉行開會式，其宗旨「欲養成佈教人材，令一般人民共
發尊皇奉佛之精神」，故名「愛國佛教講習會」。需要說明的是，愛國
佛教講習會舉行的時間並非在 8 月 20 日，而是在 9 月 1 日，而講師除
中國會泉法師、日本渡邊講師外，尚有開元寺永定法師，《臺灣日日新
報》即云：

佛教講習會之開幕，基隆月眉山靈泉寺住持善慧師，曩者邀
同曹洞宗別院主門協探玄師等，就本島人佈教事宜，認真考究。

---

[54] 《臺灣日日新報》大正元年 8 月 22 日。

擬以開發本島僧侶，為其第一著手，經得全島寺院僧侶，及諸信
徒贊成，特在靈泉寺，開設愛國佛教講習會，以為教育機關。於
本月一日門協探玄師，臺南開元寺住持釋永定，支那僧釋會泉、
渡邊講師，暨基隆臺南重要信徒等列席後，舉開會式。又該會講
習科目，會佛教，漢籍、歷史、說教等講習者概係本島僧侶。約
三十名云。[55]

其中的渡邊講師是曹洞宗佈教使渡邊靈淳，支那僧釋會泉則是閩
南名僧，後創辦閩南佛學院的會泉法師。當時，他擔任佛教科講師，講
述《心經》、《金剛經》等經論，深受好評。[56]據心源法師的回憶，其
時的學員有鹿港許林、臺南陳耀文、洪池等人。[57]

從德化堂保存的文獻來看，洪池、陳耀文等臺南齋堂份子，可能
是以「齋心社」名義，參與「愛國佛教講習」。資料記載，「齋心社」
是臺南齋門（龍華、金幢、先天）三派，在大正元年（1912）成立的
聯合組織。當時參加此一組織，共有七間齋堂：[58]

先天派：報恩堂、崇德堂。
龍華派：西華堂、德化堂、德善堂。
金幢派：慎德堂。

每堂每年辦公供二次。其公供之期，各堂人眾齊集演說經教，並
宣講聖諭及前賢處世治家格言。若非持齋之人，亦任其靜坐參聽。值東

---

55 《臺灣日日新報》大正元年 9 月 5 日。

56 李添春〈我與會泉大師的一段因緣〉，收於《會泉大師二十週年紀念刊》，南洋佛學書
　　局，1966 年，頁 145。

57 賢頓，〈回憶心影〉，收於《會泉大師二十週年紀念刊》中，頁 85。

58 同註 12。

者午刻齋粥一餐，午後五時素席，節儉表敬．不尚奢侈，其費係各值東者支理。[59]「齋心社」的聯合約束章程如下：

第　一　條：聯合會之主旨為保護宗教安寧之秩序，特設約束章程，以便會中人持守遵約奉行。

第　二　條：聯合會就各派齋堂共名齋心社，設立會長、總代、說教員而於稱呼可以仍循舊章，不用變更名義。聽各派或稱老板，或稱先生，或稱頭領，或稱護法，或稱掌教，或稱護教，均從其便。

第　三　條：約束之宗旨，首要遵守國法王章，賦稅早完，勉為良善，以盡人民之義務而符宗教之規程。

第　四　條：持身忠孝廉潔，兄弟友愛。朋友信義，訓妻教子。待人以恕，律己以嚴。財物交接取與分明。各勤職業，安分營生，以為宗教之完人。

第　五　條：凡我宗教人等，喜為佛門弟子，幸作聖世良民。三教原同一家，須當互相和睦。各派今既聯合，不得妄分歧視，以守教民之資格。

第　六　條：既入宗教，不可又去會盟。若遊手好閒，不務正業，結黨成群，奸淫賭盜。或藉神佛名號，誘騙愚民財物，以及行符咒水，戕賊人命。此為違背宗教之正道，立即逐出教外，稟官懲治。

第　七　條：或有蔑視官長，誹謗時政。炫異矜奇，捏造邪說，惑世誣民，以及分門別戶，滋生事端，不受誥誡者，亦即逐出。

---

[59] 同註 12。

第 八 條：各派齋堂如有徒眾，偶犯小過。掌教務須諄諄開示。彼既知過，當使其在佛前懺其前愆，觀其後。倘有頑梗之徒，知過不改，反爭為是，甚至誹謗師長，嫉妒同人。聽堂主知會各堂公同革出。

第 九 條：凡要引進入會之人，須擇其品行端方誠實篤信，才許其皈依。倘若素有蕩檢踰閑不正行為者。今既改悔從善，務宜暫寬，細詳查察其行為。果有改變，以引進人作保證，方許入會。若凶暴陰險之徒，決當拒絕。

第 十 條：各派齋堂，務須設置同人錄，男女各一本。內載入會者姓名、年歲。其會中人或有死亡，并及斥革退會，詳細登冊，以便稽查。

第十一條：以上章程，或有未周至妥洽，均可增刪。聽臨時開堂酌議，盡善盡美，以便舉行。

第十二條：各教友如與教友交涉之事，聽各教堂公議和平了結。如與教外人交涉，各教堂概不干涉。[60]

　　這個「齋心社」是臺灣齋教三派的首次聯合，雖僅限於臺南地區，但已為未來齋教全島性聯合，奠定基礎。李添春認為，此佛教會之組織（指「齋心社」）當時，正所謂西來庵事件時代，余清芳等大起革命以藉神道設教，來號召全島民心，設本部於臺南市西來庵，出入全島齋堂，因此齋教信徒之中受累者不少。故有佛教會之設，以別邪正。[61]其實，這是個誤解。在〈愛國佛教會臺南齋心社宗教聯合小引〉中說：

---

[60] 王見川，《臺南德化堂的歷史》，頁 37-40。

[61] 李添春前引書，頁 113。

　　且夫宗教之設立，原為覺民而佐王化盡善之治也。無如人心不古，覺悟者少，迷昧者多。竟將至善法門，愈習愈紛，日趨日下而旁門異端，由是而生焉。甚至行符咒水，妄談禍福，謠言鼓眾，左道惑人，混稱齋眾，此實為宗教之罪人，善門之蟊賊也。我齋堂或有不辨誠偽，莫知良莠被混入，誠恐惹出違背政府治安之法，必遭無辜受累之愆。各教友亦難辭其咎耳。今者文明時代，豈容是輩，魚目混珠。我等有鑒於斯，爰是聯合各堂道眾共成團體，擴張教會，公訂章程以絕外患之來侵，而持宗教之秩序，各宜遵約整理，是所厚望焉。[62]

　　這個「齋心社」聯合小引是盧普省太空在大正 3 年（1914）手抄，呈給保安齋堂中高層人員閱覽的。隔一年，西來庵事件才爆發。資料記載，余清芳是西來庵鸞生，從扶鸞號召群眾反日並積極在全省齋堂出入、聯絡。[63]所以在西來庵事件發生後，臺灣各地齋堂，頗受日警調查，騷擾。由於「齋心社」擁護政府及闢邪的立場鮮明，臺南的齋友並未受到迫害。

　　大正 4 年（1915）8 月，總督府鑒於西來庵事件中宗教的支配力量，開始進行全島性的宗教調查，意圖藉此澈底瞭解並掌握臺灣各種宗教信仰的背景和生態，以防止類似「西來庵事件」的再發生。負責督導此次宗教調查事務的人是丸井圭治郎。大正 8 年（1919）總督府內務局設立「社寺課」管理臺灣宗教事務，丸井圭治郎出任首任課長。

　　相對於官方的調查、管理動作，身處風暴圈的臺南市齋教領袖陳耀文，為撇清嫌疑，乃與日本曹洞宗佈教使，籌組佛教統一會，《臺灣日日新報》報導其事云：

---

[62] 王見川，《臺南德化堂的歷史》，頁 42。

[63] 王見川、李世偉，《臺灣的宗教與文化》（臺北：博揚文化，1999 年），頁 315-321。

佛教統一會之進行：本島佛教萎靡不振，而廟堂之中，又多迷信，漸失本來面目，是於社會上大有關係也。近者督府有約束寺廟之議，現已派員調查，於是臺南市報恩堂陳耀文居士，乃與曹洞宗今西、水尾兩禪師，籌設佛教統一會，以謀革新，現已成議，趕於大禮之時開設，以為紀念。聞其宗旨有二，其一宣布佛陀之真理，以超度眾生；其一仰體也仁慈之聖旨，以安心樂業。此會一成，其於精神之振興，當大有裨益也。[64]

　　在這次的佛教統一運動後，陸續有「佛教青年會」、「佛教道友會」的成立。這一連串的佛教組織活動，引起主管宗教事務的丸井圭治郎，思考建立臺灣宗教界秩序及提昇佛教徒素質的必要性。因此促成「南瀛佛教會」的成立和「臺灣佛教龍華會」的立案。

　　資料記載，臺灣佛教龍華會濫觴於大正 7 年（1918）斗南龍虎堂主沈國珍、鹿港恩德堂主林普海、嘉義先王齋堂主方氏秀等的構想。[65]原先，他們只想聯合建立一永久寺院，作為佈教之用。《臺灣日日新報》上即說：

建立宗教寺院：本島在來之寺院齋堂，除大者二、三外，概不整理。所屬財產。徒以充管理人之私腹者，到處實不少其事，且其佛像亦多而雜。今回嘉義街，有先天、龍華、金幢各派堂主及地方篤志家為發起，欲建立一永久意義之寺院，以為佈教場。協議之後，前月未既邀集關係者，選土地于該街南門，照內地本島折衷式，建一臨濟宗寺院，建築費按三萬餘圓，地方篤志家沈國（珍）、陳清秀、方氏秀以下廿二名，共釀一萬七千餘圓，所

---

64 《臺灣日日新報》大正 4 年 10 月 19 日。

65 王見川，《臺灣的齋教與鸞堂》，頁 252。

餘一萬餘圓則由地方有志者募集之，臺北既命東海開教師出張其
地，以與官廳交涉，為諸般準備，開火山大仙岩廖炭者，實此事
之中心人物，大有所盡力焉，顧此計畫實為他處所未嘗見，蓋本
島人所有信教傾向，始有此現象，故官亦有意欲與以便宜云。[66]

由此可見，一、沈國珍、方氏秀等齋教三派人員合設的寺院是在
嘉義街；二、這是一新設「內地本島折衷」式的寺院，隸屬於臨濟宗；
三、當時，出面與官廳交涉的是東海宜誠，而大仙岩管理人廖炭是居中
聯繫的關鍵人物。

或許是在廖炭，東海宜誠的建議下，沈國珍等人的計畫有了改
變，擴大聯合全省齋友，成立共同組織。同年三月，全省齋堂代表者一
百二十名，齊集在斗南龍虎堂，商議聯合事宜。當時，他們鑑於「奸黠
不逞之徒，利用佛法，鼓動無智之輩，觸犯官憲忌諱」（即西來庵事
件）和「齋教」三派孤立、墨守成規，喪失活動能力的現象，因此決
議此一聯合組織，名叫「臺灣佛教龍華會」，並希由此改善齋教的體
質。[67]

為什麼叫「臺灣佛教龍華會」呢？照《臺灣日日新報》所言，這
是因為佛教金幢，龍華，先天三派中，「就中龍華信徒最多，故名其大
者焉」。[68]

「臺灣佛教龍華會」是臺灣全島齋教徒首次聯合成立的組織。關
於它成立的時間，現存資料記載三種不同時間：一是增田福太郎〈臺灣
の寺廟を巡歷して─嘉義郡〉一文記錄的大正 9 年（1920）3 月 14
日，一是《臺灣佛教大觀》及《臺灣省嘉義縣市寺廟大觀》記載的民國

[66] 《臺灣日日新報》大正 9 年 2 月 6 日。
[67] 王見川，《臺南德化堂的歷史》，頁 43-44。
[68] 《臺灣日日新報》大正 9 年 6 月 16 日。

17 年（1928）6 月，另一是村野教顯〈在家佛教としての齋教〉一文中提到的大正 12 年（1923）。[69]參照「臺灣佛教龍華會」大正 11 年（1922）四月聘請朝天堂堂主林石（普多）為評議員的證書及大正 9 年（1920）、11 年（1922）的收支計算書，可知「臺灣佛教龍華會」創立於大正 9 年的說法，較為可信。[70]當時的報紙《臺灣日日新報》上即說：「臺灣佛教龍華會，大正 9 年 3 月，始舉呱呱之聲」。[71]

　　根據記載，「臺灣佛教龍華會」，首任會長是廖炭，副會長是林普海，沈國珍，顧問有臨濟宗佈教使東海宜誠、[72]嘉義郡守塚越。

　　其本部擬設在嘉義南門外的山子頂，並預備在臺北、新竹、臺中、臺南四州，設立二十八個支部。其成立的旨趣及會名的由來，在會內文獻〈齋教三派合同龍華會設立趣旨會〉中有所言及：

　　　　嘗夫本島文運與日月並進，人智同時勢爭趨，而物質上設施略備矣。其政治上之效果，更進於自治制度之頒佈。吾人無不額手稱慶，所可憾者唯精神上啟發，尚缺涵養。而島民雖浴我天皇階下之御，恩澤未能體一視同仁之深心。俗既未免，猶多墨守舊慣，不勝浩歎。然欲開島民心地，當以破邪顯正。得信大乘佛教之趣旨。開以自新之路，寔於吾教徒附與使命矣！竊謂從本來島人得信佛教，根底概雜，何以溯觀念於統一，必秘序團結圖振萎靡，否則不足為全島三百萬同胞提激也耶！是以齋教雖一，無如立派不同，則有龍華、先天、金幢者是也。吾人欲圖宗教之振興，必合其派而溯其源，互相聯絡庶幾眾志可以成城，同力自能

[69] 王見川，《臺灣的齋教與鸞堂》，頁 145-146。

[70] 同前註，頁 146。

[71] 《臺灣日日新報》大正 12 年 6 月 29 日。

[72] 王見川，《臺灣的齋教與鸞堂》，頁 152。

舉鼎。因名曰龍華會，蓋取東來下生，彌勒三會咸歸於一致故
也。同結龍天之緣，各修善後之果，必受學識階級指導。參酌日
本佛教清規，權請金針撥醫，俾齋門內容，暫次改善，勿以捨近
圖遠與支那本山舊習是沿。可決然與本國養成純粹宗風。讀其經
而求其道。究其理而尋其源，知先覺而後覺人，斯可謂美矣！籍
啟發島民心地，以資自治精神。涵養德性，共體佛陀平等，發大
願力，施慈悲心，是以設立免囚保護及感化院等諸義舉，與夫社
會相輝映。仗仰愛國護法之士，贊襄斯業，以期有成。惟願佛天
加佑，好結般若之緣，共證菩提之果。善日積而日深，合屢推而
屢廣，以達斯趣旨焉可。[73]

　　「臺灣佛教龍華會」趣旨，宣示的重點有三：第一是佛教龍華會
名稱的由來。臺灣齋教三派，雖其崇奉的祖師並不相同。但在教義上，
皆是信仰彌勒下生龍華三會。故以此共同信仰作為聯合會名。另一方
面，它可能也反映會中龍華派佔優勢的事實。

　　第二是「臺灣佛教龍華會」，明白宣示學習日本佛教，斬斷與中
國本山的關係，來淨化宗風，建立自己的本山。這個宣示，反映齋教徒
主動配合形勢，積極日化的趨向。往後「臺灣佛教龍華會」，聘請臨濟
宗僧侶東海宜誠，擔任顧問。歸隸日本臨濟宗派下，及建立「天龍
堂」，作為齋教本山，即是這一宣示的具體實現。

　　第三是積極從事社會事業。對此，「臺灣佛教龍華會」標舉設立
「免囚保護所」及感化院，作為其教化社會的首要工作。這種設立「免
囚保護所」等類似機構，來收容受刑後重生者的作法，可能受當時宗
（佛）教界從事釋放者保護工作風潮的影響。日本領臺初期，宗（佛）
教界人士，雖已在監獄中從事教誨工作，但並無保護刑滿出獄重生者的

---

[73] 王見川，《臺灣的齋教與鸞堂》，頁 147。.

觀念與作法。明治 38 年（1905）佛教界人士成立「累功舍」，開始「免囚保護」工作。往後，全省各地陸續成立「免囚保護所」。「免囚保護」形成佛教界從事社會教化工作的要領。「臺灣佛教龍華會」，處於如此風潮下，選擇「免囚保護」作為社會教化的首要工作，也就不足為奇。

這個「免囚保護」的工作，是「臺灣佛教龍華會」的第一期事業。由於此事「事關公益」，得到地方當局的大力援助，提供監獄囚犯幫忙興工建築，該會設在嘉義監獄所旁之「免囚保護場」，終在大正 11 年（1922）6 月 28 日第一期工事完工，並舉行開所式。[74]當日，和田法務部長親臨主持，並演述免囚保護之意義。[75]

嘉義免囚保護所完工，標示「臺灣佛教龍華會」社會教化事業的開始。除了「嘉義免囚保護所」外，「臺灣佛教龍華會」經過四次開會，議決未來的工作進程：第一期尚有改善宗教的法式，第二期事業在嘉義設立齋教三派本山「天龍堂」（意指先天、龍華、金堂（幢）），第三期事業在關仔嶺設感化院，第四期事業是在臺中州設立慈惠院。[76]

大正 11 年（1922）1 月 25 日，「臺灣佛教龍華會」正式經總督府批準認可。該會設有十八條規則。「臺灣佛教龍華會」的規則，跟在它之前的「本島人宗教會」、「齋心社」等組織的章程規則相比較，宗旨、目的及組織較為明確。而與大約同時期成立的「南瀛佛教會」規則，略有異同。其中會費一項，「臺灣佛教龍華會」普通會員、正會員一時收費較「南瀛佛教會」為低。

但「南瀛佛教會」可以分年付款，每年只要二圓即可成為普通會員。因此，「南瀛佛教會」招收會員較容易。加上「南瀛佛教會」的招

---

[74] 《臺灣日日新報》大正 11 年 7 月 1 日。

[75] 《臺灣日日新報》大正 11 年 7 月 1 日。

[76] 王見川，《臺灣的齋教與鸞堂》，頁 149。

收對象是全島宗教徒，而「臺灣佛教龍華會」主要以齋教徒為重點。

在大正 11 年 1 月「臺灣佛教龍華會」正式立案不久，「臺灣佛教龍華會」，即在斗南龍虎堂召開會議，商議成立支部，招募會員，以及進行「免囚保護」事業等事情。當時「德化堂」人員石學文，葉超然，洪池三人赴會。[77]

同年 10 月，臺灣佛教龍華會又在臺南白河塵火山巖，開催（舉辦）講習會，丸井圭治郎蒞臨致辭，期勉會中幹部，注意徒弟的養成教育，以為將來教化島民之所需，此即的大仙岩會議。[78]大仙岩是臺南地區知名的古寺，此時的管理人是廖炭。

由於「臺灣佛教龍華會」的本山「天龍堂」尚未興建完成，只好暫借會長的地方開會。這次會議決議事項達十七項，主要是針對會中人事、經費、法會儀式、佈教及本山「天龍堂」建築，作出具體方針。其中在宣教方面，會議決定設立佈教員二名，囑託佈教員若干，佈教主任一人，聘請許林擔任。

另在推展會務方面，主要是聯各全省各齋堂加入「臺灣佛教龍華會」，及遵守會中的規則與約定，針對吸收新會員，大仙岩會議決議派遣會長廖炭、顧問東海宜誠、佈教主任許林、副會長黃普海，沈國珍及評議員林杜、蔡培東、林石等人，前往全島各地宣傳。[79]

照天龍寺保存的資料〈本會與地方齋堂庵院佛教團體聯絡規程〉，臺灣佛教龍華會與地齋堂聯絡規程如下：

第一條　凡齋堂庵院佛教團體〈以下齋堂其餘省略〉欲求本會聯
　　　　絡者，須提出左記一號表願書，經本會調查認為適當

---

[77] 王見川，《臺南德化堂的歷史》，頁 44。

[78] 同前註。

[79] 王見川，《臺灣的齋教與鸞堂》，頁 152。

時，得許可之。但雙方有合意之時，本會將該寺廟得認為支部。

第二條　聯絡齋堂分為甲乙丙三種，每年於一月中須獻納左記義務金，以為本會聯絡費用。甲種金六拾圓，乙種金五拾圓，丙種金參拾圓。

第三條　聯絡齋堂須遵守本會之主旨目的，與本會協力一致，遂行一切佛事。

第四條　聯絡齋堂若經本會承認，得勸誘會員之加入，代收其會費。但會員名種類及會費須照本會所定。

第五條　聯絡齋堂若照前條，有勸誘會員之加入時，不拘多少，每十日須將加入會員名及其種類金額，送交本會。即由其中抽出貳割以為其費用。

第六條　聯絡齋堂認為本會之支部者，得置左記役員，一、支部長一名，一、幹事若干名。以上之役員由該齋堂論衡品德兼優，佛事熱心之適當人物推薦於本會會長任命之。

第七條　聯絡齋堂關於佛教之設施，申請本會之補助。本會若認為適當者，得於與相當之補助。

第八條　聯絡齋堂當事或支部役員，若有不都合行為，污損本會之名譽面者。本會得以取消其聯絡或處以除名。

第九條　聯絡齋堂認為本會之支部者，得置左記役員，一、支部長一名，一、幹事若干名。以上之役員由該齋堂論衡品德兼優，佛事熱心之適當人物推薦於本會會長任命之。

第十條　聯絡齋堂關於佛教之設施，申請本會之補助。本會若認為適當者，得於與相當之補助。

第十一條　聯絡齋堂當事或支部役員，若有不都合行為，污損本會之名譽面目者。本會得以取消其聯絡或處以除名。

第十二條　本會為圖聯絡齋堂統一親睦改善等，得隨意招集聯絡

齋堂關係者支部役員，開摧會議指示一切事，但出席
旅費由出席者負擔。

第十三條　本規程依聯絡齋堂之實情，有不適合者雙方妥協，得
　　　　　將其一部補足削除或變更。

第十四條　聯絡齋堂要開光場之際，須請本會承諾派遣太空四眾
　　　　　護法臨場點光，而往復費用及儀式費，須由申請者負
　　　　　擔。[80]

　　德化堂是其中之一。負責人是該堂管理人薛塗成。根據《臺灣日
日新報》的記載，德化堂成為「臺灣佛教龍華會」支部，是在大正 12
年（1923）5 月 23 日。[81]根據德化堂所藏〈臺灣佛教龍華會臺南支部
發會式舉行御案〉記載，「德化堂」負責人薛塗成、盧世澤、洪池等，
向當時臺南州知事吉岡荒造等地力行政，警察官員，總督府內務局社寺
課長丸井圭治郎，臺南州著名齋堂西華堂，慎齋堂，慎德堂，西德堂，
報恩堂，擇賢堂，崇德堂，化善堂（臺南市），德和堂·太元堂（嘉
義），善行堂，信和堂，慈德堂，善德堂，明德堂（臺南縣），道隆
堂，善誘堂，和善社天壇經文社、講善局寺院法華寺，開元寺，竹溪
寺，超峰寺以及《臺南新報》，《日日新報》等傳播媒體，都發出邀請
函。出席的知名來賓計有：

吉岡州知事　　　　　　　　酒白宗教係長
丸井社寺課長　　　　　　　荒卷市尹
赤崛警務課長　　　　　　　田村高等警察課長

---

[80] 大正 9 年「臺灣佛教龍華會」成立之初，原定計畫創設二十八個支部，至大正 12 年已
　　成立二十二個支部。王見川，《臺灣的齋教與鸞堂》，頁 138-139。
[81] 《臺灣日日新報》大正 12 年 5 月 25 日。

真言宗佈教師　　　　　　　丸井日蓮宗佈教師

魏得圓和尚（開元寺代理住持）　東海宜誠顧問

龔振宗（慎齋堂）　　　　　蘇光顯（慎齋堂）

信者，齋友八十餘名[82]

　　從「臺灣佛教龍華會」臺南支部成立的出席名單，可知（一）「德化堂」在臺南地區的政教關係不錯，（二）該堂與開元寺似有往來！

　　根據手抄資料「臺灣佛教龍華會」臺南支部成立的程序為：

一、開會武　　　　　　　　二、齋眾登堂

三、聖誕祝讚　　　　　　　四、禮佛

五、獻香　　　　　　　　　六、齋眾退堂

七、發會致辭 東海宜誠　　八、州知事致辭

九、總督府社寺課丸井圭治郎致辭

十、佛教各宗代表致辭 丸井日蓮宗

十一、來賓代表致辭 高島居士

十二、謝辭　　　盧世澤

十三、閉式　　　洪池

紀念攝影　供齋[83]

　　「臺灣佛教龍華會」臺南支部成立流程中的宗教儀式，主要是慶祝佛誕而舉行的。在眾多來賓中，臺南州知事吉岡荒造致辭，希望「臺灣佛教龍華會」不要消極避世，獨善己身，應積極參與社會教化事業，

---

[82] 王見川，《臺南德化堂的歷史》，頁 46-47。

[83] 王見川，《臺灣的齋教與鸞堂》，頁 138-139。

兼善天下。[84]

　　德化堂除了參與臺灣佛教龍華會的活動外，大約同時，亦參加總督府社寺課主導的「南瀛佛教會」。這個組織，是由該課課長丸井圭治郎邀集臺北附近知名的僧侶江善慧、沈本圓籌設的，《臺灣日日新報》大正 10 年 3 月 2 日即云：

　　　　創立佛教會：基隆月眉山住職江善慧、臺北觀音山住職沈本圓，為本島僧侶鉅子。者番因丸井社寺警長慫湧，糾合僧侶及齋友，圖臺灣佛教之興隆，去二十六日下午一時，假萬華俱樂部，會合臺北附近之僧侶及齋友主要者，由丸井社寺課長，說示二時間滿，一致贊成，籌創佛教會，推薦江善慧、沈本圓、陳火、黃監四名為創立委員……

　　原先，丸井圭治郎之所以會慫恿善慧法和本圓法師籌組佛教會可能受到臺灣佛教龍華會成立之刺激。如前所述，此會與臨濟宗關係密切，丸井圭治郎亦是臨濟宗信徒，若能在北部籌組一佛教會，則南北佛教組織盡是受臨濟宗影響，對該宗在臺發展，甚為有利！不過在與善慧等人晤談後，即朝統一全島佛教邁進。《臺灣日日新報》即云：

　　　　島人宗教設立團體：本島從來為內地人之宗教團體，雖有臺灣佛教會，而本島人之宗教團體，固未見設立者番社寺課，欲期統一之。丸井社寺課長，冀已出張中南部地方，對本島人僧侶及齋友，披瀝本島人宗教團體設立之趣旨，各已贊成，近將設立本島人大宗教團體，自是彼等之迷信，當得一新而於本島精神界，

---

[84] 同前註，頁 49。

必將有多少之貢獻。[85]

　　明顯可見，丸井圭治郎出面整合臺灣本土佛教界，實有出於宗教監督之考量！所以，才勞駕丸井圭治郎南北奔波說服各地僧侶、齋友贊同。

　　資料記載，這一佛教會大正 10 年（1921）4 月 4 日在艋舺俱樂部正式成立，取名為「南瀛佛教會」，首任會長由丸井圭治郎兼任。[86]為什麼此一組織不稱「臺灣佛教會」呢？主要是當時臺灣已有一臺灣佛教會。這是由日本在臺僧侶與信佛者共同組成的。[87]為免混淆，丸井等人故不取此名。至於命名南瀛佛教會，據說是為了與「東瀛佛教會」區別，故立此名。[88]在該會機關刊物《南瀛佛教會會報》上寫著，此會之成立旨趣：

　　　　南瀛佛教會旨書：改隸至今已二十六載，這期間中在制度文物方面有許多改革，尤其是在物質設施上，更可謂是已臻完善之地步。

　　　　在精神設施方面與前項物質設施相較之下，則幾可謂之尚未就緒。島民多未脫舊習，迷信邪說雜然行之；加之歐洲因戰亂餘波未平，致使世界思想變調，波瀾迭起失其常軌。其風今席捲東洋，被及臺灣。然而臺灣正沉迷於物質主義，置享樂為第一。吾等應以一視同仁之宏觀，為島民同化之前途而努力。

[85] 《臺灣日日新報》大正 10 年 3 月 14 日。

[86] 《南瀛佛教會會報》2 卷 1 期，頁 23。

[87] 江燦騰前文博士論文，頁 104-105 已有提及，我在《臺灣日日新報》中，亦發現多處日本各宗派合同「臺灣佛教會」的報導。

[88] 釋道成，《覺力禪師及其派下之研究（1881-1963）》，頁 37，圓光佛研所畢業論文，1999 年。

　　然而，教化之道極為繁複難以單一，關於宗教之改善與振興之大業，以及思想之善導等，更是宗教迫在眉睫之時代使命。

　　觀請本島宗教界之實務，本島人之僧侶齋友等不論智識或社會地位皆甚為低下，小乘得勢，未能得大乘之真髓，僅僅祈求冥福，而未負起指導民眾之重責。

　　今以母國及本島共同釋尊之教法為共通點，圖謀整合內地佛教，藉佈教者之智德與涵養來傳授佈教宣導之法，則不但可振興改革本島向來之宗教，在提得其社會地位之同時，亦可為其思想善化之原動力，進而更有助於島民同化之目標。此乃吾南瀛佛教會設立之目的，並力圖得以增進島民之福利。[89]

　　德化堂早在「南瀛佛教會」成立前，於開元寺舉行的之籌備會「臺南州創會協議會」，即派管理人盧震亨（普省）太空，前去參加，並擔任創立委員。[90]不過，在「南瀛佛教會」成立時，該堂並未有人當選理事或幹事，直至大正 12 年，德化堂洪池才當選為該會理事。[91]南瀛佛教會是當時臺灣本土佛教界最重要的團體，該會理事是按州分配，也就是說全臺分臺北、新竹、臺中、臺南、高雄等州，每州最有實力的寺院或齋堂的住持或堂主，方可能被選為理事。大正 12 年 9 月，南瀛佛教會共有十五個理事，臺南州有五位，分別是王煌、開元寺住持鄭成圓、臺灣佛教龍華會會長廖炭、臺南慎德堂龔宗、德化堂洪池。[92]由此可見，德化堂已是臺南州著名的佛教寺院。

　　根據《南瀛佛教會會報》（後改稱《南瀛佛教》），德化堂在大

89　《南瀛佛教》11 卷 3 號，頁 41-42。

90　王見川，《臺南德化堂的歷史》，頁 49。

91　《南瀛佛教會會報》1 卷 2 期，頁 32。

92　《南瀛佛教會會報》1 卷 2 期，頁 32。

正 12 年以後的活動是這樣：

　　大正 14 年 4 月 11 日，「南瀛佛教會」開第五回總會，洪池出席。（《南瀛佛教會會報》3 卷 3 期，頁 27，1925 年 5 月。）

　　德化堂於昭和 3 年 4 月參與臨濟宗妙心寺派「佛教慈濟團」慈善托缽活動。（《南瀛佛教》6 卷 2 號，頁 85，昭和 3 年 4 月。）

　　「南瀛佛教會」於昭和 3 年 5 月開「全島佛教講演會」，洪池出任臺南州管內委員。（《南瀛佛教》6 卷 3 號，頁 27，昭和 3 年 5 月。）

　　昭和 3 年，洪池參加由「南瀛佛教會」在臺南水仙宮主辦之「御大典紀念講演會」，並發表演講，（《南瀛佛教》6 卷 6 號，頁 71，昭和 3 年 11 月。）

　　昭和 7 年 3 月，洪池參加在開元寺舉行之「南瀛佛教會」第十二回講習會。（《南瀛佛教》10 卷 3 號，頁 2，昭和 7 年 3 月。）

　　昭和 7 年 4 月 8 日，洪池參加「南瀛佛教會」在臺南舉行之「釋迦降誕紀念講演會」。（《南瀛佛教》10 卷 4 號，頁 58，昭和 7 年 5 月。）

　　昭和 9 年 4 月，德化堂洪池參加「南瀛佛教會」主辦之「屏東市釋尊降誕花祭會並屏東講演會」，並發表〈佛教出世之動機〉之演講。（《南瀛佛教》12 卷 5 號，頁 37，昭和 9 年 4 月。）

　　昭和 9 年 11 月，「南瀛佛教會」在臺南市報恩堂，舉行講習會，德化堂洪池發表〈食菜與佛教〉之演講。（《南瀛佛教》12 卷 12 號，頁 36，昭和 9 年 12 月。）

　　昭和 9 年舊曆 9 月 16 日，洪池撰寫〈弔辭〉，懷念林秋梧。（《南瀛佛教》12 卷 12 號，頁 37-38，昭和 9 月 12 日。）

　　昭和 10 年 4 月，洪池參加屏東東山寺落成大會並主持開會式。（《南瀛佛教》13 卷 4 號，頁 48，昭和 10 年 4 月。）

　　昭和 10 年 11 月 5 日，洪池參加「臺灣佛教徒大會」。（《南瀛佛教》13 卷 12 號，昭和 10 年 11 月。）

　　昭和 11 年 1 月 2 日，德化堂主辦「南部寺院齋堂聯合會第四回懇親會」。（《南瀛佛教》14 卷 2 號，頁 40，昭和 11 年 3 月。）

　　昭和 11 年 4 月 8 日，洪池參加「臺南釋尊降誕紀念演講」，發表〈佛教的真精神〉演講。（《南瀛佛教》14 卷 5 號，頁 45，昭和 11 年 4 月。）

　　昭和 11 年 5 月 4 日，「臺南佛教聯合會懇親會」於安平化善堂舉行，德化堂洪池、胡有義參加。（《南瀛佛教》14 卷 6 號，頁 60，昭和 11 年 5 月。）

　　昭和 11 年 5 月 3 日，開元寺主辦「臺南佛教婦人會」，洪池參加並發表閉會辭。（《南瀛佛教》14 卷 6 號，頁 60，昭和 11 年 6 月。）

　　昭和 11 年 11 月 13 日，「臺南佛教聯合會」在報恩堂，舉行第一回講習會，洪池在會上講「佛教宇宙哲學與人生觀」。（《南瀛佛教》15 卷 1 號，頁 75，昭和 12 年 1 月。）

　　昭和 12 年 4 月，臨濟宗南部教務所，開辦「臨濟宗教師養成所」，洪池應邀發表〈般若心經〉之講演。（《南瀛佛教》15 卷 5 號，頁 41，昭和 12 年 5 月。）

　　昭和 12 年 4 月 8 日，「臺南內臺佛教聯合會」主辦釋尊佛
誕講演會，在德化堂舉行。（《南瀛佛教》15 卷 5 號，頁 44，
昭和 12 年 5 月。）

　　昭和 13 年 5 月，德化堂設「國語講習會」，用日文讀佛
經。（《南瀛佛教》16 卷 5 號，頁 41，昭和 13 年 5 月。）

　　從上舉的活動表中，我們可以看出幾項事實：一、德化堂經常參
加南瀛佛教會舉辦的活動。二、德化堂與開元寺關係不錯，在林秋梧去
世後，洪池還撰寫弔辭悼念。三、德化堂積極參與日本臨濟宗在臺灣南
部的寺院聯合活動。

　　原先，德化堂隸屬於日本曹洞宗，參與該宗派下主辦的相關活
動。後由於參加「臺灣佛教龍華會」，得識臨濟宗開教使東海宜誠，在
其拉攏之下，該堂遂由曹洞宗轉向親近臨濟宗妙心寺派。

　　然而，德化堂似未加入臨濟宗妙心寺派，成為其正式的聯絡寺
廟。這可從該堂保存的當時臨濟宗聯絡寺廟各冊中[93]中看出：

北部所在地	資格	寺廟堂名	任職主事氏名
臺北州新莊郡五股庄觀音坑	一	凌雲禪寺	沈本圓
新竹州竹東郡峨眉庄	二	金剛寺	張妙禪
臺北州七星郡士林街士林	二	芝山巖	范真淨
臺北州新莊郡五股庄州子	三	西雲巖	盧覺淨
臺北州新莊郡鷺州庄和尚州	六	湧蓮寺	李元達
臺北州基隆郡基隆街基隆	五	城隍廟	林禪定
臺北州新莊郡新莊街新莊	三	慈祐宮	張金通

---

[93] 這份文件，現藏於德化堂中。

臺北州七星郡士林街士林	三	慈誠宮	釋普耀
臺北州宜欄郡頭圍庄福成		吉祥寺	李通本 李金旺
臺北州宜蘭郡頭圍庄新縣		募善堂	吳基
新竹州竹東郡竹東庄上公館	六	保安宮	
新竹州中壢郡楊梅庄高山頂	四	妙善堂	張金掌
中部所在地	資格	寺廟堂名	任職主事氏名
臺南州新營郡白河庄關子嶺	一	大仙巖	廖炭
臺南州新營郡鹽水街鹽水	三	修德院	吳義存
臺南州新營郡鹽水街鹽水	三	善德堂	
臺南州嘉義郡竹崎庄番子潘	四	德源寺	吳義存
臺南州嘉義郡新卷庄新巷	四	奉天宮	林溪河
臺南州嘉義郡嘉義街山子頂	四	彌陀寺	蘇氏妙
臺南州新營郡白馮庄馬稠後	四	關帝廟	魏得圓
基中州豐原郡內埔庄后里	四	金山堂	林明
臺中州大甲郡大里庄大甲	四	鎮瀾宮	僧覺定
臺南州嘉義郡嘉義街內教場	六	善濟寺	林玉崑
臺南州東石郡布袋庄內田	六	金華山堂	柯榴
臺南州新營郡後歷庄下	六	泰安宮	廖炭
臺南州新營郡後歷庄下	六	旌忠廟	謝品
臺南州年六郡斗六街海豐崙	六	引善堂	林氏阿娘
高雄州潮州郡新埤庄餉潭	六	龍潭寺	藩元順
臺南州新營郡番社庄番社	六	碧軒宮	蘇澤
臺中州能高郡埔里街珠子山	六	善天堂	蔡火生
臺中州能高郡集九庄社子	六	開善堂	周善鳳

臺中州龍高郡集庄紫橋頭一三七	六	忠天堂	林善飛
南部所在地	**資格**	**寺廟堂名**	**任職主事氏名**
臺南州臺南布主方	一	開元寺	鄭成圓 魏得圓
臺南州曾文郡六甲庄七甲	二	龍湖巖	黃妙元
臺南州臺南市楠盤	三	竹溪寺	周捷圓
臺南州曾文郡六甲孔六甲	五	恆安宮	王妙行
臺南州北門郡住里庄娼子	五	信和堂	王宗海
臺南州北門郡佳里庄堝子內	五	林德堂	黃孕
臺南州新豐郡關廟庄五甲	五	明德堂	劉掌 黃水
臺南州曾父郡麻豆庄街麻豆	六	護濟宮	黃力
臺南州北門郡住里庄小住里	六	善行堂	吉淨
南部	**資格**	**寺廟堂名**	**任職主事氏名**
高雄州岡山郡阿達庄岡山宮	一	超峰寺	林永定
高雄州朝州郡內埔庄五溝水	二	映泉寺	林開照
高雄州旗山郡美濃庄竹頭角	二	朝元寺	張能淨
高雄州岡山郡阿蓮庄岡山宮	四	龍湖庵	林永定 黃氏水
高雄州高雄郡高雄附角町	四	元亨寺	郭頌吉
高雄州潮州郡業庄萬巒	五	廣善堂	楊錦春
高雄州潮州郡竹田庄村　三五一	五	德修堂	陳生古 林安善
高雄州潮州郡內埔庄內埔	五	天后宮	劉金安
高雄州潮州郡新埠庄連功	五	高恩堂	張運丁
高雄州潮州郡新埠庄打鐵	五	靈盛堂	曾阿金

高雄州恆春郡恆春庄山腳	五	鎮南宮	
高雄州屏東郡里港庄里港	五	慎修堂	張天寶
高雄州旗山郡美濃庄旗尾	六	開源寺	羅氏阿閏妹
高雄州屏東郡長畏庄舊潭頭	六	靜持院	邱氏竹妹
高雄州潮州郡內埔庄主田子埔	六	永和堂	涂氏長妹
高雄州澎湖郡望安庄大嶼	六	王蓮寺	張玉者
高雄潮州郡內埔庄新比勢七九七	六	延平郡王廟	曾寶琛 鐘善上 黃昇郡
高雄州旗山郡內左木柵一〇八九番地	六	龍山寺	堂主何阿鰍 管理人湯定
高雄州潮州郡新埤庄餉潭	六	龍潭寺	藩元順

　　由此可見，德化堂確未成為臨濟宗妙心寺派的聯絡寺廟！不過，
德化堂確與臨濟宗妙心寺派開教使東海宜誠及其聯絡寺廟，維持密切的
往來（或不錯的關係）！所以，德化堂才會主辦該派講習會，而洪池則
頻頻參加臨濟宗妙心寺派在南部舉辦的活動。

　　如昭和 11 年（1936）2 月 15 日，德化堂洪池參加臨濟宗妙心寺派
舉行之「高雄州下巡迴演講」，擔任講師：

　　　　此次由於東海宜誠開教使的邀請，我（代表臺南開元寺）和
　　（代表臺南德化堂的）洪池氏二人，擔任臨濟宗聯絡寺廟南部教
　　務所主辦的南部巡教講師，自（1935 年）二月十五日起，一連
　　六天，以高雄州為中心，進行巡迴演講。[94]

---

[94]　《南瀛佛教》14 卷 4 號，頁 25。

引文中代表開元寺的「我」是高執德。高執德畢業於日本駒澤大學佛學科，在林秋梧去世後，依魏得圓披剃，在開元寺出家。他與林秋梧都是具改革理念的新佛教人物。[95]昭和 11 年 10 月 3 日，洪池與高執德應妙果法師邀請，在圓光寺傳戒中，擔任講師。[96]由此可見，洪池和高執德是很親近的。這種親密關係並非來自法緣，而是由於彼此理念相近。也就是說，洪池是一具新佛教理念人物，所以才會與林秋梧、高執德交好！那麼，其佛教理念為何呢？《南瀛佛教》上一篇文章，露出一點端倪：

> 一般人士看佛教的根本主旨在什麼所在？所信仰是什麼條件？而佛教對吾人與社會，有什麼關係？而佛教本身是怎樣一件事呢？這個問題，我感覺非常有討論的必要。我看臺灣一般人士對於佛教的看法和信仰，大部分是認識對反的樣子。換句話說，是看差錯的，是看不見佛教本來面目的，是認不著佛教根本精神的。非只一般平常人這樣，而專門佛教徒的僧侶與齋友，亦多數這樣呢！何以家有菩薩，戶有彌陀，而未能普及佛法否。用一句話說，自開臺以來似乎佛教未出世的樣子。嚴格地說起來，臺灣無佛教。怎樣臺灣無佛教呢？自命為佛教本身的寺院和齋堂，尚且不知道什麼是佛，什麼是神，而奉祀註生娘啦、山神土地啦以外算不了的多神與幻神之類，而未嘗設立覺悟的教化。而自命為佛教徒者，常以婆婆媽媽的言語，迷惑愚失愚婦，以妄引妄，相引入迷妄的黑暗生活。設有立志欲學佛法者，亦無處求學，所致一般人們，雖知有佛教的名，而不知道佛法要素。所有小數的學

---

[95] 參見江燦騰前引博士論文，頁 558。

[96] 王見川、釋道成，《臺灣北部佛教道場中壢圓光寺誌》，《圓光禪寺》，1999 年試刊版，頁 20。

佛者，亦未盡是純粹的佛理，怎樣？佛教流傳二千外年之久，經過時代既長，容易受時代思想與學說混化。傳自印度，遠至全球，又容易受各地宗教和風俗同化，譬如入中國，中國在來有三大思想學派，儒道墨中間百七八拾名的諸子思想，和多神主義的風俗，一般人們，各帶各的學說與習慣，直入佛門，不分皂白，蚶參柑濫亂做一團，或唱三教原來共一門。所以，現在人們要學純然真正佛法很難很難，總而將前的寺院齋堂，小聞有傳佛之教理，和行佛之法行，至最近十餘年來，方漸設立佛教團體，如本會年年開催佛教講習會，及月報，或開催佛教講演會等。這樣看來，似乎臺灣佛教初誕生的樣子，但看近來月報的內容漸漸豐富起來，貢獻吾臺的佛光漸普現出來，這也是一項可慶賀的現象。總而未能長足道進的，吾感覺雖講演會之催，一地方一年間平均無一回的宣傳，而講師中常有帶混什麼想，或消極主義，或佛陀所認為外道的口氣，帶了這樣的色彩，使學者無將摘從呢。照上面所談的，很難覓出佛教根本方針，想欲尋出這條法子，我以謂必先研究佛教出現的動機和由來，及佛陀一世言說與行為，方纔會討得根本意義出來，我的研究結果的看法，佛教根本主旨是人生哲學。[97]

明顯可見，洪池認為：一、臺灣自最近十幾年因有佛教團體的設立，尤其是南瀛佛教會成立後，舉辦各種講習活動和演講，方才有點佛教誕生的樣子，以前的寺院，齋堂根本不能代表佛教。二、混雜思想、消極主義都非佛教的特性。

除此之外，不重僧俗，唯重研究佛陀之真理，亦是他的佛教看法。昭和年間他在東山禪寺的演講即說：

---

[97]　《南瀛佛教》11 卷 7 號，頁 67。

今日之佛教，主張將食菜之僧尼、齋友、齋姑變為自由化、普遍化、通俗化、在家化、大眾化之佛教，不著注食於葷素，不著僧俗，唯重研究佛陀之真理。實行現世當為之實益主義，開發精神生活與物質生活並進之兩輪云，以此意義宣傳，得人共存同榮之精華，在乎人勞力共創圖謀全人類之幸福，纔能實現人立地成佛之真意義也。[98]

洪池出身齋教龍華派，卻公開主張齋友可不用完全食素，只要研究佛陀根本精神，利益眾生，就算是佛教徒的言論，經由屏東豔僧的引申〈我觀佛教與食肉帶妻問題〉投書《南瀛佛教》引起齋友不小的反彈，如斗南沈普源即撰〈正告偽僧逆理──關於持齋反對問題〉反駁。[99]不過，他得到的回響，也很大。尤其是德化堂的胡有義亦為文反駁沈普源的言論，[100]可見洪池的的看法，已影響到德化堂齋友。

循此來看，昭和 7 年 10 月徐壽編《臺灣全臺寺院齋堂名蹟寶鑑》，收錄全島知名寺院齋堂的沿革和現況。其中介紹「德化堂」的信仰，是佛教的信仰是頗能反映當時德化堂的信仰內涵，它具有下列特色：

一、理智的信仰：佛以啟悟為一大事業，究其理之真而生智慧，則正信立。

二、非迷信的信仰：不知而信之曰迷信。教義云，不知佛而自謂信佛，其罪尚過於謗佛。佛教以轉迷為第一要務。本派五部經中，破迷轉覺，信真除假不化金銀紙。

三、入世的非厭世的：佛者莊嚴地獄之工人也，將此人人叫苦之

98　《南瀛佛教》12 卷 9 號，頁 26。

99　《南瀛佛教》13 卷 2 號，頁 28-29。

100　《南瀛佛教》13 卷 3 號，頁 26-28。

世，改造為極樂勝景。不移寸步直至西方，常安常樂，非厭此世界而另求空想之天國與樂園。

四、活人之佛教：人人得之，人人立地成佛。家家用之，家家幸福圓滿。社會行之則共榮共存，非為死人超度而誦之佛教。

五、自我的信仰：佛示人於無我中而會真我。我即是佛，則此自我之佛力，不假他力。能自立自強，人人得之，則世無弱者矣。

六、自由：解粘棄縛，無執無著，獨行自在。

七、平等：人人皆有佛性，不以賢而增，不以愚而減。心佛眾生三無差別。諸佛菩薩一體同觀。本來無男女，男女則一如，佛法平等，無有高下，無階級之差別，一體同仁。

八、安樂：認識本然，常安不變。一切諸苦，悉皆是幻，化幻歸真，常住永樂。

九、大乘：真諦精神修養，俗諦社會事業。真俗二諦圓融，即兼善而非獨善。

十、無限：法界無邊，無始無終，無生無死，故生命永活。

十一、世界的：山河大地我全身。山河大地皆露法王身，處處皆是佛地。人人本具佛性，佛（按當時採訪者誤地藏菩薩為佛）云：一人未成佛，我不願成佛。佛以世界全體成佛為前提。

十二、精極的而非消極：精進悲智勇，勇敢直前為全人類求幸福，完成這地球實現極樂世界，非深山獨善。[101]

從中可知，「德化堂」齋友的佛教化傾向。這裡，要指出的是，「德化堂」的佛教化是認同理智，入世活人，積極的佛教，而非經懺佛教和山林佛教。其理念頗近似太虛大師的「人間（生）佛教」。但若結合前述來看，德化堂洪池不論葷素、不著僧俗的觀念，又明顯與太虛不

---

[101] 王見川，《臺南德化堂的歷史》，頁 51-53、104。

同，反而與林秋梧的佛教理念[102]相近。昭和 9 年中，林秋梧去世，在其告別式，洪池即發表弔辭云：

> 嗚呼我最親愛之秋梧君，你真死也耶……天果欲滅我臺嶼佛教也，古來凡有學識知慧才能果敢者必早死。嗚呼果如是理耶，天之折有為佛子，天損我同志，是欲滅我臺嶼佛教，使我黨同人抱怨終身……嗚呼秋梧君，你果從此與世長辭，與我黨永別一去，渺如黃鶴耶，你文學業已成，胸懷把握，正當為佛教努力改革舊來文弊，打破有虛無實之制度，建設新時代之佛教，奈何一病不起，功猶未半半途挫折，竟與吾黨同人永別嗚呼，惜哉嗚呼痛哉。[103]

昭和 12 年（1937）7 月中日戰爭，臺灣進入非常時期，總督府逐漸推「皇民化」的工作。面對這一趨勢，德化堂有較積極的回應。同年中，即在堂內標舉國旗，並教導信眾齋友使用日語讀誦佛經。[104]

同年 10 月 3 日，臺南佛教聯合會，為表示戰爭後的忠誠，特別捐獻托缽所得，德化堂亦參與其中。

昭和 13 年（1938），戰局緊繃，府為徹底使臺灣人日本化，展開「皇民化運動」。這項運動的內容，可概分為五部份：一、宗教的改革與整理，二、社會生活風俗的改革，三、國語運動，四、改姓名，五、志願兵制度。[105]

就其在宗教上的最終目標是以日本國家神道取代臺灣固有的宗教

---

[102] 江燦騰，《臺灣佛教百年史之研究（1885-1995）》，頁 188-194。

[103] 《南瀛佛教》12 卷 12 期，頁 38，昭和 9 年。

[104] 王見川，《臺南德化堂的歷史》，頁 53。

[105] 參見周婉窈，〈從比較的觀點看臺灣與韓國的皇民化運動（1937-1945）〉，《新史學》5 卷 2 期，1994 年，頁 124。

信仰。為達到此目標，總督府一方面提倡日本神道，強制民眾到神社參拜、奉祀「神宮大麻」與「家庭正廳改善」。而另一方面則是壓抑臺灣固有的宗教信仰，其主要政策為「寺廟的整理與廢合」運動。[106]誠如蔡錦堂所說：基本上「正廳改善」運動跟「寺廟整理」運動，總督府採取沈默的態度，也可以說是曖昧的態度。總督府沒有把態度表現出來，等於是放任地方去做，讓地方去處理。所以「正廳改善」運動也好，「寺廟整理」運動也好，每一個地方有每一個地方各式各樣的形成，非常混亂。總督府對「正廳改善」運動跟「寺廟整理」運動的態度，是採取沒有方針的「方針」。[107]

由於總督府在皇民化早期對此運動未明確表態，各地方政府的態度就成了實際上的政策。據當時報紙報導，在皇民化前期（1938），各地方政府明顯執行（一）廢除焚燒金銀紙（二）停止或減少祭祀活動的政策。至於固有寺廟，地方政府基於（1）財政（2）妨礙皇民化（3）崇拜中國神明等因素，在戰爭初期陸續實施「寺廟的整理與廢合」。各地情況大致如下：

地區	處理情況	備註
嘉義市	神佛廟統一、合併	
臺東廳	寺廟整理，將舊式廟宇改為內地式	
高雄市	廢除布內祠廟	財產變成教化基金
中壢郡	寺廟整理｜街庄｜廟	財產充當教育、教化用途
屏東部	寺廟廢除，只留國姓爺廟及孔廟	
基隆市	寺廟整理，各寺廟併入慶安宮	

---

[106] 同前註，頁 124-125。

[107] 參見江燦騰、王見川，《雲林縣發展史──宗教與社會篇》，1997 年，頁 9。

地區	處理情況	備註
新竹市	寺廟整理	
花蓮港廳	寺廟改廢，統一主神	
彰化	寺廟整理	南瑤宮移歸彰化市役所
臺中市	寺廟整理	
新竹州	寺廟整理	
虎尾郡	寺廟整理	
北港郡	寺廟整理	

　　所謂的「寺廟整理」，係指地方行政區內的中國式或道教祠廟遭廢除或併入大廟中，並不包括佛寺。至於齋堂有的地區視為佛寺，未予整理，有的則對齋堂有所處置。臺南市為例，在昭和 13 年（1938）5月 8 日，當局在郡守會議中提出「寺廟整理」方策，[108]至 6 月 22 日，決議將市中的寺廟、齋堂整理，估計可得財產四百萬元，將充作育英、教化事業之用。[109]後經評估，在 7 月 16 日宣佈齋堂只要撤去所奉「邪神」即可存留。至 8 月 13 日，寺廟整理具體案確定，民間信仰只保留大廟如大天后宮等、孔廟和佛寺、齋堂。[110]大約在寺廟整理運動興起之際，德化堂設即「國語講習會」，教導信眾用日文讀佛經，也推動小朋友學習日文及忠君愛國觀念。現今德化堂仍保存當時「國語講習會」的日誌：昭和 14 年月 5 月－昭和 16 年 3 月 19 日、昭和 18 年 3 月 22日－昭和 19 年 7 月 13 日。[111]

　　根據《日誌》，德化堂國語講習會（所）是由盧世澤當會長、洪

---

[108] 《臺灣日日新報》昭和 13 年 5 月 8 日。

[109] 《臺灣日日新報》昭和 13 年 6 月 22 日。

[110] 《臺灣日日新報》昭和 13 年 8 月 13 日。

[111] 此《日誌》抄本，現存德化堂中。

池‧陳日三等人為理事。該會聘有郭東松、吳某為講師，負責授課，課程主要是讀法、日語、會話、算術、修身、課外活動，另適時加入唱歌、登山、遠足等課。每週上課六天。每天 2-3 小時。就學學生，昭和14 年 5 月 1 日是三十一人，後逐漸增加至四十餘人，最高人數曾達五十四人。

至於課程內容，初期係以一般國語教材，以後即配合時勢發展，編選教材，如唱歌在昭和 14 年 6 月 16 日唱「太平洋行進曲」，昭和15 年 9 月 16 日唱「國民進軍歌」，昭和 18 年 5 月 20 日唱「日本海海戰」，會話教材則有昭和 14 年 10 月 3 日「社社參拜」，昭和 15 年 1 月 18 日「軍國之母」。

一、昭和 14 年 5 月 15 日：德化堂出借開山町派出所，作為賣金場所。

二、昭和 14 年 6 月 27 日：市役所社會市視學西田豐明來所視察。

三、「支那事變」二周年，講習會由吳講師率二學生至憲兵隊損全所捐獻之國際獻金拾伍圓參拾伍分。（1939.7.6）

四、臺南救世軍小隊長，臺北工業學校教諭大尉立門武夫來訪。（1939.7.27）。

五、救世界臺灣大隊長大澤氏、小隊長失野氏來所參觀。（1939.8.1）

六、開山町派出所管內保甲會議在德化堂舉行。（1939.8.12）

七、救世軍大尉臺北本部駐在廖述寅及矢野氏來所參觀授課。（1939.8.15）

八、高等特務大久保勝二氏為調查寺院來所。（1939.8.22）

九、高等特務大久、保勝二氏為調查寺院來所參觀。（1939.9.30）

十、岡山郡社會視學井上兆太郎來所參觀。（1939.11.9）

十一、被服厚生研究會坪田等受聘來所教授毛織物類洗濯方式。
（1939.11.24）

十二、後滕良賢師視察島內佛教來所參觀。（1939.12.11）

十三、共勵、德化、高砂國語講習所在奎樓書院，舉行聯合學藝
會。（1940.2.10）

十四、開山町派出所借德化堂，作為管內種痘場所。（1940.3.6）

十五、臺南市全市米節約實行宣傳，開山町派出所借德化堂教室
作為場地。（1940.4.1）

十六、關廟講習所莊講師來所參觀。（1940.7.19）

十七、昭和 15 年國勢調查四五六監視區詰所借德化堂場地。
（1940.9.21）

十八、本日舊曆 4 月 8 日釋尊降誕日課外特別講話。
（1939.5.26）

十九、洪池理事在課外講話〈心即是佛〉。（1939.8.3）

二十、舊歲盆祭（盂蘭盆節）多人缺課。（1939.8.29）

廿一、德化堂本日舉行盆祭（盂蘭盆節）。（1939.9.12）

廿二、德化堂舉行祭典。（1940.1.16）

廿三、德化堂舉行開堂百四年紀念，陳日三在席上講話。
（1940.2.15）

廿四、德化堂舉辦該堂始祖誕長慶典。（1940.3.6）

廿五、開元寺曾復妙師到堂內，幫同學上課外演講〈才經講
義〉。（1940.3.8）

廿六、開元寺曾復妙來所講佛經。（1940.4.10）

廿七、開元寺曾復妙來所講佛經。（1940.4.12）

廿八、開元寺曾復妙來所講佛經。（1940.4.15）

廿九、開元寺曾復妙來所講佛經。（1940.4.19）

三十、開元寺曾復妙來所講佛經。（1940.4.22）

卅一、開元寺曾復妙來所講佛經。（1940.4.26）

卅二、開元寺曾復妙來所講心經。（1940.5.3）

卅三、開元寺曾復妙來所講佛經。（1940.5.6）

卅四、開元寺曾復妙來所講佛經。（1940.5.10）

卅五、德化堂舉行釋尊降誕祝賀式，洪池及開元寺曾復妙演講釋尊盛德，來賓數十名參與。（1940.5.14）

卅六、開元寺曾復妙來所講經。（1940.5.17）

卅七、臺南市寺院每月月例會在德化堂舉行，寺院會員數十名來所參加，警察署社寺係大久保氏蒞臨觀禮。（1940.5.24）

卅八、開元寺曾復妙來所講經。（1940.5.27）

川九、開元寺曾復妙來所講佛經、迴向文。（1940.5.31）

四十、開元寺曾復妙來所講佛經。（1940.6.3）

四一、開元寺曾復妙來所講佛經。（1940.6.7）

四二、開元寺曾復妙來所講佛經。（1940.6.17）

四三、開元寺曾復妙來所講佛經。（1940.6.27）

四四、講習所學生在德化堂橫庭作奉仕作業，會長盧世澤、理事陳日三、開元寺曾復妙來所教祖教迴向。（1940.7.1）

四五、本日觀音誕生日，學生多數參集。（1940.7.23）

四六、講習所學生在德化堂橫庭奉仕作業。（1940.8.1）

四七、因應新體制，學生在興亞奉公日要至神社參拜及在德化堂橫庭奉仕作業。（1940.2.1）

四八、因應新體制，順若皇民化運動潮流，德化堂招聘開元寺曾復妙、張微隆師來堂教導流事及誦經順序。（1940.11.4）

四九、開元寺曾復妙來所講經。（1940.11.8）

五十、開元寺曾復妙來所講經。（1940.11.11）

五一、開元寺曾復妙來所講經。（1940.11.15）

五二、開元寺曾復妙來所講經。（1940.11.18）

五三、開元寺曾復妙來所講經。（1940.11.22）

五四、開元寺曾復妙來所講經。（1940.11.25）

五五、開元寺曾復妙來所講經。（1940.12.2）

五六、雲林虎尾街齋堂二名齋友來德化堂訪問。（1940.12.4）

五七、開元寺曾復妙來所講經。（1940.12.16）

五八、張玄達先生莅臨本所做佛教講話。（1941.1.8）

五九、開元寺張微隆來所講演佛學。（1941.1.13）

六十、張玄達先生來所做佛教演講。（1941.1.16）

六一、開元寺曾復妙來所講經。（1941.1.17）

六二、張玄達先生來訪。（1941.1.23）

六三、開元寺曾復妙來所講經。（1941.1.27）

六四、德化堂信徒和講習會人員，參加早上十一時半舉行之內地式釋尊聖誕法會。（1943.5.3）

六五、開元寺曾復妙來所做特別演講。（1943.9.10）

從德化堂這六五則紀事，可以看出一些事實：一、德化堂在皇民化中期曾被地方警察機關視為很好的公共空間，故常借其場地宣傳政令或召開會議。二、在皇民化中期，日本政府曾派高等特務調查臺灣的寺院、齋堂。三、臺南市的寺院在皇民化中期，仍固定舉行月會聯誼，不過，會有警察署社寺係人員莅臨指導！四、地方政府主管宗教事務的「社寺係」，在皇民化中期，歸隸警察署。五、德化堂在皇民化中期，依然按照農曆，舉行佛教祝祭典與堂內祖師獻典。六、在昭和 15 年 11 月，皇民化運動加強，德化堂始聘開元寺僧侶來堂教導內地式法事及誦經的儀式。七、德化堂透過講習所「課外活動」課程，常請開元寺法師來講演佛經。八、德化堂在皇民化時期，仍與開元寺維持不錯的關係，常請該寺僧侶來講習所講經。

在皇民化運動前期，南瀛佛教會基本上是希望本島佛教徒們：

一、請常說國（日）語。

二、請穿著改良服。

三、打破舊慣陋習，進行改革運動。

四、請採日本內地佛教儀式，並用日語誦經。

五、請體察大乘佛教的精神，走上街頭，服務社會。

六、盡忠報國，深切體認時勢，為天皇子民的任務而奮鬥！[112]

　　對於這些呼籲，參照前述紀事，德化堂僅作到第一點，而第四點在皇民化運動加強時，才勉強採用。由此可見，在高壓情況下，德化堂雖在表面上積極呼應當局要求，但實際上仍維持相當的自主性。

　　昭和 16 年 5 月，南瀛佛教會」改成「臺灣佛教會」，臺灣本島的佛教被納入組織，形成「臺灣佛教奉公會」，因應時局。昭和 19 年，局勢日緊，美軍時來空襲，敗戰謠言四處可聞，於是日本政府改變方針，開始以本島人安撫本島人的作法，而特別訓練一批以佛教人士為主的人來安撫本島人。此即「臺灣佛教會鍊（練）成所」之設立緣由。之所以會叫「鍊成所」和以青年僧侶為對象，則受到當時政令之影響。資料記載，為配合戰局所需，日本政府在昭和 19 年 4 月，公佈「臺灣青年特別鍊成令」，設置青年特別鍊成所二七所，訓練臺籍青年身心，以備將來軍務之需。另昭和 19 年 1 月，總督府公佈「皇民鍊成所規則」針對沒有國民學校畢業之男女青年，將其鍛鍊成貝備國民之資質。[113]

　　由此可見，「臺灣佛教會鍊成所」，是臺灣佛教會在此風潮下應運而成立的組織。

　　這個組織，北部是設在圓光寺，南部是設在開元寺，根據現存照片，圓光寺承辦的「臺灣佛教會北部鍊成所」在昭和 19 年（1944）7 月 5 日，舉行開所式，當時有官員、法師多人參加。[114]由此可確知，

---

[112] 轉引自江燦騰前引博士論文，頁 563。

[113] 王見川，〈臺灣近代佛教史四論〉，頁 172-173。

[114] 王見川、釋道成前引書前所附照片。

設在開元寺內的臺灣佛教會南部鍊成行應也是昭和 19 年 7 月 5 日開所。從現存資料來看，南部鍊成所的教務主任應是開元寺住持高執德，講師有王進瑞等人，[115]而所長應與北部鍊成所類似是由具有爵位的日本高官擔任。

照當時學生所留照片，「臺灣佛教會北部鍊成所」第一回第一部生，在昭和 20 年（1945）4 月 5 日畢業。[116]南部鍊成所大致亦相同時間結業。

由親身參與之法師回憶，可以看到在這個時期日本政府想利用臺灣人來安撫臺灣人，所以指使臺灣佛教會辦鍊成所，訓練了一批宗教師，利用宗教師的身份來安定當時不安的人心。從上述德化堂與開元寺的密切交往來看，洪池等德化堂人員，似有可能參與其事的！

附　記

本文初刊於《圓光佛學學報》第五期，頁 241-280，2000 年。後稍加修改並改篇名，收入王見川、李世偉《臺灣的寺廟與鸞堂》，（臺北：博揚文化事業公司，2004），頁 141-202。此次收入本書，除修改題目外，還對文章略加增刪、修訂！

---

[115] 學慈，〈臺南佛教大觀〉，《覺生月刊》55 期，1955 年，頁 24。

[116] 同註 114。

第八章　戰前林秋梧的新批判禪學思想 及其巨大衝擊

江燦騰

臺北城市科技大學創校首位榮譽教授

一、前言

　　日治時期的臺灣本土佛教禪學知識精英社群，出身日本駒澤大學同學會的本省籍佛教精英像：高執德、林秋梧、李添春、曾景來、李孝本等人，都是直接受教於忽滑谷快天的門下，都曾各自發揮了相當大的作用。不過，在戰前的臺灣本土佛教禪學知識精英社群史中，長期以來似乎只有林秋梧一人，較為當代臺灣學界所知。

　　這是因為首先發掘林秋梧生平事跡的李筱峰教授，曾先後寫了兩本專書：第一本是《革命的和尚──抗日社會運動者林秋梧》（臺北：八十年代出版社，1979）、第二本是《臺灣革命僧林秋梧》（臺北：自立晚報社文化出版部，1991），因起引起當代臺灣學界相當大的注意，並影響深遠。

　　再者，由於作者李筱峰教授早期，即從事臺灣政治民主化運動，又是學院科班出身的臺灣史研究專家，再加上林秋梧為他的親人之一，因此他對林秋梧的探討，不但主題新穎、題目聳動、內容豐富，書中更洋溢著他對臺灣文化運動乃至佛教現代化的深切關懷之情，所以林秋梧的大名，可以說在李書一問世，即不脛而走，廣為人知。

　　影響所及，一般學界談及日治佛教界，即不期然而然地，以林秋

梧為代表。至於和林秋梧同時崛起的夥伴,則依然掩埋歷史塵土中,等待被有心人挖掘,然後可以探頭出土,重見天日。

不過,話雖如此,要從事這一歷史重建的工作,也並非容易。以李筱峰本人來說,有關林秋梧的兩本書,從初著問世到改寫新書,中間幾乎隔了有十二年之久。以李先生之快筆和對林秋梧的史料之熟悉及功力之深,尚且間隔如此之久,難怪日治時期的臺灣佛教史研究,遲遲未能全面展開了。

為了彌補這一史實的空缺,所以,我曾於 1990 年於《佛教文化》二月號至五月號,連載〈近代中國佛教的社會運動──以張宗載和林秋梧為例〉,探討海峽兩岸幾乎同一時期出現的佛教社會運動現象及其代表性的人物。

事實上,張宗載本人也親自到臺灣來鼓吹過,並獲部份佛教界的人士,像出身霧峰林家旺族的林玠宗,即是熱烈響應的本省籍佛教界人士。林秋梧的崛起,則稍後於張宗載的來臺。

不過,有關這方面的論文,我已另有專題深論,即將問世,此處即省略。我要說明的是:在 1990 年發表的這篇〈近代中國佛教的社會運動──以張宗載和林秋梧為例〉,其中若干論點,曾獲李筱峰先生的注意,並在撰寫《臺灣革命僧林秋梧》時,加以引用(見原書頁 3 和頁 209)。

因此,為了存真起見,不大篇幅改寫,只將我原文章中有關林秋梧的說明摘錄於後,以供本書關於日治時期臺灣佛教現代化運動的部份補白之用。

二、關於林秋梧的研究與日治臺灣佛教史的定位問題

我們知道,林秋梧的一生(1903-1934),係屬日治下的臺灣島民,在國籍上是日本國民的一份子。但就歷史學的角度言,研究日治時

期（1895-1945）的臺灣佛教史，雖不能無視日本實際統治的事實，在視野上，則無妨做為臺灣歷史範圍內的「日治時期」來看待。況且，1945 年以後，臺灣脫離日本統治，主權回歸中國，臺灣人研究前人歷史，站在鄉土的立場，更應加以探討。

以林秋梧的研究者李筱峰先生來說，他是先獲悉林秋梧是他的一個親戚，又做過出家人，於是才搜集資料探討的。而他的研究視角，也是著重在：臺灣人怎樣在異族統治下，展開文化與宗教思想上的抗爭行為。

因此，我也將林秋梧當做臺灣佛教界的一位前輩來處理——假如這一說法可以成立，我便由此作一些佛教史的回顧。

臺灣佛教史，如果要分期的話，明鄭和清領時期是一個段落；日治時期是一個段落；戰後臺灣迄今又是一個段落。而臺灣戰後的佛教，主要是受 1949 年大陸來臺法師的影響，其中又以印順法師的佛典研究、星雲法師的道場經營和白聖法師的傳戒最具代表性。不過，有關星雲的部份，此處暫不處理。印順法師的佛典研究，在臺灣佛教史上當然是空前的，但是在治學風格上，略近於日治時期的臺灣佛教學者，以之用來區分臺灣佛教的現代化或中國化，並不是很恰當的——事實上，到今天，臺灣佛學的研究，依然無法脫離日文佛學著作的籠罩。

而很諷刺的一件事，則是戒律精神蕩然的「傳戒」——排排隊、聽訓話、穿僧衣、背戒條、燒香疤等——被視為正統中國佛教的典範。許多人認為這些是擺脫日本佛教惡習的革新舉動，並論斷戰後的臺灣佛教，是因此才復興的。事實上呢？

聖嚴法師在〈今日的臺灣佛教及其面臨的問題〉一文（撰於 1967 年 7 月），卻批評那些熱心傳戒的「大德」，有的：「自己尚不知戒律為何物，竟也熱中於傳戒，……為了爭取更多的戒子，可以放棄律制的規定，……只要你能賞光來受戒，麻子、瞎（一隻）眼、跛子、癩子、聾子、無賴、神經病、痴呆漢、七十八十的老婆婆、老態龍鍾的老公

公，一律授於上上品的三壇大戒。……使未信佛者不願信佛，已信佛者退減敬意，邪魔外道增加毀謗。」聖嚴法師是教界行家，從大陸來臺，又精研戒律，以他來評論戰後的傳戒問題，功過應是很清楚的了。

在破除一些「傳戒」的神話後，我們來討論林秋梧，就比較容易看出他的重要性，而且也比較有一個衡量點。事實上，臺灣佛教現代化的問題，不能一刀切，只看臺灣戰後這一段，一定要回溯到日治時期才行。正如談臺灣的民主運動或經濟建設，無法忽略日治時期的經驗一樣。同樣，要探索臺灣佛教的現代化社會運動，也必須回顧日治時期的改革經驗，才能有更清楚的理解。

因此，我們以下就以林秋梧的改革運動，來檢討此一日治時期的佛教問題。

三、林秋梧早期的教育背景及其參與文化協會的若干經驗

林秋梧和同一時期在大陸從事改革的張宗載無論在年齡、教育程度，或所處時代背景，都有幾分的近似之處。林秋梧在 1918 年，考入「臺北師範學校」（這是「臺北帝國大學」建校之前，臺灣島上本省人能讀的高等教育的最佳學府），他的程度，應算是相當優秀的。

當時，正是祖國──中國大陸──在進行「新文化運動」，及隨之而來的「五四運動」之時期。臺灣學生，亦同感受到此一時代思潮的影響，先由在東京的留日學生組織「臺灣文化協會」，接著遷回島內，進行社會運動，展開政治與文化自主的訴求抗爭。

林秋梧於 1921 年在臺北加入此一組織，並表現得相當活躍。但引起日本警方的注意和跟蹤、監視，對他及家人，都帶來很大的心理壓力。

接著在 1922 年，臨畢業前，他遭到退學的處分。「師範生」是可

任教職的，故他實際上是受到失學又失業的雙重打擊之後，他一度赴日學商。一年後無法忍受店東夫人的冷眼待遇，又回臺灣；卻又遇到震撼一時的「治警事件」——由蔣渭水、蔡培火等發起的「臺灣議會期成同盟會」，遭到日本警方的全面取締。他家無恆產，又謀職不得，遂於1924 年，搭漁船偷渡，回祖國大陸，考進廈門大學哲學系就讀。（按：此事迄今未有具體證據）。

推測從「師範學院」退學，到飄泊日本一年間，他開始接觸宗教（特別是佛教）的書籍。在憂患的動盪生活下，選擇廈大的哲學系，可以視為這一心態逐漸發展的結果。

但，在廈大第二年，因母親去世，只好又中斷學業，回到臺灣奔喪，丁母憂。他的母親臨終前，曾遺命：不可遠離父親。他便在家中潛心研讀佛典和西洋文化書籍。

可是這年（1925），卻是中國政治史上很重要的一年，並對臺灣島上的知識分子，發生很大的影響。這一年孫中山先生逝世，國民政府改組，國民黨在北平召開「西山會議」，決議開除黨內共黨分子，踏出國共分裂的第一步。

而這一年共黨劉少奇籌組「中華全國總工會」，發動工潮，青島的日本紗廠發生罷工。上海學生也抗議日本「內外棉社」的罷工事件，學生被殺十一人，數十人受傷，即所謂「五州慘案」。——這不是純粹帝國主義和資本主義的迫害問題，事件的後面，其實關聯亞洲地區，從大陸、朝鮮，擴及臺灣到南洋，共黨勢力激漲的結果。

在此時代潮流下，民族主義的情緒和左傾的激進思想，獲得最佳滋長的溫床。「臺灣文化協會」依此為背景，恢復全島的活動。

林秋梧也加入「美臺團」——電影巡迴隊，為臺灣的農工同胞，做新知啟蒙的工作。1925-1926 年，兩年之間，巡迴各地城市和鄉村，大受民眾歡迎。

假如把張宗載的「佛化新青年會」，去掉「佛化」的外衣，那

麼，不難發現：它和林秋梧與「臺灣文化協會」的運動背景、時代意識、傳播工具等，不是有太相像的地方嗎？的確是的，海峽兩岸的群眾運動，和亞洲其他地區一樣，都有一種連鎖的互動影響，不可以孤立的現象來看待。

1926 年，「臺灣農民組合」成立。1927 年，「臺灣民眾黨」也成立。同時又發生了「中壢事件」——「農民組合」的示威遊行所引起的。

激進派一旦在運動中占優勢，必然帶來原組織的分裂。「臺灣文化協會」即由左傾新勢力的連溫卿，取代了林獻堂和蔣渭水等舊勢力。接著連溫卿又被更激進的「臺灣共產黨」所排擊而沒落。

相對於此，中國大陸也發生了「寧漢分裂」、「清黨」、「南昌暴動」和「兩湖秋收暴動」。而毛澤東據江西井岡山，開始建立起新的共黨基地。

林秋梧在臺灣街頭的活動，受「文化協會」的分裂之影響，於是暫告中止。趁此機緣，攜帶書本，到臺南古剎開元寺去讀，並由此踏進了佛教的世界！

四、林秋梧出家後的佛教角色及其推展佛教現代化改造運動的理念內涵問題

林秋梧在開元寺結識住持得圓法師，兩人皆不滿當時臺灣佛教的迷信和腐化的現象，對臺灣寺院與日本寺院的結盟，也相當反對。於是在開元寺的資助之下，林秋梧赴日，考入東京駒澤大學專修部，受教於禪學思想家忽滑谷快天的門下。1927 年 4 月入學，1930 年 3 月畢業。

回到臺灣後，先後擔任「南瀛佛教會」的講師兼開元寺的講師兼書記等職務。他成為一名合格的「佈教師」之後，也取了法號叫「證峰」。親友對此詫異，他則揮筆自明心志：

儒衣脫卻換僧衣，

怪底親朋說是非。

三教原本同一轍，

雄心早已識禪機。

　　從 1930 年起，到 1934 年 10 月逝世為止，短短四年之間，林秋梧活躍於臺南佛教界，除了演講之外，他的佛教改革理念，主要是撰文發表在著名的佛教刊物《南瀛佛教》上。他的文筆，不但流暢，而且充滿了光和熱，雖然簡短精鍊，但其散播的現代佛教理念，具有人道主義的關懷，又能熟練地引佛典說妙理，非常感人和有震撼力！

　　在當時，他只是開元寺的「證峰書記」，不是佛教領袖。但他的發言對象，卻是針對全體佛教界！因《南瀛佛教》刊載的文章，本身就具有這樣的媒體作用。這一臺灣總督府核准的佛教刊物，居然允許林秋梧的這種結合社會主義和佛教的前進文章，寧非異數？

五、林秋梧的現代佛教理念，到底表現在哪幾方面呢？

　　林秋梧的傳記作者李筱峰先生，曾將他的佛教理念，做了初步的整理。在他看來，林秋梧的出家，是披起了「反抗帝國主義」的袈裟，發出了「反抗殖民主義，反抗資本主義」的梵唱，敲響了佛教改革的木魚。因為林秋梧在一首〈贈青年僧伽〉的詩，說道：

菩提一念證三千，

省識時潮最上禪。

體解如來無畏法，

願同弱小鬥強權！

並且林秋梧強調：

> 修菩薩行的，便是社會改革的前衛份子。他們的根本目標，在於建設地上的天堂、此土的西方，使一切人類（再而及於一切生物）無有眾苦，但受諸樂。佛所謂極樂世界，就是描寫著這個快活的社會。

他的這種「人間淨土」的理念，較印順法師的《淨土新論》，更早提出，更現代化。他在〈活殺自在之大乘佛教〉一文中，批判偏重來世、柔弱無能的佛教界說：

> 今日之僧伽，岐於禪講之論，混於頓漸之辯，少投機、執斷常。
>
> 於是乎，偏袒帝國主義之野禿疊出，助長厭世消極之枯禪叢生，而大乘佛法，則為之不振矣！
>
> 若夫我臺僧伽，即匪特盡其職者殆無，問其如何為僧伽應盡之天職，如何可解放島內弱小於鞭笞之下，亦多叉手瞠目不知所對。「高等乞丐」之嘉名特錫，「寄生害蟲」之徽號頻來，是亦非無謂也。余每與吾師及諸同志，語至於此，未嘗不嘆息，而引以自警也。（按：此處的「吾師」即指忽滑谷快天，「諸同志」即指駒澤大學臺灣同學會的會友。）

根據李筱峰先生的歸納，林秋梧的佛教改革理念，有下列主張：

> 1. 反對迷信與神怪，崇尚理性。
> 2. 僧侶要有廣博的學識，崇高的社會理想。
> 3. 反對死守戒律。

4. 主張婦女解放，男女平等。

5. 僧侶不可當馬屁精。

6. 主張臺灣佛教的統一。

可以說，比太虛大師的一些改革理念更具新意和深刻意義。他不像太虛大師喜攏伺比附各種時代新知，而是以一貫的認知和獨立的見解，表示他對佛教現代理念的看法，很少重複而有新鮮感。

不過，李筱峰先生對我坦承：他對日治時期的佛教史，所知不多。的確也是這樣。他的書《革命的和尚》，主要是依據田野調查和林秋梧的一些著作整理出來的。對於當時佛教界的大環境，其實並不清楚，只由林秋梧的批評來推測罷了。

因此，對於上述林秋梧的佛教改革理念，我有必要在此略作背景補充。但，限於篇幅，只能就關鍵性的問題，扼要的交待一二。

臺灣佛教界的諸多問題：如沙門無知、偏重來世、各自為政等，固然是林秋梧當時激烈批評的，但這不是日治時期臺灣佛教特有的現象。這是明、清以來，傳統中國佛教裡普遍存在的事實。臺灣佛教，在日治之前，就是承襲這一傳統的。

在 1929 年 6 月，有一位日本教師叫北畠現映，撰寫〈臺灣佛教における（關於臺灣佛教）〉，發表於京都的大谷大學《觀照》，第 15 號，其中提到：

……島民原是移自對岸的福建和廣東，因此之故，臺灣的佛教，大抵是中國福州的巨剎鼓山湧泉寺與怡山長慶寺的末派。

在臺南，稱鄭寺建立的阿彌陀寺，皆為禪宗，尤以臨濟宗居多。然，現今殆無其形態。一般寺裡，合祀著阿彌陀、釋迦、觀音、勢至、文殊、普賢、藥師、彌勒、達摩、羅漢。僧侶只會念

誦《觀音經》、《阿彌陀經》、《金剛經》、《般若經》，替死
者祈求冥福而已。可是因為他們稱達摩為祖師，才知其為禪宗。

　　佛教僧侶的無學，真令人吃驚。他們多是無學無智之徒、孤
獨的老人、貧困者、怠惰者，這些人把佛寺當做其唯一的慰安
所，學會讀誦兩三卷經文，就可以做個堂堂的僧侶去通用。……
僧侶的職務，完全是一種職業。在此間看不出有何等的宗教意
義。

　　這位北畠現映的描述，大抵是正確的，只是有一、二點，須加說
明。

　　他說鼓山湧泉寺的末派，在臺南有稱阿彌陀寺，為禪宗的臨濟
宗。據我所知，晚明時，鼓山湧泉寺為曹洞宗的中興道場，受蓮池大師
和永覺元賢的影響，主張禪、淨雙修，而臺南府是臺灣最早移墾的地
方，接受此一傳統，也在情理中。只是臨濟宗在明、清為禪宗主流，勢
力最大，故一般寺院，常以臨濟法脈自居。

　　問題是，在中國寺院裏，可以模稜兩可的宗派，在日本殖民統治
臺灣（1895）以後，與日本佛教宗派聯繫時，因日本本土是各宗界限
分明的，反映在臺灣的加盟寺院時，也開始有了宗派的區別。這只要看
臺灣總督府的宗教調查報告，就一目了然。而日治時期的臺灣佛教，各
派系間，情形不一，是不能一概論斷的。

　　其次，日本佛教在日治時期，除曹洞宗和臨濟宗外，主要是服務
日本民眾。

　　在江戶幕府時期形成的「檀家制度」，使日本寺院對「轄區」的
信徒，有密切的宗教生活關係，故移民臺灣後，不能適應本島的佛教方
式，一再請求由日本本土原屬宗派，來臺佈教服務，形成島上日本佛教
宗派雖多，卻大多與本島人無關的奇特現象。

　　臺灣歸還中國時，大多數日本佛教宗派，皆隨移民撤回日本；留

下的寺院，又被中國政府以「敵產」處理，如今幾乎都面目全非，或不存在了。

　　林秋梧在日本讀的駒澤大學，是屬於曹洞宗的，和臺灣的曹洞宗加盟寺院，有密切的聯繫。早期臺灣佛教的人士，常有來此就學的。

　　例如現在「法光佛學研究所」創辦人的如學法師，到駒澤大學念書的時間，約晚林秋梧八年。林秋梧是追隨禪學大師忽滑谷快天的，得力在佛教思想的解放；如學法師就讀時，則是跟澤木興道學修禪。不同的階段，所受的影響也不一致。

　　嚴格來說，像如學法師那樣，一方面在臺灣寺院接受來自大陸福建鼓山系統的修行方式，一方面又接受日本駒澤大學佛學教育的，是屬於日治時期最典型、最正統的佛教養成方法，和當時臺灣曹洞宗系統，由基隆靈泉寺江善慧領導的派下寺院，最為相近，也是日治時期臺灣佛教的改革主流。

　　林秋梧並未到福建受戒，也未擔任寺院住持，他只是延續出家前在「文化協會」時的社會運動，再加上忽滑谷快天的禪學思想影響，以之施壓於當時的臺灣佛教，做改革的吶喊。他雖思想前進，在佛教界則居旁支，兼以早逝（32歲），故不易有極大的影響。

　　林秋梧的佛教改革理念中，曾大膽的呼籲營養不良的和尚們，安心地去吃火腿；對無法壓抑性衝動的僧尼們，主張可以正式結婚，有性生活。他引據佛教經典，說明獨身與結婚，是任憑僧尼如何自行選擇的，與他人無涉。這種前進論調，來自忽滑谷快天的啟發。

　　忽滑谷快天，在日本佛學界，是以研究禪學思想史聞名，在國際間也享有盛譽。

　　他是明治與大正時期，和常盤大定、久保田量遠等佛教學者一樣，很精研佛學思想在中國文化體系內，如何和儒、道兩家相互交涉的情形，只是他特別著重在禪學思想為主體的變遷罷了，他的兩鉅冊《禪學思想史》，迄今猶是權威之作。

　　但他嫌惡只重形式的宗教生活，他原為曹洞宗的僧侶，卻率先穿起普通服，並第一個結婚。這種前衛作風，縱使在日本，也被視為異端，受到排擊。

　　林秋梧因傾心於他的自由解放，不但受教其門下，還迎接他來臺灣做了許多場演說。在 1932 年 2 月的《南瀛佛教》，第 10 卷 2 號，林秋梧發表了一篇〈現世的戰鬥勝佛忽滑谷快天老師〉，就是記載他對忽滑谷快天的崇仰。

　　不過，林秋梧並非主張縱慾、行為放蕩的人。他其實是從現代的新觀念，來看佛教戒律的。與其說他破壞了佛教的戒律，不如說，他從更健康、更積極的理性態度，來處理大自然賦予人類的慾望。儘管迄今，此一問題如稍有提及，仍會被佛教界排斥。但是這個課題，依然是存在的，並未消逝。

　　例如 1977 年，白聖法師將他於 1951 年《人生》雜誌發表的〈我對佛制改革的意見〉，重刊於《中國佛教》月刊，其中「和尚結婚」的問題，即引起佛教界的謗議和大諍論。當時適逢「世界華僧大會」第三屆會議，各地的華僧亦意見紛然，成了光復以來，佛教界最轟動的話題。可見，佛教界要面對這個問題，還要很長的一段時間。

　　林秋梧生前，還竭力主張臺灣的佛教界要統一組織。他甚至擬定了一個三期完成的「臺灣佛教的統一方案」：第一期是「僧侶的聯絡」；第二期是「僧侶與在家佛教（齋堂）的聯絡」；第三期是「全島佛教徒的統一」。

　　李筱峰先生也描述了林秋梧當時在開元寺，如何對抗日本佛教人士及「御用紳士」，不讓彼等控制開元寺的寺產支配權。很顯然的，他是將林秋梧看作「藉佛教組織對抗日本帝國主義政府侵略」的象徵人士。林秋梧本人也的確傾向於這種模式的抗爭，意圖使臺灣佛教能獨立和本土化。

　　但是，我分析林秋梧的文章，發現他多次引用「孫總理」的《三

民主義》言論，和國民黨理論家戴季陶的話。可見他有可能在廈門大學就讀時，接觸了國民黨或其刊物；另一可能來源，就是蔣渭水、林獻堂等「文化協會」前輩的影響。

　　總之，在這一立場上，他比較屬於政治人物，而非純粹佛門人物，有趣的對比是：當時在中國大陸的太虛大師，也在演講和著作裡，將佛法和《三民主義》會通。可見佛教團體，經常都在調整其政治立場，不能視若無睹。

　　問題是，日治時期的臺灣佛教界，主要領導人像江善慧（曹洞宗系統）、黃玉階（齋教系統）、沈本圓（臨濟宗系統），已經有一共同的佛教組織「南瀛佛教會」：一方面與日本系統的曹洞宗有加盟的派下關係：一方面江善慧又活躍於中國大陸的佛教界，和太虛、圓瑛等都有往來。太虛大師第一次（1917）到臺灣來，就是他邀請的，使太虛生平第一次，能實地瞭解日本佛教的學界動態和學校課程，對日後辦「武昌佛學院」的課程安排，幫助甚大。

　　而且，在臺灣期間，太虛大師曾回答熊谷泰壽說，中國僧界的生活現狀，「所行不外傳戒、修禪、講經、念佛、誦經、拜懺，其生計則依寺產、募化，及代人禮誦之所出耳」。和當時臺灣曹洞宗的佛教教育及佛學水準相比，都不見有超越之處。

　　所以，要瞭解近代佛教社會運動的背景，要將海峽兩岸的佛教狀況，多加比較才行。

第九章　戰後東北天臺宗僧侶來臺南市發展的歷程

江燦騰

臺北城市科技大學創校首位榮譽教授

一、前言

　　戰後影響臺灣佛教發展的最大外在因素，是以 1949 年的大陸政局逆轉國府大舉撤退來臺並建立起以外省權力為中心的中央獨裁政體為最關鍵，在此同時，此一獨裁政治的統治型態也促使各省逃難來臺的出家僧侶，能夠藉機重建中央級佛教組織和長期對臺灣在地佛教組織進行干預或指導的支配系統。

　　但是，此一情勢發展的具體的演進過程，究竟是如何進行的？外界其實並不很清楚。所以我們有必要選擇有代表性並且能親歷其中的各階段環節，而後追蹤其發展的足跡線索，就可以使我們觀察的視野，透過當事人的角度來搜尋和就近獲得有效的系統瞭解。

　　而本章所要說明的個案，就是基於上述的觀察角度來選取的，因此其具體細節的精確性，也相對容易掌握。

　　可是，為何所選擇的是來自中國東北地區的佛教僧侶，而非來臺人數最多的江浙兩省的僧侶中之代表性者？

　　這是因為日治時期，日本在中國大陸發動達十五年之久的大規模戰爭，最後雖以失敗投降收場，但從 1930 年代起在中國東北地區所建立的滿洲國政權，卻是由日本帝國主義者在背後所一手操控和扶植的，

並且基於臺灣地區已是日本殖民地的政治關聯性，因此吸引許多臺灣民眾前往發展。其中也包括臺灣南部的名望家和部份佛教人士在內。

同樣的，在戰後也是由於這個背景，於是有在此段期間所建立的佛教關聯之誼的東北天臺宗僧侶，於 1949 年國共內戰失利之後，選擇到臺灣來重新發展之舉。所以這是非其他省份的僧侶經驗所能取代的個案。

不過，1945 年日本投降，並撤出大陸的佔領區時，留在青島的真宗「東本願寺」，初歸湛山寺接收，本章的主角人物出身東北地區哈爾濱籍的釋慧峰法師，即奉派住入此一在市區內的日本寺院，一直到 1948 年，他逃離青島地區為止。

釋慧峰會逃離青島的原因，是因國共的軍事衝突轉為激烈，而最後佔優勢的是中共的紅軍。所以，作為佛教僧侶的慧峰，雖在抗戰期間處於日軍佔領區的範圍內，他仍能在湛山寺自由求學和居住，而不須逃難──因日軍並不排斥中國佛教的一般信仰活動，除非有抗日嫌疑，否則不加干預。

但，新的大陸統治者中共則是持唯物論以批判宗教的共產無神論新政權，中國境內所有的出家僧侶在不久之後，必然地都要面對此一不可測的新局面，若其自問屆時本身實難以心悅誠服的作此一新政權的順民，便只好逃離中共統治區一途了。於是，他從青島搭船到上海，再從上海搭船到臺灣來。

當時到臺灣來的外省籍僧侶，不外下列幾種情形：① 因被抓去當兵，而隨軍隊來到臺灣；② 本身想逃離大陸，又無特別社會關係，自願充軍來到臺灣；③ 因在大陸得罪中共或佃農（租稅衝突），為免被報復而逃來臺灣；④ 本身有一定的社會聲望（教內或教外），不願接受中共統治，於是避難來臺；⑤ 應聘來臺辦學院者；⑥ 雖無社會聲望，只隨前輩或師友，而跟著逃難來臺者。

但，釋慧峰卻不屬於上述任何一種。因倓虛法師和門下主要幹

部，是前往香港，並長期在香港發展的。故他在教界的人脈關係，來臺初期，可以說非常單薄的。日後會吃盡苦頭，也是有原因的。

二、戰後東北天臺宗僧侶釋慧峰的來臺因緣

不過，為什麼我們要推測他到臺灣有另創新局面的可能呢？因為釋慧峰雖長期追隨倓虛法師，可是在倓虛門下並未特別突出或受重用。

反之，臺灣在中國佛教的傳播史上，是屬於後進地區，且正處於從日本佛教的影響下恢復過來的時期，以釋慧峰的教育條件，理論上，應較有發揮的機會。此一到臺灣為師的心態，幾可以說貫串他在臺生活的全部期間（1948-1973）。

另一方面，由於他在青島時期，先已認識臺南地方的望族林耕宇，是否存有來臺相尋之心？不能確知，但，他日後確因這一人際關係，而能來到臺南立足——建湛然寺和弘法，則是其後可驗證的歷史事實。

按：林耕宇是在日本扶植的傀儡政權擔任「大使」，所以藉佛教為媒介，來化解各界的對日敵意。

從林耕宇對青島湛山寺實際奉獻的金額和專案來看，自 1937 年到 1945 年之間，他不但捐出有高度藝術價值的十六幅羅漢像給湛山寺，作為大殿兩壁的裝飾之用，還自捐和勸募達八十萬元之多，先後提供給寺方作為建山門、乃至雇工填院子、砌臺階、油後殿等。可以說，他對美化寺方的環境，出了大力。

這一關係，雖是由倓虛法師建立起來的，但慧峰法師既來到臺灣，所以很難說他心中沒存有再訪回鄉的林耕宇以便早日覓得身心安頓之處的想法。

亦即林耕宇是可以被看成對他有可能助其發展的臺灣在地社會的支援性資源，所以他最後才會在臺南地區落腳和長居到過世為止。

（一）慧峰來臺初期的艱難適應情形

釋慧峰搭船到臺灣來的途中，曾在船上遇到在青島即相識的趙亮杰，因此，釋慧峰初抵臺灣的艱困情形，即透過趙亮杰的回憶，被記載下來。根據趙亮杰的說法，他和釋慧峰在基隆碼頭下船後，他暫居在基隆，釋慧峰則和一位帶眷的王居士到臺北居住。

三天後，趙亮杰去臺北看釋慧峰，發現他和王居士的一家人，共同居住在借來的房子裏，並煮「地瓜大米飯」招待趙亮杰。這是長期生長在中國北方、吃慣麵食的釋慧峰，來臺後最不能適應卻又不得不去面對的生活問題。

不過，幸好基隆月眉山「靈泉禪寺」——臺灣四大法派的「月眉山派」大本山——收留了他，有一間寮房給他住。他得的是傷寒病，需要時間療養。趙亮杰的父親是中醫，即住在靈泉寺中為他治療多日，但未見好轉。

趙亮杰和王居士輪流在寺中照顧，寺方為了使釋慧峰早日痊愈，也在寺中安排趙、王的食、住，使彼等能就近照顧。但，病情依舊未見好轉，情況似乎變得很嚴重，非得送當地的大醫院治療不可。然而，誰替他出錢呢？

趙亮杰則提到釋慧峰是被一位在家的「十普寺」女住持送到基隆醫院，病才慢慢的好了！病癒後，把他迎進「十普寺」去供養，連那位王居士拉家帶眷，也住進了「十普寺」。但，在「十普寺」沒有住多久，就因轉售給來自上海的白聖法師（1904-1989）。於是釋慧峰和王居士的一家人，只得離開才剛安頓下來的「十普寺」，再度面臨前途茫茫的窘境。

據會性法師的回憶，釋慧峰是在 1949 年農曆 3 月 20 日左右，前往汐止的「靜修院」。這可能是慈航法師替他安排的。因「靜修院」的二位女住持達心和玄光，有徒弟到中壢圓光寺的「臺灣佛學院」，受教

於慈航門下，對慈航法師既信賴又景仰，所以藉此機緣，安排釋慧峰前往。但是，大病初癒的釋慧峰，穿著破破爛爛的長褂子，全身髒臭，到「靜修院」拜訪，住持達心尼師一看到他的狼狽樣，即要求他脫下來換洗。

釋慧峰起初不肯，因為他只有這一件夏布長褂子，沒有第二件可以換。而他在青島湛山寺求學時期，學院中的戒律學訓練相當嚴格。因此，若外出時，不穿海青或長褂子，是和所學相違背的。他之所以長褂子雖髒雖爛，卻不願隨意脫下換洗者，是心理卡在這一點上。

此外，汐止「靜修院」是尼寺。在他的大陸佛教經驗裏，都是男眾和女眾分寺居住的。到臺灣時，初住月眉山靈泉山，看到男女同寺，覺得很不習慣。如今，是否要在尼寺的「靜修院」暫住，心裏也在考慮，假如他想到其他寺院去看看的話，一旦脫下來洗，衣服不易乾，要離去恐怕不方便。所以無論如何，不肯將長褂子脫下來，讓院方的人替他洗乾淨。衡之當時其他大陸來臺僧人的作法，我們不得欽佩他的堅持原則。

同時，也覺得他食古不化！總之，在現實與理想之間，他必須有一明智的抉擇。因此，當臺灣有客籍僧侶會性法師提醒他說：「你這件長褂子穿得太久了，人家聞到氣味也不好。方便一點吧！今天不要出去，讓他們洗洗。」他才答應換洗。可是基隆一帶多雨，他的衣服洗後，晾了三天才乾，他也只好在「靜修院」住了三天。在這三天中，他曾應邀講過開示，由會性法師替他翻譯為臺語。由於同屬男眾，語言又通，兩人很談得來，從此建立了日後進一步交往的深厚友情。

在汐止「靜修院」度過三天之後，仍覺得不宜久住。於是繼續南下，再度請慈航法師幫忙。慈航法師此次將他帶到新竹和苗栗交界的獅頭山上，在開善寺簡單地辦一所「獅山佛學院」，把山上的一些年輕僧尼找來讀書。然後他將釋慧峰留在山上教書，自己回到中壢圓光寺。

但，這樣倉促成立的「獅山佛學院」，教育的目的，可能還在其

次;安頓大陸來臺僧人,才是主要的。這對一向不重視義學教育的山中僧尼來說,面對這樣勉強開辦的「佛學院」,語言又不能直接溝通,學習的意願自然不高。加上慈航法師本人又不在山上,更缺乏一股凝聚大家求學的感召力量。於是,慈航法師在山上開辦的「獅山佛學院」,在他走後,不到一個月,就宣告解散。釋慧峰的去留,又再度成了問題。

他唯一能仰賴的,仍然是再下山去找慈航法師。可是,由於對岸的大陸,共軍正在大舉攻佔長江以南的各大城市,人心惶惶,不斷有逃難僧人來到圓光寺,請慈航法師幫忙;慈航法師雖有熱心、也竭力為彼等設法,終究是缺乏自己的道場,不得不處處懇求別人援手。在這種自顧不暇,又要照顧他人的重大壓力下,中壢圓光寺的大老妙果法師(1884-1962),也托辭寺中經濟困難,將原本在六個月的預備課程過後,正式要展開的「臺灣佛學院」課程,提前結束。除少數大陸籍院生,繼續被收留在寺中之外,連慈航法師也不得不含著淚水和其他的大陸籍僧侶,一齊離開圓光寺,步上前途茫茫的流浪之旅!

新竹靈隱寺的無上法師,對正在流浪的慈航法師等一群大陸籍僧侶,以辦佛學院的名義,將彼等接來新竹,暫時安頓。可是,穿著南傳黃色僧服的慈航法師,帶著一群來自各省的大陸籍僧侶,出現在新竹地區,相當引人注目。不久即謠言四起,說有匪諜混在其中。

新竹警察局又在街上電線杆上,發現有人張貼反動標語。當時「臺灣省主席兼警備總司令」的陳誠(1897-1965),下令全省警察全體出動,連夜搜查來歷不明的外省籍僧尼。

慈航法師因身披外國袈裟,自然嫌疑最大,於是連同二十幾名的逃難來臺僧尼,以「無業遊民」的罪嫌,被押在新竹警局的看守所裏。獅頭山上的三位外省人,即:釋慧峰、龍健行和呂佛庭,也同時遭逮捕,和新竹的其他在押僧人,一齊轉送臺北候審。

這一次大規模的逮捕僧侶事件,震撼了所有的來臺僧侶。因這是逃難來臺之前,根本沒有料到的事。罪名又是「無業遊民」,更是奇恥

大辱。所以有不少人因此而轉業或還俗。在臺北的白聖法師等，才決定讓「中國佛教會」的「駐臺辦事處」，正式掛牌，辦理僧籍的登記。這一方面是為瞭解決身份和職業的歸屬問題；一方面也相應於臺灣地區開始實施戒嚴的預防措施。

因上海的撤守和大局的急劇逆轉，使得在臺灣的統治當局和難民，同感暴風雨即將來襲的不可知命運和如何生存下去的沈重壓力。

而由於釋慧峰因一直缺乏有力背景的熟人為他保釋，他被關了將近一個月。相對於其他省籍僧人的受到各界的熱烈關懷，不免顯得東北籍的佛教勢力在臺灣太過孤單。

推測可能由於面對這一現實艱困的無力感，他在釋放後，才會重返獅頭山上蟄居了二年之久，而未到汐止「靜修院」去追隨屢次幫忙他的慈航法師。這也是此時他和部份外省法師，稍有不同之處。

他在獅頭山的期間，是靠「元光寺住持」如淨老和尚的幫忙，才能在山上一處橘子園的工寮——他自己將它取名叫「雲庵」——住了下來。

總之，獅頭山的兩年，可以視為在等待機會的兩年。此後，他在臺灣的佛教生涯，即由靜態改為動態，並且脫離北部的佛教圈，開始在南臺灣立足和求發展。

（二）釋慧峰在南臺發展佛教事業的過程

1.釋慧峰揮別獅頭山前往臺灣南部的背景分析

從釋慧峰來臺後的行誼來看，他離開苗栗的獅頭山，前往屏東的「東山禪寺」講經，是相當具關鍵性的南臺之旅。因為他沒有前往屏東講經，就不可能被林耕宇、謝健、李濟華、羅乃秋等邀請到臺南講經，乃至最後在臺南市創建了「湛然寺」，為臺南市戰後的佛教發展寫下了新的一頁等。

不過，釋慧峰會南下屏東，可能是當時在臺北地區的大法師缺乏意願，才有機會輪到他。

此次邀請釋慧峰到屏東「東山禪寺」弘法的圓融尼師，是 1919 年（24 歲）出家於「龍湖庵」——同屬「大崗山派」的尼寺——，但她在 1948 年接「東山禪寺」住持職位時，仍未受大戒。

她是在 1953 年臺南縣火山「大仙寺」傳戒時，才正式受戒的。當時年齡已 58 歲了。1945 年 10 月，日本佛教隨日本統治當局撤出臺灣時，「東山禪寺」保留為佛教界所有。圓融尼師是屏東人，所以她在 1949 年受聘擔任住持後，將其變成純粹的尼寺。

但，為什麼是邀釋慧峰，而不是邀請其他的人呢？推測可能是「中國佛教會臺灣辦事處」的推薦居多。正如煮雲和星雲的例子一樣，是因資歷淺、有才學，才剛好碰上對方的邀請。

可以確定的是：① 他以講大座的方式，講《大乘起信論》。他用帶東北腔的國語講，另找人替他翻譯為臺語。會性法師曾兩次去看他，也臨時充當臺語翻譯一次。② 他對南臺灣的炎熱氣候不能適應。飲食習慣——吃涼菜——尤其讓他苦惱。③「東山禪寺」是尼寺，也不便久居。雖然如此，幸好有屏東之行，才能和臺南方面的林耕宇等搭上線。青島的昔日因緣，才藉此又再顯現作用了。

2.從屏東到臺南發展

釋慧峰最初並無到臺南的計劃，是到屏東講經弘法，才受到臺南市方面仕紳的注意。煮雲法師曾回憶說：

> 民國四十一年的上半年，慧師在屏東東山寺講《大乘起信論》後，受竹溪寺主持護國息災法會。慧師是倓虛大師的徒孫，倓老曾在長春建有般若寺、哈爾濱建有極樂寺、青島建有湛山

寺。那時，林耕宇居士是任日本傷滿大使，到過我國東北，而皈
依倓老為三寶弟子的。由此關係，慧師是很受臺南六老的擁護。

　　但，煮雲法師的這一段回憶，遺漏了在竹溪寺主持「護國息災法
會」之前的一些活動。根據雲庵法師在〈孝祖慧公在臺弘化簡記〉一
文，所提到的資料如下：

　　　　四十一年三月十五日，先師循臺南謝健、李濟華、羅乃秋、
　　趙阿南諸居士請，假臺南市參議會宣講佛法三天。
　　　　四十一年三月間，先師駐錫竹溪寺為寺僧講〈普門品〉。
　　　　四十一年四月八日，先師於慎德堂主持臺南市佛教浴佛大
　　會。
　　　　四十一年四月十三日，先師於竹溪寺主持臺南市護國息災利
　　生薦亡法會，甚為轟動，每日臺南客運闢專車，接送香客，參加
　　者有新當選市長葉廷珪先生等。

　　可見釋慧峰在舉辦大法會之前，已經在臺南市活動一段時間。
　　但我們可以說，釋慧峰在臺南市佛教界的知名度，也隨這次活動
逐漸打開了。他會在臺南市立足，可能和這次法會的成功不無關係。

3.釋慧峰在臺南市從「寄居」到「定居」的原因分析

　　釋慧峰從 1952 年 3 月到臺南市弘法開始，一直到 1954 年春天，
由信徒購贈「湛然精舍」為止，大約有二年的時間，是「寄居」在竹溪
寺的。但這兩年可以說是他到臺南後的「黎明前黑暗」，還有許多苦頭
要吃。不過，這兩年又可分為兩個階段，茲分別說明如下：

（1）第一階段的分析

　　第一階段是從 1952 年春季到秋季。在這一段期間，他除上述的弘

法活動之外，一面掛單於竹溪寺，一面設法擴充自己的宗教資源。講經活動，是釋慧峰的專長之一，所以他盡全力於這方面的發揮。雖然竹溪寺對他相當不友善，但他仍竭力忍耐。

但，在這些生活上的艱難遭遇之外，臺灣佛教史上的一場大變革，其實已逐漸在形成中。此一變革的重點何在？其原因為何？

此即由「中國佛教會」所主導的組織運作，在寺院傳戒上造成壟斷的局面，從而達成了所謂「大陸佛教重建」的效果。有關傳戒的歷史背景及其變革的意義，稍後再說。此處要先指明的是，自 1949 年國民政府遷臺後，原先在大陸的中央組織，也都全部或局部遷到臺灣來。

1947 年在南京毗盧寺召開「中國佛教會」勝利後第一屆會員代表大會，蒙古的章嘉活佛被選為第一任「中國佛教會」理事長。臺灣方面，亦派有代表與會。就「中國佛教會」的性質來講，假若無政治力的介入，那麼這個組織只是全國佛教的聯誼組織，屬於民間宗教團體，權利和義務都是相對，沒有什麼特別強大的宰制力量。事實上自民國以來，類似「中國佛教會」的組織，都未發生對會員有強力支配的功能。可是 1949 年，國府遷臺時，「中國佛教會理事長」的章嘉活佛跟著撤退到臺灣，雖未將印鑒一併帶來，但是「中國佛教會」的在臺復會，仍在 1949 年以後開始積極進行。

為什麼要積極進行？① 是在 1949 年夏季的那場逮捕震撼之後，必須為佛教僧侶的職業和身份作一定位；② 是來臺後，由於語言不同和信仰形態差異，以及寺產管理權歸屬的問題，急須有一妥善的解決。

其中最關鍵的問題，是寺產如何納入「中國佛教會」統一支配的問題，對急須尋求來臺後安頓生活的外省僧侶，尤為迫切。

但，要將寺產一律改為「十方叢林」，而由中央的「中國佛教會」統一支配，在法律上無據，只是白聖法師和東初法師等人努力鼓吹的一種新構想罷了。卻因關係寺產的命運歸屬問題，而引起本省各寺院的驚惶，害怕本身寺產自此被剝奪原有的支配權，於是轉而敵視和「中

國佛教會」有關的外省僧侶。

　　釋慧峰和煮雲法師的遭排斥，有很大的原因，是和寺方害怕管理權被奪走有關。但，儘管寺產的問題，最後並未形成法律，然在傳戒的舉辦權上，卻由「中國佛教會」成功地掌握了。因此「中國佛教會」的組織功能，最大的影響，主要在傳戒一事上。

　　1952 年秋季，「中國佛教會」推派代表，參加 9 月 25 日至 10 月 13 日在日本舉行的「第二屆世界佛教徒聯誼會議」。由於此次會議，使「佛教」和「外交」發生關聯，因此會議結束後，蔣中正（1887-1975）總統，親自接見出席會議的代表團團員。「臺灣省佛教會」請出席會議的代表李子寬和印順法師到中部四縣市巡迴演講，並報告出席大會的狀況。一代佛學大師印順法師，從此長期駐留在臺灣島上弘法。

　　另一方面，副總統兼行政院長陳誠，也在官邸邀請甘珠爾瓦活佛、慈航法師和律航法師（1887-1960）三人會談，要彼等向臺灣同胞宣揚佛法，使民眾大力支持政府。「三師乃於秋季遍歷全省各縣市，弘揚佛法，慰問信徒，宣揚政府宗教政策，鼓勵衛國衛教弘願」。佛教在內政上，也被視為輔政的力量之一，無形中更提高了僧侶的社會地位，以及「中國佛教會」的重要性。

　　對岸的中國大陸，也幾乎是在「第二屆世界佛教徒聯誼會」召開之後，在北京廣濟寺籌組成立「中國佛教協會」。圓瑛法師聲稱是：「中國佛教徒自動訂立愛國公約，參加愛國運動，自覺自動地進行愛國主義的學習，和全體人民打成一片。」

　　由上述的資料，可以看得出：海峽兩岸都不約而同地將佛教信仰「政治化」，脫離了教團或僧侶以尋求解脫道和度化眾生為核心的自主性。不過，此一佛教信仰的「政治化」，卻有助於在臺南地方尋求佛教事業突破的釋慧峰和煮雲法師。因慈航法師等三人，帶著使命來到臺南市時，釋慧峰和煮雲法師都到慈航法師的下塌之處訴苦，請慈航法師為彼等講話。隔天，臺南市各界假「參議會」的大禮堂開歡迎會，會中林

耕宇提出佛教徒應團結弘法的問題,請教慈航法師。慈航法師便藉題發揮地道出下列的一段話:

> ……剛才林居士的好意要外省法師與本省同胞合作團結,我現在來一個反要求,希望你們本省教徒們,可憐可憐我們大陸上逃難來的法師們,讓他們能夠安心生活下去。臺南市有二十幾萬市民,寺廟有幾十座,外省來的兩位法師都容納不下,還能做些什麼事呢?住在臺南的兩位外省法師,一位是釋慧峰,一位是煮雲法師;釋慧峰是山東青島湛山寺來的,煮雲法師是南海普陀山來的。這兩位法師,如果不是逃避共產黨的解放,你們花錢請他們到臺灣來,他們也不肯來。現在他們逃難到臺灣,你們不但不歡迎供養,反而加以拒絕,請大家捫心想想,如果臺灣的法師們,逃難到大陸去,佛教會這樣對待你們,你們心裏又當如何?……。

這是一篇很沉痛的指控,將問題點在大庭廣眾之前赤裸裸地攤開來,可想而知,是很具震撼與說服效果的。關鍵點,在於時機掌握得恰到好處,亦即慈航法師是趁著佛教被政府重視的時刻,將不同省籍的僧侶相處問題,毫不遮蓋地鋪陳於臺南市的各界代表之前,這在輿論的同情上,自然是收效很大的,相關者很難再無動於衷。

例如臺南市佛教支會的理事長王鵬程,第二天即親自到開山路十八號去探望在「走廊下」已住了六個月的煮雲法師,並表示歉意說:「法師到臺南很久了,我們沒有盡到地主的義務,招待法師安住下來,感到遺憾!」

雖說這是遲來的關懷,但釋慧峰和煮雲法師開始有了轉機,則是無疑的。也因為這樣,臺南「大仙寺」在隔年春初傳戒時,才會向兩人各寄上任羯磨和教授之職的聘書。由此可以看得出,慈航法師的臺南之

行，使得釋慧峰在當地的發展，更有心理的安全感。

（2）第二階段分析

釋慧峰在臺南的第二階段發展，即自 1952 年秋季，慈航法師來臺南為他和煮雲法師仗義執言後，一直到 1954 年春季。這當中關於臺南「大仙寺」的傳戒，他和煮雲法師發揮了很大的功用。

臺南「大仙寺」的傳戒，是和當時任住持的開參法師（1893-1975）有關。開參法師是高雄縣「大崗山派」開創者永定法師（1877-1939）的早期男弟子之一，十八歲時，出家於「超峰寺」——「大崗山派」的根本道場。他也是永定法師門徒中，極少數到福建鼓山湧泉寺受過大戒者。由於開山的永定法師出家後，一直忙於建寺工程，因此有生之年，雖將「大崗山派」發展為南臺灣最大的法派，但本身實不精義學，也未至福建受大戒。

因此，影響所及，在日治時期的幾十年間，「大崗山派」的眾多僧尼，竟沒有一位有著述能力的佛教學者。在日治時期的「四大法派」中，其他三派（月眉山派、法雲寺派、觀音山派）皆有傳出家戒的實績，唯獨「大崗山派」未傳出家戒，僅在 1929 年，由永定法師邀請對岸南普陀寺住持的會泉法師（1874-1943）來臺，為「龍湖庵」的尼眾講「叢林規矩」一次。

而事實上，也由於「大崗山派」的門下徒眾中，累積了太多未受大戒的出家人，於是開參法師借著應聘「大仙寺」住持的便利，以及將「大仙寺」改建告一段落時，舉辦了戰後臺灣首次的傳戒活動。

而釋慧峰和煮雲法師兩人，在此次「大仙寺」的傳戒活動中，實扮演了陳勝、吳廣的角色，使原先缺乏著力點的「中國佛教會」，藉此次的干預，而掌握此後臺灣傳戒活動的主導權達數十年之久。若非如此，在「大仙寺」傳戒的七位「尊證」中，再怎麼樣也輪不到輩份既低、又無大陸叢林聲望的釋慧峰和煮雲法師。反觀其他五位，都是曾任住持或現任住持的教內大老。從這樣的時機與關鍵性的作用，才能理解

釋慧峰在臺南地區此後可以建寺院和創造新佛教潮流的真正背景因素。

　　由於釋慧峰來臺南後，正值佛教被政府視為外交和內政的輔助力量之時，慧峰借著來到臺南的地利之便，以寄居的「竹溪寺」為活動中心，除了辦過大型法會之外，也以「中國佛教會」的現任理事兼「弘法委員」身份，影響了臺南地區「大仙寺」的傳戒活動。時機和身份的轉變，使得釋慧峰得以逐漸克服省籍的隔閡和語言的障礙。

　　因為在戒嚴體制下，任何強調或過於突出對省籍的隔閡，將可能遭到政治方面的懲罰。而語言的問題，除了一般民眾可藉臺語翻譯來溝通外，知識份子或外省信徒，大體上可以藉談話或文字書信來交流。如此一來，釋慧峰在大陸時期的學院訓練，漸漸有了一展長才的機會。

　　例如 1953 年 4 月「竹溪寺」開辦「佛學講習會」，釋慧峰即在開學典禮中，介紹「胡適的治學方法」。但是他的演講「胡適的治學方法」，除了他個人對胡適的好感之外，沒有任何學術的意義；只是趕時髦，將臺北的名人話題，搬到臺南地區來講講罷了。這意味著他試圖扮演現任「弘法委員」的指導者角色。

　　同時也顯示出他在教界發言權的提升。順此發展，他個人知名度的提高和受大眾媒體的注意，也較過去更為可能或更有機會。一旦能置身在這樣的有利位置，則凝聚信徒和發揮個人的影響力，也就不太難了。「湛然精舍」的購置，即是證明。

　　關於「湛然精舍」的購置，臺南地區臺籍商界名流吳修齊個人的經驗回憶，最能代表上述有關釋慧峰在臺南發展的歷程。吳修齊說：

　　　　我是遠在民國四十三年間，經故宗姐吳烏香居士之引介，始拜謁法師的。想當年法師……至臺南以後，以其精擅律藏，福慧雙修，著即設壇弘法師度眾。未幾聲名大噪，聞法而皈依門下者甚眾，宗姐亦是其中之一。一日，我忽接宗姐來囑略以：法師隻身來臺迄無靜修道場，狀甚可憫，殊非佛徒恭敬僧寶之道，乃經

諸信徒一同協定捐贈一所精舍以供養法師，希我一併共襄盛舉
雲。宗姐乃虔誠不二之佛教徒，宅心仁厚，平時樂善好施，其敬
奉三寶之誠之篤，素為我仿慕無已者。今聞宗姐作此建議，求之
不得，焉有不從之理，乃慨然滿口答應。

　　未幾精舍如願購成，眾信徒心中喜不在話下。該精舍名曰湛
然，蓋以紀念天臺六祖荊溪湛然大師而命名者，殆以宏揚天臺為
要宗，並禮請法師出任住持。

　這是本省著名企業家之一，由聞法而親近，並且助成購買供養
「精舍」的具體例子。吳修齊不像林耕宇，他沒有和釋慧峰相識於大陸
的舊日交情，純粹是釋慧峰到臺南發展後，所吸收的本地教友。因此上
述回憶的資料，最可以看出釋慧峰所代表的「大陸佛教」，在臺南地區
逐漸落地生根的情形。

4.從「湛然精舍」到「法華精舍」的發展

　在信徒購置給他一處安身的市內「精舍」之後，釋慧峰在 1972 年
8 月 25 日的「寺務座談會」中，曾表示說：「湛然寺前身為湛然精
舍，初信徒買地及房屋，乃為送我自己的。後因納稅無著，由胡偶群律
師建議，成立財團法人，登記信徒一百五十人，代表十五人，成立董事
會，董事七人、常務董事三人、我（慧峰）為董事長。現董事星散，在
者亦多不問事。既有名無實，想在落成後，辦理寺廟登記，取消形同虛
設的財團法人組織。」

　按：釋慧峰在 1973 年 12 月 8 日入滅的。亦即在他去世的前一
年，「湛然寺」的改建仍未「落成」。而「湛然精舍」自 1955 年購置
以來，一直未辦「寺廟登記」，而是以「財團法人組織」的形態存在
著。

　不過，擁有了「民宅」充當的「湛然精舍」，要如何經營及展開

功能呢？釋慧峰一面在「湛然精舍」內附設「群英補習班」和「群英幼稚園」，一面進行內部佛寺化的改裝工作。

在此同時，要讓「民宅」充當的「湛然精舍」，能夠快速「神聖化」，並為教界人士所重視，必須藉助佛教界大老的力量提攜才行。因釋慧峰來臺後的最大支持者慈航法師，已在 1954 年 5 月 6 日入滅於臺北縣汐止鎮的「彌勒內院」關房中，所以他要在當時的教內大老中，選擇立場比較超然和資歷深厚的來請教。

例如南亭法師在臺北市創設「華嚴蓮社」（1951 年），宏揚華嚴思想和淨土崇拜，當釋慧峰購置「民宅」為弘法之用時，曾請教南亭法師，南亭法師認為唐代中興天臺宗的荊溪湛然（711-782），對釋慧峰的佛教師承和來臺後的發展方向都有極大的釐定作用，所以「以『湛然』為題，作文而書條軸以贈之」。

而當時任「中國佛教會理事長」和「總統府資政」的章嘉大師，即被邀請到臺南來，除和臺南市各機關首長會面外，也接受釋慧峰介紹的信眾皈依。隔年（1956）3 月 25 日「湛然精舍」落成時，章嘉大師再度蒞臨主持典禮。而大殿中的釋迦佛立像，則是臺籍藝術家楊英風的早期佛像雕塑作品之一。可以看得出，釋慧峰在作法上，是保守中帶有新意。

1955 年 7 月底和 8 月初，釋慧峰邀請煮雲法師到臺南市弘法，講題是〈佛教與基督教的比較〉。為什麼要講這樣一個題目呢？主要是爭取信徒和反駁基督教強勢壓制佛教信仰的作風。

釋慧峰又自 1957 年 8 月 24 日起，在高雄縣的大崗山頭，閉關於「法華精舍」，迄 1962 年 10 月 14 日出關，計五年二個月。本來閉關是精進自修的最好機會，他在佛法上顯然無大進步，卻因在關房中接受大批信徒的山上皈依，而成了轟動南臺灣佛教界的一件大事。

他出關房時，留了很長的髮鬚，儼然美髯公一個，頗有仙風道骨不食人間煙火的修行者模樣。這對一般信徒來講，應有新鮮感。

但煮雲法師卻批評釋慧峰說：由於從小出家的人，剃髮已剃了幾十年了，在臺灣這樣亞熱帶的地方，如果突然留髮不剃頭，牙齒就會掉落。

釋慧峰閉關時，沒有經驗，也沒聽前輩提示過，就留了頭髮，三年下來，頭髮留長了，牙齒也掉光了。

不過，從「湛然精舍」到「法華精舍」的這一歷程，一方面是為了日後突破「湛然精舍」房舍太窄不便大規模活動的限制，一方面也是面臨本身學養的不足問題。

從他在「法華精舍」中的部份〈日記〉資料來看，他閉關三年，最後無法有大突破，反惹了一身病，很可能是缺乏現代研究佛教的方法學訓練，也不能死心專修淨土法門，以致理論和實踐都落空的緣故吧？

5.從「湛然精舍」到「佛隴」的發展之檢討

（1）「湛然寺」的功能及其傳承問題

釋慧峰出關後，即由「法華精舍」返回「湛然精舍」。而「湛然精舍」的改建工程，在 1967 年開始進行，迄 1973 年完成。釋慧峰即入滅於此年。換言之，在「湛然寺」正式落成之時，釋慧峰也撒手人寰，來不及看到它的真正功能發揮了。

可是「湛然精舍」自 1955 年購買後，一直到 1973 年改建完成。釋慧峰是想以「湛然精舍」作為佛教教育的場所。據水月法師的回憶，釋慧峰在世時，所辦的活動及其特色如下：

　　　i. 早晚課凡是住眾皆參加，這是傳統，三十年如一日。

　　　ii. 每月初一、十五固定集會信徒共修。長期如此，迄未改變。

　　　iii.「助念」和「念佛會」（此會每星期六晚間七點半至九點半舉行），是維持二、三十年的法務。

iv. 每逢每月的十四、三十兩天，皆誦《四分律比丘戒本》。

v. 主動與信徒連絡，寫信或奔走，法誼不絕；信徒覺得受重視，有參與感。和一般社會人士，亦保持相當來往。

vi. 購置《大正藏》、《卍字續藏》各一部，《二十五史》、《百科全書》、《大般若經》、《華嚴經》、《太虛全書》等。

vii. 其他像「禮懺」、「誦經」等活動等。

從這些活動的專案來看，「湛然寺」是相當正統的大陸佛寺信仰形態的移植。但是，關於各種法會的舉辦，據水月法師的分析如下：

1. 早期臺南市的佛教活動，集中在「湛然寺」。

2. 釋慧峰為學院出身，雖致力於弘化，但對法會儀軌唱念，非科班出身。每逢法會，多是請些職業性唱念僧，頗受箝制。

3. 由於其他道場，對「湛然寺」的那一套，已效法得更青出於藍，因此不像早期的號召力那樣大。

可是，從「湛然寺」的長期發展來看，若不指出寺內的住眾情形，將遺漏了關於傳承和管理的重要部分。以下即就這部分，提出若干說明：

釋慧峰在晚年，最擔心的，是「湛然寺」缺乏適當的繼承者。他一直屬意學養俱佳的水月法師，可是水月法師最初對接住持的意願不高，使得釋慧峰在臨死前一個半月，還在病床上對前來探病的水月法師，慨歎：「『湛然寺』無人！」為什麼會這樣呢？

這必須再追溯水月法師以及其他寺眾的情形。對於「湛然寺」的住眾，水月法師曾提到：「寺址狹小，寮房不多，以前住眾，僅上人一位。至六十年間，住眾最多時為六人，第一代一人，第二代五人，為時很短。」

可見在較早的「湛然精舍」時期，寺中只住釋慧峰一人而已。假如就第一代的徒眾（即水月法師稱的第二代）來看的話，則在資料上出現下列的情形：

① 釋慧峰在《覺世旬刊》讀到一則啟事，是東北籍的李夢泉（後出家為祥雲法師）刊登的，要介紹韓成章出家。然後透過書信和到「法華精舍」拜訪，釋慧峰同意接納，於 1960 年 2 月 29 日出家。翌年受戒。依止三年，出外參學三年，以後長期居住在「法華精舍」。1988 年 5 月，將「法華精舍」私自出售，所以是對「湛然寺」無重要貢獻者。

② 雲庵尼師，1968 年出家。旋即到高雄壽山寺「壽山佛學院」插班就讀，畢業後，再到佛光山「東方佛教學院」攻讀，前後四年。1973 年畢業回「湛然寺」時，離釋慧峰入滅，已不到半年了。可是，由於是本省籍出身，且在學院成績表現優秀，是釋慧峰生前至為器重和寄以厚望者。目前「湛然寺」的法務和《福田》雜誌的編輯，幾全賴其負責。是釋慧峰門下，最傑出的女徒弟之一。

③ 法因尼師和海印尼師，和雲庵尼師一樣，都是在 1973 年才回「湛然寺」。法因尼師為「佛學院畢業」的新銳，且「才氣卓邁」。可是，實際的表現如何？因缺乏具體資料，難以評估。

④ 普化法師，是負責寺中清潔工作。

⑤ 水月法師，為第二任「湛然寺」的住持，是臺灣佛教界少數精研因明有成的專家，為學界所推重。他約在 1957 年春，從臺中來「湛然精舍」禮釋慧峰，雖甚投契，且被寄以厚望，但因長期在空軍任職，迄 1970 年才正式在「湛然寺」出家。1972 年冬季，由釋慧峰帶至香港，禮同門前輩，為接班之準備。教內前輩曉雲尼師也在 1973 年冬，釋慧峰入滅前，要他將「天臺法脈」傳給水月，可是仍遭拒絕。

水月法師當時曾表示他所以一再拒絕接任的原因說：

傳持，佛教所應重視考慮者，為是否能留心佛法，不廢義門，寂忍成就。絕不是找個會辦事者，先任職務。……基本上，出家人要常懷靜志，願屏囂塵，徹悟苦空，得從閒曠。故傳持不關制度，亦不在傳賢傳徒。重點在能否延續天臺教觀芳香，四悉巧意精神。故傳持應擺在天臺諸祖聖言量為選擇觀察標準，庶乎不太離譜。

此種見解，若衡之天臺宗傳統的文獻記載，是符合《國清百錄》和《四明尊者行教錄》中，關於住持天臺道場的標準詮譯。因此，他批評缺乏實質意義的「法卷」頒授。他的觀點如下：

……若「錯舉」，所傳非正法，所傳非適人，終會將道場演變成蔞蔾園矣。今世法卷所以未為重視者，一由當世實教觀學者零落，無接緒大德，再由法卷傳授，僅具毫無實義之形式，形實了不相關。由法卷淪沒，天臺裔嗣，當速精進。

這是光明磊落的態度，毫不自欺欺人，或以佛法作人情。他本身既然志在因明和長於因明，不冒充天臺嫡傳，可謂無愧於所學。

不過，慧峰生前從未因水月法師不接天臺「法卷」，而動搖以他為接棒人的想法；而從 1957 年初識，到 1973 年入滅，他一直極力促成水月法師在因明方面的精進，可以說是水月法師生平難得的恩人兼知音。

因此水月法師在他入滅後，經營「佛隴」為釋慧峰的紀念館；在「法華精舍」被盜賣後，又成為最後的墓園所在，實在是師徒間互相信賴和長期深刻相知的結果。

（2）「法華精舍」的幻滅與「佛隴」的崛起

「法華精舍」是釋慧峰在 1959 年 8 月至 1962 年 10 月共計三年多

的閉關所在。在關房中因俗家弟子姜宏效勸導大批信眾到關房辦裏集體皈依，而成了南部佛教界當時的一大新聞，使釋慧峰的名聲大為響亮。這是我們在前面的討論中，曾約略提到過的。

但是，「法華精舍」最初設立的目的之一，是為了邀請釋慧峰的本門師祖倓虛法師到臺灣來居住之用。閉關只是其中的一種用途。不過，1958 年 9 月，他向剛退伍不久，並初次到臺南來探望他的同門師弟——修證法師，表示將閉關，並請其護關之時，關房的地點，仍未確定。

當時釋慧峰正在「精舍」辦法會，等告一段落後，才開始找地點。

但是首先遇到的是地主的態度猶疑不定，幾度想收回土地。其次是軍方的干擾，也是透過各種關係，將事情擺平。但是工程經費的短絀，使得開工不久，便告工程停擺。為了籌募經費，必須更密集地舉辦法會。

在這一構想之下，他多方聘請熟稔唱誦的同道相助，每星期三和六，以及每月的十四、二十九兩天，固定「拜大悲懺」。初一和十五，則「拜願」。這種充滿聲光和宗教圖像所構成的道場氣氛，配合信徒的祈願和禮拜的動作，能迅速在身心內部體會到強烈地神聖性的感染效果，口碑一傳，信眾蜂擁而至，參加的人數不斷地增加。有一個時期，全臺南市的佛教活動，彷彿都集中到「湛然精舍」來了。

但是，釋慧峰過於投入宗教活動的結果，體力透支，健康大受影響。而信徒在受到釋慧峰的宗教熱忱感召之下，敬仰之心油然而生，知道他要閉關的「法華精舍」正缺乏工程款，於是紛紛捐贈建築經費。由於經費問題已告解決，再開工後進行很順利，故半年內即告落成。在當時的水準來看，房舍尚稱不錯，而背山面野，視線寬闊，具林泉之勝，是一處環境幽雅且適合修心養性的居所。

釋慧峰在入關前，先舉辦「佛七」——念佛會七天。1959 年 4 月

24 日,從臺北市請來「松山寺」的住持道安法師(1906-1977)主持閉關典禮,約有二、三千人參加,盛況空前。

釋慧峰在關中過了三年餘,前二年由師弟修證法師護關。最後一年餘,改由大徒弟朗蔭法師護關。而「湛然精舍」的監院則交由修證法師負責的,使舍中的法務能繼續進行,不致因釋慧峰長期閉關,即告中斷。

釋慧峰在 1960 年 2 月時,已有親剃度的弟子朗蔭法師,將來接事業者,自以師徒關係為優先考量。「法華精舍」便由大徒弟朗蔭接管。

朗蔭法師是從軍中退伍,因轉業不易,才設法登廣告和透過介紹,到「法華精舍」拜釋慧峰為師。他在大陸時期,早已有了妻兒。

但因戰亂隔離,他雖深念故鄉妻兒,卻能在出家後「持午清淨,能吃苦耐勞」。甚至將省吃儉用的一隻金戒指,都交給剃度師釋慧峰,令釋慧峰相信他為師門奉獻的誠意。在代替修證法師為其師護關時,因釋慧峰講了一句玩笑話,他即無法忍受,一度離去,使得釋慧峰在關中有缺糧危機,必須靠吃餅乾、喝生水度日。1963 年 7 月起,在釋慧峰剛出關,渾身是病,急待療養時,他仍不顧一切離寺在外三年餘,直到1966 年底才回寺。

釋慧峰在晚年(1972)時,曾提到「法華精舍」的管理問題。他認為「法華精舍」是因他閉關而建,仍以他為住持,故屬「湛然寺」的財產;雖由朗蔭法師居住管理,仍須容納其他的男徒住入。但在〈寺務座談會紀錄〉上,已曾留有討論「法華精舍」接納外人入住,結果都和朗蔭不歡而散的部份資料。

水月法師則語重心長地道出他的心聲說:「同門師兄弟要互扶持,在師父慈悲領導下,團結一齊,何事皆可為。不要因一事意見不同,一語不投,即要斫斷手足。」

在那次「寺務座談會」中,關於土地的問題,已說明部份繼續由施家耕種,部份要加蓋房子。但談論之間,大家暗示朗蔭不能獨佔的意

思，已表露得很清楚。逼得朗蔭法師表態說：「我無意獨佔『法華精舍』，甚至隨時遷出都可以。」

由於朗蔭法師和師弟們，可能一直都不融洽，所以接著討論誰是「湛然寺」上的第二任住持人選時，釋慧峰試著建議朗蔭應以首徒接掌，但他明白地表示：「『湛然寺』方面、信徒方面，因緣難洽，都不適當，決定不接受。」可見他知道局勢不利於他，乾脆拒絕接任，以保住已長期佔有的「法華精舍」，免得到頭來，兩邊都落空。

釋慧峰也清楚這點。他在朗蔭法師拒絕接任的話，一講出口，他即宣佈屬意「聖禾」──即水月法師接任。但，當時水月法師也跟著推辭。釋慧峰堅持要他接，他仍不肯。最後，才在會後達成暫不定案的結論。

不過，由於釋慧峰的健康情形持續地惡化，繼任的人選非得有一安排不可，而環顧寺中眾徒弟的學養和辦事經驗，仍非水月法師莫屬，所以他在當年（1972）的年底，帶水月法師到香港去和同門的前輩或師兄弟見面，以明示自己的接棒人選屬誰。

不過，水月法師從香港回來後，仍執意在外參學和教書，一度應佛光山星雲大師的聘請，在山上的佛學院講授因明課程，每周二小時，甚受禮遇。1973 年 10 月下旬，釋慧峰因肝發炎兼尿毒症，已甚病危，離入滅之期，不過月餘。同門海印尼師，一再去函佛光山，要求師兄下山，探望師父病情。

其實，信是釋慧峰要海印尼師寫的，碰面時，海印尼師坦誠告訴真相，因大家已預料釋慧峰很難過年。所以釋慧峰見面時，除一再提醒他：「『湛然寺』無人！回『湛然寺』住！」之外，甚至談起在虎頭埤土地收回時，可以建墓園之事。

此一問題，在「寺務座談會」上，釋慧峰也主動表示過，所以是舊事重提。但虎頭埤是風景區，在當地作墓園，會遭官方干預，修證法師曾提醒過他，他卻認為：每個人都要往生，塔院的問題，也是要解決

的。

水月法師則採折衷的看法，建議將來可建一小型祖師塔，及三間祖堂。他沒有料到，他在醫院時，避答「萬壽公墓」的事，在釋慧峰入滅後，變成他要設法克服的最大問題。

釋慧峰入滅後，塔墓設在「法華精舍」旁，朗蔭法師因長期居住在「法華精舍」，不但成了「法華精舍」的實質住持，也應是釋慧峰入滅後的守塔比丘才對。可是他對釋慧峰始終存有怨恨之心，在他能完全作主之後，即陸續將圍牆拆除改建，鏟平獲園，封正門，開旁門，以符風水師的建言。

後來由於政府開放大陸探親，老兵返鄉成為可能，於是朗蔭法師結合外人，將「法華精舍」變更登記為「法華寺」，排除了和「湛然寺」的產權關係；信徒代表也一概換了另一批人，接著即在 1988 年 5 月，將法華寺私自出售給外人，並以部份所得攜至香港，匯濟給大陸的妻兒。從私人的立場來看，這是時代的悲劇，才使得一個和家鄉妻兒離散數十年的老兵，在出家多年後，猶出此下策，將十方淨財所購的寺產，化為一己的私有物，以補償自己數十年離鄉未照顧妻兒生活的歉疚！

但是，這畢竟是嚴重違反佛教戒律和對捐資信眾背信的不良舉動，所以從香港回臺灣後，和所收的徒弟果淨反目，並先後謝世。

以上即「法華精舍」的幻滅始末，我是基於保留歷史真相，才鉤沉史料，將經過全貌寫出，但心中一直是抱著哀矜勿喜的態度來描述。我無意貶斥任何人，只是將其看做時代的悲劇罷了。

釋慧峰生前擁有的土地，除「湛然寺」、「法華精舍」兩址外，在旗山去六龜途中的「三丘田」購有土地五分七厘，委託師弟修證法師代種水獲。另外，於虎頭埤水庫南岸約有四分地，是樂果老法師在 1970 年 10 月出讓的。但釋慧峰本人對虎頭埤的這塊地最有興趣開發。

而水月法師在他入滅後，將其地取名為天臺宗根本道場所在地的

「佛隴」，又建成「慧峰大師紀念館」，亦可稱之為善體師志、克紹其業者！

第十章　解嚴後臺灣佛教「在家教團」的崛起與頓挫：現代禪菩薩教團與臺南佛教維鬘傳道協會的研究史回顧與檢討[1]

江燦騰

臺北城市科技大學創校首位榮譽教授

一、前言

本章的研究，是研究戰後臺灣佛教「在家教團」最核心、也是最具代表性的主題和問題。但是，對於要如何討論解嚴以來，臺南府城在家佛教信仰或各類居士佛教團體的組織和活動，假如沒有將分析的概念提升到「在家教團」（這是在家佛教發展到最高峰的宗教產物）、以及將解嚴後的兩個最重要的「在家教團」：維鬘與現代禪──因彼等是呈現出最具典範性的發展經驗──則很難完整理解戰後甚至近百年來臺灣在家佛教的發展。

事實上，明清以來長期流傳於臺灣地區的傳統齋教三派（龍華、金幢、先天），就是傳統「在家教團」的一種。但傳統齋教三派雖在戰後戒嚴體制下的不利環境無法成功轉型而趨於沒落，不意味在家佛教徒都不從事「非僧侶主義」的信仰自主性的追求。所以我們在北臺現代禪創立者李元松或臺南府城的佛教維鬘傳道協會主導者王儒龍的身上，都

---

[1]　本章是 97 年度國科會補助計畫編號：NSC.97-2410-H-149-0012 的部分成果。

可以觀察到上述影響的清楚軌跡。

因而，反映在此等「在家教團」的規範和信仰內涵上，則處處都可看出有民主觀念和合議制運作的強調、理性化和多元性知識的高度攝取、注重溝通與協調、與學界往來密切、在財務上透明化和謹慎取用等。

所以，研究解嚴後的臺灣佛教「在家教團」的發展與頓挫，即是研究戰後在家佛教信仰型態或歷史現象的最核心和最具代表性的主題和問題。

另一方面，迄目前為止，當代臺灣佛教史學界中對於本研究主題，並沒有將「在家教團」的兩個重要團體「維鬘」和「現代禪」的經驗作對比研究者，也沒有將臺灣戰後乃至近百年來臺灣在家佛教的「教團」作為研究的主軸者，所以其所能呈現的重要性當然不明顯。

所以進一步的系統和深入的研究，仍有待後續的諸多相關研究。而本章則僅是其中有關研究史部分的回顧和檢討，仍非全面性的重新書寫。

二、相關研究文獻研究史的回顧與檢討

（一）有關「在家教團」概念、定義和解說

何謂「在家教團」？在本章中，對於「在家教團」的這一概念使用和其定義的內涵，可有如下相關解說：

> 1. 它雖是臺灣佛教的「非出家眾組織」之一，卻非屬於傳統的「在家居士團體」之任何一種。
> 2. 它並無傳統「僧尊俗卑」的心態，且根本不遵循傳統佛教徒以僧尼為皈依師的原信仰倫理。

3. 所以，它不但擁有本身所清楚主張的「在家教團意識」，而且還擁有本身的強烈、獨立自主的「教團」規範、組織和運作之實際表現。

4. 因而，它的正確名稱是「在家教團」，而非「出家教團」或「居士團體」。

5. 儘管如此，因它事實上迄今為止，仍無像明清以來臺灣傳統齋教三派那樣，有鮮明地與「出家佛教僧尼」有徹底正面對抗的決裂意識和相關的顯性作為。所以，它既有異於「傳統臺灣齋教三派」的宗教意識和相關作為，也不能視其為「傳統臺灣齋教」直接衍生物。因此我新創「新齋教」這一概念用語，[2]可以考慮作為與「在家教團」另一同義詞來使用。

而根據以上的概念使用和的定義的內容，來檢驗迄今為止，國內外研究現況，則在當代臺灣學者中，確曾以臺灣佛教「在家教團」這樣的分析概念，作為採索的主要觀察角度和想觀面向，並將當代臺灣兩大最具代表性的「在家教團」：（a）「維鬘佛教傳道協會」和（b）「佛教現代禪菩薩僧團」加以合併觀察和比較的研究方式來說，其實只有我曾於 2007 年 12 月 15 日，於高雄市由中華佛寺協會所舉辦的【臺灣佛教的過去、現在與未來學術研討會】所發表的簡報型論文——〈解嚴前後臺灣佛教的在家教團：發展與頓挫（泡沫化？）〉一文而已。

因為我於這篇論文中，曾在〈前言〉說明的部分，特別分析解嚴與臺灣佛教「在家教團」出現的密切相關性，並用「轉型」來界定「現代禪由禪轉淨」的「頓挫」，以及用「泡沫化」來界定「維鬘由暫停活

2　江燦騰，〈戰後臺灣齋教發展的困境〉，江燦騰、王見川合編，《臺灣齋教的歷史觀察與展望——首屆臺灣教齋教學術研討會論文集》（臺北市：新文豐出版公司），頁269。江燦騰，《臺灣佛教百年史之研究》（臺北市：南天，1996）。

動到永久解體」的「頓挫」發展。

　　其次是，在該文中對於「在家教團」的概念定義，我當時的相關說明如下：

　　　　甲、它所分析的兩個對象（（a）「維鬘佛教傳道協會」和
　　　　（b）「佛教現代禪菩薩僧團」），都「不附屬於」由出家眾所
　　　　組織和所指導的「純在家居士共修團體」。

　　　　乙、所以它們是相對於「出家教團」的「在家教團」，其
　　　　特徵是：有很明顯的「在家教團意識」。因為（a）它們不只如
　　　　此鮮明主張，（b）而且毫無傳統「僧尊俗卑」的心態，（c）
　　　　並各自擁有強烈、獨立自主的「教團」規範、組織和運作之實際
　　　　表現。

　　　　而臺灣學界的相關研究，在我之前，通常是使用（臺灣佛教
　　　　中的）「新興教派」、[3]「新興教團」、[4]「禪修型新興佛教」[5]
　　　　這幾個分析概念，所以彼等所側重的，其實是與「新興」有關的
　　　　特徵，而非「在家教團」的特定概念。

　　相對於此，我不但首先使用「在家教團」的這一心分析概念，同時也強調「在家教團」是各種與「出家僧團」明顯存在著相互對立的特徵、意識形態與組織運作等。至於在兩大「在家教團」的發展與頓挫過程的解說方面，我則是結合教團史的變革和教團內外思想的衝突兩者來進行歷史發展的描述。

---

[3] 見楊惠南，〈解嚴後臺灣佛教新興教派之研究——楊惠南教授訪問現代禪創立者李元松老師〉，收在李元松，《禪的傳習》（臺北：現代禪出版社，2000 年），頁 213-284。

[4] 見羅國銘，《臺灣當代在家佛教中的維鬘傳道協會——一個區域性佛教新興教團的探討》（臺北：新文豐出版公司，2006 年），頁 69-70。

[5] 鄭志明，《當代新興佛教——禪教篇》（嘉義：南華管理學院，19981 年），頁 1-55。

　　而這一研究取向也是和楊惠南在〈從印順人間佛教探討新雨社與現代禪的宗教發展〉中，[6]單從思想對立面來看的衝突不一樣。

　　不過我在該文中，對相關過程的描述雖簡明清晰，卻欠詳細和深入。其比較重要的研究結論是，能明確指出：李元松在 2006 年 10 月 16 日所發表的〈李元松向佛教公開懺悔啟事〉全文，其實可以有二種完全不同的解釋：（一）它可以純從表面照字義來解釋，即「斷裂—由禪轉淨」的解讀立場（慧淨比丘者流，可能作如是解讀）；（二）也可以看作是病危時所採用的一種臨時應變的退讓策略，即另一派作「繼承—禪淨一如」的不同解讀（其他不認同者，可能作的如是解讀）。

　　於是，在其後的發展上，便出現：2007 年 12 月 10 日，另一新的「象山淨苑」正式啟用，並宣告：「繼承—禪淨一如」的開始揚帆快樂出航。而我和藍吉富教授，就是在當天於現場致詞和代為宣告者。[7]

（二）有關臺灣戰後僧俗關係轉變的研究史回顧與探討

1.傳統臺灣齋教三派在戒嚴體制下式微和趨向空門化的探討

　　由於戰後國府在大陸長達四年多的內戰中連番失利，1949 年 5 月 20 日當時警備總司令兼臺灣省主席的陳誠將軍，下令在臺、澎地區實施戒嚴，迄 1987 年由政府宣佈解嚴為止，一共經歷長達三十八年的

6　楊惠南，〈從印順人間佛教探討新雨社與現代禪的宗教發展〉，《佛學研究中心學報》第 5 期，臺北：2000 年，頁 275-312。

7　然而，這一實際的歷史發展，在羅佳文於 2005 年 7 月撰寫〈從「現代禪」到「淨土宗彌陀念佛會」：宗教團體的轉型〉的長篇研究時，仍無法理解何以會出現第一種「斷裂——由禪轉淨」的急遽轉型。另外，釋禪林在《心淨與國土淨的辯證——印順與人間佛教思想大辯論》（臺北：南天書局，2006）一書中也大篇幅的從各種角度解讀〈李元松向佛教公開懺悔啟事〉全文，但不能料到的是，現代禪內部其後會出現的，另一派新解讀和新做法。因此歷史學的研究，是無法將未發生的事實，當預言來處裡的。否則，便很容易出現類似筆者以上所述的期後會出現翻盤或截然相異的意外結果，致使研究者先前的種種推論，都可能完全失效。

「戒嚴體制」。在戒嚴時期，宛如軍事管制一樣，大多數的集會和遊行的權利橫遭凍結；言論和出版的自由，備受限制了。由於人民自由結社的權利給凍結了，而來自大陸各省的僧侶（以江蘇和浙江兩省佔絕大多數），雖僅少數具有原組織的理、監事身份，卻在黨部的默許和輔導之下，按各省的原配額（公然權充他省的名額者，所在多有），成立了「中國佛教會」。[8]

此一「中國佛教會」的成員在 1953 年以後，應政府的要求，下鄉到全臺各地，宣傳政令和佛法，一方面增進民眾對政府施政的信心，一方面藉佛法降低民間信仰中的迷信和浪費。於是在以後的數十年間，這些成員實際主導了臺灣佛教的意識形態和發展的方向。此一巨大成效，張曼濤稱之為「大陸佛教的重建」。其中最堪誇耀的功績，是出家佛教傳戒的制度化，咸認是改變臺僧受日僧影響破戒取妻的惡習。但，實際卻是對日據時代臺僧傳戒文化雙軌制的大誤解。

因日治時代，僧侶受戒，有源自對岸福建鼓山湧泉寺的傳戒傳統者（即禁慾不娶妻者），也有改採日僧方式帶妻食肉者。此外，傳統齋堂三派：龍華、金幢、先天，為在家佛教性質的帶髮修行者：龍華、金幢有嫁娶；先天則強調守貞。結果，戰後的傳戒，除新出家者外，主要的對象，其實是強迫齋堂的在家修行者受出家戒。

不只如此，在戒嚴期間，特別是 1971 年臺灣退出聯合國的代表權席位以後，「中國佛教會」的領導階層，每遇在野人士的政治異議運動，都會呼應政府的立場，強烈地指責異議者。然而，儘管忠貞無疑，正式解嚴之前，要成立類似「中國佛教會」的中央級僧伽組織，仍是不

8　有關戰後臺灣佛教史的新研究，還包括有：楊書濠，〈從解嚴到戒嚴──中國佛教會在臺灣政教關係中的挑戰與發展〉，國立中正大學歷史研究所博士論文（2009 年 6 月）、以及闞正宗，《中國佛教臺灣──漢傳佛教的延續與開展》（臺北：中國佛教會，2009）、中國佛教會主編，《中國佛教會復會六十週年論文集》（臺北：中國佛教會，2009）。

許可的。最具體的例子是，中（臺）、美斷交後（1978），佛光山的星雲法師發動各方人馬，擬成立「中國佛教青年會」組織，以利對外進行國民外交。雖有計劃、有宣傳、有組織、有步驟地大力進行，仍遭「中國佛教會」的強力反對而迅速瓦解！

而臺灣本土齋教的傳統三派的宗教處境，如上所述，因在 1949 年後，大批大陸出家僧侶逃難來臺後，彼等藉著戒嚴體制的威勢，推行出家傳戒、以及強調出家僧侶為正信和純粹的佛教代表者，於是全臺的齋堂和「齋教徒」，即面臨被強烈批判為「非佛教」的尷尬窘境。

雖然有些臺灣的齋堂，也加入「中國佛教會」成為正式會員，會費的捐獻也極踴躍，可是來自佛教內的責難卻從未中止。因此，現在除少數老齋友還在力撐外，臺灣全島的齋堂，可以說都極為式微，當然因此而改信或被接管的，更不在少數。另一方面，脫胎於先天派的一貫道，藉著結合儒家思想和入教的簡易化，在臺灣地區大大地盛行起來，成為僅次於佛教的大教派。所以除少數的「齋堂」和「齋教人物」之外，其餘的皆紛紛自願的或被情勢所迫不得已的轉為「空門化」，亦即「齋堂」大量改為「佛寺」，「齋教徒」則大量落髮受戒，而成為正式的「僧尼」。

由於傳統臺灣齋教的式微和趨向空門化，所以新的「在家教團」若要崛起，彼等便須實際面臨與主流的出家佛教相互對抗的過程。

所以，我對於此一發展情勢，[9]曾發表多種著作，探討在家佛教的組織和運作，例如根據研究者羅國銘說法，即曾明確提到：「直接言及臺灣當代在家佛教組織運作者，我投注甚多心力，最重要者如《臺灣佛教百年史之研究》、[10]由博士論文所改寫出版的《日據時期臺灣佛教文

---

[9]　江燦騰，〈戰後臺灣齋教發展的困境〉，江燦騰、王見川合編，《臺灣齋教的歷史觀察與展望──首屆臺灣教齋教學術研討會論文集》（臺北：新文豐出版公司，1994），頁269。

[10]　江燦騰，《臺灣佛教百年史之研究》（臺北市：南天，1996）。

化發展史》。其它如《當代臺灣佛教》、[11]與王見川合編的《臺灣齋教的歷史觀察與展望》[12]……等書籍。」[13]

　　除此之外，藍吉富的〈現代中國佛教的反傳統傾向〉與〈太虛大師與歐陽漸對「在家住持正法」的不同見解〉，均收在《二十世紀的中日佛教》中，藉此可以理解在家、出家等不同意識形態的支持者，彼此互相對諍論述的主要焦點。[14]在〈大乘經典中之在家佛教徒的地位及其角色功能〉一文，藍吉富認為大乘佛教已不存在原始佛教「僧尊俗卑」的條件。就教義來說僧俗皆可成佛，在行事上大乘教團菩薩眾成員同樣包含僧俗二眾；而根據《優婆塞戒經》記載，在家眾仍是可以弘法、收徒的。最後是有關在家人主持教團的問題，藍吉富認為由於受傳統佛教界的戒律及環境限制，在家眾主持含有僧人的教團可能性不大，但是很有可能主持專屬在家眾的菩薩教團。[15]

　　可是，在事實上，不論在「現代禪」或在盧勝彥的「真佛宗」這兩教團內都曾出現「在家眾主持含有僧人的教團」的事實，並且，在當代臺灣現有藏傳佛教組織中，也同樣出現「在家眾主持含有僧人的教團」的事實。所以，呂凱文的研究論文，〈論僧俗二眾之宗教教育──從僧俗身份的區分與宗教職能的定位談起〉，雖能彙整原始聖典中的俗人角色，來肯定在家信眾護持與傳播正法的能力。應是「護持」而非

---

[11] 1992 年 9-12 月《維鬘》月刊第 23-25 期，曾連載對我的訪問稿〈談臺灣佛教史的研究現況與教團發展路線的評估〉。後來羅國銘在其書的第 9 章註 39 的說明，也提到部分參考我的建議。見羅國銘，〈臺灣當代在家佛教中的維鬘傳道協會──一個區域性佛教新興教團的探討〉，頁 365。見江燦騰，《臺灣當代佛教》（臺北市：南天，2000）。

[12] 江燦騰、王見川主編，《臺灣齋教的歷史觀察與展望》（臺北市，新文豐，1994）。

[13] 見羅國銘，《臺灣當代在家佛教中的維鬘傳道協會──一個區域性佛教新興教團的探討》，頁 7。

[14] 藍吉富，《二十世紀的中日佛教》（臺北：新文豐出版公司，2006），頁 1-20；頁 101-110。

[15] 見藍吉富，〈大乘經典中之在家佛教徒的地位及其角色功能〉，《從傳統到現代──佛教倫理與現代社會》（臺北：東大，1990），頁 5。

「主持」，是「輔導」而非「主導」。[16]但，這對當代臺灣佛教已出現的「在家教團」的事實來說，沒有現實上的說服力。

　　周霖芳〈中國佛教會在臺灣之發展（1945-1955）〉處理中佛會遷臺後的經營與變革，其中牽涉派系糾紛、佛教體系改革、傳戒與白色恐怖事件。此一研究顯係受我研究的影響，同樣指出中佛會遷臺後大陸僧人聲勢之大，臺灣僧俗當時尚屬沉默少數。[17]但絕非由此就可斷定如最新研究者黃詩茹在其〈戰後臺灣佛教僧俗關係的轉變及意涵：由臺中蓮社、大專青年齋戒會、香光尼僧團考察〉一文中所說的：「由此觀察，今日臺灣佛教已邁入新階段，但尚無法說完全脫離大陸僧人影響。」[18]

　　因為政治的「解嚴」，才是影響佛教組織多元化的最大因素。例如，如今「中國佛教會」連解嚴之前極力批判的一貫道，也在一貫道合法化登記後，就絕口不再公開批評臺灣的一貫道任何團體的教義或組織活動了。[19]所以，「影響」的定義內容為何？必先確定，[20]然後才能討論其是否迄今「尚無法說完全脫離大陸僧人影響」的情況。

　　在同論文中，她還提到說：「現代禪、維鬘等在家教團在 1990 到 2000 年間紛轉型、潛修，這些團體多受人間佛教思想啟發，但無法掌

---

[16] 呂凱文，〈論僧俗二眾之宗教教育──從僧俗身份的區分與宗教職能的定位談起〉，《世界宗教學刊》（2005），第 5 期，頁 86-87。

[17] 周霖芳，〈中國佛教會在臺灣之發展（1945-1955）〉（桃園：中央大學歷史研究所碩士論文，2003），頁 67。

[18] 黃詩茹，〈戰後臺灣佛教僧俗關係的轉變及意涵：由臺中蓮社、大專青年齋戒會、香光尼僧團考察〉（臺北：政治大學宗教研究所碩士論文，2009），頁 6。

[19] 據筆者眼見所及，一貫道總會的秘書長蕭家振，更是經常出現中國佛教會的大型公開活動中，並為大會貴賓之一。

[20] 例如黃詩茹如此推論的理由是：「惠空法師認為目前臺灣佛教已由第三代領導人接棒。第一代為大陸來臺僧侶，在艱困環境中推動臺灣佛教新生命。第二代則承接前人基礎繼續發展，包括健全山頭式大僧團與豐富佛教生存空間。第三代則是出生於 1950 年後者，多為知識份子，並受過完整的僧伽教育。如厚觀、惠敏、淨耀、恆清、果暉、慧開、慧律、法藏、昭慧等皆屬第三代。」見黃詩茹，〈戰後臺灣佛教僧俗關係的轉變及意涵：由臺中蓮社、大專青年齋戒會、香光尼僧團考察〉，頁 6。

握自身優勢，成功塑造團體形象。此現象突顯人間佛教風行的當代，『居士佛教』的定義與內涵值得省思。」[21]然而，真正的歷史事實，卻與上述的論斷略有出入，其實際狀況如下：

一、當代臺灣佛教的傳統僧人或道場，反對「人間佛教」思想的大有人在。[22]

二、「在家教團」之一的「現代禪」也同樣是批判「人間佛教」的在家團體之一。[23]

2.解嚴後臺灣佛教「在家教團」得以崛起的開放環境之相關研究論述

戰後臺灣佛教的發展，因解嚴和〈人民團體組織法〉的訂定，而使之前因「戒嚴體制時期」（1949-1987）所凍結的佛教中央組織一元化，開始鬆弛和逐漸趨向多元。[24]

而因〈集會遊行法〉的制定和 1987 年 11 月 2 日開放「大陸探親」政策的實施，也使佛教徒的正常集會、遊行和赴大陸從事兩岸的佛

---

[21] 見黃詩茹，〈戰後臺灣佛教僧俗關係的轉變及意涵：由臺中蓮社、大專青年齋戒會、香光尼僧團考察〉，頁4。

[22] 釋禪林在《心淨與國土淨的辯證——印順與人間佛教思想大辯論》（臺北：南天書局，2006）一書全書中，也都是在討論這個大問題。連大陸佛教學者鄧子美和陳兵也提到：「他（按：印順導師）把主張的人間佛教與中國化佛教各宗派對立起來，輕忽了中國化佛教各宗派現代化的可能；同時又排斥借鑒國外宗教現代化的成功經驗。這樣，反使『人間佛教』理論失去應有的普遍意義，其贊同者容易流為一特殊教派。」見陳兵·鄧子美，〈人間佛教的理論建構與運作〉，《二十世紀中國佛教》（北京：民族，2000年11月初版），頁205。

[23] 見釋禪林在《心淨與國土淨的辯證——印順與人間佛教思想大辯論》，頁52-142。

[24] 陳美華在〈臺灣佛教二十年來的展現〉一文，也對此有簡明的論述。見王宏仁、李廣均、龔宜君主編，《跨戒——流動與堅持的臺灣社會》（臺北：群學出版有限公司，2008），頁299-321。但是筆者新書《臺灣佛教史》（臺北：五南出版公司，2009），則對此有更詳細的多篇說明。

教流，都逐漸趨於正常化和頻率大增以及範圍擴大。[25]

　　有關這一變化，我曾指導羅國銘進行相關研究，所以，以下的摘述，可以視為我與羅國銘共同思考的結果：

　　一、臺灣經濟的發展，由 1950 年至 1960 年，是仍處於第一次進口替代階段；1961 年至 1971 年，則是到了出口擴張階段。而第二次進口替代，則發生在 1971-1981 年初；並且從 1984 年起，即朝全面自由化的開放政策發展。

　　由此看來，整個 60 年代，雖可視為戰後臺灣經濟發展的重要轉捩點。但 1961 年至 1983 年間，才真正使臺灣的社會變遷，由農業社會成功地推進到工商業的社會型態。亦即，在六〇年代後的富裕，使得臺灣人更有能力進行宗教生活的培養。

　　而且，鄉下人口集中到城市，也開始使得這些人，在不同情境的刺激下，開始培養不同的眼光，學習以新的技術處理舊的問題。

　　所以，臺灣社會和臺灣的經濟發展，幾乎是同步互動和朝向週期性的轉型。而維鬘佛教傳道協會的最重要創立者之一的王儒龍，早期即在此一情形下，展開其個人對臺灣傳統佛教保守舊習氣的深刻反省。

　　二、外在情勢的第二個重大轉變機制，是臺灣地區在政治上由戒嚴時期逐漸朝向解嚴。轉變的關鍵，是在 1971 年中共進入聯合國，而臺灣也同時退出該國際組織；1978 年，中共更進一步和美國建交，而臺灣也同時和美國斷交。於是原先伴隨戰後外國政治力和經濟力的在臺優勢而快速擴張教勢的西洋在臺教會，便因此一優勢政經關係的斷絕，而出現發展困頓的瓶頸。

　　到了 1987 年，臺灣正式宣布解除戒嚴，也對臺灣本土佛教的發

---

[25] 臺灣佛教界和大陸佛教界的恢復交流，是隨著 1987 年 11 月 2 日的「大陸探親」的政策開放，而逐漸展開的。在此之前，臺灣佛教界是政府政策的忠實擁護者，特別是在長期的「戒嚴體制」下，佛教的領導階層，大都具有良好的黨政背景，批判共產政權，是彼等一貫的立場。因此，初期佛教界的赴大陸交流，其實是藉「探親」的名義在進行的。

展，帶來最關鍵性的影響——因在此之前，中央級的佛教組織，主要是中國佛教會及其所屬的各分會組織，而其它非屬中國佛教會的組織，在發展上受到了極大限制——解嚴後，宗教組織的活動控制，大幅解除。[26]此後，佛教在社會潮流的激盪下，也開始邁開大步，關懷社會議題，甚至參與政治運動。

　　三、不過，在實體法的影響方面，1989 年〈人民團體組織法〉通過後，當代臺灣佛教團體才一個個成立起來。[27]而隨後幾年的變化，更是驚人，例如：(1) 1988 年，解除報禁。(2) 1991 年，結束「動員戡亂時期」，廢止「臨時條款」。(3) 1993 年，有線、無線電視網解禁。於是新興教團紛紛與傳媒結合，形成全島性的巨幅傳播網。

　　再者，因為「中國佛教會」的長期組織一元化，既然只是由於特殊的「戒嚴體制」環境，才能維持下來的。正如在「戒嚴體制」下，立法院、監察院和國民大會的老代表，也曾長期藉口「維護大陸的法統」，而拒絕定期改選一樣。

　　所以，解嚴後，由於〈人民團體法〉已在 1989 年元月公佈，第一章〈通則〉的第七條規定：「人民團體在同一組織區域內，除法律另有限制外，得組織二個以上同級同類之團體。但其名稱不得相同。」這一法律上的更動，使「中國佛教會」在中央組織長期主控的權力，宣告終結。佛教組織的多元化，在臺灣成為常態的可能。

　　即以「傳戒」而論，也由於組織的多元化成為可能後，便出現佛光寺和光德寺的兩個不同系統的寺院，在同一年（1993）內，各自傳

---

26 江燦騰指出：「基本上，佛教與社會關懷的研究，是和臺灣解嚴後，風起雲湧的社會運動有關。」江燦騰，《臺灣佛教百年史之研究》，頁 88。

27 這些佛教團體如「中華民國佛教青年會」、「中華民國現代佛教學會」、「中華佛光協會」、「中華佛寺協會」等。參考楊惠南，〈解嚴後臺灣新興佛教現象及其特質——以人間佛教為中心的一個考察〉，收在《新興宗教現象研討會論文集》（中央研究院社會學研究所：2002），頁 201。

授「出家戒」的情形。「中國佛教會」長期壟斷主控權的局面，在臺灣地區正式被打破。也可以說，又恢復了各寺院，可自行「傳戒」的多元管道之常態。

而假如說，「中華佛光協會」是在佛光山的道場系統開展起來的全國性組織，是有別於「中國佛教會」性質的。但在 1991 年 8 月 31 日在高雄市鼓山成立的「中華佛寺協會」，則是「以結合全國佛教寺院」為對象的，依據也是〈人民團體法〉的規定。目前此一組織，加入的全臺寺院，已接近百個單位，也是擴展快速的佛教組織之一。此外，還有「中華民國佛教青年會」、「中華民國現代佛教學會」等全國性組織，也各有其開展狀況。

四、所以，當代臺灣佛教「在家教團」的出現，也是跟著「戒嚴體制」結束的新變化，才相繼成立的。例如李元松（1957-2003）所創立的「現代禪」（1989-2003）和王儒龍（1943-）所主導的「臺南佛教維鬘傳道協會」（1987-2000），就是顯著的兩個代表。雖然，「臺南佛教維鬘傳道協會」出現還有它的前期史。[28]但有明顯「在家教團」

---

[28]　據闞正宗、侯坤宏、卓遵弘訪問，《人間佛教的理論與實踐——傳道法師訪談錄》（臺北：國史館，2009）的最新看法：1979 年 8 月 26 日，在臺南妙心寺，在該寺住持傳道法師的指導和協助下，一群原活躍於臺南德化堂的居士們，成立了「光明護法會」，之後雖由傳道法師帶領彼等讀印順導師的《妙雲集》多種，但成果不佳。於是，彼等再另行開創了「維鬘傳道協會」。因而，日後「維鬘傳道協會」的成員，並不承認這段歷史。羅國銘，《臺灣當代在家佛教中的維鬘傳道協會——一個區域性佛教新興教團的探討》（臺北：南天書局，2006），頁 38。至於有關維鬘教團的崛起與現代臺灣政經巨大變革的相互關係，羅國銘還提供一個對照表，可由如下表來顯示：
王居士生平、維鬘教團分期與臺灣政經關係簡表

王儒龍	青　　年　　期 1943-1963	壯年期 1963-1983	成熟期到現在 1983-	
維鬘教團	1982 年以前承舊期	1983-1985 的西華堂時期	1985-1986 的小北路時期	1987-2000.06.30 公園路實驗期
政治背景簡述		70 年代開始，分別有兩次鄉土文學論戰。臺灣推行本土化政策。		1987 年臺灣地區解除戒嚴

意識的階段，還是在解嚴之後。

所以底下，即針對關於「現代禪（以下簡稱）」和「維鬘（以下簡稱）」兩在家教團的「個案全程研究」

（三）關於「現代禪」和「維鬘」兩大在家教團的「個案全程研究」

此處先就何謂「個案全程研究」？作一說明，其實，本章在此，是意指：

對這一類的相關研究，可以先從「現代禪」和「維鬘」這兩個研究對象（個案）作「全程」性的研究史的觀察。

亦即就「現代禪」這個研究「個案」之一來說，我們將其現有的相關文獻中，試著能否先挑出其中的一類，是否具有如下的完整研究內容（包括從「現代禪」的開始創立、發展、潛修、建「象山修行社區」、到轉型為「彌陀村」和其後「象山淨苑」的崛起這一整個過程）？

如果這整個過程研究者都有過進行探討（詳略不拘），則像這一類的相關研究文獻，我們便可將其稱之為，是屬於「個案全程研究」的相關文獻。又因此類研究文獻，其涉及面最為廣泛，頗有助於我們瞭解

經濟背景簡述	60 年代可視為臺灣經濟的重要轉換點。	1970 年代後期，臺灣經濟迅速成長。	1961 年至 1983 年間，臺灣由農業社會轉成工業社會	80 年代前期趨緩，然後股市活絡，一路飆漲
宗教背景簡述	耶教快速發展，直至 60 年代中期頓挫。	林本炫認為：70 年代的臺灣宗教，已進入百家爭鳴的時期。	1983 年同時成立的佛教團體有「文殊佛教文化中心」。	解嚴後，臺灣宗教團體紛紛設立。

由此表的對照資料，顯然可以證明維鬘教團的崛起，與臺灣政、經、社、文的階段發展的相互之間，具有高度的一致性。事實上，維鬘教團的崛起，只是臺灣宗教整體性的一部分，自然無法不受此一臺灣地區人文、風俗與政、經大環境變動的影響。

整個研究對象的發展之全面性概況，所以將其列為最優先的考察對象。

　　但經過我檢視之後，發現像這樣「個案全程」研究的文獻，事實上只有一篇，即羅佳文於 2005 年 7 月完成的輔大宗教研究所碩士論文時所寫：〈從「現代禪」到「淨土宗彌陀念佛會」：宗教團體的轉型〉的長篇研究論文而已。[29]可是，對於「現代禪」的早期史和教內外的思想爭辯來說，羅佳文的研究還是相當表面和簡略的。並且，他也不重視「在家教團」的分析概念，所以和本章的研究取徑是不同的。

　　其次，就另一個著名「在家教團」的「維鬘」個案「全程」研究成果來說，也同樣少之又少，事實上也只有由「維鬘」重要成員之一的羅國銘，在我的指導之下，於 2002 年 6 月所完成的輔大宗教研究所碩士論文：《臺灣當代在家佛教中的維鬘傳道協會──一個區域性佛教新興教團的探討》一篇而已。不過，羅國銘的此篇論文已於 2006 年，由我納入所主編的新文豐的【佛教文化叢書之十五】正式出版。但為何我要特別在此敘說它的出版狀況呢？

　　這是因為「維鬘傳道協會」早在其正常活動期（1987/1/1-2000/6/30），雖常與外界往來，特別當代臺灣佛教學者（包括我人在內），交往相當密切（邀請演講和合辦重要學術研討會），即始終拒絕外界的對其進行研究或作深入的理解。

　　例如楊惠南教授的【解嚴後新興佛教教派之研究】大型國科會補助的研究計畫，雖曾討論了包括：維鬘、新雨社、現代禪、萬佛會、生

29　不過，由於羅佳文的研究，是經過「現代禪教團」特許的，所以能有內部提供的詳細解說資訊，可代表現代禪的正統詮釋觀點，很值得參考。首先，羅佳文是以宗教社會學的概念來界定「宗教運動」和觀看所謂「臺灣新興宗教現象」（第二章），然後才相繼討論：（一）現代禪「教團的創立、發展與轉型」（第三章）、（二）「教團轉型前後的內外互動」（第四章）、（三）「都市叢林的創造：象山修行社區與彌陀村」（第五章）。另外，他還整理出四種簡明的附錄：〈現代禪教團發展大事記〉、〈現代禪教團創始人李元松生平大事記〉、〈淨土宗彌陀念佛會發展大事記〉、〈淨土宗彌陀念佛會領導人釋慧淨大事記〉。以上，這些對於瞭解現代禪「由禪轉淨」的過程相當有幫助。

命關懷協會等「新興教派或新興團体」。但其長篇論文中，除了因維鬘根本拒絕提供他內部資料和受訪，讓他無法進行深入研究之外，其它團體都願受訪，並留下大量記錄，使得楊教授在其研究成果的綜合介紹時，有關於「維鬘教團」的說明部份，仍只能根據我過去對「維鬘」現象的簡略描述來進行說明。[30]

亦即，連楊教授進行如此重大的研究計劃，都始終無法撰寫關於「維鬘教團」的研究專文（※這是說明研究之難而非批評），何況其他學者。

此外，另一重大的研究困難是，自從「維鬘教團」於 2000/6/30 開始暫停教團正常活動之後，不只大量會員和主要幹部都紛紛離散，連相關重要的內部資料也大都散失或被大量毀棄。

其後，我基於「維鬘教團」在當代臺灣佛教「在家教團」的代表性和珍貴的發展經驗，不能就此從歷史上消失，必須設法加以搶救回來。所以，當「維鬘教團」派外深造者之一的羅國銘，擬邀請我擔任其碩士學位論文撰寫的指導教授時，我不但特別指定其必須研究「維鬘教團」，同時也協助其重建以口述和回憶為主、加上部份殘存重要文獻合組的《田野調查及附錄彙編》（※此資料共 184 頁，內容極為珍貴和豐富）。

所以其整個研究，最後雖過於偏向「維鬘教團」指導者王儒龍先生的宗教經驗介紹與其新佛教淨土思想的詮釋說明——這當然是因為王儒龍留下的口述資料最多和最有內涵，最具有參考價值，自然在羅的論文中，也就呈現與其相關的較多書寫。

但，除此之外，由於羅國銘的研究，一開始就設定：要成為「在

---

[30] 此文收錄於楊惠南，〈解嚴後臺灣新興佛教的現象與特質——以「人間佛教」為中心的一個考察〉，《「新興宗教現象研討會」論文集》（臺北：中央研究院社會學研究所，2002.03），頁 189-238。而楊惠南所引用我的資料，出自拙著，《臺灣佛教百年史之研究》（臺北：南天書局，1996 年），頁 475-476。

家教團史」研究的典範記錄和完整經驗的重現，所以全書內容中的主要
九章是：第一章「臺灣當代在家佛教的變革背景與維鬘教團的崛起」、
第二章「維鬘教團的創立與組織的形成」、第三章「成員共識的確立與
活動模式的規劃」、第四章「王儒龍的詮釋進路與維鬘教團的核心理
念」、第五章「教團對佛教聖俗二諦的觀念衝突及其調適之道」、第六
章「維鬘教團的修行體系與實修個案的檢討」、第七章「教團對傳統僧
俗倫理的再反思與新倫理觀之形成」、第八章「維鬘教團的新淨土理想
觀」、第九章「維鬘教團的宗教實踐與發展頓挫」。

　　從上述的各章內標題來看，其所探討和分析的主題與內容，幾近
周延地包括「在家教團史」的各層面課題，所以參考的學術價值甚高。
但由於主要資料是重建的、敘述者又是內部的重要參預者且已接受過學
院專業性學術訓練，因此論述時，是否夠客觀公正？其實是必須存疑
的。

　　再者對於「背叛者」的問題嚴重性，其實也是出現在進行研究之
後。因羅國銘和徐秀慧兩人都是核心幹部，也是教團花費最多的派外深
造者，卻在彼等完成專業深造並取得高等學位之後，即永久性的「背離
教團」，或另創異質團體並自任領袖（羅國銘），[31]或別謀營生職業永
久去（徐秀慧），使得日後「維鬘教團」活動的再起，幾近不可能，亦
即可能就此永久「泡沫化」了。

　　這對於當初採用我建議「派外訓練，以養成類似職業軍官團的自
家專業幹部」的構想，[32]都全被後來現實的變化所擊敗！這也是當初根

---

[31] 羅國銘的團體，可稱為「uv.Go」，他自稱為「嘉南亭風」，並著有《重新定義人的莊
嚴——穿越靈性的地平線》一書（臺南：生命美覺出版社，2007）。

[32] 1992 年 9-12 月《維鬘》月刊第 23-25 期，曾連載對我的訪問稿〈談臺灣佛教史的研究
現況與教團發展路線的評估〉。後來羅國銘在其書的第 9 章註 39 的說明，也提到部分
參考我的建議。見羅國銘，〈臺灣當代在家佛教中的維鬘傳道協會——一個區域性佛教
新興教團的探討〉，頁 365。

本未能逆料的大變局！所以迄今王儒龍先生雖仍常和我商議「如何再出發？」我則始終只能沉默以對。儘管如此，進行反思和再理解，還是必要的。

（四）關於「維鬘」和「現代禪」兩個在家教團的「局部研究」

1.「維鬘」在家教團的「局部研究」

關於這兩個在家教團個案的「局部」研究，因「維鬘教團」的研究較少，故於此先行討論。

首先，是我於〈戰後臺灣齋教發展的困境〉一文中，第一次將「臺南維鬘傳道協會」定位為「新齋教」，並認為它「能採取人間佛教的理念，積極地培養專業人才和增強社會服務，因此業務蒸蒸日上，未來大有可為」。我還於同文中建議：希望「今後臺灣的新舊齋教，能共聚一臺，充分交換彼此的發展經驗，以增進日後在家佛教的進一步發展」。[33]

不過，儘管我於文中將「臺南維鬘傳道協會」定位為「新齋教」的學術分類，並無不妥，連羅國銘本人也承認。但以王儒龍為首的維鬘成員，並不接受，不接受的原因，根據羅國銘分析，有列各點：

（1）齋教已經開宗立教，維鬘卻以佛教為信仰主體。

（2）齋教有自己的經典，維鬘卻以佛教經典作為教團聖典。

---

[33] 江燦騰，〈戰後臺灣齋教發展的困境〉，江燦騰、王見川合編，《臺灣齋教的歷史觀察與展望──首屆臺灣教齋教學術研討會論文集》（臺北：新文豐出版公司，1994），頁269。

（3）齋教自行開設戒壇傳戒（過光場），維鬘沒有傳戒制度。

（4）此外，儀式不同、唱腔不同、穿著不同……在意識形態上，正統齋教徒強調在家修證的光榮傳統（不同齋堂，對此有不同的反應），而「空門」視自己才是佛教正統。然而，維鬘成員從未反對出家制度，團體成員多人出家，對出家人也多保持友善、尊敬；不攻擊、不嘲笑。而且，此一良好的友誼關係，始終沒有太大變化。[34]

但，這應只是表面的理由，因為當時的維鬘成員擔心的，其實是，一旦承認類似臺灣「傳統齋教」，則當時正激烈上演的「現代禪」與「出家眾」的爭辯戰火，可能會蔓延到「維鬘教團」來。所以，年長又老於佛教規矩的王儒龍，不但拒絕「新齋教」的定義，也拒絕楊惠南對其定位為「臺灣本土發展出來的新教派」，[35]以及連「現代禪網站」上，稱其為「新興宗教」一詞，都快速表示反對。理由是維鬘根本沒有「開宗立教」。[36]

最後，「維鬘」成員在最低的限度下，勉強接受「臺灣佛教中的新教派」，[37]但其私下，還是自認是「俗家教團」，而非「在家教團」，以免讓人聯想其與「出家教團」對立狀況。[38]不過，以「俗家

---

[34] 羅國銘，《臺灣當代在家佛教中的維鬘傳道協會——一個區域性佛教新興教團的探討》，頁83。

[35] 見楊惠南〈解嚴後臺灣新興佛教的現象與特質——以「人間佛教」為中心的一個考察〉，《「新興宗教現象研討會」論文集》（2003.03）頁202-203。

[36] 見羅國銘，《臺灣當代在家佛教中的維鬘傳道協會——一個區域性佛教新興教團的探討》，頁69。

[37] 見羅國銘，《臺灣當代在家佛教中的維鬘傳道協會——一個區域性佛教新興教團的探討》，頁70。

[38] 見羅國銘，《臺灣當代在家佛教中的維鬘傳道協會——一個區域性佛教新興教團的探

教團」而非「在家教團」為其教團定位，毫無意義，因其同樣主張：
（一）在家佛教的獨立性和自主性的「主體性」，（二）雖尊僧但以平
等立俗，所以還是顛覆傳統「僧尊俗卑」的佛教倫理觀念、（三）其發
展路線依然主張「多元分化，良性競爭」。[39]

所以，區分「俗家教團」和「在家教團」，連羅國銘都認為學術
上不太能成立，所以他在研究時，其實是將「俗家教團」，而非將「在
家教團」當同義詞來使用的。[40]

因此，本章的研究，便是使用「在家教團」，而不使用「俗家教
團」，其道理在此。

此外，我在〈解嚴後的臺灣佛教與政治〉[41]和〈當代臺灣佛教史料
的收集和研究—以近百年來的研究為視角〉[42]兩文，雖都是先驅性的研
究，但內容其實過簡，所以此處不多討論。[43]

2.「現代禪」在家教團的「局部研究」

接著，我們可以回頭討論「現代禪」個案的「局部」研究論文。
相對「維鬘教團」的研究困難和稀少，「現代禪」個案的「局部」研究
論，在數量上可謂不少。這跟其活動的資訊公開、著作流通甚廣和接受
專訪次數頻繁等因素，[44]都大有關係。

討》，頁 83。

[39] 見羅國銘，《臺灣當代在家佛教中的維鬘傳道協會——一個區域性佛教新興教團的探
討》，頁 282-302。

[40] 見羅國銘，《臺灣當代在家佛教中的維鬘傳道協會——一個區域性佛教新興教團的探
討》，頁 85。

[41] 江燦騰，《臺灣佛教百年史之研究》，頁 439-456。

[42] 江燦騰，《當代臺灣佛教》。臺北：南天書局，2002 年，二刷。

[43] 提及兩文，是表示：筆者在研究「維鬘教團」一事，可謂起步甚早，並非臨時起意的主
意。

[44] 些頻繁的訪問資料，都彙歸在李元松，《昔日曾為梅花醉不歸——經驗主義的現代禪心
版》（臺北：現代禪出版社，1996）一書。與佛學界和其他宗教人士等書信或訪談的資

這些研究，又分「外部學者研究」與「教團內部成員研究」兩種。所以，以下我們先討論「外部學者的研究」。

（1）外部學者的研究

a. 鄭志明的研究評述

鄭志明的〈臺灣禪修型「新興佛教」初探〉一文，應是臺灣學界最先使用「禪修型」的——「新興佛教」的分析觀念。[45]

但，他在使用這一觀念時，還對此特別作了詳細的解釋，他說：「……其實『新興佛教』一詞可以純屬學術名詞，與『新興宗教』的詞性相同。『新興宗教』是指另一類的宗教，『新興佛教』是指另一類佛教，甚至是指不是傳統佛教，有不是佛教的意思，但它又打著佛教的招牌，自稱為佛教。『新興佛教』是專有名詞，專指這一類宗教團體，而非指『新興化』的佛教團體。『新興化』的佛教團體本質上還是傳統佛教，不可稱為『新興佛教』。」[46]

另外，他又認為；「禪修型的新興佛教完全是一種市場取向的宗教團體，而且是無中生有，在短時間中快速壟斷部分宗教市場，就必需靠強有力的宗教宣傳策略，以強化信徒與教團間供給與需求間的互動關係。」[47]

所以，他雖也介紹了部分李元松和「現代禪」的領導風格、教團運作狀況等，甚至認為「現代禪」是臺灣佛教界的「一股清流」，[48]但

料，則彙歸在李元松，《禪的傳習》（臺北：現代禪出版社，2000）一書。

[45] 此文收在《臺灣佛教學術研討會論文集》（臺北：現代佛教學會，1996.12 出版），頁 247-264。

[46] 鄭志明，〈臺灣禪修型「新興佛教」初探〉，《臺灣佛教學術研討會論文集》，頁 261-262。

[47] 鄭志明，〈臺灣禪修型「新興佛教」初探〉，《臺灣佛教學術研討會論文集》，頁 263。

[48] 鄭志明，〈臺灣禪修型「新興佛教」初探〉，《臺灣佛教學術研討會論文集》，頁 258。

他將「現代禪」和其他三個團體：彭金泉的「大乘禪功學會」、清海的無上師的「禪定學會」和妙天禪師的「印心禪學會」相提並論，所以他其實是嚴厲批評「現代禪」也同樣屬於「無中生有」和「非佛教」之異類「新興佛教」。

因此，其推論和學術定位。與如今「現代禪」被當作臺灣佛教「在家教團」的特質或屬性來看待，可謂完全不相應。[49]

又，鄭志明除上文之外，其後雖另有〈李元松和現代禪〉一文，[50]但因其有關現代禪的創立、組織、相關人員，如傳法長老、指導老師、宗長、執行長的資格等問題，介紹雖詳，卻新意無多，故在此可以不必多論。

b. 楊惠南的研究評述

楊惠南發表的論文〈人間佛教的困局——以新雨社和現代禪為中心的一個考察〉，[51]則是一個震撼彈！因為這是根據他於 1998 年元月一次以書面提問李元松筆答、另一次則針對李元松筆答的部份再作追蹤訪談。

這原是執行中央研究院社會研究所籌備處瞿海源教授的大型研究計畫【當代臺灣新興宗教現象的研究】之子計畫「解嚴後臺灣佛教新興教派的研究」，由楊惠南教授負責。但，所謂「臺灣佛教新興教派」的研究對象：一、是預計要研究：現代禪、新雨佛學社、維鬘傳道協會、萬佛會、佛教青年會、生命關懷協會等幾個「主要的佛教新興教派」，二、是將：佛光山、法鼓山、中臺山、慈濟功德會等「傳統佛派」所具

---

[49] 范佳文，也認為鄭志明的觀點，和教團實際的發展狀況，相去甚遠。見范佳文，〈從「現代禪」到「淨土宗彌陀念佛會」：宗教團體的轉型〉，頁 23。

[50] 此文收錄於《當代宗教與社會文化——第一屆當代宗教學術研討會論文集》（嘉義：中正大學歷史研究所，1999），頁 59-78。

[51] 此文楊惠南是 1999 年 10 月發表於【印順導師思想之理論與實踐學術研討會】（桃園：佛教弘誓文教基金會）的會議論文。

有的「新興現象」也列入研究對象。我們從上述的說明，就知道這是一個定義寬鬆、甚至有點濫用「佛教新興教派」一詞的綜合性研究。

例如佛教青年會，只是新成立的佛教團體或組織，而生命關懷協會則是新成立的佛教環保團體或組織，居然也被列為解嚴後的「佛教新興教派」之一，可見其定義的寬鬆和濫用。

無論如何，由於楊惠南教授是以嚴肅態度，對現代禪從事大範圍的深度學術訪談，畢竟有別於現代禪先前的各次訪談內容。所以訪談全文，於 1998 年 3 月在現代禪的內部刊物《本地風光月刊》第 25 期「如實」登出。

但，1999 年 10 月，楊惠南教授發表的〈人間佛教的困局——以新雨社和現代禪為中心的一個考察〉一文，卻是以現代禪和新雨社兩團體與印順人間佛教思想歧異的主張，作為印順的「人間佛教」之對立面（「困局」），來進行說明或加以批判的。[52]

而楊教授在論文中除點出兩者（印順與現代禪和新雨社）歧異或認知衝突之外，[53]也連帶延伸先前外界、特別是來自「出家僧團」對現

---

[52] 楊惠南在其論文的「提要」中，非常清楚的說明自己探討的角度和側重點如下：「印順導師所提倡的『人間佛教』，儘管在臺灣佛教界逐漸成為主流思想，但卻遭遇一些困局。其中，來自新雨社和現代禪的批評，顯然無法漠視。這兩個臺灣當代新興佛教教派，對人間佛教的批評，主要有兩點：一、『人間佛教』不曾提供一套具體的修行方法。二、『人間佛教』所強調的『不急求解脫』的思想，被視為不關心究極的解脫。本章試圖透過這兩個新興教派的訪談和調查，來說明以上這兩點批評的成因」。見〈人間佛教的困局——以新雨社和現代禪為中心的一個考察〉。

[53] 這些歧異或認知衝突，楊教授認為，可包括下列各點：（一）印順「人間佛教」特重凡夫菩薩的這一特質，則是現代禪所極力批判的理念。他們以為，代表大乘佛教的菩薩，決不是「凡夫」，而是體悟了「空性」的人。（二）印順主張：「不修禪定，不斷煩惱」乃至「不證實際」的論點，現代禪和新雨社也不接受，特別是而印順主張的「不證實際」，更是現代禪批評最力的一點。（三）印順只重視原始佛教的人間性或人本主義，而不強調修戒、定、慧，以證「果」位；而這點，受到了現代禪的強烈批判。他們一致認為，印順的著作裏，缺乏明確指導讀者修行的道路。不求證入「實際」「果」位的說法，更被視為違背了佛典的明訓。（四）印順只重視初期大乘佛教，而忽略，甚至批判後來的大乘佛教（特別是在中國發展出來的禪宗、淨土宗、密宗），現代禪採取批判的態度。這也是現代禪和印順分道揚鑣的主要原因之一。所以楊惠南總結以上看法，

代禪（新雨社在此省略，以下同）的各種質疑，所以事實上幾等於是一次對現代禪發展和主張的澈底總清算。

在這些強烈質疑和批判中，楊教授幾乎是用現代禪的內部秘件和透過早期參與又先後離開的多位幹部的訪談，而一舉「揭發」了下列嚴重事實：

儘管李元松沒有正面承認現代禪的創立理念，和一貫道有關；但是，一貫道顯然對他有某種意義的影響。一、是三教經典的研讀，將他薰習成一個講究「人情義理」的修行人。二、是一貫道階級嚴明的教團組織、帶著神祕色彩的傳教方式、後學對前人和長輩的唯命是從，乃至親情倫理的重視等等，相信或多或少都會影響現代禪的組織架構。另外，一貫道原本是個祕密宗教，由於政府將它列為「邪教」，一貫道在政府禁止傳教的時代，為了規避政府的取締，採取祕密傳教的方式；內部組織及其運作，也相當神祕。浸淫在一貫道九年之久的李元松，很難不受這種祕密傳教方式的影響。因在他創立的現代禪裏，即常有印著「禁止外傳，禁止盜閱」的密件。

現代禪有所謂「外禪內密」的說法；其中，「外禪」（對外以禪修為號召），是大家所熟知的；但是「內密」（對內以密宗的規矩管理教團），卻少有人瞭解。現代禪講求理性、民主、平等（平權），應該是「外禪」的部分；至於「內密」，傳統密宗裏的上師崇拜，恐怕才是維繫教團運作的真正動力。這說明現代禪所走的路線，不是單純的禪，而是禪與密互相結合的綜合體。

現代禪的禪法特色是「情慾紓解」與「授記證果」：首先，紓解

認為：「印順推崇原始佛教和初期大乘佛教。大體說來，新雨社接受了原始佛教的教義；卻強烈批判（初期）大乘佛教。而現代禪，則一方面接受了原始佛教『四果』的修證階位，二方面接受了初期大乘佛教，特別是龍樹所弘揚的菩薩精神和『空』的哲學。但另一方面，卻又偏愛在中國（和日本）所發展出來的禪宗和密教。」見〈人間佛教的困局──以新雨社和現代禪為中心的一個考察〉。

情慾的訴求，確實是現代禪迅速吸引一批現代青年的原因之一。無疑地，它是現代禪活力的最大來源之一。再者，現代禪曾有男女關係處理不當的傳聞，儘管這些傳聞可能僅止於空穴來風，但不能不承認和紓解情慾的這一道次第有關。最後，現代禪早在創立初期，李元松極採用原始佛教的四果、四向，來判定他自己以及現代禪同修的修行階位。他先把自己判定為「慧解脫阿羅漢」（亦即依智慧而解脫煩惱的阿羅漢），而把多位追隨他的同修分別判定為初果、二果、三果。儘管多年後他本人也承認「最後證明這些都無效的」，因而自我否定了當時授記弟子果位的妥當性；但到當前為止，他還是認為自己是一個「永斷三結」的「法眼淨學習菩薩道」的行者。

「佛教現代禪菩薩僧團」是 1989 年 4 月，由祖光傳法長老（李元松）所創立得，之後立即受到傳統佛教僧俗的嚴厲批評。特別是一些因故離開現代禪的人士，幾乎都心懷怨恨；這對一個宗教團體來說，相當少見。……[54]

但，楊教授論文中所「揭發」的上述各論點，在口頭發表時，立即受到講評者林朝成教授的強烈質疑。林朝成教授的質疑意見如下：

新雨社和現代禪所關心的問題，並沒有聚焦在人間佛教的理念。臺灣新一代的佛教徒，大都研讀過印順的作品，不能因此認定他們都是人間佛教的追隨者或進一步的開創者。

新雨社以原始佛教為依歸，依據原始佛教的僧團戒律，在家人不可以接受出家人頂禮。但是新雨社，卻有人主張在家人可以接受出家人頂禮。這也是新雨分裂的原因之一。

情欲的處理問題，在新雨社的社員當中（尤其是教師團），一直有爭議。新雨社的出版刊物，是否適合刊登本章所附「修行日誌一則」

---

[54] 見楊惠南，〈從印順的人間佛教探討新雨社與現代禪的宗教發展〉，《佛學研究中心學報》第五期（臺北：臺大佛學研究中心編委會，2000），「後記」說明。

這類的文章，也是新雨社內部意見紛歧，進而導致分裂的原因之一。

現代禪似乎看輕學術研究的重大意義。現代禪要求更具體的、細部的、經驗實證的指導方式，因此不滿足於印順原則性的修行講述。這和現代禪是一個修行團體，有密切關係。

證果不是印順人間佛教的核心問題。印順不強調證果，是否可以說是印順人間佛教的困局？其實，現代禪授記果位的失敗，是很嚴重的問題。

現代禪的「內密」個性，如何實踐「外禪」所強調的理性、民主、平等的禪法？這個困局現代禪如何解決？[55]

至於現代禪方面，也立刻發出數千份信函，指由其研究部主任溫金柯撰文，指陳了楊文有下面的兩點缺失：

A.引用資料老舊；
B.（內容）數處明顯疏誤。[56]

但是，楊惠南本人對於以上的質疑，除了針對現代禪此兩點指謫，作兩點答辯之外，[57]也因應林朝成教授的質疑，而改以〈從印順的

---

[55] 見楊惠南，〈從印順的人間佛教探討新雨社與現代禪的宗教發展〉，《佛學研究中心學報》第五期（臺北：臺大佛學研究中心編委會，2000），「後記」說明。

[56] 楊惠南，〈從印順的人間佛教探討新雨社與現代禪的宗教發展〉，《佛學研究中心學報》第五期，「後記」說明。

[57] 楊惠南的原文如下：「首先，所謂『資料老舊』，指的應是拙作僅以現代禪創教初期的一些『密件』為依據。現代禪以為，拙作忽略了現代禪其後所立下的《宗門規矩》，以致才有現代禪是『外禪內密』的結論。其實，拙作所引《宗門規矩》的次數，並不下於這些『密件』的引用次數。只是本人認為，這些『密件』，對於現代禪創教性格的瞭解，更為重要。其次，所謂拙作『數處明顯疏誤』，應該是指相關人士的訪談記錄部分。這些訪談記錄，容或有對現代禪誤解或批評之處，拙作實無權隨意加以更改。」楊惠南，〈從印順的人間佛教探討新雨社與現代禪的宗教發展〉，《佛學研究中心學報》第五期，「後記」說明。

人間佛教探討新雨社與現代禪的宗教發展〉的篇名，正式發表於《佛學研究中心學報》第五期。至此，楊教授未再重大修訂自己的上述觀點。

所以，楊教授在其後（2002.03），雖又發表的〈解嚴後臺灣新興佛教的現象與特質──以「人間佛教」為中心的一個考察〉的研究長文，報告其對「解嚴後臺灣佛教新興教派的研究」的綜合成果。

但因當時，是由我本人應邀擔任講評，我即曾質疑其對「解嚴後臺灣佛教新興教派」定義過於寬鬆，且相關史料的解讀也欠嚴謹，但仍肯定其能對涉及研究主題範圍的廣泛資料，都用心地搜集和解讀，雖仍不免過於傾向以印順的「人間佛教」思想來判準一切，因而有失公允（客觀性稍有不足），卻依然不為迄當時為止該主題或該領域中最重的學術成果之一。

儘管如此，它雖一方面對瞭解「解嚴後臺灣佛教新興團體」崛起的發展脈絡大有幫助，另一方面卻對關於當前現代禪的相關研究，無進一步的突破可言，所以我們在此，可以不必再討論此文的其他種種觀點。

c.大陸學者何建明的研究評述

大陸學者何建明於 2004 年，分別於《普門學報》第 19 期，發表：〈當代臺灣佛教與基督教間的一場深層次對話──現代禪教團與中華信義神學院對話初探（一）〉和第 20 期，發表〈當代臺灣佛教與基督教間的一場深層次對話──現代禪教團與中華信義神學院對話初探（二）〉共兩篇的研究長文。

根據何建明的說法，這是關於「現代禪與中華信義神學院之間的對話，是 21 世紀伊始發生在臺灣地區的一場頗有深意的宗教對談，也是近百多年來中國的佛耶對話最有目的性和系統性的一場交流」。

「這場對話從 2000 年 6 月開始，一直持續到 2003 年元月。雙方先後進行了七次當面對談和十多次書面對談，就宗教對話的原則與態度、『至高者』信仰和『因信稱義』等重要問題，進行了廣泛深入的討

論。對談始終是平等的、開放的與充滿感激的」。

　　所以，何建明先在文中，「回顧了近百年中國耶佛對話的歷史行程，並以此切入以現代禪與中華信義神學院為代表的當代臺灣的耶佛對話，然後分別從對談雙方的背景和立場、雙方對談經過、對談的根本問題與焦點問題等方面，對現代禪與中華信義神學院之間的對談作了初步的個案探討。這場對話雖然可能還要繼續，但是從目前已經取得的成績看，對於多元處境下的新時期宗教間對談如何走向深入、如何面對對談所可能帶來的改宗問題等，都非常具有借鑒意義。」[58]

　　而與這一「宗教交談」的相關資料，也由現代禪教研部主編為《佛教與基督教的交會——現代禪與中華信義神學院的對話》（臺北：現代禪出版社，2002）。這些資料和研究，其實也代表現代禪在教內遭受嚴厲批判之後，重新在教外進行新的交流，並獲大陸學者的重視。

　　d.大陸學者邢東風的研究評述

　　因此，在何建明之外，另一個旅日的大陸學者（日本愛媛大學法文學部教授）邢東風，也早於 2003 年 12 月號的《世界哲學弘明季刊》，即發表〈現代禪及其與傳統佛教的分歧〉的專文。

　　但是，就邢東風的專文來看，其實全文只是在對現代禪進行同情的理解而已。以他的話來說，他是如此看待現代禪的：「自 20 世紀 80 年代以來，臺灣社會出現了諸多新興宗教，其中包括一批屬於佛教信仰系統的新興教派，他們不僅在理念信仰、修行方式、組織系統、管理體制以及宗教生活等方面作出新的理解和嘗試，而且與傳統佛教展開積極的對話，並向臺灣以外地區進行傳播和交流，成為當代漢語佛教世界中一個值得注意的新動向。李元松的『現代禪』即是其中之一。

---

[58] 香港中文大學崇基學院宗教與中國社會研究中心出版，《以當代臺灣為例看近代中國佛教與基督宗教的對話：現代禪與中華信義神學院的對話初探〔專文報告系列 15〕》（2004.3）對該文的扼要的解說。

　　『現代禪』並不熱中於表面的弘法事業而注重內心的修證，並提出了一套頗具現代性的新型佛教理念，在臺灣佛教界引起相當大的反響，在中國大陸亦受到關注。考察這一新興宗教現象，不僅有助於把握現代佛教發展的最新脈動，而且對於探索佛教在現代條件下的發展前景亦有啟發意義。」所以，他根據現代禪本身的說法，來解說現代禪的相關理念和特色及其與傳統佛教的分歧。

　　亦即，他其實採取和楊惠南教授的批判性論點正相反的角度，換言之，他不再以「傳統佛教（文中明白指出是以印順為代表）」的觀點，作為主要判別認知對錯的基準，而是盡力說明現代禪何以如此主張？以及何以其會不同印順的觀點？所以他的此文才會被李元松視為生平知己，還親赴日本拜訪歡談。所以邢東風此文的意義，充其量只是代表當代大陸學界理解現代禪的一個樣板罷了，並無其他重要的學術意義。

　　e.人間佛教思想與現代禪理念之爭的相關研究評述

　　由於繼楊惠南教授的強力批判現代禪之後，釋昭慧和筆者也合編《世紀新聲：當代臺灣佛教的出世與入世之爭》（臺北：法界，2002.4初版），對印順的批評者提出重要的學術反批判。

　　不過，此舉並非針對現代禪本身而發，主要是針對其他一些援引現代禪觀點以攻擊印順觀點的異議者；至於現代禪理念的主要新批評者林建德，則出版《諸說中第一：力挺佛陀在人間》（臺南：中華百科全書，2003）一書，與現代禪教研部主任溫金柯的多篇長文觀點，正好針鋒相對，而其訴說的主要重點，就是力辯印順觀點的無誤和現代禪所有批評的非當。

　　至於現代禪陣營方面，也由其教研部主任溫金柯，也曾先後表兩本專書：《生命方向之省思——檢視臺灣佛教》（臺北：現代禪，1994.12）和《繼承與批判印順人間佛教思想》（臺北：現代禪，2001），以反擊來自教界學者（包括印順本人）的批評。

可是，彼此雙方爭論的風波，卻始終餘波盪漾。其實雙方爭論的議題並不新鮮，幾乎都已在楊惠南教授先前的批評論文中都提及了，差別的其實只是各自要再堅持多久而已，所以這其實是一場不會有結論的雙方意志力和信念的相互角力罷了。

於是，針對上述雙方的各自堅持點的相關論述，如何能採取平等客觀的交互呈現的方式，來進行長期學術思想發展史的必要觀察和系統論述，便成為當時學界極迫切的一大學術課題。

於是在筆者個人的建議和邱敏捷教授的共同指導的條件下，選由釋禪林來撰寫此一重要的專書《心淨與國土淨的辯證──印順導師人間佛教大辯論》（臺北：南天書局，2006.5 初版），試圖把近二十年來的各家辯論的觀點都力求客觀地一一呈現，而作者本身卻不下最後判斷。

所以作者釋禪林，將以上述所提及的各家論述（包括以上未曾提及的海內外學者在內），凡有涉及現代禪和印順爭論的重要觀點，都按其時間順序，分別加以摘述和進行鋪陳，並使其原本歷史作用得以「忠實」地再現。如此一來，此書堪稱是在資料和論述上都是最完整的。[59]

但因現代禪其後由「禪轉淨」的問題，並不在其論述的範圍之內，所以，此書也只能當作：關於現代禪理念爭辯史的「局部研究」來看待了。

（2）現代禪內部的學者研究

現代禪內部的學者研究，除了教研部主任溫金柯之外，並無其他可稱為重要的相關論述。而溫金柯的兩本主要論述專書，以上也扼要說明過了，可以不必再提。但，李元松過世一週年時，溫金柯在《李老師紀念文集》（臺北：淨土宗文教基金會，2004），刊登兩篇重要文

---

[59] 見原書〈昭序〉，釋禪林，《心淨與國土淨的辯證──印順導師人間佛教大辯論》（臺北：南天書局，2006.5初版），頁1-2。

章：

　　（一）〈現代禪的真理觀〉（原書頁 547-636）。

　　（二）〈懷念上師——我對上師往生前二三事的思索〉（原書頁
221-250）。

　　這兩篇文章，前者是溫金柯從現代禪的理念和心法，如何在李元
松的帶領下轉向他力的彌陀信仰。

　　雖然有點保留，但基本上，都是力陳「禪淨一如」的觀點，而非
單向的由禪入淨之變革。後者是對李元松生前發表的〈李元松向佛教公
開懺悔啟事〉一文，採用「權」與「實」的兩種解讀方式，意圖呈現不
能照原來字面解讀的新解讀。換言之，李元松 13 生前發表的〈李元松
向佛教公開懺悔啟事〉一文，是應認為是「權說」而非「實說」。

　　如此一來，溫金柯才得以再 2007 年 12 月和華敏慧共創「現代
淨」的根本道場「象山淨苑」，而重新出發。[60]

　　至於曾作為內部重要教材的張志成之文〈從現代禪到淨土宗〉
（原書頁 37-546），雖能忠實反映李元松的由禪轉淨變遷過程。但如
今，卻連作者張志成本人也不再死守，而轉拜他師（蕭平實）學法了，
所以可不必對此多論。

三、相關問題的解說及其歷史重建

　　本章經過以上探討後，有如下的發現：

---

[60] 匿名審查委員之一，建議本章此處有關李元松與現代禪的討論，還有兩種資料值得參
考：1、2009 年 8 月，溫金柯撰有〈敬述先師李元松先生的「現代禪」思想〉，有意識
地論證「現代禪」融攝漢傳佛教傳統與現代性之特質，值得參考。2、王永會著《中國
佛教僧團發展及其管理研究》（2003，巴蜀書社），第五章第三節有相關論述，將現代
禪置於臺灣佛教人間化脈絡中討論，可資對照大陸學界之看法。在此特致感謝。

（一）「現代禪」的前期發展史的重建與相關問題

根據以上的研究資料，我們可以瞭解：現代禪是由李元松於 1989 年春，率領其短期禪訓班的眾弟子所創立的「佛教現代禪菩薩僧團」。由李元松擔任祖光傳法長老，撰寫各種〈傳法教材〉、制定「宗門規矩」、「道次第」、「血脈圖」、「發願文」，並以「本地風光」為現代禪的根本心法。[61]

現代禪於 1989 年春天創立時，隨後於同年 9 月在臺北市龍江街成立「根本道場」，10 月成立出版社，12 月創辦《現代禪》月刊，並設立「修行法要指導專線電話」。這是第一年的情形，可以看出很擅於利用現代大眾傳播的各種媒體和工具來傳達其理念。

第二年（1989），發展更為快速和驚人。它在短期內，即將影響範圍迅速擴充到臺灣東北部、中部和南部。並且，還出現以下嶄新的各種觀念、作法和組織具體化的歷史現象：以「現代禪」、「現代禪七」、「現代禪標幟」三項，向中央標準局提出專利申請，並於同年 8 月獲得通過。這是臺灣宗教史上的創舉，可謂史無前例。所以，儘管「現代禪」的用語，並非李元松首創，但以上述方式，提出商標式的專利申請，則是首開先例。

雖有外界的質疑聲浪出現，但現代禪仍於當年正式成立「現代禪弘法會」和「佛教現代禪弘法團」。於是現代禪其「在家教團」的具形組織，至此可以說，已初步完成。至於，隔年（1989）6 月成立的「宗務委員會」和 11 月成立的「戒律委員會」，只不過是針對現有組織領導和運作所需，再進一步的組織調整和功能區隔而已。

在教團才成立二年餘，並正處於快速成長和擴張有利發展的「黃金期」階段的現代禪，雖然各項組織都日趨完備、名聲迅速大增、各界

---

[61] 羅佳文，〈從「現代禪」到「淨土宗彌陀念佛會」：一個宗教團體的轉型，2005,7，附錄一：【現代禪發展大事記】，頁 167

因好奇、認同或被李元松個人獨特的宗教魅力所吸引等，而有大量的新加入者願為弟子，其中甚至包括有數位已正是受戒的比丘尼，也正式拜在李元松門下。

可是這種顛覆傳統「出家」高於「在家」的新佛教倫理的變革，以及仿早期佛教為弟子「授記證果」的挑戰性作法，卻面臨已出家僧侶共三十五位為主的組成的「正法輪弘法團」的反撲，向其提出包括：教團名稱、修行次第和教義詮釋等各項質疑。

現代禪雖奮力為自身辯護，卻無足夠的強毅抗壓性，於是隨者風暴的持續，現代禪從李元松開始，逐漸退縮和進行各種自我調整：例如不再主動談論修行的果位、不再為弟子授記、或更改現代禪的修行位階，但仍無法沖淡「出家」對其強烈的敵意。於是現代禪開始準備進入長期潛修和轉型。

（二）「現代禪」中後期的急遽轉型及其開創者死前公開懺悔的震撼歷程

現代禪教團是在 1994 年，正式宣佈進入潛修期。但在之前，李元松已於 1992 年退出組織領導，僅稱「傳法長老」，後來又自稱「念佛人」，整個教團事務改由「全體指導老師會議」領導，並增設「宗教心理協談中心」。

此外，原先規劃的「臺中龍樹會館」於當年 4 月如期啟用，隔月「印經會館」也正式成立，並交由在教團內的「比丘尼」弟子負責會館事務。

但這些都是先前強勢發展的餘波盪漾而已。因而，發行量最大的《現代禪》月刊，在當年 10 月就改為雙月刊，到 1994 年 8 月就正式停刊。

但在其組織的調整上，現代禪是於 1993 年 2 月，正式向政府管單

位登記成立為「全國財團法人現代禪文教基金會」。[62]

到 2001 年時，所成立的第二個現代禪基金會，則是以創始人李元松的傳法「祖光」之名設立的「財團法人祖光教育基金會」，其重點在於「教育」下一代（小蜜蜂）的成長。

1993 年合法登記的「全國財團法人現代禪文教基金會」，並無法改善現代禪和出家眾持續存在的緊張狀態，特別是當代佛學大師印順長老正式在佛教刊物《獅子吼》第 11/12 期（1993.11）發表〈「我有明珠一顆」讀後〉長文，強力反批現代禪對其批評的各項論點。[63]

因為李元松在其書《我有明珠一顆》（1993.8）中提到：許多當代佛教徒之所以排斥禪徒或禪宗，是受印順批評傳統禪宗言論的影響所致。[64]

印順則認為：他的過去對傳統禪宗的批評，可能「障礙」了現代禪的發展，而非「影響禪宗的式微」。[65]而當時，最支持現代禪的著名佛教史學者藍吉富，也同樣反對李元松對印順「影響禪的式微」的批評。藍認為：當代臺灣根本無正統禪宗的傳承，更何來有印順影響禪的式微之舉？[66]

另外，印順又嚴重質疑說：如果《妙雲集》著作造成現代禪的障礙，錯將禪宗列真常唯心系說法，但是李氏卻又覺得「我認為這是需要

---

[62] 這是拜政治解嚴和〈人團法〉通過之後，中央級人民團體可以透過成立財團法人文教基金會的方式，來進行實質宗教組織和行為的靈活運作。當時妙天和清海，也是如此作法。所以並不稀奇。

[63] 釋印順，〈「我有明珠一顆」讀後〉，《獅子吼》，第 11/12 期，1993 年 11 月，頁 1。

[64] 李元松，《我有明珠一顆》（臺北：現代禪出版社，1993），頁 23-26。

[65] 釋印順認為：如果《妙雲集》著作造成現代禪的障礙，錯將禪宗列真常唯心系說法，但是李氏卻又覺得「我（按：李元松）認為這是需要再探究的」，為何李氏後來又再「我懺悔，應該是可以而說是不太離譜」見釋印順，〈「我有明珠一顆」讀後〉，頁 1。

[66] 這是藍吉富告訴筆者的。

再探究的」，以及為何李氏後來又再向「我懺悔，應該是可以而說是不太離譜」？所以他認為：「……現代禪的創立者，應該負起相當的責任！」[67]

針對印順長老的重量級沉重批評，現代禪在隔年（1994）由其教理研究部主任溫金柯撰文發表〈佛教根本思想辯微：敬覆印順法師《我有明珠一顆》讀後〉《生命方向之省思：檢視臺灣佛教》。其中。有二段是值得重視的：

其一，溫提到：「印順導師認為，現代禪根本不瞭解大乘菩薩道的精神，因此再怎麼推崇《般若》與《中觀》也是枉然。但是我們認為問題的實質是現代禪與印順法師在法義抉擇上有所差別。……就是現代禪強調解脫與菩薩道的共通性。」[68]

其二，溫認為：其師李元松體認佛教乃特重「如實智慧」的宗教，亦是般若思想的核心，而印順導師據卻以評斷批評現代禪不說發菩提心，慈悲心，輕視菩薩道，所以溫再質疑：「除非法師不贊同李老師所說的在究明真相的般若前提下，才所謂的『大乘的菩薩道』；除非法師認為不問其是否有『如實智』……倘不是法師對佛教根本思想的認識尚有待商榷，便是法師對這一段文字的解釋有誤。」[69]

在前述的雙方爭論在法義抉擇上的有所差別，其實只是爭論：社會性（發菩提心，慈悲心）是否必須與智慧性（如實智）並重或列為優先？

就大乘菩薩道的印度原意來看，當然印順的詮釋是正確的；但李和溫則認為：對於宗教本質的根本認知，除非有智慧性（如實智）作為

---

[67] 釋印順，〈「我有明珠一顆」讀後〉，《獅子吼》，第 11/12 期，1993 年 11 月，頁4。

[68] 見溫金柯，《生命方向之省思：檢視臺灣佛教》（臺北：現代禪出版社，1994），頁60。

[69] 見溫金柯，《生命方向之省思：檢視臺灣佛教》，頁 54。

必要條件，否則空有社會性，也無法達成？所以社會性是被其排在第二順位的。

現代禪在堅持智慧性是大乘菩薩道的第一義，而社會性只是第二順位之後，再加上李元松以本人的實修經驗和體悟進行對此主張的背書，雖無法在當代臺灣佛教界獲得普遍的共鳴或認同，卻順利成為其內部修法的高度共識和強大凝聚力，並反映在其後長期潛修時，教團對外活動的相對封閉性和保守性，使其性格反而接近小乘佛教的修道態度。

由於上述的外界強大反彈聲量和強大壓力，現代禪在 1994 年的 2 月宣布：臺灣北部所屬教團的共修會，開始進入「潛修期」。當年 5 月又宣布：臺灣南部所屬教團的共修會，也進入「潛修期」。

至於中部，則因「臺中龍樹會館」於 1992 年 4 月才正式啟用，硬體俱全，且發展狀況良好，儼然已成為第二根本道場，所以不但未列為「潛修道場」，還在 1994 年 3 月，將新創辦的新刊物《本地風光》雙月刊，在臺中地區廣為發行（─1998.05 為止）。

然後，在當年 6 月，教團正式決定：（a）停辦《現代禪》雙月刊（8 月正式停刊）、（b）縮編根本道場的編制、（c）也不再收受任何「入室弟子」。（d）北部道場則全面進入漫長的潛修期。

但，就現代禪的真正發展而言，卻顯然出現弔詭的矛盾現象：一方面，從「都會型叢林社區──象山修行社區」的規劃和規模逐漸擴大（1996-2002），都相當成功。另一方面，卻對自己能否「建立臺灣第一清淨教團」和「直至培育出百位悟境堅固顧的傳法老師」的理想與信心，越來越無把握，甚至到最後連自己修行是否正確和有效，也產生強烈的懷疑和自我否定的極端弔詭現象。

可是，儘管現代禪費盡力氣，向各方學界或教界人士申明被扭曲或要求為其主持公道，並在 2000 年 8 月發表〈八二三宣言〉，宣稱：「今後」對於各方的批評或指教，不論對或錯，現代禪強烈希望「都不予回應！」將一心深入止觀漢佛學研究，徹底擺脫「辯誣」之漩渦。

　　然而，溫金柯隔年卻出版其重要的反駁著作《繼承與批判印順人間佛教思想》（現代禪，2001.8）一書的，另外佛教界的「如石法師」和大陸學者「恆毅博士」的也對其表示聲援，甚至展開對印順論點的全面批判。

　　如此一來，迅即遭來包括：李志夫、性廣尼、昭慧尼等多位重要學者，如排山倒海般的強烈反批判。於是現代禪李元松，一方面雖於2002年4月26日，透過昭慧尼牽線，正式皈依印順長老門下，一方面也卸下宗長職務，可是由於實際未曾真正放棄原先的論點，所以相關爭論也依然持續進行中。

　　最後，由於李元松本人的健康開始惡化，[70]終於導致「現代禪網站」的完全閉（2003.09），並且，教團的走向急轉直下……

　　2003年10月15日，李元松由於健康惡化，於是，繼9月決定關閉「現代禪網站」之後，在當天先率眾弟子和本身正式皈依經由網路結識不久的唸佛僧侶，即專事「弘揚彌陀宏願─善導門」的淨慧比丘；然後，再將現代禪原在「象山修行人社區」長期舉行的「密嚴共修會」，宣佈改為專門唸佛的「彌陀共修會」。

　　隔日（16），他又透過網路發表〈李元松向佛教界公開懺悔啟事〉，其中主要是提到自己最生平最得力的修行「方法」，居然在病中證明「使不上力」，因而其正確性相當「可疑」。連帶他也嚴重懷疑自己在現代禪時期的「悟道」非真，所以他為此向「佛教界公開懺悔」

　　〈李元松向佛教界公開懺悔啟事〉的發表，一時之間，震撼了個佛教界。但其真正意涵為何？它可以從表面照字義解（慧淨比丘者流如是解讀）；也可以看作是病危時所採用的一種臨時應變的退讓策略。（其他現代禪的不認同者如是解讀）。

---

[70] 此一內情，是由現代禪華敏慧前秘書長，特地告訴筆者的，特此致謝。

（三）「現代禪」在李元松死後的教團分裂與新局開展

上述兩種不同進路的解讀，雖在李元松本人於當天，進一步宣佈取消現代禪教團的「傳法制度」改「中觀書院」為「淨宗書院」和改「象山修行人社區」為「彌陀村」之後，以及在當年 11 月 21 日，由教團全體會議通過歸依淨慧比丘和迎請慧淨比丘為「彌陀共修會導師」之後，甚至李元松本人在當年 12 月 10 日辭世之前，於大眾「唸佛聲」中安寧渡過，也只是在初期明顯支持慧淨比丘的「斷裂─由禪轉淨」的解讀立場而已，而另一派「繼承─禪淨一如」的不同解讀立場，依然存在。

因此，最新的發展是：2007 年 12 月 10 日，另一新的「象山淨苑」正式啟用，並宣告：「繼承─禪淨一如」的開始揚帆快樂出航。而我和藍吉富教授，就是在當天於現場致詞和代為宣告者。

可是，李元松生前最器重的弟子中，如曾任宗長的張志成及其妻子、張火慶教授等，由於不能適應新的發展，於是轉而投奔另一在家教團──「正覺同修會」創辦人兼導師的蕭平實門下。

所以，目前是出現了兩派分裂與一派出走的三種基本現象。

（四）解嚴後南臺灣的「在家教團」：臺南「維鬘傳道協會」的崛起歷程

臺南佛教「在家教團」的「維鬘傳道協會」，其雖成立的時間，早於「現代禪」甚多，特別是加上其前期史的話，更是歷史悠久。[71]

---

[71] 根據闞正宗、侯坤宏、卓遵弘訪問，《人間佛教的理論與實踐──傳道法師訪談錄》（臺北：國史館，2009）的最新看法：1979 年 8 月 26 日，在臺南妙心寺，在該寺住持傳道法師的指導和協助下，一群原活躍於臺南德化堂的居士們，成立了「光明護法會」，之後雖由傳道法師帶領彼等讀印順導師的《妙雲集》多種，但成果不佳。於是，彼等再另行開創了「維鬘傳道協會」。因而，日後「維鬘傳道協會」的成員，並不承認這段歷史，頁 228-231。

　　可是，臺南佛教「在家教團」的「維鬘傳道協會」，在其主要「指導者」和「推動者」王儒龍，以其所擁有教界經驗豐富的歷練並擅於自我保護的引領 之下，雖然始終仍堅持其「在家教團」的主體性和獨立性，卻異常低調，從不引起僧俗之爭的問題、也拒絕和傳統臺灣齋教對禪宗腐敗的批判性的立場產生直接關聯和一再小心翼翼地強調其一貫「尊僧立俗」、「僧俗共融」、「多元分化」和「良性競爭」的新倫理立場，其相關歷程如下：

　　a. 1943-1963 青年期：青年期的王儒龍，開始吸收與分析資訊。60 年代中基督教在臺灣傳教事業的發展，對比佛教窘境，使王儒龍一直以基督教為藍圖，力圖佛教的入世化與家庭化。

　　b. 1963-1983 壯年期：臺灣仍在戒嚴的環境中，王儒龍的佛教事業由提出構想到付諸實踐，都在儘量在低調中尋求突破。

　　c. 1983-2002 嘗試期：臺灣政經環境，一步步走向開放，王儒龍及維鬘成員得依本身理念進行實驗。

　　至於「維鬘傳道協會」的歷史發展分期，可分為：1982 以前，福國寺階段，承舊期一。1982 以前，德化堂階段，承舊期二。1983-1985，西華堂階段，嘗試期一。1985-1986，北路階段，嘗試期二。

　　而羅國銘或「維鬘傳道協會」成員，對「臺灣佛教教團概念」的認知如下：

1. 臺灣佛教出家佛教

　　大陸派。

　　本土派。

2. 在家佛教

　　居士佛教──仍以出家佛教為上首，如佛光會、居士林。

　　藏密教團──藏密的在家修行教團如華藏上師錢智敏等。

　　俗家教團──主張僧俗平等、尊僧立俗的教團觀。

臺灣齋教──龍華、金幢、先天三派，與空門間有些對立情結。

至於「維鬘」成員在臺灣佛教團體屬性的自我定位，則是認為「維鬘教團＝俗家教團」，所以彼等曾主張：

以在家出家互為主體、禮敬出家眾，關係和諧。

然主張在家人，亦可以成為專職傳教人員。

有自己的儀典、大部分的辨識系統未完成。

婚嫁獨身，自由選擇。和諧。

相互間有往來、法務上的支援，邀請出家眾講經說法。

根據以上資料來看，王儒龍是臺南維鬘組織中的主要領導者和建構教團佛教理念的主要提倡者和實際指導者。而羅國銘原是受雇於王儒龍事業成員，所以王儒龍也是初期臺南維鬘組織活動的大筆贊助資金的提供者之一。由於如此多重的角色擔綱，所以羅國銘成為王儒龍在從事臺南維鬘組織活動時期的主要助理和實際執行教團理念的貫徹者。

可是，這不等於其他成員與王儒龍的密切關係，是如王儒龍與羅國銘的契合狀況一般，而是有其相對差異性的。以下的說明，即是「維鬘教團」成立後實際存在的狀況。

（五）「維鬘教團」成立後的相關問題

「會員守則」未被嚴格遵守。如今，我們若從「維鬘」教團正式會員的「會員守則」和遵守實況來看，在 正式會員中，雖教團有一些規定（這些條件的認定通稱為「會員守則」）必須遵守：

終生奉行布薩制度。

家中設有佛堂。

每日閱讀經書及固定行持（讀經、靜坐、念佛、修密均可）。

遵守教團規章，履行應盡義務。

但是，這些規則，事實上，只有第一項被嚴格執行。羅國銘對此

原因的相關分析如下：

　　「維鬘」會員的學歷結構分析之一，在羅國銘的要求下，王儒龍曾分析了早期成員的教育程度：一、福國寺成員中，國中二名，高中少見，其餘多在國小左右。四十年前的臺灣鄉下，如此情形，不算意外。二、德化堂成員因以大專社團（成大、師專、海軍輪機學校）學生為主力，程度一下子拉高許多。

　　然這批成員，多屬外地學生，畢業後一一返家或謀職。加上王儒龍待人客氣，不好意思影響別人，始終沒有成功地將這些資源轉成維鬘的內部力量。

　　「維鬘」會員的學歷結構分析之二，由福國寺、德化堂所析離出來的早期「維鬘」成員，教育程度落在國中水平，後來慢慢有所提高。這比起臺灣齋教中的齋姑菜友，「維鬘」成員的素質可能好一些。

　　然比起社會的相對進步，「維鬘」成員始終沒有辦法，位於社會金字塔結構的上端。此一學識上的限制，可能也是「維鬘」教團，始終帶著庶民佛教性格的原因之一。

　　當然，也因此要求其能全部遵行「會員守則」，是有其實際的困難。[72]

　　另一方面，根據羅國銘的研究，王儒龍並不希望佛教變成死的宗教，故藉由不斷詮釋，使宗教隨時保持在高峰狀態。可是。「維鬘教團」曾試圖整合王儒龍的思想，但一直到淨土信仰的部分，才算是最高峰，而教團成員之間的相關討論，也耗時最長。

　　故維鬘教團成員，慣以淨土法門作為思想蓋頂工程，其要點在於：倡自力／他力；現世／他方；行動／理念於一體，所以本質上與傳統佛教的淨土概念，可以說是完全背反的。但，也因此造成彼等在實踐

---

[72] 見羅國銘，《臺灣當代在家佛教中的維鬘傳道協會──一個區域性佛教新興教團的探討》，頁 74-76。

宗教信仰時的相對困難。

再者「過度學術化」的問題，也一直被維鬘成員提出來檢討（此處非指反對理性成份，而是指理性與信仰的融合度不夠——印證的內容過於學術化），然至始至終，此一問題無法得到改善。

而此一問題之所以會發生，是由於當時正值印順導師的人間佛教思想正在教內廣為傳播和激起各方質疑傳統佛教信仰理念是否具有現代弘法正當性的問題，所以臺南維鬘的領導幹部，不但與由藍吉富、楊惠南等教內重量級學者所領導的「現代佛教學會」共辦學術活動，也定期性邀請各方佛教學者在週日上午會員聚會時，為所有參與者演講各類佛教學術專題。

此外，以王儒龍為首，臺南維鬘總部也購置大量佛教學術圖書，並一再要求幹部成員必須對其多方涉獵和進行思想析辯，所以「準佛教學者」的程度要求和角色扮演，對所有的幹部成員，實際上形成極大的學習壓力。

因此，是否要持續進行類似的「過度學術化」之學習要求？便一再被內部成員所質疑和進行檢討。問題在於這是迫於外在佛教思潮流行的大勢所趨，所以此等內部成員的質疑和檢討，雖一再發生，卻始終無法能有一斷然的結果或方案出現。最後雖是由羅國銘和徐秀慧兩者代表出外深造，卻不能視為全體成員的最後共識，並且，羅國銘和徐秀慧兩者，其後也未以成為佛教學者，作為彼等最終的學習目標。

甚至，在彼等學成之後，就根本與原臺南維鬘總部脫離他去了。可見，「過度學術化」的爭議，在臺灣維鬘的內部成員中，始終未能有一妥善的解決之道，被提出和被有效執行。

以上的內外因素，導致王儒龍和整個臺南維鬘組織，不得不逐漸面臨後期教團式微和最後導致整個組織解體的嚴重後果之出現。

（六）「維鬘教團」後期的式微原因

從最初所考慮的培養人才進修計畫，到最後導致「維鬘教團」永久「泡沫化」的辯證關係，我們可以說明如下：

後期的維鬘成員，曾一致認為：非要有自己的講師不行，因而為了培育講師，鼓勵成員進修。[73]

這也就是日後有些維鬘成員，如得力幹部羅國銘和徐秀慧兩人，暫時離開教團，再行覓處進修的主因。[74]

然而，這批主力幹部的離開，卻導致教團發展氣勢中挫。並且，為了預防團體的「質變」，甚至不得不暫停作業。而當時之所以會如此，是因為當時高雄小港地區的維鬘分會，在活動上已過於商業化，亦即已逐漸溢出臺南維鬘總部的保守嚴謹作風；可是臺南維鬘總部方面又受限於本身指導幹部的人手不夠使用，無法經常應高雄小港地區的維鬘分會的要求，隨時派員前往指導，所以雖已實際強烈感到「質變」的可能，卻也只能讓「力不從心」和「愛莫能助」的現實尷尬窘境，持續地延長下去，而無能在短期內，即時設法加以改善。

此外，據筆者所知，當時臺南地區曾有不少財力雄厚的社會人士，已逐漸對臺南維鬘所呈現的在家佛教團體組織及其相關活動方式有高度參與意願，彼等並主動表示要投入巨資，來贊助臺南維鬘的組織及其相關活動。但對臺南維鬘總部方面來說，一旦讓此等社會人士挾巨資加入臺南維鬘的組織及其相關活動，其後續發展一定是會朝向被操控和

---

[73] 根據羅國銘事後的回憶，維鬘在解嚴初期黃金發展階段，是當時臺南地區唯一能吸引當地各大專院校中有志於在家佛教團體活動唯一團體，所以其優秀人才來源不成問題。可是，一旦其組織活動完全終止，優秀新成員的凝聚力根源也頓時喪失，如此一來，不但新成員不來，舊成員也相繼離散並紛紛轉業他去。日後，王儒龍雖要他再凝聚新舊成員，再度重返臺南維鬘的舊組織，實際上已無有效之法。所以他才另外舉辦新的大專青年活動模式和試圖另組新團體。以上說明，據 2009 年 8 月 19 日，羅國銘的電話回應整理。

[74] 其詳情，可參考註 73 的說明。

遭宰制而產生根本「質變」的可能。所以其後，內部高層才有暫停臺南
維鬘的組織及其相關活動的共識，和最後斷然實際決行組織凍結與暫停
一切相關活動的巨大變化。可見，擔心「質變」的可能，即是當時臺南
維鬘總部最大的焦慮和導致其全部組織最後完全終止活動的根本原因之
一。

其後，甚至也因之使整個教團的發展，為之長期或永久的「泡沫
化」了，[75]相當可惜！[76]

（七）關於羅國銘的研究不足之處的相關批評

就時間與空間而言，羅國銘的研究，只處理時間的歷時性對比，
並未處理共時性的對比問題。一般而言，臺灣當代在家佛教至少尚可以
包括四念處教團及現代禪教團，然在其研究中，並未對此三個教團試做
一局部或全面性的比較。

羅國銘的研究的處理範圍，只及於臺南維鬘，對其它兩個同等地
位的維鬘地方教團——港口維鬘、高雄維鬘，並未進行類似地分析與解
讀。

羅國銘的研究，在結構上，尚稱嚴謹；然而在教團代理人的個人
信念以及團體理念的表達上，由於引文的繁雜，而顯得有些雜沓，文氣
未能通貫全文。

羅國銘的研究，有某些篇章，密集使用學界資料。然而，並未對
所引述的資料，進行足夠地反省、析判，以致於這些引用的資料，看起
來似乎「篇篇等值」。

羅國銘的研究，在某些章節的行文運筆上，顯得有些「詰屈聱

---

[75] 其詳情，可參考註 73 的說明。

[76] 根據王儒龍本人告訴筆者的說法，其主力幹部，自分散後，已不願再重返，加上羅國銘
和徐秀慧的離去，所以「維鬘」事實上，已成歷史，並正式畫下休止符。

牙」，不利於讀者的閱讀。顯然，對於資料來源的剪裁與消化，尚有再成長的空間。[77]

[77] 羅國銘的相關回應，勘參看羅國銘，《臺灣當代在家佛教中的維鬘傳道協會——一個區域性佛教新興教團的探討》，頁 374-375。

附錄（一） 臺灣傳統齋堂史研究的新典範：王見川的治學歷程與臺南「德化堂」史的研究問題

江燦騰

臺北城市科技大學創校首位榮譽教授

一、關於作者

王見川先生新近完成對臺南市現存最古老齋堂之一「德化堂」的歷史沿革之研究。這是王見川先生對臺灣齋教研究的又一重要貢獻，也是今後想理解臺南齋教歷史發展的人，必定要參考的一份重要研究報告。

而由於我是最先推薦王先生接受「德化堂」委託作這一份研究報告的人，所以有榮幸在王先生剛完成論文初稿，即首先拜讀了這份研究齋教齋堂的傑出報告。

事實上，我會推薦由王見川先生來替「德化堂」寫研究論文，是有原因的。因為王先生遠在政治大學就讀時期，即別出心裁地展開對中國古老外來宗教之一的摩尼教的資料收集和探討。

政大畢業後，王先生考入在新竹的國立清華大學歷史研究所，並在國內研究唐宋寺院經濟權威的黃敏枝博士指導下，繼續從事關於摩尼教在中國的歷史發展之研究。

在研究所期間，為了突破國內收集摩尼教資料的困難，他積極地主動向海外的中外學者詢問和討教。也因此，他的摩尼教研究是在具有

廣闊國際視野下進行的。這在臺灣的年輕一代學者中，可以說相當罕見而且具有極大示範性意義的作法。

而也由於在主題的選擇和資料的收集都能另闢蹊徑，所以王先生幾在論文一展開撰寫，就相當受重視。因為摩尼教的研究，在過去是被國內學者用來理解白蓮教和大明帝國開國的重要參考資料，這當中當然還涉及白蓮教的叛亂性質，是否和民國時代流行的許多民間教派具有歷史上關連的問題，這對宗教學者和各宗教間的互相批評、甚至在政府制訂宗教管制政策時，可以說都具有關鍵性的參考價值。

雖然在王先生完成論文之前，臺灣方面已在 1987 年解除戒嚴，大幅度地放鬆對宗教組織和活動的監控，但是，在學術和信仰上的參考價值猶在，因此王先生在 1991 年初春之際於臺灣最重要宗教學術團體之一的「東方宗教的討論會」報告初步研究成果時，即獲得與會學者的驚嘆和欽佩，並豎立起王先生在此一領域的權威地位。這在「東方宗教討論會」高手如雲的學術圈內，恐怕也是罕見的特例。

接著，在 1991 年夏天，王見川先生完成碩士論文，隨即受到國際摩尼教研究學者的重視，不僅因此論文成為「IAMS」（國際摩尼教研究協會）中最年輕的會員，連劉南強（S.N.C. Lieu）博士的名著 *Manichaeism in the Later Roman Empire and Medieval China* 1992 年新修訂版亦馬上引用其成果。並在準備入伍當預官之前，又獲國內著名的宗教書籍出版公司──新文豐出版公司──負責人高本釗先生的同意，由該公司於 1992 年初正式出版，書名為《從摩尼教到明教》，全書近四百頁，達二十多萬字。

而王先生由於此書的出版，更一躍成為海峽兩岸少數具有國際聲望的摩尼教權威學者，可以和大陸的摩尼教學者（現寓泰國）林悟殊先生（以《摩尼教及其東漸》一書聞名）相提並論。1994 年大陸的《西域研究》（1994 年期 4），臺灣的《新史學》（卷 5 期 4）都有書評介紹此書。

　　另由大陸的「中國社會科學院世界宗教研究所」編輯出版的《世界宗教資料》（1994 年 3 月季刊第一期），即有該所「道教研究室」的韓秉方副研究員（現已升正研究員，以和馬西沙先生合撰《中國民間宗教史》一書，享譽國際）所寫的書評〈摩尼教研究的新收穫──評《摩尼教到明教》〉一文，在該評文中，韓先生是這樣推崇王先生的：

> 「讀畢臺灣學者王見川君所撰《從摩尼教到明教》，『後來居上』之感油然而生。該書不僅繼承了前輩學者在摩尼教研究方面的成果，而且在大量占有中外新資料的基礎上，又有若干新的發現和創見，引起學術界的重視。值得一提的是，這部近二十萬字的學術著作的作者，是一位年僅 26 歲的青年碩士生。如果他能繼續書力精進，其學術成就將不可限量。」（頁 62）

韓先生在另一段又說：

> 「七〇至八〇年代，大陸學者對摩尼教的研究空前活躍，最有成就者首推中山大學林悟殊教授，其論文集《摩尼教及其東漸》，代表了新時期大陸學者對摩尼教研究的新進展。稍後，臺灣學者王見川，在摩尼教的研究上傾注全部精力，取得了令人可喜的成績。」（同上）

　　不過，王見川先生雖然在摩尼教研究方面，獲得學界的肯定，卻也同時又遭遇了研究上的難題。因王先生在他的大作裡，幾乎把現存關於中國摩尼教的流傳問題，藉大量收集到的相關新舊資料，都透澈地檢討過了，所懸留的未解問題，在沒有更新的資料來佐證之前，事實上是很難有大進展的。也因此，摩尼教的研究在現實研究環境下，逼得王先生不得不暫時放手，而改作別的領域和主題了。這也就是王先生後來從

摩尼教轉為齋教研究的原因。

通常來說，要轉入不同領域作研究，其實是蠻難的。因要短時間即提昇相關知識到專業的水平，是要花相當大的力氣，才有辦法達到的。特別是，在中國民間宗教的研究方面，不論羅教或白蓮教等，早已有大批的國際學者在從事著，並且成果方面也有極多傑出的典範在。這對新進研究者，可以說已構成了很難跨越的一道現成障礙。

但，王見川先生無懼於這樣的研究障礙，反而決定挑戰障礙並超越它——因此，他選擇了明清以來的羅教和由羅教衍生的臺灣齋教，作為他新學術生涯的起點，念茲在茲，全力以赴！如今，並已撰出大量的高水準研究論文，深受各方的肯定。

為什麼王先生在轉領域時，困難度不像別人那樣大呢？其實是有原因的。根據我的瞭解，王先生在研究摩尼教將告一段落之前，即已注意到有關國內學界在羅教和齋教方面研究上的不足，並曾好意提醒學弟學妹的注意。但，可惜的是，他提醒的人，大多志不在此。

因此，在期盼落空之下，只好由他這個有心人轉而走到研究的第一線上，親自展開示範性的研究。所以，他的由摩尼教研究轉攻齋教領域，並非臨時起意的，而是觀察已久，以及時機成熟時，才水到渠成地展開的。這期間的醞釀過程，也是以後想瞭解王見川先生學術生涯和研究經驗者，千萬不可忽略的一點。

當然，王先生早期研究摩尼教的深刻經驗和熟練技巧，對他轉為目前從事齋教和羅教的研究，是有絕大助益的。例如在史料的收集和解讀方面，王先生同樣注意到國際視野的擴展和經驗的交流問題，因此他不但迅速吸收了現有的研究成果，並在問題意識上，更朝前推展。配合他在臺灣和大陸地區（主要是福建省）的深入田野調查，使他掌握到大量新史料，並以之構成了新論文的依據。特別是，王先生精於史料人物和教派的時空背景考證，因此每一論文撰出，都讓人有耳目一新之感。

同時，正如他在摩尼教研究方面的快速成功一樣，自他退伍迄

今，不過兩年左右，但他在金幢教、先天道和龍華派的歷史和人物考證方面，在國內已躍居主流的地位。連大陸對岸的主要學者，也都面臨此一後起之秀的研究壓力。——有關這一點，可以前 1994 年 5 月，在臺南市立文化中心舉辦的「首屆臺灣齋教學術研討會」上，大陸方面的兩位學者——馬西沙、韓秉方——皆不約而同地以王先生為論辯對象，即可清楚地理解。

所以王先生如今在齋教研究方面，佔臺灣學界的主流地位，已是無可置疑的事實。這也是，在展開以下關於王見川先生這本新著的內容之前，我必須先向讀者交代的一段研究史。

二、本書撰寫緣起

為什麼我會推薦王見川先生撰寫本書呢？從前面所提的一段關於王先生的研究背景和他現有的學術成就，讀者當可以瞭解王先生是一個適當的人選。

可是，若無另一段佛家說的「增上緣」，則此事不一定形成。亦即，我在此也有必要交代：究竟是什麼「增上緣」才促成其寫《德化堂的歷史》一書呢？其實所謂「增上緣」，是指「德化堂」在 1994 年要慶祝創立一百六十週年紀念，因此決定舉辦各種慶祝活動，其中有一項是關於臺灣齋教的學術研討會。

由於我個人是從事中國近代佛教史和臺灣佛教史研究，並且多年來和臺南地區的在家佛教團體——「維鬘佛教傳道協會」的一些同仁很熟，經常有往來。因此透過「維鬘」同仁的牽線，委託我物色學者前來臺南開會。而王見川先生則是我考慮的第一人選。

我跟王先生在電話中連線後，決定兩個人分別負責進行連線學者和約稿。由於我們在國內有許多共同的學界朋友，其中有一些曾撰寫過齋教研究論文者，因此由我先出面邀約國內的學者撰稿和出席討論。而

國外的相關學者，以及大陸對岸的學者，因王先生和彼等有連線或見過面認識的也不少，於是在國外和大陸的學者，即全權委由王先生負責連線。

由於我們準備邀請的，都是有代表性的頂尖學者，論文的主題和深度，也都不同於一般的國內學術研討會，因此在去年五月底順利在臺南市立文化中心的國際會議應舉行時，吸引了全臺灣各地傳統的齋堂前輩出席，聞風而來的著名學者，像董芳苑、賴鵬舉、吳永猛等，也都不辭旅途勞頓地從臺北南下前來出席討論。因此，在臺灣地區舉辦的「首屆臺灣齋教學術研討會」，是在各方讚譽且欲罷不能的情況下，依依不捨的閉幕了。而當天的論文，經過整頓後，交由新文豐出版公司出版（1994 年 9 月）。國內著名的道教學者李豐楙博士，特撰長（序），介紹論文的學術意義和稱讚會議的高度成就。

同時，在國內的重要學術期刊，也紛紛刊載或轉載了論文主題或論文的部份內容，並引起極大的迴響。

而在大會論文集——《臺灣齋教的歷史觀察與展望》——的出版之外，鑑於多年來，主辦單位「德化堂」，雖屬臺灣地區現存最古老的龍華派齋堂之一，但是除了曾有一些簡短的介紹文字外，仍缺乏夠學術水準的關於「德化堂」成立史的著作。因此，我趁著參與策劃此次大會的機會，極力鼓勵由王見川先生負責撰出關於「德化堂」的完整報告；承蒙主辦單位的賢明委託，於是才有現在我們手中可以拿到的「德化堂」歷史研究一書。

這本著作的出版，雖然篇幅不大，但是圖文並茂，且具有高水準的學術價值，可以說相當不易的。這也就是我所說的，因為具足了上述一段「增上緣」，才能促成本書的問世，真是因果歷歷，絲毫不爽！

三、「齋教」與佛教之關係

　　在花費以上相當長的篇幅來說明本書的背景資料後，我打算在此處稍加交代一下關於本書的主題「德化堂」的歷史和臺灣齋教的一些相關問題。

　　對於不瞭解何謂臺灣齋教的年輕一代，由於近一、二十年來，臺灣地區的佛教信仰相當興盛，在以出家佛教為主體的佛教理念強力地影響之下，臺灣傳統的在家佛教齋堂，像「德化堂」之類的，即面臨很尷尬的局面。即一方面隸屬於「中國佛教會」的正式佛教會員，實際參與捐款和活動，卻一方面被出家佛教徒貶斥為「非正信佛教」。再加上各地現存的「齋堂」舊有信徒，或凋零、或離散、或改信，實際上所存人數不多，因此使得「齋堂」的窘困處境，猶如雪上加霜，令人為之感慨不已！

　　作為一個臺灣佛教史的研究者，我曾多年鑽研禪宗發展史，兼及元、明、清以來的中國近世佛教生態與民間教派的複雜關係，因此我應該有資格站出來，講幾句公道話。同時，也想藉此平息一些來自教內的嚴苛批評。

　　目前教內人士批評傳統齋堂的信徒，是源自明代的羅教，因此不能算是正統的佛教徒；而「齋堂」的《五部六冊》或所使用的科儀，是仿佛經製成，不是正統佛經。因此批評者主張，佛教是佛教，齋教是齋教，要劃分清楚，不能混為一談。這樣的批評心態對嗎？

　　其實，從歷史發展的角度來看，包括所謂正統禪宗在內的各種中國近世佛教史，都是充斥著三教混融色彩的。這只要翻開明末以來各佛教大師的生平論著來看，就不難瞭解的。所以若從教內的批評角度來看，或許有正統或非正統之別；然而若從歷史的真實面來看，也只不過是一百步和五十步之差而已，要強作分別，實屬無謂的徒勞之舉。

　　為什麼呢？假如我們承認佛教的發展有地區性和時代性的差別，

則佛教的不同形態，正是應歷史需要而出現的必然產物。以羅教來說，它強調的是「在家佛教」，是由於它是明代中葉的一位運糧軍人出身的羅孟鴻根據自己的修行經驗所創立的。羅孟鴻和他的門徒合編成的《五部六冊》，清楚地呈現出他和正統出家佛教的關係；而他的前輩典範，就是唐代南方樵夫出身的禪宗大師——六祖惠能。因此，將羅孟鴻視為明代的新版惠能，將《五部六冊》視為明代新版的《六祖壇經》，也不算是太離譜。所不同的是，羅孟鴻不像惠能，惠能是在出家後才登壇傳法，而羅孟鴻則未出家卻自創在家的禪宗法派，且有意地區別和當時已弊病叢生的出家佛家的關係。這即是為什麼羅教特別容易遭到出家佛教批判的原因。

事實上，這當中還涉及佛教倫理優先順位和宗教權威如何界定的深層心理問題。因理論上——或從來自印度的戒律內涵來看—出家的僧尼是高於在家居士的。因此，不論兩者的宗教知識是相等或差別甚大（甚至後者優於前者），在宗教倫理的位階上，仍然是出家優於在家的。而且，這一觀念，在一般社會大眾的觀念是深信不疑的。如果不是有出家在家之分（若羅孟鴻也像惠能正式出家的話），則雙方在佛教倫理位階上就拉近距離了，從而也可大大解消來自出家佛教立場的批評。例如在臺灣佛教風靡無數信徒的廣欽法師，在佛教知識上是相當有限的，他是靠長期修禪、表演神通，以水果裹腹等等，而聞名的。假若他未落髮受戒，而又生在明代中葉，他是根本難和羅清比的。因羅清的《五部六冊》對中國近四百年來的影響，甚至不亞於接近同時代的王陽明。所以，我們要理解羅教，必須放在明、清以來的佛教脈絡來理解。而由明代羅教衍變來的臺灣齋教的這一歷史發展，也才可以看出它獨特的時代意義。

或許，從知識份子的角度來看，《五部六冊》當中，含有許多非佛教的成份。而且，早期臺灣齋教徒，也崇拜多神，缺乏純粹如今日的佛教崇拜。但，民眾信仰，在明、清那一全國文盲佔將近九成的時代，

何能苛求其純粹性呢？以日據時代來說，日本本土的佛教學術研究，已達世界一流水準，但日本真宗的和尚仍然不改其娶妻食肉的傳統，而當時臺灣各齋堂在接受佛教新知方面，也表現了極高的熱忱。當時著名的本島人佛教領袖，可以說絕大部份是來自齋教的。由此可知，齋教在各不同階段，也是能有所改變的。

但是，1949 年以來，臺灣長期戒嚴，佛教會由出家人為主的「中國佛教會」長期掌控，在極力推動「傳戒」的風尚之下，非出家人要主持齋堂，便遭到強烈的質疑。齋堂若非轉為出家寺院，即有被貶離主流佛教的窘難。此一情況，雖因 1987 年的解嚴，可以出現組織多元化，但齋堂往往積習太深，且信徒所剩無幾，因此只能在困境中竭力苦撐罷了，作為一個佛教史的研究者，我曾以臺南地區新出現的在家佛教團體「維鬘佛教傳道協會」為例，說明新風格的在家佛教形態仍是有發展空間的。而若論佛教資源，「德化堂」更遠遠超過新起的「維鬘」，所以也不是沒有轉型的可能。

以上我的一些意見，只是就一些關鍵點稍加補充說明罷了。至於其他的細節，王見川先生在書中也已作了系統的深刻研討，讀者可以自行參看。

附錄（二）　永懷傳道法師

江燦騰
臺北城市科技大學創校首位榮譽教授

　　我與傳道法師雙方，可以說，已無話不談，但有時，他也會認為，我的批判過於犀利，屢屢勸我要說話委婉一些。

　　可是，我們都知道，他本身就是一尊佛教界出了名的大砲。所以，我在以下，概括地把我對他的一些看法與特別感懷之處，在此文中略為述說。

一、與傳道法師有關的「新大崗山派」與剃度師開證長老

　　我會與傳道法師認識，是由於我在臺大歷史研究所就讀的二十世紀八十年代，曾參與新成立的「東方宗教討論會」每月一次定期舉行宗教論文專題報告的研討會，因而結識了包括藍吉富、楊惠南、李豐楙、顏尚文、王見川等，很多優秀的宗教學者。而傳道法師是因其師，開證長老，要他負責解決《中華佛教百科全書》的棘手編纂問題，因而透過舊識顏尚文的牽線，特別率人北上，來到某次「東方宗教討論會」的月會活動現場，邀請藍吉富先生主編《中華佛教百科全書》，於是我才有與傳道法師相互結識的機緣。

　　之後，我又因撰寫有關《高雄大崗山法脈傳承史》的機緣，與傳道法師交換他的師門傳承史相關背景資料，而更進一步結識開證長老、以及探明其「祖脈源流」。

　　於是，我在《高雄大崗山法脈傳承史》的論述中，便首次加入「新大崗山派」這樣的新法脈傳承史。但是，我所以如此論述的理由何在呢？

　　首先，在我論述之前，「高雄大崗山派」這一名稱，早已在南臺灣佛教界廣為人知，而佛教界的出版商像朱其麟或歷史家兼出版商的藍吉富，都已在相關出版品使用過類似「高雄大崗山派」或「大崗山超峰寺派」的名稱。但，只有到我的手中，才有此一「高雄大崗山派」真正歷史淵源的深入探明。

　　我是如此提出「高雄大崗山派」的見解的。我的理由如下：在臺灣近代佛教的發展史上，最重要的變革現象之一，就是出現了「大法派」的連鎖道場系統。而所謂佛教的「大法派」，是指佛教的寺院或道場本身，在佛法傳承上，既有「法脈」的源流和繼承，同時也擴展了「根本道場（或稱核心寺院）」之外的週邊道場及佈教區域，因此就像有總部和分部連鎖店的跨區域大公司一樣。這在臺灣佛教史上，也遲至日本殖民時期才正式出現，而且目前學界公認的有「四大法派」，那就是：

　　一、「基隆月眉山靈泉禪寺派」，簡稱「月眉山派」。
　　二、「臺北觀音山凌雲禪寺派」，簡稱「凌雲寺派」。
　　三、「苗栗大湖法雲禪寺派」，簡稱「法雲寺派」。
　　四、「高雄大崗山超峰寺派」，簡稱「大崗山派」。

　　這四個大法派，前三個都在臺灣北部建立核心寺院，才向各地發展。只有高雄州的「大崗山派」，也就是原本開證長老師承的法派，是在臺灣南部建立大本山的，可見它在臺灣南部佛教界的特殊地位和具有的重要意義。但，為何會出現這樣的法派呢？

　　這是由於臺灣本土的佛教信仰，在日以前，雖有個別寺院的建立和來自對岸福建的僧侶駐錫，但，因清朝頒有種種宗教法律的嚴苛規定，所以基本上，只能允許有單一性的寺院存在，因此也無法有「大法派」之存在。

　　直到進入日本殖民時期以後，由於法令解禁，才有來自臺南開元寺的僧侶周義敏和林永定師徒，受聘到高雄的大崗山超峰寺擔任住持。於是敏、定師徒，此後就以該寺為中心，不但將其中興，甚至因此而締造了一個遍及南臺灣各縣市的大法派——「大崗山派」。

　　所以，高雄「大崗山派」的真正建立者，是來自臺南開元寺的僧侶周義敏和林永定師徒二人共創的。就其歷史淵源來講，也應是近代臺灣本土佛教宗派傳承，歷史最久的臨濟禪宗正統派後裔之一。因此，「高雄州大崗山超峰寺派」的興起，其實是劃分了它源自「臺南開元寺正統派」的舊傳承，以及以新道場、新發展為主軸的「高雄大崗山超峰寺」的新傳承。

　　但，現存的「超峰寺」，其實又有新、舊兩「超峰寺」之分。此兩者的區別是：

　　A.「舊超峰寺」的現址，在今高雄縣阿蓮鄉大崗山上，門牌為崗山村五號。清雍正 9 年（1731）由紹光禪師在此結茅為庵而肇始。到了日本殖民時代，才有周義敏上人（1875-1947）和林永定上人（1877-1939）師徒兩人，自臺南開元寺來到超峰寺，將其改建，並開創了「大崗山派」。

　　B. 新超峰寺的現址，是在大崗山下與阿蓮之間的平原上，門牌為崗山村 95 號，建寺時間在 1942 年。因舊的原超峰寺，被日本軍部以要塞管制和戰爭需要而摧毀，由陳永達上人，即日後開證長老的剃度師父，率領「大崗山派」的僧尼，在山下平原上另建的。

　　不過戰後只有部份寺眾，回山上重建原超峰寺，另一部份寺眾，則仍住在新址。但，已無復「舊超峰寺」未遷離前的「大法派」影響力

了。

可是，其中有一個大的歷史變革因素，是我們必須注意和清楚瞭解的。

那就是在日本殖民後期，整個「大崗山派」，其實是被日僧東海宜誠結合派下僧人開吉法師所掌控，並成為南臺灣推展「皇道佛教」的集訓中心。

而東海宜誠又在高屏地區廣建佛寺，以及吸納臺籍僧人為其門下，以遂行他的「以臺制臺」策略。所以，東海宜誠在日本殖民後期成了南臺灣佛教的最大支配者。

而日後，「新大崗山派」之得以在高雄港都快速崛起，除了戰後的特殊戒嚴環境、工商業的高度繁榮和開證長老及門下諸師的有力推展之外，主要的是能在戰後初期，透過吸納和重編，成功地接收了東海宜誠離臺後，所留下來的宗教權力空缺和廣大的佛教圈。

因此，在某種意義上，開證長老日後在佛教事業上所以能大成功，在他的事業前期，可以說不只是得力於師門為「大崗山派」的這個招牌，更重要的是，該派祖師義敏上人和剃度師永達上人，能最先打進高雄港都的佛教圈，並順利地接納了永隆（※東海門下）等人的投靠，所以使得該派教勢的擴張之快，非尋常可比；而開證長老也是因為先有了此一雄厚的師門遺產，才能較之其他「大崗山派」的系統，更具備了日後在高雄港都地區發展的有利條件。

但，也是由於這樣的機緣，開證長老在戰後出家不久，會將自己所創立的第一間寺院，取名為「義永寺」，主要就是感念義敏和永達兩上人的栽培之恩，而其間上下兩代的密切關聯，也就不難看出了。

然而，開證長老，雖在元亨寺出家，屬「泛大崗山派」系統，但非源出超峰寺永定上人的嫡系，所以另擇在故鄉高雄市內闢建著名的「宏法寺」，以為派下的新根據地。並且，他雖曾在白聖座下接受薰陶，卻未被工具化，加上又能效法同區鄰近的佛光山之發展模式，於是

也能快速地將本身的佛教勢力擴張到臺南縣、屏東縣、臺東縣和花蓮縣。

　　所以不論是「新大崗山派」的出現，或是他日後一再矢志要促成「泛大崗山派」的重新整合，其實都含有為師門平反的一定用意在內。

　　可是，開證長老的派系重整，最大的阻力，是因一直缺乏有關該派的清楚系譜和有力的論述，以致遲遲無法使長期分散的各道場產生強烈的認同感。

　　因此，要到 1999 年底，他才委託我在撰寫臺大博士論文的同時，一併撰出，他期待已久的《大崗山派法脈傳承史》，然後他也趁機召開近幾十年來，首次成功的「泛大崗山派」的空前大聯誼會。

　　但，他奮鬥了幾十年，好不容易於 2000 年秋天，才首次促成「新、舊大崗山派」下 150 餘間各地道場的認祖歸宗與大聯誼會的順利召開，將他致力「大崗山派」整合的生平大願實際推進了一大步。而各方也期待他在 2001 年能再接再厲，使該派的整合，令人有更滿意的新發展和新氣象。誰知，僅只過了半年多，他就猝然地入滅了。這對很多人來說，似乎來得太過突然，因此頗為令人錯愕和惋惜。

　　特別是，正當臺灣學界對於「新大崗山派」，如何進行更精細研究的問題，才在 2000 年的高雄學術研討會上，有極突破性的發展，並期盼在後續相關的探討中，能由於開證長老的協助——因他本身，既是開派的祖師，又熟記該派各種動態及發展的重要內部資料。所以，他既是該派的權威歷史見證人，也是該派第一手資料的可能提供者——而獲得更進一步的開展及突破。因而，他的快速過世，也幾等於同時帶走了大量該派的重要相關史料。

　　當時，我初聽到他的噩耗時，在那間，既感難以置信，同時也不禁深深惋惜，已無法再從他身上得到更多、及更完整的該派內部史料了。不過，我當時，還有一線希望，就是期待與他同派的長老們或門下諸英，像傳道法師等，都能再繼續和我們學界合作，使高雄地區此一最

重要的佛教大法派，得以早日呈現其精細、清楚和完整的發展史全貌。

可是，由於相關因素已逐漸轉變，因此不論新或舊的「高雄大崗山派」，都出現巨大的逆轉。例如開證長老是 2001 年入滅，但是接他的相關道場事業是門下有大學畢業學歷的傳孝法師，也於 2011 年 5 月入滅。雖在身後留有超過百億的寺產，卻是紛爭不斷，難有作為。法智法師（1933-2003），也是在 2003 年 7 月即入滅。新住持天池法師，卻是到 2007 年，才有能力接任。更意外的是，傳道法師也於 2014 年 12 月 30 日，就意外入滅了。

所以，有關從開證長老滅到傳道法師入滅的這一段期間（2001-2014），我所能敘述的，大都只是一些與傳道法師有關的事情而已。

二、我記憶中，幾件印象比較深的「傳道法師印象」

對於瞭解傳道法師這個人的生平、僧侶生涯、佛教理念、事業成就，目前已有幾本著作，是很有代表性的：

1. 闞正宗、卓遵宏、侯坤宏訪問，《人間佛教的理論與實踐：傳道法師訪談錄》，臺北：國史館，2009。

2. 林建德編，《法喜與悲願：傳道法師七秩祝壽文集》，臺南：中華佛教百科文獻基金會，2011。

3. 伍麗滿，〈臺南妙心寺對印順「人間佛教」的落實與弘展〉，新竹：玄奘大學宗教研究所 2007 年碩士論文。

至於我個人所知，有幾個主要的「傳道法師印象」，茲概述如下：

1. 他是日本傳入的「尿療法」長期忠實實踐者，他還在早期佛教經典中，找出「陳棄藥」的使用依據。

2. 他對妙心寺前廣場上石板間的有機草坪鋪設，是臺灣佛教道場中，最具環保新觀念與新作法的。

3. 他的「文教大樓」是新觀念的多元性功能文教大樓建築，具有豐富的文物蒐藏與良好的展出功能。

4. 他和我都支持昭慧比丘尼提倡的「廢除『八敬法』」主張，這其實是非常不容易的大突破。

5. 但，我也曾在我的臉書（facebook）如此批評他：

剛過世不久的臺南妙心寺主持釋傳道比丘，在 2014 年 2 月 10 日，特地寄來二本影印的舊書，作者都是李岳勳，是在日治時期受教育，戰後自己自修的勤奮民間學者。書名分別是《禪在臺灣：媽祖與王爺信仰之宗教哲學與歷史的研究》（臺中：國際佛教文化出版社，1972 年 5 月），林錦東發行。有接近三十幾萬字。以及《被遺忘的歷史與靈性的象徵：魍港媽祖》（嘉義：蚊港太聖公管理委員會出版，1986 年 5 月），蔡武雄發行。有十幾萬字。

這兩本書，他是視為至寶的臺灣鄉土史料，所以好幾年前，他就一再對我提起。我因沒有看到原書內容，所以都不予置評。林美容教授與陳玉峰教授，則深信不疑。

後來，他書寄來了，內容的論證邏輯如下：

禪宗的「馬祖」就是「媽祖」的原型與歷史發展，所以臺灣有「媽祖」信仰，其實就「馬祖禪」在臺灣的歷史流傳史。

可是，李岳勳根本都沒有參考李獻章的著名博士論文《媽祖研究》這一巨著，所以內容就只是根據《天妃顯聖錄》一書的內容，毫無學術嚴謹度與應有的史料相關可靠性的鑑別度，七拼八湊，天馬行空，牽強附會，就一路書寫成書。

所以，我一直到傳道法師過世之前，都不想告訴他，我上述的真正想法。

我只是奇怪，歷史的論證可以如此草率嗎？為何這樣的書，還大量發行？我真的百思不解。

媽祖的研究，其實已走得很遠了。……

我後來知道，邱敏捷教授與黃文樹教授兩人，也有和我同樣的遭遇，而最後也是採取和我同樣認知的立場。這大概是傳道法師生平的少數挫折之一。

6. 可是，我最佩服的，是他說的臺語之流暢，真的好到讓我沒話說。我此處特摘錄一段舊文，好讓本文讀者，也見識一下，他的道地臺語之驚人魅力：

對於那些不曾親耳聽過傳道上人用道地、漂亮、流暢的臺語弘法演講的人，由於彼等很可能只能單靠閱讀來瞭解本書（※傳道上人的《妙心文集》），彼等雖也可能同樣會有驚豔或意外的收穫，但這就像空有人間絕頂美味，若無香氣撲鼻的嗅覺感受，而只是單靠敏銳的舌尖去品嘗，其將無法領會全部的絕頂佳趣則是無疑的。

事實上，以我個人長期在大學講課的觀察來說，每當我在新學期播放相關的錄影帶給班上的學生欣賞時，其中最能讓學生不打瞌睡的，就是當傳道上人用磁性的臺語說旁白之時，因我發現只要他的聲音一出現，學生就會一直豎耳傾聽下去，可是等到換了別人開講，學生就紛紛打瞌睡了。──由此可以看出：傳道上人的臺語魅力，不只驚人，而且在當今臺灣佛教界也應是頂尖高手，故十分珍貴和值得稱許。

也由於他的臺語演講是如此特別和罕有。故我建議將來傳道上人可發行有聲的光碟版，讓過去從未聽過的讀者除了能用眼睛讀文章以外，還能用耳朵傾聽傳道上人原味的第一流臺語演講，

相信這時讀者能體會到的法喜充滿，將是真正的酣暢淋漓十分過癮，而不只是像一般的平常感覺而已。

2015 年 1 月 28 日

代跋：期待更全面更豐富的臺南佛教史著作

王見川

南臺科技大學通識教育中心助理教授

　　著名近代漢傳佛教史學者江燦騰在退休之後，依然筆耕不輟，屢有新書出版，其學術努力令人驚嘆！正值荷蘭來臺建城四百年之際，江兄結集自己、邱敏捷教授以及筆者以往與臺南佛教有關的論著，形成本書，希望我講講話。作為作者之一，寫個跋是應該的。

　　在此跋，首先，我要聲明：因我最近幾年研究轉向《西遊記》等課題，短期內沒有時間與精力，從事舊文重新出版的校對，只好仰賴江兄協助校稿。若覺得拙文有不通或錯誤之處，煩請按舊文出處核對，請讀者諒解！

　　其次，我要指出關於德化堂的最新優秀研究果，是王惠琛即將完成的博士論文。就筆者閱讀其初稿，發現有二大優點：

　　一、論文中使用不少新資料，描述一些清代德化堂的活動細節。

　　二、透過《恭紀德化堂勝跡》、日清簿、科儀文獻等資料，討論清代臺南府城齋堂化善堂、開化堂、德善堂、德化堂等龍華齋堂領導者的傳教佈局與策略。

　　可以說要進一步瞭解臺南的龍華齋堂，乃至清代臺灣龍華教的活動，王惠琛的博士論文將是必讀之作。

　　再來，我想說的是，要注意二則重要的臺南佛教資料：一是清乾

隆四十三年臺灣知府蔣元樞《重修臺郡各建築圖說》（國立中央圖書館，1983 年）收錄的〈海會寺圖說〉。二是水月（聖禾）法師的〈四十年代臺南佛教所見〉（《福田文集》第一冊，臺南智者出版社，1992 年）。〈四十年代臺南佛教所見〉是湛然寺水月法師親自見聞民國四○年代臺南佛教情況的回憶文章，對臺南佛教經書流通處興文齋、德化堂洪池、彌陀寺王兆麟、以及慈航、煮雲、慧峰法師等在臺南弘法情況有所描述，是篇不可多得的文章，應予重視。或許可以徵得作者同意，作為附錄，收入本書。

　　至於〈海會寺圖說〉，是海會寺的平面圖與說明。現存清代臺灣寺院的資料很少，〈海會寺圖說〉就顯得異常重要，特別是其中的海會寺平面圖，更具有非凡價值。這間海會寺就是今日開元寺的前身，透過此圖（以遊客的視角），我們可以得知海會寺中殿供奉彌勒佛，右是文昌帝君殿，左是東岳殿。大殿叫大雄殿，從名稱來看應是供奉釋迦牟尼佛，後殿則稱大士殿，顧名思義應是供觀音大士。大士殿左側是「官廳」，參照《重修臺郡各建築圖說》收錄的大天后宮、關帝廟平面圖也有「官廳」，與這二間廟是祀典廟的事實，可以推知乾隆時的海會寺已等同祀典廟，每月初一、十五官員要到此上香，祈求國泰民安，風調雨順，而「官廳」就是官員休息與換上祭祀服裝之所！也就是說，寺廟中有「官廳」就表示這間寺廟是祀典廟，官員初一、十五，甚至神誕、佛誕要來此上香。反之，聲稱是祀典廟的寺廟，若指不出寺廟中「官廳」所在，那此寺廟絕非祀典廟！如果是祀典廟，那地方政府就要編列預算，維持祭祀與日常運作，其所需的經費支出，當時方志大都也會記載。而地方管理僧人的僧會司，管理道士的道會司，也會擇其一，附設其中。這就是開元寺、關帝廟住持僧侶擔任僧會司的原因！以往，學者討論地方或官方祀典廟都沒注意「官廳」這點，實在令人遺憾！

　　另一方面，海會寺右護龍鐘鼓樓旁有十王殿，左龍鐘鼓樓旁依序有註生祠、土地殿。從海會寺建築格局來看，這樣的殿宇配置涵蓋死亡

（土地─十王─東岳）、出生（註生）與祈求人生高點（科舉中舉，文昌帝君）。由此可見，海會寺非單純佛寺，而是兼具滿足世俗需求（做喪葬法事、求子、求功名）的佛寺！從寺中主殿（大殿、中殿）供奉釋迦牟尼佛、彌勒佛來看，海會寺還是以佛教為主體，但應付世俗需求的佛寺！

個人淺見認為四百年來流傳於臺南的佛教型態，至少有下列幾種：

一、佛寺：僧人於此修行，官員、士大夫來此游讌，與其賦詩應酬、接引來寺俗眾。

二、住持神廟的僧侶，在廟的後殿或偏殿設大士殿，作為僧人修行弘法之用。

三、齋堂：以在家的龍華齋堂為主流，有時自稱在家佛教，印製佛經流通，如臺南龍華齋堂即曾印《六祖壇經》，即是一例。

四、公廟性質的寺或巖：由僧人開山或住持，但由仕紳或當地住民護持或建寺，為在地公廟，如大仙巖、赤山巖龍湖巖。因在地民眾視這寺或巖為公廟，所以會有遶境、進香、拜拜用葷食等神廟常見活動與現象。

在此，我要談的就是第四種類型：我們要重視這種類型的寺或巖的進香活動的研究或調查，如：迎岡山佛祖入臺南或府城人至超峰寺進香、外地神廟至赤山巖進香等。這些活動可算是臺南傳統佛寺的進香活動，應該納入臺南佛教史視野，這是佛教神明跨出佛教領域，進入更廣闊的民眾世界，也是佛教中國化或漢人化的表徵。

在此結束之時，我要提醒大家：以江燦騰教授文章為主的本書，體現近二十年來臺南佛教研究的重要成果，可說是臺南佛教史研究的里程碑。這不是老王賣瓜，自賣自誇，而是誠實之語。期待後繼研究者站在此書的基礎上，參考上述我的一些觀察，在十年二十年後，我們可以看到更豐碩、更全面的臺南佛教史著作！

最後，因江兄在本書收錄懷念傳道法師的文章，讓我想起傳道法

師對我的幫助，我應該也關於他講講話。正如江兄所言，我是傳道法師參加東方宗教討論會時與他認識。雖然認識的具體時間與因緣已經忘記，但他爽然的性格與大方，令我難忘！當時我正籌辦或創辦《民間宗教》（年刊），印刷費、排版費與稿費、翻譯費津貼都是我自籌與掏腰包付款。而我那時還是博士班學生，沒有工作，沒有兼課，只能跟太太借錢支付，以致債務纏身，二十年後才還清！當時，我採用國內人士捐款一千，國外學者付一百美元，可得每期《民間宗教》的方式籌錢。印象中，歐大年教授付了一百美金，某日本年輕學者來信說：要付一萬美金，讓我很高興。最後一毛也沒給！估計他是誤解我的意思！只有傳道法師什麼話都沒說，幾天就匯給我六萬元。這是筆大錢，完全出乎我的預料（他是佛教法師居然支持民間宗教研究），讓我興奮異常，感謝連連！而傳道法師沒說半句要求。

除此之外，傳道法師還暗中介紹一些文建會高官與學者，與我見面認識，希望透過他們的資源，幫幫我這個博士生！不過，因習性不合與認知不同，我感謝這些人的好意，但沒按他們的要求辦事。

對我而言，傳道法師是個愛護年輕學者的人。他的大方、大肚、不求回報的胸懷與行為，讓我感念不已！

2023.12.21 初稿
2024.03.17 修改

國家圖書館出版品預行編目（CIP）資料

臺南府城佛影的歷史構造：臺南市佛教史新透視
與盧嘉興研究導論/江燦騰，邱敏捷，王見川合著.
-- 初版. -- 臺北市：元華文創股份有限公司，
2024.04

面；公分

ISBN 978-957-711-370-2 (平裝)

1.CST: 佛教史 2.CST: 文集 3.CST: 臺南縣

228.33   113002675

臺南府城佛影的歷史構造—— 臺南市佛教史新透視與盧嘉興研究導論

江燦騰 邱敏捷 王見川　合著

發 行 人：賴洋助
出 版 者：元華文創股份有限公司
聯絡地址：100 臺北市中正區重慶南路二段 51 號 5 樓
公司地址：新竹縣竹北市台元一街 8 號 5 樓之 7
電　　話：(02) 2351-1607　　傳　　真：(02) 2351-1549
網　　址：www.eculture.com.tw
E-mail：service@eculture.com.tw
主　　編：李欣芳
責任編輯：立欣
行銷業務：林宜葶
出版年月：2024 年 04 月 初版
定　　價：新臺幣 620 元

ISBN：978-957-711-370-2 (平裝)

總經銷：聯合發行股份有限公司
地　　址：231 新北市新店區寶橋路 235 巷 6 弄 6 號 4F
電　　話：(02)2917-8022　　　　傳　　真：(02)2915-6275